La Citadelle Intérieure

명상록 수업

La Citadelle Intérieure
by Pierre Hadot

Copyright ⓒ LIBRAIRIE ARTHÈME FAYARD, 1992
Korean translation copyright ⓒ Bokbokseoga. Co., Ltd., 2023
All rights reserved.

This Korean Edition is published by arrangement with LIBRAIRIE ARTHÈME FAYARD,
France through Milkwood Agency, Korea.

이 책의 한국어판 저작권은 밀크우드 에이전시를 통해
LIBRAIRIE ARTHÈME FAYARD와 독점 계약한 복복서가(주)에 있습니다.
저작권법에 의해 한국 내에서 보호를 받는 저작물이므로
무단 전재 및 무단 복제를 금합니다.

명상록 수업

La Citadelle Intérieure

마르쿠스 아우렐리우스의 공부와
그의 시대

Pierre Hadot

피에르 아도 지음
이세진 옮김

북라이프

일러두기

1. 피에르 아도가 번역 저본으로 삼은 『명상록』은 1974년 스위스 취리히 아르테미스 출판사에서 출간된 그리스어-독일어 판본이다.
2. 본문에서 언급되는 아우렐리우스 『명상록』과 에픽테토스 『담화록』의 인용 출처는 반복을 피하기 위해 책 제목 뒤에 괄호로 표시했다. 괄호 속 첫번째 번호는 권 번호를, 두번째는 장 번호를 나타내며, 세번째는 해당 장의 절을 나타낸다. 예를 들어 '『명상록』(II, 2, 2)'는 『명상록』 2권의 2장 2절을 의미한다.
3. 각주는 옮긴이주, 미주는 원주다.
4. 본문 중 고딕체는 원서에서 이탤릭체로 강조한 부분이다.

서문

> 머지않아 너는 모든 것을 잊게 될 것이고,
> 머지않아 모두가 너를 잊게 될 것이다.
> ―『명상록』 VII, 21

이 점에선 마르쿠스 아우렐리우스가 틀렸다. 열여덟 세기(거의 이천 년!)가 흘렀지만 『명상록』은 여전히 살아 있다. 이 책은 섀프츠베리, 프리드리히 2세, 괴테 같은 일부 정신적 귀족들의 전유물이 되는 일 없이 수백 년 동안 알려지지 않은 수많은 이에게 살아갈 이유를 던져주었다. 『명상록』은 세계 각국의 언어로 번역되었기에 그토록 많은 사람이 읽을 수 있었다. 그건 오늘날에도 마찬가지다.

마르지 않는 지혜의 샘, 역사가 르낭의 표현을 빌리자면 "영원한 복음". 마르쿠스 아우렐리우스의 『명상록』은 언뜻 보기엔 독자가 난해해할 만한 책이 아니다. 아포리즘이나 짧은 논술이 뚜렷한 상관관계 없이 계속 이어지는데, 어쨌든 책장을 넘기다보면 인상적이거나 감동적인 문장을 으레 만나게 된다. 스스로 말하기 때문에 아무런 설명이 필요치 않은 그런 문장. 더구나 『명상록』은 단숨에 읽는 책이 아니다. 자주 들춰봐야 하는 책, 그날그날 마음에 와닿는 정신적 양식을 찾아야 하는 책이다. 오늘날의 독자는 마르쿠스 아우렐리우스의 특정한 아포리즘, 가령 내가 앞에서 인용한 제사題詞를 완벽하게 이해할 수 있다. 『명상록』이 우리를 항상 끌어당기는 이유도 여기에 있다. 이 문장들의 투명성은 절대 낡지 않을 것이다.

하지만 투명성은 속임수다! 그런 문장 옆에는 훨씬 알쏭달쏭한 문장, 역사가에 따라 이해 관점이 천차만별인 문장이 있다. 책의 전반적 의미, 목적, 어떤 긍정 판단은 우리가 이해하기 어렵다. 마르쿠스 아우렐리우스의 글만 그런 것도 아니다. 고대 저작에 대한 우리의 이해는 온갖 이유로—시대적 간격이 가장 큰 이유는 아니다—점점 흐릿해졌다. 다시금 그 저작들에 다가가려면, 어떤 선입견에서 벗어나 우리에게 거의 생소해진 사고방식을 재발견하기 위해 일종의 영성 훈련 혹은 정신 수련을 해야 할 것이다. 우리는 이 책에서 바로 그것을 시도하려 한다. 하지만 이 여정에 뛰어들기 전에 현대 독자가 고대 저작에 접근하면서 빠지기 쉬운 바로 그 선입견이나 착각을 짚고 넘어가는 것이 아마 도움이 될 것이다.

우선, 현대 독자는 고대 저작이 오래전 처음 나왔을 때부터 지금까지—요즘 나오는 인쇄 출판물처럼—늘 같은 상태였던 것으로 생각하기 쉽다. 그러나 고대 텍스트는 인쇄되지 않았다는 바로 그 점을 잊으면 안 된다. 수백 년간 몇 번이고 손으로 베껴쓴 글, 필사의 오류가 끊임없이 일어났던 글이다. 더욱이 요즘 나오는 책도 인쇄상의 오탈자가 많고 이따금 저자의 생각을 왜곡하거나 이해할 수 없게 만드는 판국이니, 우리가 고대 필사가들을 탓할 수는 없다. 하지만 그건 다른 얘기다. 어쨌든 고대 텍스트가 포함된 필사본을 연구하고 분류한 학자들의 노력 덕분에 지금 우리가 그런 텍스트를 비교적 만족스러운 상태로 읽을 수 있다는 점은 아무리 강조해도 지나치지 않다. 학자들은 비판적 방법으로 오류를 분류해 최대한 원문을 복원하려 했다. 그러나 우리가 접하는 텍스트는 절대로 완벽하지 않을 것이다. 이따금 학술적 권위자나 철학사가조차 이 점을 완전히 무시하기 때문에 힘주어 말하고 싶다. 그런 학자들은 어떤 고대 저자가 실제로 뭐라고 썼는지 모르는데도 그 저자의 이론을 논할 수 있다고 생각한다. 어쨌든 마르쿠스 아우렐리우스의 경우에는—나중에 다시 다루겠지만—텍스트 곳곳이 심히 불확실하다. 그러한 불확실성이 작품 전체에 영향을 끼치진 않지만 어떤 대목은 거의 해결 불가능한 수수께끼를 던진다. 아우렐리우스의 책을 번역할 때 그런 문제들이 불거지는 것은 놀랄 일이 아니다.

현대 독자는 고대 그리스 문헌에 오직 하나의 번역본만 있을 수 있다고 생각하는 경향이 있다. 그래서 번역본마다 상당한 차이가 있다는 사실에 놀란다. 하지만 그 사실에서 고대인과 우리 사이의 엄청난 거리를 실감하게 될 것이다. 사실 번역은 일단 그리스어 원문과 관련된 선택을 전제하는데, 이미 보았듯이 그리스어 원문은 군데군데 불확실하다. 그런데 번역가들이 주저하는 이유는 텍스트가 이해하기도 어렵거니와 근본적으로 다른 해석을 제안할 수도 있어서다. 가령 마르쿠스 아우렐리우스의 경우, 『명상록』의 모든 페이지에 등장하는 기술적 용어, 스토아주의 체계에 고유한 그 용어를 정확하게 옮기지 못한 이들이 많았다. 게다가 『명상록』은 텍스트의 장 구분이 불분명해서 각각의 '명상'이 어디서 끝나는지도 확실치 않다. 따라서 텍스트의 모양새 자체가 다양하게 나올 수 있다.

마지막으로, 현대 독자는 (아무도 이 오류에서 완전히 자유로울 수 없는데) 고대 저자가 자신과 같은 지적 세계에서 사는 것처럼 착각하기 쉽다. 저자의 말을 자신과 동시대를 사는 작가의 말과 똑같이 대한다. 그러고는 저자가 하고자 하는 말을 자신이 이해했다 생각하지만, 사실 그 이해 방식은 시대착오적이기 때문에 심각한 오해에 빠질 위험이 있다. 우리 시대에는 어떤 저자의 의도도 정확히 알 수는 없다고 말하는 것이 바람직하며, 어차피 우리가 부여하고 싶은 의미를 작품에 부여하기 때문에 그 점은 별로 중요하지 않기도 하다. 개인적으로 나는 그러한 논쟁에 관여하지 않으나, '의도하지 않은' 의미를 발견하기 전에 저자가 '의도한' 의미부터 읽어낼 수 있고 그럴 필요도 있다고 본다. 기본적인 의미를 재구성하려는 자세는 반드시 필요하고, 원한다면 그 의미를 기준으로 저자 자신이 의식하지 못했을 의미까지 파악할 수 있다. 하지만 그러한 재구성이 우리에게 몹시 힘든 것도 사실이다. 그 이유는 우리가 우리 시대에 고유한 태도와 의도를 과거에 투사하기 때문이다. 고대 저작을 이해하려면 저작의 콘텍스트―사유, 수사학, 철학의 세계뿐만 아니라 물질적, 사회적, 정치적 상황까지 포함하는 아주 넓은 의미에서의 콘텍스트―안에 놓고 보아야 한다. 특히 문학적 구성의 메커니즘이 지금과 완전히 달랐다는 점을 잊으면 안 된다. 고대에는 담론의 규칙이 엄격하게 정해져 있었다. 저자는 하고 싶은 말을 하더라도 특정한 방식, 전통적 모델, 철학이나 수사학이 정해놓은 규칙에 걸맞게 해야 했다. 가령 마르쿠스 아우렐리우스의 『명상록』도 생각을 직접적으로 드러내는 영혼의 자연스러운 토로가 아니라 정해진 규칙을 따르는 연습이다. 앞으로 보겠지만 『명상록』에는 바탕천이 있고, 철인哲人 황제는 그 천의 도안대로 수를 놓았다. 그가 하는 말 중에 어떤 것은 자기에게 주어진 모델과 가르침을 따라 '해야만' 했기 때문에 한 것이다. 그러므로 이 작품에 부과된 기존의 도식을 발견할 때만 작품의 의미도 이해할 수 있다.

현대 독자에게 『명상록』 읽기의 입문서를 제시하겠다는 내 의도가 아마 쓸데없는 것은 아닐 것이다. 나는 마르쿠스 아우렐리우스가 이 책을 저술하면서 하고자 했던 바를 알아내고, 이 책이 속하는 문학 장르를 상세히 설명하며, 무엇보다 이 책에 영감을 준 철학 체계와의 관계를 규정하고자 했다. 마지막으로, 철인 황제의 전기적 생애가 아니라 작품에서 드러나는 그를 파악하고자 노력했다.

나는 『명상록』을 풍부하게 인용했다. 저자의 말을 들려주며 텍스트에 다가가는 대신, 고생은 고생대로 하면서 난해한 길을 가는 학술 논문은 질색이다. 독자는 그 사상가가 실제로 '말한' 것도 파악을 못했는데, 그런 저술은 저자가 '말하지 않은' 것을 해독하고 밝혀냈노라 주장한다. 불행히도 그런 방법에서 오만 가지 왜곡과 변형과 '속임수'가 생긴다. 우리 시대는 여러모로 매력적이지만 철학과 문학의 관점에서는 오해의 시대, 아니면 모욕의 시대라고 봐야 할 때가 많다. 아무것에나 아무 말 대잔치다! 나는 마르쿠스 아우렐리우스를 인용하면서 독자가 어떤 주석보다도 상위에 놓인 텍스트 자체를 접하기를, 해석이 어떻게 텍스트를 근거로 삼는지 보기를, 나의 주장을 그 자리에서 바로 검증할 수 있기를 바랐다. 이 책에 수록된 『명상록』 번역은 모두 내가 한 것이다. 나는 마르쿠스 아우렐리우스를 이십 년 이상 연구했고, 『명상록』 개역판을 낼 계획도 가지고 있어서 이 책을 쓰는 동안에도 해석과 번역 협업은 계속 진행되었다. 그런 만큼 나의 논증을 뒷받침하는 용도로 기존 번역을 쓸 수는 없었다. 내 번역과 다르거나, 내가 철인 황제의 저작에 대해 생각하는 바와 일치하지 않는 면이 있었기 때문이다.

베르나르 클레스카의 인내와 적절한 조언에 깊이 감사한다. 블랑슈 뷔페, 시모나 노이카, 장프랑수아 발로데는 초고 교정에 귀한 도움을 주었다. 보즈테크 콜레키는 색인 작업을 맡아주고 몇 가지 문헌을 찾아주었다. 개정판 준비를 도와준 엘렌 기욤에게도 고마움을 전한다.

차례

서문 ··· 005
I. 철인 황제 ··· 013
II. 『명상록』 개괄 ··· 039
III. 정신 수련으로서의 『명상록』 ··· 057
IV. 철인 노예와 철인 황제—에픽테토스와 『명상록』 ··· 082
V. 에픽테토스의 스토아주의 ··· 107
VI. 『명상록』의 스토아주의—내면의 성채 혹은 동의의 규율 ··· 142
VII. 『명상록』의 스토아주의—욕망의 규율 혹은 운명애 ··· 178
VIII. 『명상록』의 스토아주의—행동의 규율 혹은 인간을 위한 행동 ··· 249
IX. 『명상록』의 스토아주의—덕과 기쁨 ··· 314
X. 『명상록』을 통해 본 아우렐리우스 ··· 328
결론 ··· 415

주석 ··· 425
참고 문헌 ··· 447
찾아보기 ··· 452

I
철인 황제

1. 행복한 유년, 다사다난한 치세

마르쿠스 아우렐리우스는 121년 로마에서 태어났다. 본래 이름은 마르쿠스 안니우스 베루스이고, 황제 아우렐리우스 안토니누스 피우스의 양자로 들어가면서 마르쿠스 아우렐리우스가 되었다. 그의 외가와 친가는 벽돌 공장을 소유한 집안이었다.[1] 당시 벽돌 공장은 상당한 재력과 자본 투자를 뜻했으므로 이런 집안은 정치적으로 영향력이 있었다. 벽돌 공장주는 건설사업에 입김을 행사하는 직위에 오르기도 했는데, 마르쿠스 아우렐리우스의 할아버지가 바로 그런 경우였다.

할아버지는 마르쿠스가 어릴 때 죽었다. 그후 하드리아누스 황제가 마르쿠스를 눈여겨보고 후견인 노릇을 했다. 하드리아누스는 138년 사망하기 직전 후계를 확실히 하기 위해 안토니누스를 양자로 입적했다. 안토니누스는 하드리아누스의 요청에 따라 자신의 처조카 마르쿠스와 루키우스 베루스를 양자로 들였다. 루키우스 베루스는 하드리아누스가 원래 자기 후계로 점찍었지만 요절한 아일리우스 카이사르의 아들이다.

138년 7월 10일, 안토니누스가 하드리아누스의 뒤를 이어 황제로 즉위했다. 일 년 후 열여덟 살이 된 마르쿠스는 황위 계승자가 되었다. 145년에는 안토니누스의 딸 파우스티나와 혼인했다. 그들은 열세 명의 아이를 낳았는데 다섯 딸과 한 아들(훗날 콤모두스 황제)만 어려서 죽지 않고 살아남았다.[2]

마르쿠스가 수사학 스승 마르쿠스 코르넬리우스 프론토와 거의 삼십 년에 걸쳐—139년부터 프론토가 사망한 166/167년까지[3]—주고받은 서신은 이 시기 마르쿠스 아우렐리우스의 삶과 안토니누스 궁정의 분위기를 보여주는 귀중한 자료다. 가정생활, 자녀들의 병치레, 포도주 양조, 마르쿠스의 학업과 독서, 그가 꼬박꼬박 제출한 수사학 과제, 그리고 스승과 제자 사이를 넘어 두 집안이 나눈 돈독한 정에 대해 알 수 있다. 161년 안토니누스가 죽자 마르쿠스 아우렐리우스는 39세의 나이로 황제가 되었다. 그는 황제가 되자마자 자신과 마찬가지로 선대 황제에게 입양된 동생 루키우스 베루스를 공동 황제로 즉위시켰다.

형제가 공동 통치를 시작한 그해에 파르티아가 제국의 동쪽 지역을 침략했다. 원정이 시작됐는데 로마 군대에 전염병이 돌았다. 당시 동방 원정중이던 루키우스는 노련한 두 장군 스타티우스 프리스쿠스와 아비디우스 카시우스의 지휘로 우위를 점하고(163~166년) 파르티아왕국을 침공해 크테시폰과 셀레우키아를 차지했다.

두 황제의 승리(166년)를 기념하는 개선 의식을 치른 지 얼마 안 되어 제국의 다른 쪽 국경에서 흉보가 날아들었다. 도나우강 일대의 게르만족인 마르코만니족과 콰디족이 이탈리아 북부를 공격한 것이다. 두 황제는 상황을 수습하기 위해 북부의 도시 아퀼레이아에서 겨울을 보내야 했다. 그러나 169년 초 루키우스가 마르쿠스 아우렐리우스와 함께 타고 가던 마차 안에서 사망했다. 아우렐리우스는 169년부터 175년까지 도나우강 일대에서 홀로 군사작전을 수행해야 했다.

175년, 통치자로서 모종의 성공을 누릴 수도 있었던 바로 그때 아우렐리우스는 아비디우스 카시우스 장군의 반란 소식을 듣는다. 카시우스는 동방의 여러 속주와 이집트의 공모를 등에 업고 황제를 자처했다. 이때 아우렐리우스를 구한 것은 카파도키아 총독 마르티우스 베루스의 충성이었다고 볼 수 있다. 여차하면 동방으로 피신할 채비를 하던 아우렐리우스는 아비디우스 카시우스가 암살당했다는 보고를 받았고, 그로써 비극적인 사태는 마무리되었다.

그래도 아우렐리우스는 아내 파우스티나와 아들 콤모두스를 데리고 동방의 속주에 행차하기로 한다. 그는 이집트, 시리아, 실리시아 등지를 방문했는데 파우스티나가 실리시아에서 사망했다. 고대 역사가들은 파우스티나가 불륜을 많이 저질렀다고 말하기 좋아하지만 그런 험담이야 어찌 됐든 황제는 이 사별에 깊이 상심했다. 『명상록』(I, 17, 18)에서 그는 "고분고분하고 곰살맞은" 아내를 가슴 뭉클하게 떠올린다.

황제는 로마로 돌아오는 길에 스미르나를 거쳐 아테네에 들렀는데, 그곳에서 아들 콤모두스와 함께 엘레우시스 비교秘敎에 입문했다. 게르만족과 사르마트족을 물리친 기념으로 176년 12월 23일 로마에서 축제가 열렸다. 그러나 마르쿠스 아우렐리우스는 178년에 도나우 전선으로 다시 떠나야 했다. 그는 180년 3월 17일에 시르미움 혹은 빈에서 사망한 것으로 보인다.

황제는 재위 내내 전쟁뿐 아니라 자연재해로도 큰 고초를 겪었다. 테베

레강 홍수(161년), 키지쿠스 지진(165년), 스미르나 지진(178년), 그리고 무엇보다 파르티아 전쟁(166년)에 파견된 로마 군대가 아시아에서 옮겨 온 전염병이 큰 화를 불렀다. 고대사 연구자 J. F. 길리엄이 잘 보여주었듯이[4] 일부 역사가들이 주장하는 것처럼 이 전염병이 로마 쇠퇴의 결정적 요인인 인구 감소를 일으키지는 않은 듯하나, 로마제국의 사회적 경제적 삶에 심각한 타격을 입혔음은 확실하다.

참으로 다사다난한 치세였다! 마르쿠스 아우렐리우스가 황제로 즉위한 때부터 자연재해, 군사적 정치적 난국, 근심과 사별이 숨 돌릴 틈 없이 들이닥쳤다. 그는 매일매일 싸워야만 했다.

역사가 디온 카시오스의 의도적이지만 소박한 판단은 마르쿠스 아우렐리우스를 가장 정확하게 보았다 할 수 있다. "그는 마땅한 행운을 누리지 못했고…… 치세 내내 별의별 불행을 다 맞닥뜨렸다. 그래서 나는 그를 누구보다 존경한다. 그는 온갖 기이하고 전혀 일반적이지 않은 어려움에도 살아남았고, 제국을 구해냈기 때문이다."[5]

역사가 페르디낭 로는 이렇게 썼다. "로마 세계는 이후 역사에서 비교 대상을 찾을 수 없는 황제들이 연달아 즉위하는 것을 목도했다. 이때 정체가 일어났고, 그후로 고대 세계는 퇴락했다."[6] 그는 마르쿠스 아우렐리우스, 셉티미우스 세베루스, 디오클레티아누스, 율리아누스, 테오도시우스 등을 예로 들고 이렇게 말한다. "공직자, 입법자, 전사는 로마 세계와 문명을 게르만이나 사르마티아 야만족, 이후에는 파르티아인과 페르시아인에게서 지키기 위해 브르타뉴에서 라인으로, 라인에서 도나우로, 도나우에서 유프라테스로 동분서주했다. 그들은 모두 목숨이 늘 위태하다는 것을 알고 있었다…… 그들은 겁내지 않고 초인의 비극적 운명에 자신을 내던졌다. 만약 초인이 존재했다면 2세기에서 5세기 사이 로마 황제 중에서 찾아봐야 할 것이다." 아우렐리우스의 사람됨을 엿보고자 한다면 바로 이 관점을 취해야 한다.

2. 철학으로 나아가다

그러나 본 저작의 목표는 그 '초인들'[7] 중 한 사람의 전기적 생애를 다루는 것이 아니다. 우리는 단지 마르쿠스 아우렐리우스가 어쩌다 『명상록』을 쓰게 됐는지에만 관심을 두어야 할 것이다. 이는 곧 그가 어떻게 철학자가 되었고, 『명상록』이 어떻게 그에게 철학 활동의 한 부분이 되었는가에 대한 관심이다.

무엇보다 고대의 철학자는 우리가 으레 생각하는 철학 이론가가 아니었음을 기억하는 것이 좋겠다. 고대 철학자는 철학하는 사람답게 사는 자, 철학적인 삶을 영위하는 자였다. 기원전 1세기의 공직자 소 카토는 스토아주의자였지만 어떤 철학적 글도 남기지 않았다. 3세기의 공직자 로가티아누스도 플라톤주의 철학자이자 플로티노스의 제자였지만 역시 철학적 글은 쓰지 않았다. 그러나 두 사람 모두 철학적인 생활양식을 택하고 그대로 살았기 때문에 자신이 철학자라고 생각했다. 게다가 그들은 아마추어 철학자라고 할 수 없다. 고대 철학의 대가들이 보기에 진정한 철학자는 이론을 논하고 저술에 주석을 다는 자가 아니었다. 마르쿠스 아우렐리우스에게 지대한 영향을 미친 스토아주의자 에픽테토스가 말한 대로다. "인간답게 먹고, 인간답게 마시고, 옷을 입고, 결혼하고, 아이를 낳고, 시민으로서 살아가라…… 우리에게 그런 모습을 보여라, 네가 진정으로 철학자에게서 뭔가를 배웠음을 우리가 알게끔."(『담화록』 III, 21, 5)[8]

따라서 고대 철학자는 글을 쓸 필요가 없었다. 글을 쓰더라도 새로운 이론을 만들어내거나 어떤 체계의 특정 부분을 발전시킬 필요는 없었다. 자신의 삶으로 선택한 철학 사조의 근본 원칙을 표현하면 그걸로 충분했다. 마르쿠스 아우렐리우스는 『명상록』을 쓰면서 아무것도 새로 만들어내지 않았고 스토아주의 학설을 발전시키지도 않았다. 하지만 그것이 그는 철학자가 아니었다고, 특히 스토아철학자가 아니었다고 말할 이유는 되지 않는다.[9]

반면, 철학 수업을 받았다고 해서 꼭 철학자라고 할 수는 없었다. 마르쿠스 아우렐리우스의 동생 루키우스 베루스는 형을 가르쳤던 바로 그 철학 선생들에게 수업을 들었지만 아무도 그를 철학자로 생각하지 않았다.[10] 동시대인이자 라틴어 작가 아울루스 겔리우스는 아테네에서 플라톤주의 철학자 타우루스에게 배웠다. 그도 철학에 관심이 있었음은 분명하며 작품에서 철학을 많이 인용하지만 철학적 삶을 소명으로 삼지는 않았다. 수사학자와 공직자는 철학 수업을 통해 변증법을 훈련했다. 변증법은 연설에서 상투적으로 쓰이는 표현을 넘어서기 위한 소재였다. 프론토가 마르쿠스 아우렐리우스에게 쓴 대로다. "철학은 너에게 바탕을 제공할 것이고, 수사학은 네 연설의 형식을 제공할 것이다."[11] 하지만 그들은 철학자로서 살아야 할 의무를 느끼지 않았다. 아리아노스가 전하는 에픽테토스의 『담화록』이 끊임없이 철학자의 청중에게 철학은 능수능란한 변증법이나 멋들어진 말이 아니라 일상을 살아가는 방식에 있다고 말하는 이유다. 철학자는 이론적인 철학 교육을 받은 자나 철학을 가르치는 자가 아니라, 삶을 근본적으로 바꾸는 전향을 하고 여느 사람들과는 다른 삶의 양식을 공언하는 자였다.

마르쿠스 아우렐리우스가 어떻게 철학으로 전향하게 되었는지 자세히 알아본다면 대단히 흥미로울 것이다. 그러나 많은 부분이 그늘에 가려 있다. 마르쿠스 아우렐리우스의 변화에 대한 중요한 자료는 두 가지가 있다. 하나는 앞에서 이미 언급했던, 그의 스승 프론토와 주고받은 편지다. 안타깝게도 이 편지가 기록된 팰림프세스트*는 19세기에나 발견되었다. 그래서 편지 모음은 다른 글로 덮여 있었고, 아래 텍스트를 쉽게 읽기 위해 사용한 화학제품이 양피지를 완전히 망가뜨려 글자가 읽을 수 없게 되거나 부분부분만 남았다. 두번째 자료는 황제 자신이 제공한다. 그는 『명상록』 1권을 쓰면서 자신이 부모, 스승, 친구에게 받았던 모든 것을 떠올린다. 이 텍스트는 너무 간결해서 우리로서는 불만족스럽기 짝이 없다. 어쨌든 우리가 주워모을 수 있는 부실한 단서에 의지해 마르쿠스 아우렐리우스가 철학으로 나아간 단계들을 어느 정도 파악할 수 있다. 후대의 미화된 전기에선 그가 어릴 때부터 "진지했다"고 하지만[12] 태평한 젊은 날은 스무 살까지, 그가 이미 황위 계승자로 정해진 때까지 계속되었던 듯하다. 그러나 『명상록』(I, 6)에서 언급한 스승 디오그네투스의 영향으로 철학자로서 살고 싶다는 바람이 이미 이때 스치고 지나갔을 수도 있다.

그가 철학으로 전향하는 데 스승 유니우스 루스티쿠스의 영향은 결정적이었던 것 같다. 루스티쿠스는 그에게 에픽테토스의 가르침을 보여주었다. 전향은 아마 144~147년에 일어났을 것이다. 어쨌든 스물다섯 살이었던 146~147년에 그가 프론토에게 쓴 편지는 확연히 달라진 정신 상태를 드러낸다. 게다가 아우렐리우스의 즉위 초기에 프론토는 황위에 앉은 제자의 철학적 삶을 상당히 자주 언급했다.

---

* 원문을 긁어내거나 씻어 지운 후 그 위에 다른 내용을 기록한 고대 문서.

3. 태평하던 젊은 왕자, 금욕적인 삶을 꿈꾸다

마르쿠스 아우렐리우스가 프론토에게 쓴 편지, 특히 황위 계승자에 불과했던 열여덟 혹은 스무 살에 쓴 편지는 그가 양부 안토니누스의 궁정에서 가정적이고 소박하게 살았음을 짐작게 한다. 안토니누스는 특히 로마에서 멀리 떨어진 황실 별장에 가서 지내기를 좋아했다. 황실 가족은 포도밭에서 일손을 거들었고, 식사나 난방에도 사치를 부리지 않았다. 황위 계승자는 신체 단련, 특히 사냥을 좋아했다. 그는 백성에게 별로 마음 쓰지 않고 사냥을 다녔던 것 같다. 적어도 이 편지에서 엿볼 수 있는 바는 그렇다. 앞부분이 남아 있지 않은 이 편지는 140년에서 143년 사이에 작성된 것으로 보인다.

……아버지가 포도밭에서 돌아오셨을 때, 나는 평소처럼 말을 타고 달렸고, 우리는 점점 멀리 갔습니다. 가다보니 암양떼가 길 한가운데를 차지하고 있었는데 경계가 허술했습니다. 개 네 마리와 양치기 두 명이 다였습니다. 말을 탄 사내들이 달려오는 것을 보고 한 양치기가 다른 양치기에게 말했습니다. "저기 말 탄 사내들을 봐. 저런 놈들이 우리한테 강도질을 한다고." 나는 그 소리를 듣자마자 말에게 박차를 가해 양떼를 덮쳤습니다. 양들은 겁에 질려 매애매애 울고 정신없이 사방팔방으로 달아났습니다. 양치기가 나에게 지팡이를 던졌습니다. 내 뒤를 따라오던 부하가 그 지팡이에 맞았지요. 우리는 달아났습니다. 이리하여 양을 한 마리라도 잃을까봐 겁냈던 양치기는 지팡이를 잃었습니다. 지어낸 이야기라고 생각하십니까? 아뇨, 실화입니다. 이 얘기를 더 쓰고 싶지만 목욕 시종이 나를 데리러 와서 이만 줄

입니다.[13]

  젊은 날 재미있는 일이랍시고 쓴 편지에서 장차 황제가 될 이의 생각 없고 태평한 면이 고스란히 들통난다. 훗날의 철학자, 특히 양심에 꼼꼼히 비추어 판결하려고 애썼던 이와는 거리가 멀다. 게다가 프론토에게 쓴 편지의 어조는 대개 매우 명랑하다. 젊은 황위 계승자는 독서를 좋아하고 웅변술 연마에 온 힘을 쏟았을 뿐, 달리 아무 생각이 없었던 모양이다.

  그렇지만 어릴 적부터 마르쿠스 아우렐리우스는 철학적 삶의 이상이 어떤 것일 수 있는지 엿보았던 것 같다. 『명상록』 1권(I, 6)에서 그는 디오그네투스[14]의 영향으로 금욕적인 삶을 바라게 되었다고 말한다. 디오그네투스는 그가 만났던 초기의 스승 중 한 명이다. 그는 "어렸을 때" 이 스승에게서 대화록 쓰는 법을 배웠고, 옛날부터 그리스 아이들이 즐겨 하던 놀이를 그만두게 되었다. 아리스토파네스와 플라톤도 언급한 바 있는 이 전통 놀이는 기본적으로 메추라기의 머리통을 살짝 때리면서 노는 것이다.[15] 그는 디오그네투스 덕분에 철학을 좋아하게 되었고, "딱딱한 침상과 동물 가죽과 '헬라스'의 생활 방식에 속하는 것을 선호하게 되었다"고 말한다. 이 마지막 표현은 다시 살펴봐야 할 것이다. 일단은 『명상록』에 언급된 내용과 『히스토리아 아우구스타』[16] 중 「마르쿠스 아우렐리우스의 생애」에 제시된 내용이 일치한다는 것에만 주목하자. "그는 열두 살에 철학자처럼 옷을 입었고, 좀더 나중에는 철학자처럼 인내하는 삶을 살았다. 그는 팔리움을, 다시 말해 철학자의 남루한 망토를 입고 공부하고 바닥에서 잠을 자곤 했다. 어머니가 간곡히 권해야만 겨우 동물 가죽을 깐 침상에 누울 정도였다."

  짧은 망토와 딱딱한 침상은 스토아주의자의 삶을 나타내는 상징이다.

세네카도 제자 루킬리우스에게 키니코스학파의 데메트리오스는 야전침대에서 잤다고 말하면서 때때로 이러한 금욕을 실천하라고 권했다. 소小플리니우스는 법학자 아리스톤이 철학자입네 하는 웬만한 이들보다 더 진정한 철학자였다고 하면서 그의 침대는 고대인의 소박한 삶을 떠올리게 한다고 말한다. 마지막으로, 에픽테토스의 스승이었던 스토아주의자 무소니우스도 야전침대와 동물 가죽 한 장이면 잠자리로 충분하다고 했다.[17]

이러한 점에서 우리는 『명상록』 필사 독본의 "헬라스의 생활 방식agōgē"을 그대로 남겨야 하는지, 혹시 "라코니아의 생활 방식agōgē"으로 이해해야 하는 것은 아닌지 생각해볼 만하다. 고대인에게 '헬라스의 생활 방식'은 그리스 문화와 문명, 그것도 정신적 형태와 물리적 형태 모두를 의미했다. 여기에는 문학과 철학 담론뿐만 아니라 체육과 사회적 생활 방식까지 포함된다.[18] 반면에 '라코니아의 생활 방식'이라는 표현은 전통적으로 스파르타의 교육과 철학 수행을 공통적으로 특징짓는 '혹독한 삶'을 가리켰다. 게다가 'agōgē(아고게)'라는 단어 자체가 라케다이몬인(스파르타인)의 생활 방식을 지칭하는 경우도 많다.[19] 플루타르코스는 스파르타의 입법자 리쿠르고스의 생애를 다루면서 스파르타의 양육 방식을 기술했다.[20] 스파르타 아이들은 열두 살이 되면 튜닉도 없이 망토 하나로 일 년을 나고 손수 갈대를 엮어 만든 매트 위에서 잤다고 한다.

철학자, 특히 스토아학파와 키니코스학파는 그러한 삶의 모델을 이상적으로 여겼다. 역사학자 F. 올리에의 표현을 빌리자면 이것은 "스파르타의 허상"이다.[21] 스토아학파와 키니코스학파는 개인의 정신적 가치를 삶의 유일한 목적으로 삼았던 반면, 스파르타는 시민을 "국가의 뜻에 고분고분 따르는 도구로 길러내는" 전제적이고 호전적인 국가였으므로 더욱더 허상이라 하지 않을 수 없다. 그 철학자들이 스파르타 교육에서 본받을 점은 인내심을 기르는 훈련, 자연스러운 삶으로의 회귀, 사회적 관습에 대한 경멸뿐이다. 예를 하나만 들자면, 앞서 언급한 스토아주의자 무소니우스는 "스파르타식으로 양성한" 제자가 철학적 가르침을 더 잘 받아들이는 경향이 있다면서 라케다이몬인의 검박한 생활 방식을 구구절절 찬양한다.[22] 어린 마르쿠스 아우렐리우스가 입었다는 철학자의 망토(그리스어로는 트리본, 라틴어로는 팔리움)가 굵고 거친 천으로 지은 스파르타의 옷이라는 것도 말해두자. 소크라테스, 안티스테네스, 디오게네스, 그리고 스토아학파와 키니코스학파의 전통에 속하는 철학자들은 다 이 옷을 입었다.[23]

디오그네투스는 어떻게 마르쿠스에게 철학자와 스파르타인처럼 금욕적으로 살고 싶다는 바람을 심어주었을까? 그건 알 수 없다. 그에게 키니코스학파와 스토아학파 철학자들의 자유로운 삶을 찬양했을까? 플루타르코스가 그랬던 것처럼 리쿠르고스나 클레오메네스의 생애를 이야기했을까? 어쨌든 그는 제자에게 철학으로의 첫번째 전향이라고 할 만한 것을 불러일으켰다.

그렇지만 마르쿠스가 146~147년 이전에 프론토에게 쓴 편지에는 스파르타식의 철학적 삶에 대한 젊은이다운—혹은 차라리 치기 어린—열광이 전혀 나타나지 않는다. 아마 잠깐의 관심에 불과했을 것이다. 그러나 꺼진 듯 보였던 불은 속에서 은근히 타다가 다시 확 살아날 터였다.

4. 유니우스 루스티쿠스

마르쿠스가 철학으로 나아가는 데 유니우스 루스티쿠스가 결정적 역할을 했다는 점에는 고대 역사가들의 의견이 일치한다. 『히스토리아 아우구스타』를 보자.²⁴⁾ "그가 가장 좋아한 스승은 유니우스 루스티쿠스였다. 그는 제자로서 이 스승을 매우 존경했다. 루스티쿠스라는 인물은 전시戰時에나 평시에나 한결같이 유능했고, 스토아주의 생활 방식을 실천했다. 마르쿠스 아우렐리우스는 공사를 가리지 않고 매사에 그의 견해를 구했다. 근위대장 앞에서도 그를 키스로 반겨 맞이하곤 했고, 제2집정관직을 내렸으며, 그가 죽은 후에는 원로원을 설득해 조각상을 세우게 했다." 『히스토리아 아우구스타』에는 162년, 그러니까 마르쿠스가 황제로 즉위하고 일 년 후에 다분히 제자가 스승에게 바치는 경의의 뜻으로 제1집정관 자리를 주었다는 내용이 추가될 수도 있었을 것이다. 디온 카시오스²⁵⁾도 마르쿠스의 철학 선생으로 유니우스 루스티쿠스와 칼케돈의 아폴로니오스만 언급하며 둘 다 스토아주의자라고 말한다. 한참 뒤인 4세기에는 테미스티우스가 유니우스 루스티쿠스와 황제 사이의 특별한 관계를 언급한다.²⁶⁾

　루스티쿠스가 공직자였음에도(그는 162년부터 168년까지 로마 총독을 지냈다) 철학을 가르쳤다는 사실은 놀랍지 않다. 고대에는 그런 일이 드물지 않았다. 키케로와 세네카도 공직자였지만 거리낌없이 스스로 철학 선생이라 일컬었다. 여기에는 두 가지 이유가 있다. 첫째, 고대 철학은 철학 전문가, 철학을 업으로 삼은 사람들에게 국한되지 않았다. 그래서 공직자도 충분히 철학자로서 살고 철학적 담론에 통달할 수 있었다. 게다가 철학사가 I. 아도가 잘 보여주었듯이²⁷⁾ 로마에는 젊은이가 경험이 풍부한 연장자를 가까이하고 그의 지도에 따라 정치적 삶과 정신적 삶에 입문하는 오랜 전통이 있었다. 키케로가 법학자 스카이볼라 곁에서 그랬듯이, 주로 법률을 배우는 과정이 이렇게 이루어졌으나, 젊은이들은 이런 식으로 철학적 삶에 입문하기도 했다. 이러한 관점에서 루스티쿠스는 마르쿠스 아우렐리우스의 철학 개인교사였을 뿐 아니라 벗이자 정신적 지도자였다고 할 수 있다.

『명상록』 1권에서는 이 스승에게 특별한 경의를 표한다. 마르쿠스의 양부 안토니누스 황제를 제외하면, 루스티쿠스보다 지면을 더 많이 할애받은 이가 없다.

> 루스티쿠스 덕분에 나는 내 성격을 개선하고 손봐야 한다는 것을 알게 되었다.
> 하여 나는 소피스트를 흉내내는 데 열을 올리지 않고, 공허한 주제로 글을 쓰지 않고, 훈계하는 말을 하지 않고, 금욕가나 박애주의자인 척하지 않았다.
> 수사학과 시학과 교묘한 말을 버리고,
> 토가를 갖춰 입고 집안을 산책하는 따위의 행동을 하지 않고,
> 루스티쿠스가 시누에사에서 내 어머니께 쓴 편지처럼 단순한 문체로 편지를 쓰고,
> 자기 행동을 뉘우칠 뜻을 보이기만 하면 나를 화나게 하고 모욕한 자들과도 곧장 흔쾌히 화해하고,
> 글을 정독하여 피상적이고 대략적인 사고에 만족하지 않고, 말만 잘하는 자들에게 성급히 동의하지 않게 되었다.
> 내가 에픽테토스의 가르침을 필사한 책을 읽을 수 있었던 것은 그가 자신의 소장본을 빌려주었기 때문이다. (I, 7)

마르쿠스가 루스티쿠스에게서 배운 것은 어떤 면에선 디오그네투스에게 배운 것과 정반대다. 에픽테토스가 말한 대로[28] 철학의 목적은 망토를 입는 것이 아니라 올바른 추론을 하는 것이다. 철학은 궂은 잠자리에서

자거나 대화록을 쓰는 것이 아니라 품성을 바르게 세우는 것이다. 철학은 소피스트의 궤변, 순전히 이론적인 논설, 멋부린 웅변, 과시와는 거리가 멀고, 오히려 소박함에 있다. 우리는 이 텍스트에서 프론토와 루스티쿠스의 교육 방향이 서로 반대라는 점을 엿볼 수 있다. "수사학과 시학과 교묘한 말"을 버렸다고 하지 않는가. 프론토 자신도 이 대립을 넌지시 언급했다. 그는 신임 황제가 수사학 공부를 그만둔 지 몇 년이나 됐는데도 연설을 유창하게 잘하더라고 기뻐하면서 이렇게 쓴다. "내가 아는 모든 사람 중에서 그토록 자연스러운 웅변 자질을 타고난 사람은 없습니다…… 친애하는 루스티쿠스, 우리의 로마인은 그대의 새끼손가락 하나를 위해서라도 목숨을 내어놓거나 희생할 사람이지요. 황제는 자신의 뜻에 맞지 않더라도, 얼굴이 찌푸려지더라도 그대가 수사학에 재능이 있다고 했던 내 말이 맞는다고 인정해야 했습니다."[29]

정신적 지도자라는 역할이 루스티쿠스에게 늘 쉽지만은 않았다. 사람들이 루스티쿠스의 태도에 화가 났다는 언급에서는 결국 마르쿠스 자신의 태도를 짐작하게 한다. 『명상록』 1권에서 마르쿠스는 신들에게 감사한 일을 꼽으면서, 가끔 루스티쿠스에게 화가 났지만 후회할 행동은 전혀 하지 않았다고 말한다(I, 17, 14). 루스티쿠스 덕분에 성격을 개선할 필요를 느꼈다는 걸로 봐서(I, 7, 1) 마르쿠스가 젊었을 때나 루스티쿠스가 황제의 자문을 맡았을 때나 두 사람은 서로 격하기 쉬운 관계였던 것 같다. 루스티쿠스는 너그럽고 다정한 태도를 보이며 황제 역시 자신에게 화내는 자들을 어떻게 대해야 할지 가르쳐주었다.

마르쿠스 아우렐리우스는 유니우스 루스티쿠스에게 배운 스토아주의 교의에 대해 아무 말도 하지 않는다. 그도 그럴 것이, 『명상록』 1권에서는 그가 부모, 스승, 친구, 신들에게 받은 것을 살펴보는데, 이는 그에게 주어진 본보기와 실천적 조언을 다룰 뿐 순수한 지적 여정의 기술이 아니다. 그래도 이러한 관점에서는 에픽테토스의 강의 기록을 언급한 것만으로 충분하다. 당대의 스토아철학 선생들은 에픽테토스의 아류에 불과했다. 2세기 내내 에픽테토스의 존재는 지배적이었다. 마르쿠스 아우렐리우스는 에픽테토스를 접하게 해준 것을 루스티쿠스에게서 받은 가장 큰 혜택으로 여겼다. 『명상록』은 그 노예 철학자가 제시한 주제들의 변주, 아주 멋지게 편곡한 변주일 뿐이다.

5. '아리스톤'을 읽다

우리는 전향을 예기치 않은 상황에서 전격적으로 일어난 사건으로 생각할 때가 많다. 역사에는 그런 유의 일화가 넘쳐난다. 철학자 폴레몬은 밤새 실컷 놀고 난 뒤 우연히 플라톤주의자 크세노크라테스의 강의에 들어갔고, 아우구스티누스는 "집어서 읽어라"라고 말하는 어린아이의 음성을 들었으며, 사도 바울은 다마스쿠스로 가는 길에 거꾸러졌다. 철인 황제에게서도 그런 전격적인 전향의 자취를 찾고 싶을 것이다. 사람들은 오랫동안 마르쿠스 아우렐리우스가 프론토에게 보낸 편지[30]에서 그 자취를 찾았다고 생각했다. 편지에서 그는 너무 심란해서 마음이 아프고 밥도 먹지 못한다고 말한다.

편지 도입부에서 마르쿠스는 자세한 설명 없이 명랑한 투로 그의 벗이자 프론토의 사위인 아우피디우스 빅토리누스와 대화를 나눈 얘기를 한다. 아우피디우스는 중재 판사 노릇을 한 것을 자랑스러워하며, 아마도 농담 삼아 움브리아에서 로마로 온 사람 중에 자기보다 더 공정한 이는 없다고, 판사 옆에 앉아 하품만 하는 보좌역 마르쿠스보다 자기가 낫다고 말했다. 마르쿠스는 황위 계승자로서(편지의 다음 대목에서 알 수 있는바, 당시 그는 스물다섯 살이었다) 안토니누스 황제의 재판정에 동석하곤 했다. 아우피디우스는 바로 그 활동을 두고 그런 농담을 했을 것이다.[31]

마르쿠스는 이 이야기를 하고 다른 주제로 넘어간다. 프론토는 평소처럼 제자에게 맡긴 문헌 작업을 살피려고 로마에 올 예정이었다. 제자는 스승의 방문이 반가웠지만, 프론토가 읽으라고 한 텍스트―플라우투스와 키케로였던 것으로 보인다―를 읽지 않은데다 무엇보다 찬성과 반대로 펼쳐야 하는 수사학적 논증을 작성하지 않았다는 게 문제였다.

그는 아리스톤을 읽느라 이 작업이 지연됐다고 말한다.

> 아리스톤의 책을 읽는 것은 아주 즐거우면서도 괴로웠습니다. 그가 더 좋은 것들을 가르쳐주어서 즐거웠지요. 그러나 그가 나의 내적 성향ingenium이 그런 좋은 것들과 얼마나 동떨어져 있는지 보여주었기에 스승님의 제자는 얼굴을 붉히고 자기 자신에게 화를 냈습니다. 스물다섯 살이나 됐는데도 아직 유익한 도그마와 순수한 추론을 전혀 내 것으로 만들지 못했으니까요. 그러한 까닭으로 나는 괴롭고, 성이 나고, 슬프고, 질투가 나서 밥이 넘어가질 않습니다.

마르쿠스 아우렐리우스는 이 편지의 세번째 단락에서 프론토에게 어떤 상황에서는 법이 잠들게 내버려둘 수 있어야 한다는 고대 연설가의 조언을 따르겠다고 한다. 잠시 아리스톤의 책을 잠재우고 스승이 지시한 수사학 작업에 전념하겠다고 말이다. 그렇지만 그의 정신적 기질상 찬성과 반대 입장을 모두 전개한다는 것은, 다시 말해 그 사안이 정의에 부합하는지 아닌지 따지지도 않고 쓰는 것은 불가능하다고 한다.

전통적으로 이 편지는 아우렐리우스가 스물다섯 살 때 전향했다는 이야기로 읽혔다. 이 시각에서 그의 급격한 변모를 낳은 책의 저자는 기원전 3세기에 살았던 스토아주의자, 키오스의 아리스톤이라고 보았다.

최근에 고전학자 E. 챔플린이 이 해석을 반박했다.[32] 그의 반박은 편지의 처음과 끝이 다 법을 다룬다는 점에서 출발한다. 앞부분엔 아우피디우스의 판사로서의 자부심을 언급하고 끝부분엔 '법이 잠들게 내버려두다'라는 표현을 썼으니 중간 부분도 법에 관한 얘기였을 것이라고 말이다. 따라서 그 책의 저자는 키오스의 아리스톤이 아니라 트라야누스 황제 시기의 법학자 티티우스 아리스톤일 공산이 크다. 이 인물은 앞에서 보았듯이[33] 소小플리니우스의 편지에서 금욕적인 이미지로 그려졌다. 고로 프론토의 제자가 그 책을 읽고 마음 아파한 것은 아직 철학자가 되지 못해서가 아니라 법학을 충분히 공부하지 않아서일 것이다. 이 때문에 편지 끝부분에서 아리스톤의 책은 잠들게 내버려두어야 하는 법과 동일시되었다.

R. B. 러더퍼드, H. 괴르게만스, 그리고 나는 챔플린의 해석을 비판했다.[34] 일단 마르쿠스 아우렐리우스가 법학책을 읽고 이렇게 외쳤을 성싶지는 않다. "스물다섯 살이나 됐는데도 아직 유익한 도그마와 순수한 추론을 전혀 내 것으로 만들지 못했습니다." 또한 자신의 "내적 성향"이 자기가 발견한 이상과 동떨어져 있다는 말도 이해하기 힘들어진다. 법학책을 읽고 성이 나고, 슬프고, 식욕을 잃었다는 얘기[35] 또한 수사학적 과장을 감안하더라도 심히 지나치다.

그리고 편지에서 처음부터 끝까지 법 얘기를 한다는 해석은 너무 작위적이다. 아우피디우스 빅토리누스 이야기는 나머지 부분과 별개다. 그리고 끝부분의 '법이 잠들게 내버려두다'는 심각한 위기 상황에선 자신의

도덕적 원칙을 접을 수 있어야 한다는 의미의 유명한 표현이다.[36]

E. 챔플린은 키오스의 아리스톤의 모든 저작이 고대에 이미 위작으로 통했다는 사실을 토대로 그러한 주장을 펼친다. 소크라테스에서 에픽테토스까지 다른 철학자들이 대개 그랬듯이 아리스톤도 철학을 말로 가르치고 저술은 하지 않은 것이 거의 확실하다. 그럼에도 그의 저작이 고대에 이미 존재했는데, 그 대부분의 제목인 hypomnēmata, scholai, diatribai가 제자들이 강의를 받아 적은 책이라는 사실을 보여준다.[37] 우리가 2세기 초의 공직자 아리아노스를 통해 에픽테토스의 철학을 아는 것과 마찬가지다. 그러므로 마르쿠스 아우렐리우스가 아리스톤의 철학 강의 필사본이나 스토아주의 학당에 남아 있던 발췌본을 입수했을 가능성이 있다. 혹은 아리스톤의 『비교Homoiōmata』 선집을 읽었을 수도 있다. 이 선집은 고대 말에 이미 유명했고, 아리스톤의 가르침과 일치한다는 증거도 있다. 가령 아리스톤은 변증법을 쓸모없는 것으로 여겼는데, 이 책에는 그러한 입장을 보여주는 문장이 빈번히 나온다. 변증법 교사들의 추론은 거미줄 같으니, 쓸모는 없으면서 정교하다. 변증법을 심화하는 자는 가재를 먹는 자와 비슷하니, 얼마 안 되는 살을 먹으려고 껍질을 붙잡고 씨름한다. 변증법은 길의 진창 같으니, 쓸모는 없으면서 행인을 넘어뜨린다. 생의 덧없음에 대한 지적도 그렇다. 인간에게 주어진 시간과 삶은 아주 짧다. 잠은 후견인처럼 그 시간의 반을 앗아간다.[38] 게다가 마르쿠스 아우렐리우스는 키케로와 세네카의 언급을 통해 이 철학자를 알고 있었을 수도 있다.[39]

하지만 사실 마르쿠스 아우렐리우스가 어느 아리스톤을 읽었느냐는 문제가 아니다. 플리니우스가 법학자 티티우스 아리스톤이 철학자의 삶을 살았다고 했으니, 이 아리스톤이 철학 저작을 남겼을 수도 있다. 단 한 가지 확언할 수 있는바, 그 편지에서 마르쿠스를 그토록 심란하게 한 것은 철학책이었다.

그렇지만 그것이 키오스의 아리스톤의 책이라 해도, 단지 그 책만으로 마르쿠스가 전향했고 그 책이 마르쿠스의 사상에 지대한 영향을 미쳤다고 말하기는 어렵다. 고대 전통에서 키오스의 아리스톤의 가르침이 띠는 특징이 『명상록』에서는 발견되지 않기 때문이다. 이 때문에 나는 이전 연구에서 제안했던 번역을 수정해야 했다. 이 교의적 문제는 뒤에서 다시 짚어볼 것이다.[40]

마르쿠스는 『명상록』 1권에서 유니우스 루스티쿠스가 빌려준 에픽테토스의 강의록에 결정적 영향을 받았음을 비교적 명확히 밝힌다. 마르쿠스가 스토아주의로 전향하는 과정은 유니우스 루스티쿠스와 차차 언급할 다른 철학자들을 자주 접하면서 서서히 진행되었을 것이다. 게다가 마르쿠스가 프론토에게 쓴 편지 중 상당수는 사라졌다는 점을 잊으면 안 된다. 다른 편지에서는 제자가 스승에게 수사학에 점점 흥미를 잃고 자신의 내적 성향을 개선하길 원하는 모습을 비쳤을지도 모른다. 그는 섬세하게 마음을 쓰며 이 편지에서처럼 자신을 살짝 비꼬곤 했다. 어쨌든 아리스톤을 접한 경험은 기나긴 과정의 한 순간, 한 지표에 불과하다. 마르쿠스는 분명히 책을 많이 읽고 철학 대가들의 가르침도 많이 들었을 것이다. 하지만 그가 철학에 심취했다는 첫번째 증언이 스물다섯 살 무렵으로 나온다는 점은 흥미롭다.

6. 선생과 친구

유니우스 루스티쿠스 외에도 고대 역사가들과 마르쿠스 아우렐리우스 본인이 거론하는 철학 선생으로 특히 칼케돈의 아폴로니오스와 카이로네이아의 섹스투스가 있다. 유니우스 루스티쿠스는 제자와 매우 가까운 정신적 지도자였다. 아폴로니오스와 섹스투스는 학당을 이끌고 있었기에 마르쿠스는 친히 학당에 가서 가르침을 들었다. 『히스토리아 아우구스타』에 따르면, 아폴로니오스는 스토아주의자로 궁에 가서 개인교사 노릇하기를 거절했다. "제자가 스승에게 와야지 스승이 제자에게 갈 수는 없다." 젊은 황위 계승자에게 스토아철학을 가르치기 위해 거금을 들여 칼케돈에서 그를 초빙했던 안토니누스 피우스 황제는 아폴로니오스를 그의 집에서 궁까지 데려오는 것보다 칼케돈에서 로마로 데려오는 게 더 쉬웠다고 말했다.[41]

『명상록』 1권(I, 8)에선 이 철학 선생을 루스티쿠스 바로 다음에 언급한다. 여기에도 그가 가르친 내용은 나오지 않고 그에게서 얻은 도덕적 태도와 실질적 조언만 나온다. 자유로운 사고, 극단적인 것들을 조화시키는 기술, 가령 심사숙고한 뒤에 결정하되 미루지 않고, 긴장하면서도 느긋하게 굴고, 자기가 받은 호의에 얽매이지 않되 무심하게 보이지 않는 태도가 그렇다. 마르쿠스가 보기에 그는 위대한 선생입네 하지 않는 자였다. 아폴로니오스는 강의에서 쌓은 경험이나 노련함을 자신의 가장 주요한 장점으로 여기지 않았고, 텍스트를 설명하면서 궤변을 늘어놓지도 않았다. 아폴로니오스가 세상을 떠났을 때, 아직 황위에 오르기 전이었던 마르쿠스는 매우 슬퍼하며 많이 울었다고 한다. 마르쿠스 아우렐리우스가 철학을 한다는 것을 우습게 여기던 궁신들은 그가 자기 원칙을 지키지 못했다고 지적하고자 그렇게 감정을 드러내서야 어디 쓰겠느냐고 힐난했다. 그러나 안토니누스 황제는 궁신들에게 이렇게 말했다. "그애가 인간으로 살게 두어라. 철학도, 제국도 감정을 뿌리 뽑지는 못한다."[42]

마르쿠스 아우렐리우스는 젊은 황위 계승자 시절에 아폴로니오스의 학당에 자주 갔다. 하지만 나이가 들고 황제가 된 후에는 카이로네이아의 섹스투스의 학당에 나갔던 것으로 보인다. 이 철학자는 『히스토리아 아우구스타』[43])에선 스토아주의자로 소개된 반면 비잔틴 백과사전 『수다Souda』[44])에는 회의주의자라고 나오는데, 유명한 회의주의자 섹스투스 엠피리쿠스와 혼동한 것이다. 『수다』에 따르면, 마르쿠스는 황제로서 재판을 할 때 섹스투스를 자주 보좌역으로 동석시켰다고 한다. 당대에 직설적인 화법으로 유명했던 철학자 루키우스가 황제에게 섹스투스의 학당에 가서 무엇을 하느냐고 물었다. 황제는 답했다. "배움은 늙어가는 자에게도 좋은 것이오. 나는 내가 아직 모르는 것을 배우러 철학자 섹스투스를 찾아가는 거요." 루키우스가 어이없다는 듯 두 손을 번쩍 들고 외쳤다. "오, 제우스여, 로마 황제는 나이가 들어서도 아이처럼 목에 석판을 걸고 학당에 가는데, 우리 왕 알렉산드로스는 고작 서른두 살에 죽다니!"[45])

섹스투스도 『명상록』 1권에서 아폴로니오스 바로 다음에 언급된다. 마르쿠스는 특히 그의 상냥함, 가정을 이끄는 태도, 자연에 맞는 삶의 본보기, 소박한 위엄, 친구의 감정을 헤아리는 기술, 인내심, 누구에게나 맞춰주고 감정적이지 않되 늘 살가운 면을 높이 샀다. 그러나 그의 가르침에 대해서도 약간은 언급한다. 섹스투스는 "인생에 필요한 근본 원리dogmata를 명확하고 체계적으로", 무엇보다 "자연에 맞는 삶이 어떤 것인지를" 정리할 줄 알았다. 후자의 표현은 섹스투스가 스토아주의자였음을 다시금 확인해준다.

아폴로니오스와 섹스투스의 가르침에 어떤 차이가 있었는지 우리가 알 길은 없다. 별 차이가 없었을 가능성도 크다. 당대 스토아철학은 무소니우스 루푸스와 그의 제자 에픽테토스가 거의 꽉 잡고 있었다. 어쨌든 프론토도 당시 유명했던 철학자 에우프라테스, 디온, 티모크라테스, 아테노도투스가 모두 무소니우스 루푸스의 제자라고 했다.[46] 게다가 마르쿠스 아우렐리우스가 아폴로니오스와 섹스투스의 학당에 다녔다는 것은 철학의 세 분야, 즉 윤리뿐만 아니라 자연 이론과 변증법까지 공부했다는 뜻이다. 그러므로 프론토가 그에게 쓴 편지에서 변증법과 소피스트의 논파를 공부한다고 나무란 것은 수사적 과장이 아니다.[47]

마르쿠스의 스승으로는 학당에서 가르쳤던 철학자들 외에 공직자이면서 철학을 하는 자들도 있었다. 내가 보기에 『명상록』 1권 구성에서부터 그 점은 명백하다. 마르쿠스는 부모, 어릴 적 스승(특히 디오그네투스), 정신적 지도자로서 특별한 존재이자 철학으로의 전향에 영향을 미친 유니우스 루스티쿠스, 학당에 다니면서 사사한 두 스승 아폴로니오스와 섹스투스, 문법 스승 알렉산드로스와 수사학 스승 프론토, 170년경에 황제의 그리스어 서신 담당 비서가 된 플라톤주의자 알렉산드로스[48] 순서로 인물들을 열거한다. 황제는 그 비서를 '친구'로 여겼고 그에게서 도덕적 행동의 본보기를 발견했다.

그다음에 나오는 세 이름 카툴루스, 세베루스, 막시무스는 스승은 아니지만 황제보다 연배가 높았던 벗이다. 이들은 루스티쿠스처럼 공직자로서 정치적 이력을 쌓았으나 마르쿠스의 철학적 삶에 영향을 미쳤다. 여기서 말하는 막시무스는 아풀레이우스의 『변론』에도 나오는 아프리카 속주 총독이자 철학자였던 클라우디우스 막시무스다. 클라우디우스 막시무스와 킨나 카툴루스는 『히스토리아 아우구스타』에 스토아철학자로 소개되는데, 이 책에서 세베루스, 즉 146년에 총독이 된 클라우디우스 세베루스 아라비아누스가 아리스토텔레스주의자였음을 알고 있었던 점을 봤을 때 이 증언을 의심할 이유는 없다.[49] 세베루스의 아들도 총독을 지냈고 아버지와 같은 아리스토텔레스주의자였다. 갈레노스의 증언이 이를 뒷받침한다.[50] 이 유명한 의술가가 로마 귀족을 위해 실시한 공개 해부에 아들 세베루스가 참석하곤 했다고 한다.[51] 아리스토텔레스주의자는 늘 과학에 관심이 많았다. 아들 세베루스가 열심히 갈레노스의 의술을 배웠던 이유도 아마 그 때문일 것이다.

마르쿠스는 이어서 안토니누스 황제를 자신이 닮고 싶은 이상적 군주의 초상으로 그린다(I, 16). 이 묘사에서 철학이 빠졌다고 할 수는 없다. 상황에 맞게 삼가거나 즐길 줄 안다는 표현은 소크라테스에 비견되기 때문이다. 1권은 신에게 받은 모든 은총을 떠올리면서 마무리되는데, 아폴로니오스와 루스티쿠스와 막시무스를 만난 것도 그러한 은총이라 말한다. 1권의 마지막 부분은 황제가 소피스트의 야심, 순전히 이론적인 논설, 멋부린 웅변을 멀리하고, 철학은 삶이라는 것을 알게 해준 루스티쿠스에게 감사한다는 점에서 1권의 7과 연결된다.

마르쿠스 아우렐리우스가 1권에서 증언한 대로, 그가 진정한 철학과 에픽테토스의 사상을 발견한 것은 유니우스 루스티쿠스 덕분이었다. 이 결정적 기여에 아폴로니오스와 섹스투스의 스토아철학이 가세했다. 그리고 그의 '벗' 플라톤주의자 알렉산드로스, 클라우디우스 막시무스, 클라우디우스 세베루스, 킨나 카툴루스의 조언과 본보기는 철학적 삶에 도움을 주었다.

7. 철인 황제

161년 3월 7일에 마르쿠스는 황제가 되었고, 이는 예기치 않은 특별한 사건이었다. 로마에 철학자의 소명, 그것도 하필 스토아철학자의 소명을 품은 황제가 등장한 것이다. 프론토는 이런 인물이 제국을 통치하게 되었다는 사실에 마음이 놓이지 않았다. 그는 철학이 부정적인 생각을 불러일으킨다고 보았다. 프론토는 마르쿠스가 엄청난 부자였던 마티디아 고모의 유지를 받들면서 발생한 법적 문제 때문에 아우피디우스 빅토리누스에게 편지를 쓰면서 이런 말을 한다. "그가 철학 때문에 잘못된 결정을 내리게 될까봐 몹시 두려웠다네."[52] 게다가 프론토가 보기에 마르쿠스가 이해한 대로의 스토아철학은 황제에게 반드시 필요한 능변의 적이었다. 그는 황제에게 이렇게 쓴다. "설령 그대가 클레안테스나 제논의 지혜에 도달하더라도, 좋든 싫든 거칠게 짠 철학자의 망토가 아니라 자주색 망토를 걸쳐야만 합니다."[53] 요컨대, 대중 앞에서 연설해야 하고 수사학의 가르침을 명심해야 한다는 뜻이다. 마르쿠스가 제국의 중대한 일에 짓눌려 지내는 동안, 프론토는 철학의 엄격함에 맞서 상식을 옹호하는 역할을 했다. 황제가 알시움 해변에 머무는 동안 느긋하게 진정한 휴가를 누리라고 조언한 것도 그 한 예다. "그대의 크리시포스도 매일 취하도록 마셨다고 합니다."[54] 프론토가 "그대의 크리시포스"라고 했다는 점도 눈여겨보자. 비록 일부 현대 역사가들은 마르쿠스가 스스로 스토아철학자라고 생각했을까 의심스러워하지만[55] 그와 가까웠던 프론토는 분명히 그 점을 의심하지 않았다. 그는 황제의 철학을 언급하면서 자연스럽게 클레안테스, 제논, 크리시포스 같은 스토아철학의 대가들을 거론한다. 누가 봐도 마르쿠스의 마음은 스토아철학에 가 있었던 것이다. 이따금 프론토는 철학에 열중하는 황제에게 그저 너그러이 미소를 짓는다. 그대의 도그마instituta tua에 따라 목숨이 위협당하는 상황에서도 흔들리지 말라고도 한다.[56] 또 한번은 황제의 자녀들을 만나고 왔는데 그중 한 아이가 진정한 철학자의 아들

답게 검은 빵을 쥐고 있더라고 말한다.[57]

  로마 사람들과 제국 전체도 황제가 철학자라는 점을 알았던 듯하다. 도나우 전쟁이 고조됐을 때 황제는 검투사를 징집해야 했다. 그러자 황제가 백성의 도락을 빼앗고 죄다 철학자를 만들려 한다는 농담이 로마에 유행했다.[58] 이러한 점에서 일단의 그리스도교도가 『변증론』에서 황제에게 바친 헌사는 흥미롭다. 일반적으로 황제의 칭호에는 전쟁에서 승리를 거둔 후 황제 스스로 붙이는 이름이 포함되었다. 그렇지만 그리스도교 변증론자 아테나고라스는 마르쿠스 아우렐리우스에게 '철학자'라는 칭호를 덧붙인다. "마르쿠스 아우렐리우스 안토니누스와 루키우스 아우렐리우스 콤모두스, 아르메니아인과 사르마트족과 특히 철학자에게." 여기서 마르쿠스의 미력한 아들 콤모두스는 아버지의 후광을 입고 있다. 유스티누스의 『변증론』 도입부에서 황제의 양아우 루키우스 베루스도 실제로는 타락한 상태였으나 철학자의 후광을 입는다.[59] 어쨌든 여기서도 아직 황위 계승자였던 마르쿠스 아우렐리우스를 '철학자'로 칭한다. 그리스도교 변증론자들이 이 헌사들에서 '철학자'를 운운한 이유는 그리스도교 역시 일종의 철학, 나아가 가장 좋은 철학이므로 황제가 그리스도교를 용인해야 한다는 주장을 펼치기 때문이다.

  황제는 철학자들에게 둘러싸여 나라를 다스렸다. 우리는 이미 스토아주의자 '친구', 즉 유니우스 루스티쿠스(162년 집정관, 165년경 로마 총독), 클라우디우스 막시무스(아프리카 속주 총독), 킨나 카툴루스 등을 언급했다. 그러나 스토아주의자만 가까이했던 것은 아니다. 클라우디우스 세베루스(173년 집정관, 마르쿠스 아우렐리우스의 사위)처럼 확고한 아리스토텔레스학파도 있었다. 갈레노스가 해부학 실습 이야기를 하면서 언급한 자들도 아리스토텔레스학파다. 그리고 무엇보다 소요학파인 페르가몬의 에

우데모스를 중심으로 하는 무리도 있었다. 세르기우스 파울루스(168년 집정관, 166~167년 아시아 속주 총독, 168년경 로마 총독), 플라비우스 보에티우스(166~168년경 시리아 팔레스티나 속주 총독, 소요학파 철학자 다마스쿠스의 알렉산데르의 제자), 베툴레누스 키비카 바르바루스(157년 집정관으로, 황제의 딸 루킬라가 루키우스 베루스와 혼인하기 위해 안티오크로 떠날 때 동행했던 인물)[60)]가 그들이다. 갈레노스의 증언은 마르쿠스 아우렐리우스 시대의 로마 귀족들이 철학에 무척 힘을 쏟았음을 보여준다. 그리고 철학을 하는 공직자가 철학의 교의에 막연히 관심을 두는 아마추어가 아니었고, 의식적으로 한 학파를 택했다는 것도 알 수 있다. 어떤 이는 아리스토텔레스학파에 심취했고, 또 어떤 이는 스토아학파로 살았다. 한 명의 철학자가 아닌, 여러 철학자가 당시 로마제국을 다스렸던 것이다. 게다가 갈레노스는 마르쿠스 아우렐리우스의 궁과 양아우 루키우스 베루스의 궁이 확연히 분위기가 달랐다고 말한다. 마르쿠스의 궁에서는 스토아주의자처럼 머리를 박박 깎는 것이 유행이었다. 시인 페르시우스는 스토아학파를 "젊은데도 머리를 밀고"[61)] 적게 자고 적게 먹는 자들로 묘사했다. 반면 루키우스 베루스의 측근들은 머리를 길렀다. 루키우스는 형의 측근들이 황제를 흉내내려고 철학자인 척한다고 생각했기 때문에 그들을 '흉내쟁이$_{mimologoi}$'라고 부르기도 했다.[62)] 디온 카시오스도 마르쿠스 아우렐리우스 치세에는 황제에게 잘 보이기 위해 철학자 흉내를 내는 이들이 많았다고 썼다.[63)]

우리는 아주 간략하게 마르쿠스 아우렐리우스가 어떻게 철학자가 되었는지 살펴보았다. 이제 어떻게 그가 『명상록』을 쓰게 됐는지 알아볼 차례다.

II
『명상록』 개괄

1. 텍스트의 운명

　지금은 책의 인쇄와 유통이 흔한 상업 활동이 되었기에 한 권의 고대 저작이 우리에게 전해지기까지 얼마나 기적적인 우여곡절을 겪는지 잘 모른다. 손상되기 쉬운 구현 재료에 구술 혹은 집필되고, 그후 필경사가 베껴쓰는 과정에서 왜곡되다가 인쇄술이 발명될 때까지 살아남았다는 것은 고대의 수많은 도서관 화재에서 운 좋게 소실되지 않고 쓸모없는 작품으로 치부되어 사장되지도 않았다는 뜻이다. 『명상록』은 위험천만한 여정을 거쳐왔다.
　재차 말하겠지만, 황제는 자기 혼자 보려고 손수 글을 썼을 것이다. 그가 죽고서 측근이나 그의 숭배자가 그 글을 모아 이 귀한 자료를 남겼다. 한때 발표도 되었을까? 요컨대 필사해서 책방에 내놓은 때도 있었을까? 그건 말하기 어렵다. 아비디우스 카시우스의 반란 당시 마르쿠스가 했던 연설과 『명상록』의 내용이 비슷한 데가 있다고 생각한 이들이 있었다. 그 연설은 황제가 죽고 나서 몇 년 후 디온 카시오스가 남긴 기록에서 볼 수 있다.[1] 사실 표현의 유사성은 그리 주목할 바가 못 된다. 당시의 문학과 철학 전통에서 흔히 쓰였던 표현이기 때문이다. 마르쿠스 아우렐리우스 사망 2세기 후에 활동했던 철학자 테미스티우스는 황제가 쓴 「권고paraggelmata」를 언급한 것으로 보아[2] 이 저작의 존재를 알았던 것 같다. 역사가 아우렐리우스 빅토르와 『히스토리아 아우구스타』는 황제가 도나우 전선으로 원정을 가기 전 사흘에 걸쳐 자신의 철학적 가르침을 일련의 권고 형식으로 발표했을 것이라 보았다.[3] 이 점이 흥미로운 이유는 『명상록』 집필을 게르만족과의 전쟁과 연결짓는데 그게 또 완전히 틀린 말은 아니기 때문이다. 14세기에는 이 저작이 황제의 아들 콤모두스를 교육하기 위한 목적에서 나왔으리라 생각했다.[4] 어쨌든 이런 주장을 했던 저자 중에서 실제로 이 저작을 입수한 사람은 아무도 없었던 것 같다.

10세기 비잔틴 시대에 이르러서야 마르쿠스 아우렐리우스의 저작을 읽었다는 증언, 필사본에 대한 증언이 나타난다. 이 시대의 대백과사전 『수다』는 마르쿠스 아우렐리우스의 발췌문을 여럿 싣고, 이 저작이 열두 권으로 구성되어 있다고 명시한다.[5] 콘스탄티노플의 아레타스 주교는 907년 이전에 헤라클레아의 대주교 데메트리오스에게 쓴 편지에서, 철인 황제의 책을 손에 넣었는데 읽을 수는 있으나 상태가 좋지 않다고 말한다. 그리고 자신이 그 책을 다시 필사하도록 맡겼으므로 완전히 새 책으로 후세에 남길 수 있다고 전한다.[6] 게다가 실제로 아레타스 주교가 자신의 저작에 아우렐리우스를 인용한 것으로 보이는 대목이 여러 군데 있다.[7] 비잔틴 세계에는 그후에도 쭉 아우렐리우스를 읽은 흔적이 있다.[8]

서양에서는 16세기 초에야 그런 흔적이 보인다. 1517년 출간된 인문학자 요하네스 로이힐린의 『카발라의 기술에 대하여』에는 저자가 소장한 필사본에서 발췌한 것으로 보이는 아우렐리우스 인용문이 있다.[9)]

취리히 안드레아스 게스너 출판사의 인쇄본이 등장한 것은 1559년의 일이다. 지금은 남아 있지 않은 필사본을 바탕으로 한 크실란더(빌헬름 홀츠만)의 라틴어 번역이 함께 실렸다. 이 판본 말고 현재 남아 있는 아우렐리우스 저작의 완벽한 필사본은 단 하나, 14세기에 필사된 『바티카누스 그라에쿠스 1950』이다.

이제 예기치 않은 행운이 따랐기에 우리가 『명상록』을 읽을 수 있게 되었다는 것을 이해하리라. 그렇지만 어떤 대목은—다행히 그 수가 많지는 않으나—만족스러운 상태로 남아 있지 않은데 참고 가능한 필사본의 수가 워낙 적어서 더 낫게 바로잡기도 힘들다. 따라서 때로는 가장 사실임 직한 것으로 원문을 추정할 수밖에 없다. 그리고 어떤 식으로든 텍스트를 이해하기는 매우 어렵다. 그러므로 독자는 내가 제시하는 번역이 기존 번역과 자못 다르더라도 놀라지 않기 바란다. 그리고 마르쿠스 아우렐리우스의 사상에 대한 나의 해석은 내가 텍스트를 번역하는 방식에 기반하기 때문에 『명상록』을 길게 인용할 수밖에 없었다.

게다가 필사본이나 최초의 인쇄본은 장 구분도 없고 단락 수도 적다. 최초 판본 이후 16, 17세기의 출판업자와 번역가가 문장을 재배치해 다양한 버전을 연달아 내놓았다. 지금의 번호 체계는 라틴어 번역가 토머스 개터커의 1652년 케임브리지판에 따른 것이다.[10)] 하지만 개터커의 구분은 완전히 재고되어야 한다. 어떤 장들은 합쳐져야 하고, 하위 구분이 필요한 장도 많다. 개터커판에는 상이한 주제를 다루는 문장도 전부 한데 뭉뚱그려져 있다. 그러므로 독자는 내가 텍스트를 배치한 방식이 여느 『명상록』 번역본과 다르더라도 놀라지 말기 바란다.

2. 『명상록』이라는 제목

앞에서 보았듯이 1559년판으로 마르쿠스 아우렐리우스의 사상이 서양 세계에 드러났다. 이 저작은 즉시 큰 성공을 거두었다. 그리스어 원문은 유럽 여러 나라 말과 라틴어로 활발하게 번역되었다. 하지만 금세 이런 문제가 제기되었다. 이 저작의 장르를 무엇으로 보아야 하나? 일반적으로 고대 저작은 제목만 보면 어떤 종류인지 알 수 있다. 게다가 철학자들이 자기 글에 제목을 붙이는 경우는 많지 않았다. 대개 그들이 작성한 강의록은 제목 없이 학당 서고에 보존되었다. 그러다 제자들과 후계자들이 그런 강의록을 편의상 철학의 분과나 해당 사안으로 지칭하거나(『자연학』) 글을 받는 사람의 이름을 같이 달았다(『니코마코스 윤리학』). 플라톤의 『대화편』 속 각각의 제목은 저자가 직접 달았겠지만 주로 토론의 주요 인물명을 땄다(「카르미데스」 「파이돈」 「필레보스」). 지금처럼 저자가 자신의 독창성을 보여주기 위해, 혹은 특이한 표현으로 독자의 관심을 끌기 위해(『대머리 여가수』 『무희와 접착테이프』 『요리사와 식인종』) 제목을 고심해서 짓지는 않았다.[11]

마르쿠스 아우렐리우스도 우리가 현재 『명상록』이라고 부르는 글을 쓸 때 자기만 볼 글에 제목을 붙일 생각은 전혀 없었을 것이다. 게다가 고대에는 책이 공개 낭독 등으로 발표되지 않는 한, 저자가 제목을 붙이는 일이 거의 없었다. 의학자 갈레노스와 철학자 플로티노스도 자기가 쓴 글을 제목 없이 친구들에게 넘겼다.[12] 그들이 넘긴 글은 고대인이 '비망록hypomnēmata'이라 부르곤 했던, 다시 말해 출간을 염두에 두지 않고 써놓은, 제목 없는 글이었다. 마르쿠스 아우렐리우스의 글 역시 순전히 개인적인 것일 확률이 높기 때문에 제목이 없었을 것이다. 이 귀한 책이 전해 내려오는 데 한 못한 아레타스 주교(9~10세기)도 제목을 언급하지 않고 "마르쿠스 황제의 실로 유익한 책"이라고만 했다.[13] 테오필락토스 시모카테스(7세기)가 남긴 것으로 추정되는 『명상록』에 대한 짧은 시문에도 제목은 나와 있지 않다.[14] 아레타스는 자신의 주해를 루키아노스에게 보내면서 그 책을 "자기 자신을 위한 윤리적 글ta eis heauton Ethika"이라고 말한다.[15] 『수다』에선 "그는 자신의 개인적 삶의 기강(아고게)을 열두 권에 담았다"고 전한다.[16] 마지막으로, 4세기 철학자 테미스티우스가 불분명하게 마르쿠스 아우렐리우스의 「권고」를 언급했다.

바티칸 필사본에서도 황제의 이 글에 제목을 달지 않았다. 발췌 필사본에는 가끔 ta kat' heauton이라고 달려 있는데, 이 말은 '자기 자신과 관련된 글' '사적인 글' 정도로 번역된다. 초간본의 제목은 '자기 자신을 위한 글Eis heauton'이다.

1559년 그리스어판이 출간된 이후로 수많은 번역서가 이론과 해석에 따라 실로 다양한 제목을 내놓았다. 1559년 그리스어판에 함께 들어간 크실란더의 라틴어 번역은 '자기 자신 혹은 자기 인생에 대하여De seipso seu vita sua'라는 제목을 제안했고, 스트라스부르판(1590년)과 리옹판(1626년)은 '자기 인생에 대해서De vita sua'로 나왔다. 1643년 런던에서 나온 그리스어-라틴어판에서 메릭 카조봉은 '자기에 대하여 자기 자신에게De seipso et ad seipsum'라는 제목을 취했으나, 1634년 출간된 영어 번역은 '자기 자신에 대한 명상Meditations concerning Himself'을 제목으로 삼았다. 같은 시대 영국에 살았던 인문주의자 토머스 개터커는 주석을 단 라틴어 번역 앞머리에 이렇게 써놓았다. "De rebus suis sive de eis quae ad se pertinere censebat(사적인 사안 혹은 그가 자기에 관한 것이라고 생각했던 것들)."

이리하여 이 저작은 온갖 언어로 번역되며 온갖 제목이 붙었다. 라틴어로는 '자기 삶의 의무에 대하여De officio vitae' '서판Pugillaria' '자기를 위하여 쓴 노트Commentaria quos ipse sibi scripsit', 프랑스어로는 '도덕적 사유Pensées morales' '사유Pensées' '나 자신에게A moi-même', 영어로는 '자기와의 대화Conversation with Himself' '명상록Meditations' '사유Thoughts' '자기에게To Himself' '자기와의 대화Communings with Himself', 독일어로는 '자기에 대한 혹은 자기와의 성찰 Betrachtungen über sich selbst ou mit sich selbst' '자기 성찰Selbstbetrachtungen' '자기에게로 가는 길Wege zu sich selbst' 같은 제목이 있었다.

3. 『명상록』의 문학적 장르에 대한 가설

『명상록』 연구자와 독자의 상당수는 마르쿠스 아우렐리우스가 어떤 의도로 이 글을 썼는지 이해하지 못했고 아직도 이해하지 못하고 있다. 그들은 어떤 면에서 완전히 시대착오적으로 그들의 편견을, 그들이 살아가는 시대의 문학적 습관을 그의 글에 투사한다.

『명상록』을 최초로 출간한 크실란더(홀츠만)는 자신이 출간하려는 텍스트가 플라톤의 『대화편』이나 키케로의 논설들처럼 잘 배열되어 있지 않은 것을 보고 번역 대본으로 삼은 필사본이 애초에 아우렐리우스 저작의 발췌문 모음일 것이라고, 그 책이 불완전하고 토막 난 상태로 순서가 뒤죽박죽인 채 전해졌으리라고 추측했다.[17] 그로서는 황제가 그토록 무질서하고 불분명한 글을 남겼으리라 상상할 수 없었다. 특히 당시에는 체계적 논설을 철학적 글쓰기의 가장 완벽한 형태로 여겼다.

17세기에 이 책을 영어(1634년)와 라틴어(1643년)로 번역한 메릭 카조봉은 고대문학 장르의 다양성에 대해서 좀더 교육을 잘 받은 사람이었던 것 같다. 그는 라틴어 번역본 서문에서 고대에는 테오그니스와 포킬리데스 같은 문인이 힘썼던 문장의 장르, 자신의 생각을 짧은 단상으로 표현하는 문학적 장르가 있었다고 지적한다. 아리아노스가 정리한 에픽테토스의 『엥케이리디온』이 바로 이런 양식을 취한다. 게다가 이 텍스트의 진정한 구성 단위를 파악하면 그 안에서 전개되는 생각의 흐름과 자주 되풀이되는 주제를 더 잘 이해할 수 있다.[18]

카조봉은 또한 아우렐리우스가 이 글을 자기 자신을 위해 썼다는 점을 잊으면 안 된다고 했다. 따라서 아우렐리우스는 대중을 위한 글을 쓰는 작가처럼 의미를 명쾌하게 전달하려 하지 않는다. 메릭 카조봉은 또 그 시대 사람들이 아우렐리우스의 저작을 '자기 인생에 대하여 De vita sua'라는 제목으로 인용한다고 비판한다.[19] 아우구스투스 같은 황제들이 자기 인생에 대한 글을 썼던 것은 사실이지만, 그런 글은 공적인 삶과 사적인 삶의 주요 사건을 다루었다. 그런데 아우렐리우스의 저작은 그런 사건을 다루지 않고 『수다』에서 말한 대로 "자기 삶의 기강"을 담았다. 어떤 이들은 '의무에 대하여 De officio suo'라는 제목으로 그러한 생각을 표현한다. 하지만 그 제목으로는 초간본에 붙인 제목 '자기 자신을 위한 글 Eis heauton'을 명확히 나타내지 못하고, '자기에 대하여 자기 자신에게 De seipso et ad seipsum'라고 옮겨야 한다고 카조봉은 말한다. 『명상록』은 아우렐리우스가 자기를 주제로 삼아 자기와 나누는 대화다. 카조봉은 그리스의 철인 솔론이라면 '자기 자신을 위한 지침 hypothēkas eis heauton'이라 썼을 것이라고 상기시킨다. 그리고 플라톤주의자와 스토아주의자에게 '자아'는 영혼 혹은 정신을 의미한다고 지적한다.

토머스 개터커는 작품의 특성을 좀더 상세하게 규정한다. 그는 에픽테토스의 『담화록』을 아우렐리우스의 저작과 비교한다. 전자는 제자인 아리아노스가 받아 적고 편집자 역할도 했다(복음사가들이 그리스도의 말씀을 복음서로 남겼듯이). 후자는 아우렐리우스가 직접 쓴 글이 후에 책으로 엮인 것이다. 개터커는 'adversaria'라는 낱말을 '언제나 자기 앞에 있는 것' '언제나 손에 쥐고 있는 초고'라는 뜻으로 사용한다. 또한 황제가 언제나 철학에 관심을 두었고 명상중에 떠오르는 생각을 순서에 연연하지 않고 글로 남기는 습관을 들였다고 말한다. 이 단상들은 저절로 떠올랐거나 독서나 대화중에 맞닥뜨린 장소와 시간에 따라 배열되었다. 이는 2권 도입부의 "콰디족의 땅에서" 3권 도입부의 "카르눈툼에서"라는 언급을 보면 알 수 있다. 어떤 부분은 앞뒤가 안 맞고 어떤 부분은 반복된다. 종종 생략하거나 비약하는 형식도 본인에게는 그 메모를 왜 남겼는지 떠올리게 하기에 충분하다. 이 때문에 독자가 보기에는 알쏭달쏭한 대목이 너무 많다. 이 기록은 사실 개인적 용도로 쓴 것이었다.[20]

그러나 17세기 초(1624년)에 문헌학자 C. 바르트[21]는 마르쿠스 아우렐리우스의 글에서 조직적 구성의 흔적, 가끔은 길게 전개되는 추론을 분별할 수 있다고 강조했다. 그래서 크실란더의 주장, 즉 우리에게 전해지는 텍스트는 황제가 체계적으로 작성한 도덕론의 발췌eclogai에 불과하다는 주장이 다시 돌아왔다.

1742년과 1773년에 『명상록』을 번역하고 출판한 장피에르 드 졸리도 비슷한 의견을 내놓았다. 마르쿠스 아우렐리우스는 체계적인 도덕론을 썼지만 그가 죽은 후 글을 담은 서판이 흩어졌을 것이다. 어느 출판업자가 이 무질서한 상태 그대로 책을 냈다. 그러므로 현대 출판업자는 원문의 체계적 순서를 복원할 임무가 있다. 드 졸리는 『명상록』을 서른다섯 꼭지로 나누어 체계적으로 제시하고자 힘썼다.[22]

20세기에 번역가 아서 파커슨은 C. 바르트와 드 졸리의 가설을 조금

다른 관점에서 취했다. 그는 1944년에 모든 면에서 주목할 만한 주석이 달린 영역본을 출간했다. 그는 마르쿠스 아우렐리우스가 "위안과 격려의 저작"을 집필할 목적으로 십 년에서 십오 년 정도 계속 글감을 모아두었을 것이라 생각했다. 실제로 어떤 사유에서는 문학적 구성을 상당히 신경 쓴 태가 난다. 황제가 죽은 후 아마도 비서가 황제의 기록 중 일부를 추렸을 것이다. 현재 텍스트의 무질서는 황제가 원문을 무질서한 상태로 남겼거나, 황제 나름대로는 질서를 부여했는데 우리가 보기에 미흡하거나, 원문이 오랜 세월 여러 사람의 손을 거치면서 훼손되고 해체된 탓일 것이다. 어쨌든 마르쿠스 아우렐리우스는 철학적 삶에 유익한 조언을 글로 남기고 싶었을 것이다. 파커슨은 『명상록』을 기그 르 샤르트뢰[23]의 『명상록』, 저 유명한 토머스 브라운의 『의사의 종교Religio Medici』, 그리고 특히 파스칼의 『팡세』에 비견할 수 있다고 보았다.

『명상록』의 무질서한 성격은 19세기 독자에게 전혀 문제가 되지 않았다. 낭만주의 시대에는 이 저작이 황제의 '일기'일 거라 생각했다. 르낭은 이렇게 썼다. "아마도 마르쿠스는 어릴 때부터 자기 내면 상태를 일기로 적어두는 습관이 있었을 것이다. 그는 그리스어로 스스로 힘을 내기 위해 의지하는 격언, 좋아하는 작가의 글귀, 특히 와닿는 도덕론의 몇몇 대목, 하루 동안 자기를 지탱해주는 원칙, 때로는 양심이 저절로 던지는 비난까지도 일기에 적었다."[24] '일기'를 자기만을 위해 쓰는 글, 하루하루 쌓이는 글이라고 이해한다면 철학자 게오르크 미슈[25]가 『자서전의 역사』에서 인정했듯이 황제는 '일기'를 썼다고, 혹은 역사학자 피터 브런트[26]가 「『명상록』 속 마르쿠스 아우렐리우스」라는 빼어난 연구에서 사용한 표현을 빌리자면 "정신의 일기"를 썼다고 할 수 있을 것이다. 하지만 '일기'가 감정과 심리 상태의 토로라고 한다면 『명상록』은 일기가 아니다. 황제가

『명상록』을 썼다는 사실에서 르낭이 주장하는 것처럼 그의 영혼이 불안했다는 결론을 도출할 수는 없다. 르낭은 철인 황제를 일기문학으로 유명한 아미엘이나 모리스 드 게랭처럼 하루하루의 불안과 고뇌를 표현한 작가와 너무 쉽게 동일시한다. 나중에 또 말하겠지만[27] 20세기 역사가들은 르낭과 마찬가지로 체념, 염세주의, 회한을 『명상록』에 쏟아내면서 현실에 대한 위안을 얻는 마르쿠스 아우렐리우스의 이미지에 만족했다.

4. 이상한 저작

우리는 최초의 인문주의자들이 이 저작이 포함된 필사본을 발견했을 때의 상황을 필히 상상해보아야 한다. 그들은 제목도 없고, 철인 황제가 부모, 스승, 친구, 선대 황제 안토니누스 피우스에게서 얻었던 본보기와 조언, 그리고 신에게 입었던 호의를 나열하면서 시작하는 이상한 텍스트에 직면했다. 이런 나열 다음에는—적어도 '초간본' 제작에 쓰였던 필사본에서는—지리적인 동시에 시대적인 표시가 있다. "그라누아 강변, 콰디족의 땅에서 쓰다." 그다음 몇 페이지에 걸쳐 이어지는 단상은 단락이나 대문자로 단위가 나뉘는데 이 구분이 현재의 장 구분과 일치하지는 않는다. 지금 우리가 '3권'으로 보는 꼭지 맨 앞에 "카르눈툼에서 쓰다"라는 표시가 있다. 그다음부터는 끝까지 권 번호도 없이—예를 들어『바티카누스』필사본에서는—사유가 펼쳐진다. 단지 오늘날의 판본 기준으로 1권과 2권 사이, 2권과 3권 사이, 4권과 5권 사이, 8권과 9권 사이에 두 줄이 띄워 있고 11권과 12권 사이에는 구분선이 있을 뿐이다. 요컨대 원래는 3권과 4권, 5권과 6권, 6권과 7권, 7권과 8권, 9권과 10권의 구분이 없었다는 얘기다.

"콰디족의 땅에서" "카르눈툼에서" 같은 표시는 누가 달았을까? 황제 본인이 어느 꼭지를 어떤 상황에서 썼는지 나중에 기억하고 싶어서 달았을까? 아니면 황제의 자료를 보존할 책임이 있는 비서가 일종의 라벨처럼 덧붙인 구절일까? 첫번째 가설이 더 그럴듯하다. 하지만 고대문헌사에서 그때그때 적은 글이 특정 상황이 아니라 저자의 정신 상태의 변화를 다루는 경우는 유일무이하다고 본다. 이런 지리적 표시가 다른 권과 권 사이에도 있었는데 소실된 걸까? 아니면 저작의 대부분을 카르눈툼에서 썼을까? 마르쿠스 아우렐리우스 본인이 더이상 이런 표시를 넣지 않기로 했을까? 우리는 아무것도 알 수 없다. 현재 열두 권으로 나뉜 이 저작이 저자가 보기에도 서로 구분되는 사유 단위에 해당하는 열두 꼭지일까? 아니면 단지 글의 형식과 물리적 구현 매체에서 기인한 우발적 구분에 지나지 않을까? 아니면 마르쿠스 아우렐리우스 사후에 편집자가, 혹은 10세기에 새 필사본을 만든 아레타스가 구분했으려나? 어쨌든 『바티카누스』 필사본에는 각 권의 구분이 그렇게 두드러지지 않거나 아예 없었다는 것을 알 수 있다.

저작의 내용 자체도 당황스럽다. 마르쿠스 아우렐리우스가 감사히 여기는 사람들과 신들을 언급한 1권은 비교적 뚜렷하게 한 덩어리로 보이지만, 그후에는 동일한 문학 장르가 맞나 싶을 만큼 들쭉날쭉하게 사유가 이어진다. 또한 매우 인상적으로 잘 쓴 짧은 문장들이 눈에 들어온다.

> 머지않아 너는 모든 것을 잊게 될 것이고, 머지않아 모두가 너를 잊게 될 것이다.(VII, 21)

기억하는 것도 기억되는 것도 모두 잠시 잠깐이다.(IV, 35)

그들에 대한 최선의 복수는 그들처럼 되지 않는 것이다.(VI, 6)

이렇게 짧은 문장 옆에 20행에서 60행까지도 이르는 사유가 전개된다. 그러한 전개부는 허구의 상대 혹은 저자 자신과의 대화 형식을 취하기도 한다. 대화에서 마르쿠스 아우렐리우스는 어떤 도덕적 입장에서 권고를 하거나 철학 일반의 문제, 가령 영혼은 어디에 있는가, 영혼은 죽지 않는가(IV, 21) 등을 논한다. 사유의 전개가 길든 짧든 저작 전반에 개인으로서 황제는 거의 개입하지 않는데, 이 문제는 뒤에서 다시 다루겠다. 대부분은 도덕적 인격에게 건네는 권고다. 하지만 황제로서 자신(VI, 30, 1; VI, 44, 6), 자신의 황궁 생활(V, 16, 2; VI, 12; VIII, 9), 원로원에서 자신을 표현하는 방식(VIII, 30), 자신의 결점(V, 5, 1), 주위 사람들(X, 36)에 대해서 하는 말도 있다. 또한 그는 살면서 만났던 사람들(VIII, 37, 1; X, 31, 1)을 떠올리며, 죽음에 대비하기 위해 인간사의 부질없음과 주위의 그 누구도 피하지 못했던 끝없는 변화를 머릿속으로 그리는 연습을 한다.

이처럼 형식적으로 차이가 있는 글에 인용문으로 이루어진 두 덩어리가 추가된다. 한 덩어리는 7권(32-51)에 있고 다른 덩어리는 11권(22-39)에 있다. 도덕적 효용을 기준으로 선별된 듯 보이는 문장들은 주로 비극작가, 플라톤, 에픽테토스를 인용한 것이다.

고대 문헌 중에서도 독보적으로 다양한 면모와 독특한 분위기를 지닌 이 글을 어떻게 규정할 것인가?

5. 개인적 기록 hypomnēmata 으로서의 『명상록』

> 이제 더는 헤매지 마라. 너는 네가 쓴 비망록 hypomnēmatia 도, 고대 로마인과 그리스인의 행적도, 노후를 위하여 남겨둔 그들의 저작 발췌본도 읽을 시간이 없을 것이다.(III, 14)

여기서 마르쿠스 아우렐리우스가 평생 해왔던 지적 활동을 엿볼 수 있다. 그는 어릴 적 프론토를 스승으로 모시던 때부터 라틴어 저술가의 발췌본을 열심히 필사했다.[28] 그는 "노후를 위하여" 기념비적인 인용 선집을 구성하고자 했는데, 『명상록』의 일부에서도 그 흔적을 볼 수 있다. "고대 로마인과 그리스인의 행적"으로 미루어 보건대 그는 역사학적 선집도 구성했다. 또한 "개인적 기록(비망록)"을 언급한다(hypomnēmata의 지소사인 hypomnēmatia를 쓴다). 여기서 말하는 비망록이 『명상록』과 같은 것인지 자주 의문이 제기되어왔다.[29] 확실하게 답하기는 매우 어렵지만, 어쨌든 고대의 다른 비망록을 참조해 『명상록』이 구성된 방식을 상상할 수는 있다.

일단 마르쿠스 아우렐리우스는 『명상록』을 쓰면서 글쓰기의 목적을 완전히 바꿀 결심을 했던 것 같다. 2권과 3권에는 도나우 전장에서 그를 짓누르는 임박한 죽음의 무게, 자신을 압도하는 전격적인 전향의 시급함, 그 결과로 일어날 수밖에 없는 문학적 활동의 변화가 여러 번 암시된다.

> 책을 내려놓아라. 책에 끌려 옆길로 들어서지 마라, 너는 더이상 그래선 안 된다.(II, 2, 2)

> 네가 불평하면서 죽지 않고 정말로 평온하게 마음 깊이 신에게 감사하는 마음으로 죽으려면 책을 향한 갈증을 버려라.(II, 3, 3)

그는 이제 책을 읽고 발췌문이나 모으면서 기력을 분산할 순 없다. 더는 지적 호기심이나 사색적 관심만으로 다양한 '메모 카드'를 작성할 여력이 없으므로 글은 오직 자기 자신에게 영향을 미치기 위해서, 삶의 본질적인 원칙에 집중하기 위해서 써야 했다.

> 이 생각들이 너에게 삶의 원칙dogmata이라면, 그것으로 족할지어다.(II, 3, 3)

그러므로 늘 글을 쓰되 삶의 방식을 바꿀 효용이 있는 생각만 써야 한다.

마르쿠스 아우렐리우스는 우리에게 『명상록』으로 전해진 이 글을 쓰면서 그동안 써왔지만 더는 쓸 여력이 없는 '메모 카드'를 활용했을 테고, 그로써 발췌본에서 가져온 다수의 인용을 『명상록』 곳곳에 베껴 적었을 것이다.

그러므로 황제의 문학적 활동이 확 바뀌었던 것은 아니다. 그는 여전히 자기를 위한 메모와 성찰을 글hypomnēmata로 남겼지만 그 지적 훈련의 목적이 전격적으로 바뀌었다. 자기가 언제 죽을지 모른다고 생각하면 중요한 것은 하나밖에 없다. 언제나 삶의 본질적인 규칙을 염두에 두고자 애쓸 것, 언제나 철학자의 기본 소양에 충실할 것. 앞으로 보겠지만, 이 기본 소양은 주로 자신의 내적 담론을 다스려 인류 공동체에 도움이 될 일만 하고 만물의 본성에 따라 일어나는 일들을 받아들이는 것이다.

그러므로 『명상록』은 고대에 비망록hypomnēmata이라고 불렸던, '그날그날 적어두는 개인적 메모'라고 규정할 수 있는 글쓰기에 속한다. 이러한 글쓰기는 매우 흔했다. 일례로, 기원후 1세기 네로 황제 치세에 살았던 기혼 여성 팜필리아의 비망록hypomnēmata도 책으로 나왔다. 이 책은 안타깝게도 현재 전해지지 않지만, 저자는 첫머리에서 그 글을 "하루도, 아니 단 한 시간도 중단되지 않았던" 십삼 년의 결혼생활 동안에 썼다고 밝힌다. 팜필리아는 남편, 집에 드나드는 손님, 책에서 배운 것을 글로 남겼다. "나는 메모hypomnēmata 형태로 특정 순서 없이, 주제별로 나누거나 배열하지 않고 글을 썼으나 때로는 일이 일어난 순서가 반영됐다." 그녀는 책을 내면서, 주제별로 글을 재배치할 수도 있었지만 틀에 얽매이지 않는 다양성을 그대로 보여주는 편이 더 좋아 보였다고 덧붙인다. 그녀는 저작 전체에서 도입부와 몇 군데 연결 단락에서만 자기 이름을 드러내는데, 그녀가 모아 놓은 메모들은 철학자의 삶, 역사, 수사학, 시에 대해서 알려준다.[30]

다음 세기에 라틴어 저자 아울루스 겔리우스도 자신의 개인적 기록을 『아티카의 밤』이라는 제목으로 펴냈다. 이 책의 서문을 보자. "그리스어나 라틴어 책을 읽을 때, 혹은 기억해둘 만한 말을 들었을 때 나는 흥미를 끄는 것이라면 무엇이든 순서에 얽매이지 않고 나중에 기억을 일깨우기 위해(hypomnēma의 어원적 의미가 바로 이것이다) 적어두었다." 그는 책을 내면서 자기 메모의 다양성과 무질서를 그대로 두었다고 덧붙인다.[31]

플루타르코스는 『영혼의 평정에 대하여』 앞부분에서 원고를 로마로 떠나는 인편에 빨리 넘기고 싶었기 때문에 논리정연하게 제대로 쓸 시간이 없어 그 주제에 해당하는 메모hypomnēmata를 전달하게 되었다고 밝힌다.[32]

당대의 교양인, 특히 철학자들은 정보 수집을 위해서, 또한 자기 수양과 정신적 발전을 위해서 이렇듯 개인적 용도의 메모를 모아두는 습관이 있었던 것 같다. 플루타르코스도 그러한 정신적 자세를 염두에 두고 영혼의 평정에 대한 메모를 책으로 모았을 것이다.

그러므로 『명상록』도 이러한 유형의 글쓰기로 보아야 한다. 다만, 메모의 대부분이 자기 자신에게 하는 권고, 즉 매우 정성을 들여 작성한 자신과의 대화라는 점은 짚고 넘어가야 할 것이다.

이러한 내면의 대화는 아주 특별한 문학 장르로 귀착되었다. 그 장르로 쓰이고 출간까지 이어진 작품은 딱 하나인데, 바로 성 아우구스티누스의 『독백』이다. 아우구스티누스의 '나'는 마르쿠스 아우렐리우스의 경우처럼 영혼에게 권고하는 이성의 위치에 있지 않고 이성의 말에 귀 기울이는 영혼의 위치에 있다. "나는 오래전부터 오만 가지 생각을 곱씹어왔다. 실은 며칠 전부터 열렬하게 나 자신과 나의 선善과 내가 피해야 했던 악을 생각하고 있었는데 갑자기 누군가 나에게 말했다(말을 건 것은 나 자신이었을까, 나의 내부 혹은 외부에 있는 누군가였을까, 내가 온 힘을 다해 알고 싶은 것이 바로 그것이지만 나는 모른다). 그러니까 누가 나에게 말을 했는데……" 그 목소리는 아우구스티누스에게 이제부터 발견하게 될 것을 글로 남기라고 했다. 구술하면 안 되고 손수 써야 한다고 했다. 그토록 내밀한 것을 받아쓰게 하는 건 적절치 않기 때문이다. 이런 일은 절대적 고독을 요한다.[33]

여기서 잠시 이 흥미로운 지적을 살펴보자. 고대 저자들은 손수 글을 쓰기도 하고 구술을 하기도 했다. 가령 플로티노스는 자기 글을 포르피리오스가 받아 적게 했다.[34] 구술에는 여러 불편함이 따르는데, 비서를 여럿 두었던 성 히에로니무스도 이렇게 말한다. "글을 쓰기에 앞서 펜을 여러 번 잉크에 담그며 자신을 돌아보고 기억할 가치가 있는 것만 쓰는 것과 비서가 기다리고 있는데 구술이 끊길까봐 입에서 나오는 대로 다 불러주는 것은 완전히 별개의 일이다."[35] 아우구스티누스는 새로운 전망을 엿보게 한다. 우리는 우리 자신 앞에서만 가장 내밀한 것을 성찰할 수 있다. 자기 자신에게 말하는 대신 타자에게 말하거나 구술할 때는 내적 담론이 진부하고 몰인격적인 것이 되어버린다. 그렇기 때문에 마르쿠스 아우렐리우스는 친구들에게 편지를 쓸 때 으레 그랬듯이 『명상록』도 자기 손으로 직접 썼을 공산이 크다.[36]

철학자 T. 도란디[37]는 고대 문학작품이 완성을 향하는 여러 단계를 짚어냈다. 첫 단계에서 저자는 밀랍을 입힌 서판이나 목판에 초고를 작성했을 것이다. 아니면 첫 단계나 이 단계 이후에 직접 저작의 임시 버전을 구상했을 수 있다. 그러고는 세번째 단계에서 출간 직전의 최종판을 완성한다. 그런데 마르쿠스 아우렐리우스는 자기만 보려고 글을 썼기에 세번째 단계를 고려하지 않았다는 점을 기억해야 한다. 모든 점에서 보건대, 그는 그날그날 자기 생각을 기록하면서 첫번째 단계에 머물렀던 듯하다. 기록 매체는 아마도 서판pugillares 혹은 어쨌든 손으로 쓰기에 편한 낱장 schedae[38] 같은 것이었으리라. 이 자료가 처음 필경사의 손을 거친 때는 언제였을까? 황제가 살아생전에 개인적 용도로 필사를 시켰을 수도 있다. 하지만 황제 사후에 필사되었다는 가설이 좀더 그럴싸하긴 하다. 그렇게 본다면 드 졸리가 말한 것만큼 뒤죽박죽은 아니어도[39] 텍스트가 정확히 작성 순서대로 필사되지 않았을 가능성이 꽤 있다. 가령 현재의 1권은 다른 텍스트와 별개로 나중에 작성됐지만 첫머리에 배치됐을지도 모른다. 앞으로 보겠지만 그래도 핵심 부분은 순서대로 되어 있는 듯하다. 각 권은 부분적으로나마 특수한 어휘와 주제로 특징지어진다. 그래서 각각 황제의 관심사가 어떤 특정 사안에 쏠렸던 시기 동안 작성된 것처럼 어떤 통일성을 지닌다.

실제로 어떠했는가를 상상하기는 극히 어려운, 심지어 불가능한 일이다. 그러나 세 가지는 확실한 것 같다. 첫째, 황제는 자기를 위하여[40] 글을 썼다. 둘째, 그는 독자를 고려한 통일성 있는 저작을 염두에 두지 않고 그날그날 글을 썼다. 그래서 그의 글은 서판처럼 휴대하기 쉬운 매체에 쓴 개인적 메모$_{hypomnēma}$ 상태로 있었다. 셋째, 그는 자기 사유, 문장, 성찰을 문학적으로 세련되게 표현하려고 공을 들였다. 그 문장의 심리적 효과와 설득력은 표현의 완벽함에서 나오기 때문이다.

이런 특성만으로도 황제의 개인적 기록은 팜필리아나 아울루스 겔리우스의 비망록, 나아가 플루타르코스가 영혼의 평정에 대한 글을 쓰기 위해 모았던 '메모 카드', 아리아노스의 에픽테토스 강의록과 구별되기에 족하다. 사실 『명상록』은 여타의 비망록과 달리 특정 방법에 따른 '정신 수련'이다. 이제 이 말의 의미를 정확히 짚어보겠다.

III
정신 수련으로서의 『명상록』

1. '실천'과 '이론'

『명상록』에는 철학이라는 하나의 주제밖에 없다. 그 점은 다음과 같은 대목에서 드러난다.

> 그렇다면 이 삶에서 너와 함께하고 너를 지켜줄 수 있는 것은 무엇인가? 오직 한 가지, 철학뿐이다. 철학이란 우리 내면의 신성을 오욕과 피해에서 지켜주는 것이다.(II, 17, 3)

> 황제 티를 내지 않도록 조심하라…… 늘 소박하고, 선하고, 순수하고, 진지하고, 가식 없고, 정의를 벗하고, 신들을 공경하고, 자비롭고, 상냥하고, 의무를 분연히 다하는 사람이 되어라. 철학이 만들어내고자 했던 그런 사람으로 남기 위해 싸워라.(VI, 30, 1-3)

일반적인 고대인에게, 특히 마르쿠스 아우렐리우스와 스토아주의자에게 철학은 무엇보다 삶의 방식이었다. 그렇기 때문에 『명상록』은 부단한 노력으로 이 삶의 방식을 기술하고 언제나 바라봐야 할 이상적인 선인善人의 모범을 묘사한다. 평범한 인간은 아무렇게나 생각하고, 우발적으로 행동하고, 시련에 불평한다. 선한 인간은 자기에게 달린 일에 노력을 아끼지 않고, 정의와 타인을 생각해 행동하며, 자기가 어찌할 수 없는 일은 평온한 마음으로 받아들이고, 진리와 엄정함에 비추어 사유한다.

> 현재 상황에 경건한 마음으로 만족하는 것, 지금 같이 있는 사람들을 공정하게 대하는 것, 현재의 내적 표상에 분별의 규칙을 적용하여 어떤 것도 객관적이지 않은 채로 마음속에 스며들지 못하도록 하는 것. 이것은 네가 언제 어디서나 할 수 있는 일이다.(VII, 54)

사유의 상당수는 이와 같은 삶의 세 가지 규칙을, 혹은 그중 어느 하나를 다양한 형태로 제시한다. 그러나 이 실천적 규칙은 전반적 태도, 세계관, 내면의 근본적 선택을 나타낸다. 그 선택은 '담론'으로, 마르쿠스 아우렐리우스가 에픽테토스를 본따서[1] 도그마타dogmata (II, 3, 3; III, 13, 1; IV, 49, 6)라고 부르는 보편적 문장으로 표현된다. 도그마는 어떤 실천적 태도를 기초부터 다지고 정당화하는 보편적 원리로, 하나 혹은 여러 개의 명제로 제시될 수 있다. 우리가 쓰는 '도그마'라는 말에도 이러한 의미가 어느 정도 배어 있다. 가령 빅토르 위고의 이 문장을 보자. "자유, 평등, 박애는 평화와 조화의 도그마다. 어째서 이 도그마에 그토록 끔찍한 양상을 부여한단 말인가?"[2]

『명상록』은 삶의 세 가지 규칙 외에도 가능한 모든 방식으로 도그마를 진술한다. 도그마는 세 가지 행동 규칙으로 나타나는 분할 불가능한 내적 성향을 담화의 형태로 표현한다.

마르쿠스 아우렐리우스는 일반 원칙과 삶의 규칙이 맺는 관계의 본보기를 몸소 제시한다. 우리가 보았듯이 그가 제시하는 규칙 중 하나는 우리가 어찌할 수 없는 일, 운명이 의도하는 일을 평온히 받아들이는 것이다. 그런데 그는 자기에게 이렇게 권고한다.

> 앞으로 너에게 슬픔을 불러일으키는 일이 일어날 때 잊지 말고 이 '도그마'를 적용하라. "이것은 불행이 아니요, 오히려 이것을 용감하게 참고 견디는 것이 행복이다."(IV, 49, 6)

이 도그마는 스토아주의자의 모든 행동의 기초에 있는 근본 도그마에서 도출된 것이다. 도덕적 선 혹은 미덕만이 선이요, 도덕적 악 혹은 악덕만이 악이다.[3] 마르쿠스 아우렐리우스는 다른 곳에서도 이러한 생각을 명시적으로 드러낸다.

> 행복은 무엇에 있는가? "인간의 본성이 요구하는 것을 행하는 데 있다." 그러려면 어떻게 해야 하는가? "충동과 행동의 원칙이 되는 도그마가 있어야 한다." 그 도그마는 어떤 것인가? "선한 것과 악한 것을 분별하는 도그마다. 인간을 정의롭고 신중하고 용감하고 자유롭게 만들지 않는 것은 그 무엇도 인간에게 선이 아니며, 그와 반대되는 악덕을 불러일으키는 것 말고는 그 무엇도 인간에게 악이 아니다."(VIII, 1, 6)

마르쿠스 아우렐리우스는 또한 '도그마'를 가리키는 표현으로 정리定理

theôréma라는 단어도 쓰는데 모든 기술에는 원칙이 포함되는바, 철학이라는 삶의 기술에도 원칙이 있다.

네가 구사하는 기술이 무엇이냐? "선한 자가 되는 기술이오." 만물의 본성에 대한, 다른 한편으로는 인간의 고유한 소질에 대한 정리에서 출발하지 않고서야 어떻게 그 기술을 구사할 수 있겠는가?(XI, 5)

마르쿠스가 말하는 도그마(VII, 2)는 그것을 현존케 하는 내면의 이미지phantasiai를 끊임없이 불러일으키지 않으면 스러져버릴 위험이 있다.

그러므로 『명상록』은 1권을 제외하면 전체적으로 행동의 세 가지 규칙과 그 규칙의 기초가 되는 도그마를 늘 새로이 일깨우고 반복적으로 진술한다고 하겠다.

2. 도그마와 그에 관한 진술

도그마, 즉 기초를 닦는 근본 규칙은 스토아학파 안에서 증명의 대상이었다. 마르쿠스 아우렐리우스는 그러한 증명을 1권에서 경의를 표한 바 있는 스승, 즉 유니우스 루스티쿠스, 아폴로니오스, 섹스투스에게서 배웠고, 특히 아리아노스가 정리한 에픽테토스의 『담화록』에서 접했다. 그는 『명상록』에서 "세계가 하나의 국가와 같다는 수많은 증거"를 언급하고 고통과 쾌락에 대해서 그가 듣고 받아들인 모든 것을 상기시킨다(IV, 3, 5-6).

그러한 증명 덕분에 도그마는 그에게 절대적 확실성으로 다가왔고, 그는 전반적으로 도그마를 단순한 명제로 진술하는 선에서 만족한다. 가령

2권 1, 3에서 선의 본성은 도덕적 선$_{kalon}$이고 악의 본성은 도덕적 악 $_{aischron}$이다. 그처럼 간결하게 응축된 형태도 도그마의 이론적 증명에는 충분하고, 이 원칙을 명확히 바라볼 때 자극을 받는 내적 성향을 영혼에 다시 불러올 수 있다. 도그마를 자기에게 거듭 말하고 자기가 다시 보기 위해 쓰는 것, 이것이 '은신隱身'이다. 아우렐리우스는 이 은신이 "시골로 해변으로 산으로" 가는 것이 아니라(IV, 3, 1) 자신 안으로 돌아가 "자신을 새롭게 하는" 원칙을 다시 만나는 것이라고 말한다. 그 원칙이 효과를 발휘하려면 "간명하고 본질적이어야" 한다. 그렇기 때문에 삶의 세 가지 규칙을 실천하기 위해 마르쿠스는 아주 짧게 각 장의 첫머리(케팔라이아 $_{kephalaia}$[4]) 모음, 정신적 효과를 축적하고 증강하는 핵심 목록을 제시한다 (II, 1; IV, 3; IV, 26; VII, 22, 2; VIII, 21, 2; XI, 18; XII, 7; XII, 8; XII, 26). 이 목록을 다 인용할 순 없지만, 여덟 개의 케팔라이아가 우리의 의지대로 되지 않는 일은 평온하게 받아들이라는 행동 규칙의 실천을 뒷받침하는 예를 하나 살펴보겠다(XII, 26).

네가 무엇인가를 불쾌히 여긴다면 이런 것을 잊었기 때문이다.
(1) 모든 일은 보편 자연에 맞게 일어난다.
(2) 잘못은 너와 상관없이 일어난다.
(3) 게다가 일어나는 일은 언제나 그렇게 일어났고, 언제나 그렇게 일어날 것이며, 지금도 도처에서 그렇게 일어나고 있다.
(4) 개인과 인류 전체가 얼마나 밀접한 관계에 있는지 잊은 것이다. 인류는 피와 씨의 공동체가 아니라 정신의 공동체이기 때문이다.

그리고 또한 네가 잊은 것은,

(5) 각자의 정신은 신이고 저 높은 곳에서 신으로부터 내려온 것이다.

(6) 우리 각자에게 속한 것은 아무것도 없고 자녀, 육체, 영혼마저도 신에게서 내려온 것이다.

(7) 모든 것은 판단에 지나지 않는다.

(8) 각자는 현재만 살고 오직 현재만 잃는다.

여기 제시된 핵심들은 간결한 비망록 형식으로 아우렐리우스가 다른 데서 접했던 증명을 환기하는 수준에 그친다. 『명상록』 곳곳에서 이 핵심들을 되풀이하고 곱씹지만, 또한 때때로 설명하고 증명하기도 한다. 케팔라이아 목록을 모아보면(II, 1; IV, 3; IV, 26; VII, 22, 2; VIII, 21, 2; XI, 18; XII, 7; XII, 8; XII, 26) 거의 모든 주제가 『명상록』에서 드러나고 전개된다는 것을 알 수 있다. 우리는 『명상록』의 핵심을 이루는 도그마 전체를 구조화된 형식으로 제시하고 그것을 스토아주의의 가장 근본적인 도그마와 연결해 살펴볼 수 있다.

첫째가는 절대 원칙은 선은 도덕적 선밖에 없고 악은 도덕적 악밖에 없다는 것이다(II, 1, 3). 그러므로 고통이나 쾌락은 악이 아니요(IV, 3, 6; XII, 8), 부끄러워해야 할 것도 도덕적 악뿐이다(II, 1, 3). 사람들이 우리에게 저지른 잘못은 우리 소관이 아니요(II, 1, 3; XII, 26), 잘못을 저지른 자가 그 자신에게 저지른 악이니(IV, 26, 3) 잘못은 그 사람 외에 어느 곳에도 있지 않다(VII, 29, 7; XII, 26). 그러므로 나는 타인으로 인한 어떤 해도 입지 않는다(II, 1, 3; VII, 22, 2).

일반 원칙을 보자. 첫째, 우리에게 달려 있는 일만 선이거나 악일 수 있다. 둘째, 우리의 판단과 동의는 우리에게 달려 있다(XII, 22). 따라서 우리 자신의 판단, 즉 우리가 상황을 생각하는 방식에만 악이나 곤란이 있을 수 있다(IV, 3, 10; XI, 18, 11). 인간은 자기의 곤란을 자초한다(IV, 26, 2; XII, 8). 따라서 모든 것은 판단의 문제이다(XII, 8; XII, 22; XII, 26). 정신은 육신에 달렸고(IV, 3, 6) 사물이 우리 안에 들어와 우리를 괴롭히지는 않는다(IV, 3, 10). 모든 것이 판단의 문제라면 모든 잘못이 실은 잘못된 판단이요, 이는 무지에서 비롯되는 것이다(II, 1, 2; IV, 3, 4; XI, 18, 4-5).

마르쿠스 아우렐리우스는 11권에서 케팔라이아를 나열하며(18, 2) 자기 자신에게 말한다. "이 원칙에서 출발하여 더 높이 올라가라. 원자를 기각하면 전체를 다스리는 것은 자연이다." 4권에서도 보자(3, 5). "'섭리 아니면 원자'라는 양자택일의 원칙을 기억하라." 다들 안다고 전제하고 짧게 언급만 하는 이 원칙은 마르쿠스 아우렐리우스가 에피쿠로스주의 (원자)와 스토아주의(자연과 섭리)를 대립적으로 파악하고 후자를 옹호하는 가르침을 받았음을 보여준다. 이 부분은 다시 자세히 살펴볼 것이다. 지금은 세계의 통일성과 합리성을 긍정하는 도그마에서 출발해 여러 결과를 끌어낼 수 있다는 것만 알면 된다. 아우렐리우스는 케팔라이아 목록에서 그 결과를 암시하고 있다. 모든 것은 보편 자연에서 오고 보편 자연의 의지에 부합한다(XII, 26). 인간의 못된 짓조차도(XI, 18, 24) 자유라는 선물의 필연적 결과 중 하나다. 모든 것이 운명에 따라 일어난다(IV, 26, 4). 그러므로 만물의 끊임없는 변화(IV, 3, 11; XII, 21)와 끊임없는 반복 (XII, 26), 그리고 우리에게 반드시 일어나는 죽음(IV, 3, 4; XI, 18, 10)은 우주의 질서에 부합한다. 보편 이성은 유순한 질료에 형상과 에너지를 부여하나 힘이 없다. 그래서 매사에 원인이 되는 것(이성)과 질료를 구분해야 한다(XII, 8; XII, 18). 인류 공통의 이성은 보편 이성에서 온다. 그러한 이성이 인류를 피나 씨의 공동체가 아닌 하나의 공동체로 만든다(II, 1, 3;

XII, 26). 그러므로 인간은 서로가 서로를 위해 만들어졌다(II, 1, 4; IV, 3, 4; XI, 18, 1-2).

마지막 케팔라이아 목록은 광대한 보편 자연, 무한한 시공간을 아우르는 시각을 중심으로 한다(IV, 3, 7; XII, 7). 이러한 시각에서는 생 전체가 미미한 지속(VIII, 21, 2; IV, 26, 5; XII, 7), 한없이 짧은 순간(II, 14, 3; XII, 26)이고 지구는 한 점에 불과하며(IV, 3, 8; VIII, 21, 2) 지금의 명성이나 사후의 영광은 완전히 부질없다(IV, 3, 8; VIII, 21, 3; XII, 21; IV, 3, 7). 더구나 그러한 명성이나 영광은 서로 반박하고 스스로 모순되는 인간에게서만 얻을 수 있는데(IV, 3, 8; VIII, 21, 3), 그들을 있는 그대로 본다면 존중할 수 없기 때문이다(XI, 18, 3).

그러므로 이 모든 '도그마'는 근본 도그마에서 도출된다. 그러나 이것은 우리가 구별하는 삶의 세 가지 규칙 혹은 규율을 중심으로 굳어진다. 사유의 규율은 판단의 자유에 준거한 도그마를 전제하고, 행동의 규율은 이성적 존재들의 공동체가 존재한다고 보는 도그마를 전제하며, 사건에 대한 동의의 규율은 우주의 섭리와 합리성이라는 도그마를 전제한다. 이러한 구별은 4권 3에서 엿볼 수 있다.

근본 핵심들, 즉 케팔라이아 목록은 『명상록』에서 도그마의 첫번째 진술 양식이다. 그러나 이 핵심들은 저작 곳곳에서 따로 다루어지거나 자주 반복된다. 가령 12권 8의 목록에서 매사에 원인이 되는 것을 파악해야 한다고 했던 말은 책 전체에서 독립적으로, 별다른 부연이나 설명 없이 여덟 번이나 반복된다(IV, 21, 5; VII, 29, 5; VIII, 11; IX, 25; IX, 37; XII, 10; XII, 18; XII, 29). "모든 것은 판단이다"라는 주장도 두 케팔라이아 목록에 나오는데(XII, 8; XII, 26) 목록과 별개로 별다른 부연 없이, 혹은 아주 짧은 설명을 달고 두 번 더 나온다(II, 15; XII, 22). 무엇보다 우리의 괴로움은 우리의 판단에서 올 뿐이고 사물이 우리 안으로 뚫고 들어오지 않는다는 도그마(IV, 3, 10)는 거의 토씨 하나 다르지 않게 혹은 살짝 다른 형태로 열여덟 번이나 등장한다(V, 19; VI, 52; VII, 2, 2; VIII, 47; IX, 13; IX, 15; XI, 11; XI, 16; XII, 22; XII, 25; IV, 7; IV, 39, 2; V, 2; VII, 14; VII, 16; VIII, 29; VIII, 40; VIII, 49).

우리가 케팔라이아 목록에서 보았던 다른 주제를 예로 들어보겠다. 보편 자연과 인간사에서는 만물이 영원히 반복된다(XII, 26, 3). 마르쿠스 아우렐리우스는 특히 이 점을 각별하게 여겨 수없이 곱씹었다. 세상의 광경을 지켜보는 시간이 잠깐이든 오래든 중요치 않다. 매 순간 모든 것에 존재 전체가 현존하기 때문이다. 그러므로 만물은 같은 본질을 지닌다 homoeideis. 모든 것이 내용은 같다. 그것이 무한히 반복된다. "태초부터 만물은 같은 내용을 갖고 같은 주기에 따라 순환한다."(II, 14, 5) "만물은 종류가 같고 내용도 같다."(VI, 37) "태초부터 만물은 동일한 내용을 지니고 만들어졌고, 장차 일어날 것들도 언제까지나 모두 동일한 종류에 속할 것이다."(IX, 35) "나이 마흔 된 사람이 약간의 이해력만 있다면 그 동형성同形性에 따라 존재했던 모든 것과 존재할 모든 것을 보았음을 알게 된다."(XI, 1, 3)

저작 전체에서 볼 수 있는 숱한 반복의 예를 다 짚고 갈 필요는 없겠다. 그러니 대부분의 사유가 다양한 케팔라이아를 종종 문학적으로 정교하고 인상 깊게 나타낸다는 것만 기억하자. 그 다양한 도그마를 마르쿠스 아우렐리우스는 저작에서 여러 번 목록화해서 제시했다.

그러나 행동 방향을 수정하기 위해 빈번히 도그마로 돌아가면서 '은신'하는 것만으로는 충분치 않고〔그 이유는 삶의 기술에서 어떤 행동도 "그 기술의 정리"에 맞지 않게 해서는 안 되기 때문이다(IV, 2)〕 곧잘 이론적 토대까지 거슬러올라가야 한다. 마르쿠스 아우렐리우스는 10권에서 이 필요를 명확하게 표현했으나 그 뜻을 제대로 이해하지 못한 해석자가 많았다. 여기서 생각의 두 흐름을 구별해야 한다. 하나는 인간의 조건이 이성의 인도를 받지 못할 때 처하는 불행이 얼마나 끔찍한지 집약적으로 묘사한다.

익살극과 피비린내 나는 전쟁, 공포와 무기력, 매일매일의 굴종[5]! (X, 9)

그다음에는 완전히 별개의 생각이 이론의 중요성을 환기한다.

그런 것들은 네가 자연에 대한 연구로 토대를 마련하지 않고 그냥 놓아버린 너의 훌륭하고 신성한 도그마를 지워버릴 것이다. 그러나 이제 모든 것을 고찰하고 실천하여 현재 상황이 요구하는 바를 성취하고 언제나 네 행동의 이론적 토대가 실제로 작동하게 하는 동시에 개별 사례에 적용되는 지식이 주는 자신감을 네 안에 언제나 잠재적이지만 은폐되지는 않게 유지해야 한다.(X, 9)

그러므로 삶의 기술의 정리와 근본 도그마에 맞게 행동하는 동시에 그것을 정당화하는 이론적 토대도 의식해야 한다. 이를 마르쿠스 아우렐리우스는 "자연에 대한 연구"라고 불렀다. 결국 삶의 원칙은 자연에 대한 지식에 근거한다.[6] 그러한 지식이 없으면 도그마가 아무리 자주 반복된다고 해도 의미가 없을 것이다.

그래서 철인 황제는 도그마를 진술하는 세번째 양식을 도입한다. 도그마를 정당화하는 논증을 재구성하거나 그것이 일으킬 수 있는 어려움을 살펴보는 것이다. 일례로, 그는 세계가 하나의 국가와 같음(IV, 3, 5)을 보여주는 증거를 직접 들먹이지 않는다. 이 도그마는 다른 인간과 사건을 대하는 특정한 태도를 수반한다. 그렇지만 저자는 다른 곳에서 이 도그마의 근거를 복잡한 논증, 일종의 연쇄 추리로 제시했다. 그 논증을 간략히 정리하면 이렇다. 국가는 공통된 법칙에 따르는 사람들의 집단이다. 그런데 세계도 공통된 법칙, 즉 이성의 법칙에 따르는 사람들의 집단이다. 그러므로 세계는 하나의 국가와 같다(IV, 4). 이 추론은 스토아철학에서 전통적인 것으로, 예를 들면 키케로에게서도 이러한 추론의 흔적을 볼 수 있다.[7] 마르쿠스 아우렐리우스는 다른 곳에서도 추론을 통해, 다시 말해 표상의 연쇄를 통해 정신을 물들여야 한다고 말하고(V, 16, 1) 연쇄 추리 형식의 증명을 제안한다.

그러나 이 이론적 작업은 일련의 추론을 재생산하는 것에 그치지 않는다. 이 작업은 문학적 수사학적 전개가 되기도 하고, 아포리아와 관련된 한층 더 기술적인 논의가 되기도 한다. 가령 "모든 것은 보편 자연에 맞게 일어난다"(XII, 26, 1)라는 도그마를 보자. 이 도그마는 5권 8에서도 그렇고 다음에서도 매우 조직적으로 제시된다.

> 만물은 서로 얽혀 있고 그 유대는 신성하다. 서로 낯선 것은 없다고 할 만큼 만물은 서로 연관되어 있고 동일한 세계의 질서에 함께 이바지한다. 만물로 구성된 하나의 세계, 만물에 내재하는 하나의 신, 하나의 실체, 사고력을 지닌 모든 존재에게 공통된 이성이라는 하나의 법, 하나의 진리.(VII, 9)

세계의 통일성이 세계 기원의 통일성에 근거한다는 주제는 비슷한 표현으로 반복된다(VI, 38; XII, 29). 그러나 이 주제를 도식적으로, 아니면 반대로 분명치 않게 다루는 대목도 많다(IV, 27; VI, 10; VI, 44; VII, 75; VIII, 18; IX, 28; IX, 39; X, 6-7). 여기서 마르쿠스 아우렐리우스가 원자(에피쿠로스적 분산)와 자연(스토아적 통일) 사이의 양자택일이라고 한 것이 등장한다.

그 밖의 다른 핵심들도 비교적 길게 다룬다. 이성적 존재들이 서로 끌리고 인간은 서로를 위해 만들어졌다고 할 때(IX, 9), 그리고 정신과 이성에는 아무것도 장애물이 되지 못한다고 주장하는 도그마(X, 33)가 그렇다.

3. 삶의 세 가지 규칙 혹은 규율

우리가 보았듯이 실천적 태도는 자연의 필연적 흐름, 다른 사람들, 그리고 자기 자신의 생각에 대한 개인의 관계를 결정하는 세 가지 규칙을 따른다. 아우렐리우스의 경우 도그마의 제시가 그렇듯이 삶의 규칙에 대한 제시도 상당히 구조화되어 있다. 삶의 세 규칙 혹은 세 규율은 판단, 욕망, 충동이라는 영혼의 세 활동에 해당하고, 개인의 판단력, 보편 자연, 인간 본성이라는 현실의 세 영역에도 해당한다.

활동	현실 영역	내적 태도
(1) 판단	판단력	객관성
(2) 욕망	보편 자연	운명에 대한 동의
(3) 행동하고픈 충동	인간 본성	정의와 이타성

따라서 『명상록』에는 이 삼원 구조 모형이 매우 자주 등장한다. 중요한 대목만 몇 군데 인용해보자.

—현재 상황에 경건한 마음으로 만족하는 것(2),
—지금 같이 있는 사람들을 공정하게 대하는 것(3),
—현재의 내적 표상에 분별의 규칙을 적용하여(1) 어떤 것도 객관적이지 않은 채로 마음속에 스며들지 못하도록 하는 것,
이것은 네가 언제 어디서나 할 수 있는 일이다.(VII, 54)

—그때그때의 판단(1)이 명확하고,
—그때그때의 행위(3)가 공동체를 지향하고,
—그때그때의 내적 성향(2)이 외부 원인에서 일어나는 모든 것에 만족한다면,
그것으로 충분하다.(IX, 6)

이성적 본성은
—자신의 **표상**(1)에서 거짓되고 분명하지 않은 것을 받아들이지 않고,
—자신의 **충동**(3)을 공동체에 복무하는 행동으로만 이끌며,
—자신에게 달려 있는 것만 **좋아하거나**(2) 싫어하고, 보편 자연이 할당한 것이면 무엇이든 반기며 순조롭게 나아간다.(VIII, 7)

혹은 다음을 보자.

표상phantasia을 지워라(1).

충동hormē을 억제하라(3).

욕망orexis을 꺼라(2).

지배원리hēgemonikon를 장악하라.(IX, 7)

그렇다면 우리가 열성을 쏟아야 할 것은 무엇인가?
한 가지뿐이다.
―공동체에 이익이 되는 **행동**으로 이끄는 올바른 생각(3),
―거짓을 모르는 **말**(1),
―일어나는 모든 일을 필연적인 것으로, 친숙한 것으로, 우리와 같은 원칙과 근원에서 흘러나온 것으로 환영하는 내적 성향(2)이 곧 그것이다.(IV, 33, 3)

이렇게 명확한 표현 외에도 세 가지 규율에 대한 다양한 형태의 암시는 자주 나타난다. 마르쿠스 아우렐리우스는 '진리' '정의' '절제'라는 세 가지 덕(XII, 15) 혹은 삶의 세 가지 규칙에 상응하는 '판단을 서두르지 않음' '사람들에 대한 애정' '신에 대한 복종'(III, 9, 2)을 열거한다. 때로는 셋 중 하나 혹은 둘만 언급하기도 한다. 이를테면 다음을 보자.

충동이 일 때마다 정의의 요구대로 행하고, 생각할 때마다 현실에 정확히 부합하는 것에만 의지하라(행동, 판단).(IV, 22)

그는 이 두 가지에 진심으로 만족한다. 지금 자신이 하는 일을 정의롭게 수행하고, 지금 자신에게 할당된 몫을 사랑하는 것.(X, 11, 3)

나는 무언가를 행하고 있는가? 나는 인간에게 베푸는 선과 관련지어 그것을 행한다. 나에게 무슨 일이 일어나고 있는가? 나는 그것을 신과, 일어나는 모든 일이 나와 얽히게 되는 출발점인 만물의 근원과 관련지으며 받아들인다(행동, 욕망).(VIII, 23)

한 가지 주제만 환기하는 경우도 많다.

너 자신에게 일어난 것과 운명이 너를 위하여 자아놓은 것만 사랑하라(욕망).(VII, 57)

네 가치판단을 버려라. 그러면 '내가 피해를 입었다'는 사라질 것이다. '내가 피해를 입었다'가 사라지면 피해는 없어질 것이다(판단).(IV, 7)

첫째, 목적 없이 무턱대고 행동하지 마라. 둘째, 공동체에 유익한 것만 네 행동 목표로 삼아라(충동).(XII, 20)

그러므로 『명상록』은 목록화해서 제시한 도그마를 여기저기서 하나씩 짧게 혹은 자세하게 다루는 것과 마찬가지로, 삶의 세 가지 규칙도 어떤 장에서는 전부 제시하지만 다른 곳에서는 그중 일부만 별개로 짧게 혹은 자세하게 다룬다. 뒤에서 보겠지만 3권은 선한 인간의 이상적 모습을 보여주기에 힘쓰는데, 여기서도 이런 인간의 행동에 부합하는 세 가지 규칙이 비교적 상세하게 드러난다. 반대로 다른 곳에서는 비슷한 다른 권고와 뒤섞여 있어서 그 규칙들이 간략하다못해 알쏭달쏭해 보인다.

> 표상을 지워버려라(판단).
> 더이상 정념에 조종당하지 마라(행동).
> 현재 시간에 국한하라.
> 너 자신이나 남에게 무슨 일이 일어나고 있는지 알아두라(운명에 대한 동의).
> 무슨 일이 일어나든 '원인'과 '질료'로 구분하고 분류하라.
> 네 임종의 시간을 염두에 두라.
> 남이 너에게 저지른 잘못은 그 잘못이 발생한 곳에 그대로 두라.(VII, 29)

    삶의 세 가지 규칙은 『명상록』의 진정한 열쇠다. 실제로 우리가 이미 살펴보았던 다양한 도그마는 이 규칙 하나하나를 중심으로 구체화되었다. 판단의 규율을 중심으로 판단의 자유, 인간이 비판적으로 자기 생각을 수정할 수 있는 가능성이 이야기된다. 외부 사건에 대한 우리의 태도를 이끄는 규율에는 보편 자연의 인과성에 대한 모든 정리가 해당할 것이다. 마지막으로 행동의 규율은 서로에게 끌리는 이성적 존재에 관한 이론적 명제가 뒷받침한다.

    결국 질서라고는 없어 보이는 이 저작에 실은 극도로 엄정한 개념 체계가 있는 것이다. 그 체계의 구조를 자세히 살펴보아야 할 것이다.

4. 상상력 수련

『명상록』은 삶의 규칙과 그것을 뒷받침하는 도그마의 진술에 그치지 않는다. 여기서 갈고닦는 것은 이성뿐만 아니라 상상력이기도 하다. 마르쿠스 아우렐리우스는 삶은 짧고 자연에 따른 변모의 법칙 때문에 죽을 수밖에 없다고 자기 자신에게 말하는 데 그치지 않고 눈앞에 어떤 광경을 그려본다.

> 아우구스투스의 궁정, 그의 아내, 딸, 자손, 선조, 누이, 아그리파, 그의 친척, 하인, 친구인 아리우스와 마이케나스, 의사, 사제, 전 궁정이 죽고 없다……(VIII, 31)

궁정만 사라진 것이 아니라 그가 떠올리려 애쓰는 한 세대 전체가 사라졌다.

> 베스파시아누스의 치세를 생각해보라. 너는 이런 것을 모두 보게 될 것이다. 결혼하는 자, 가족을 부양하는 자, 병든 자, 죽어가는 자, 전쟁하는 자, 축제를 벌이는 자, 장사하는 자, 농사짓는 자, 아첨하는 자, 잘난 체하는 자, 의심하는 자, 음모를 꾸미는 자, 누가 죽기를 비는 자, 자신의 운명에 투덜대는 자, 사랑하는 자, 재물을 쌓는 자, 집정관직을 바라는 자, 왕위를 바라는 자를 말이다. 그러나 이제 그들의 삶은 어디에서도 흔적을 찾아볼 수 없다!(IV, 32)

마르쿠스는 과거의 위대한 인물, 히포크라테스, 알렉산드로스, 폼페이우스, 카이사르, 아우구스투스, 하드리아누스, 헤라클레이토스, 데모크리토스, 소크라테스, 에우독소스, 히파르코스, 아르키메데스를 생각하고 "모두 오래전에 죽었다!"(VI, 47)라고 썼다. "아무것도, 아무 데도 없다!"(VIII, 5) 그는 루크레티우스부터 프랑수아 비용[8]에 이르는 오랜 문학적 전통 안에서 유명한 고인들을 떠올린다. "옛날의 눈ᄂᆞᆫ 어디에 있는가?" "그래서 그들은 어디에 있는가? 아무 곳에도 없고, 어디 있는지 아무도 모른다!"라고 마르쿠스 아우렐리우스는 이미 말했다(X, 31, 2).

이러한 상상력 수련은 『명상록』에서 자주 반복된다(IV, 50; VI, 24; VII, 19, 2; VII, 48; VIII, 25; VIII, 37; IX, 30; XII, 27). 그러한 수련으로 아우렐리우스는 보편적 변모의 도그마를 눈앞에 떠올리려 노력했다.

하지만 미덕, 삶의 규칙 실천, 신과 인간에 대한 앎을 주는 도그마의 인식이 생을 밝혀주지 않는다면 생 자체도 일종의 죽음이다. 키니코스학파가 무색할 법한 인생의 허무에 대한 기술이 이로써 설명된다.

> 축제 행렬의 공허한 과시욕, 무대 위에서의 연극, 양떼와 소떼, 창 겨루기, 개들에게 던져준 뼈다귀, 양어장에 던져준 빵 부스러기, 개미의 노고와 짐 나르기, 겁먹은 생쥐의 우왕좌왕, 실로 조종하는 인형……(VII, 3)

우리는 이미 짧지만 인상적인 표현을 보았다.

> 익살극과 피비린내 나는 전쟁, 공포와 무기력, 매일매일의 굴종.(X, 9)

5. 정신 수련으로서의 글쓰기

지금까지의 분석에서 보았듯이 『명상록』은 몇 가지 주제에 의한 변주곡과 비슷하다. 그래서 토씨도 다르지 않은 반복이 많다. 이미 많은 예를 보았지만 몇 가지만 덧붙여보자.

> 인간을 더 나쁘게 만들지 않는 것이 어떻게 인간의 삶을 더 나쁘게 만들 수 있겠는가?(II, 11, 4)

> 인간을 더 나쁘게 만들지 않는 것은 그의 삶도 더 나쁘게 만들지 못하며……(IV, 8)

> 기억하는 것도 기억되는 것도 모두 잠시 잠깐이다.(IV, 35)

> 기억하는 자도 기억되는 자도 잠깐밖에 살지 못하기는 마찬가지다.(VIII, 21, 2)

> 영혼을 넓히는 데에는 그보다 더 좋은 것이 없다.(III, 11, 2)

> 영혼을 넓히는 데에는 그보다 더 좋은 것이 없다.(X, 11, 1)

다른 예도 있을 것이다. 가령 8권 34와 11권 8은 둘 다 비슷한 구조를 취하고 있으며, 인간이 신에게 받은 능력, 즉 자기가 떨어져나온 전체와 다시 합쳐질 수 있는 능력을 이야기한다.

우리가 보았듯이 매사에 '원인인 것'과 '질료인 것'을 구분하라는 조언은 약간만 변형되어 거의 열 번 가까이 등장한다. 여기서 스토아 정신세계의 기본 구조 중 하나가.[9] 나아가 마르쿠스가 사용한 표현의 기술적 성격이 다시 한번 드러난다. 그러나 마르쿠스 아우렐리우스는 그러한 구분을 스토아학파에서 배운 바를 복습하듯이 반복한 게 아니다. 그 구분이 그에게는 실존적 의미를 지녔다. 원인이 되는 요소를 알아본다는 것은 자기 안에서 존재 전체를 이끄는 원칙 hēgemonikon, 우리를 육신에 의존하지 않게 하는 사유와 판단의 원칙, '우리에게 달려 있지 않은 것'과 '우리에게 달려 있는 것'의 경계를 설정하는 자유의 원칙을 알아본다는 뜻이다. 마르쿠스 아우렐리우스는 그런 말은 하지 않는다. 우리가 체계 전체에서 추론할 수 있을 뿐이다. 그는 스스로에게 그 구분을 적용하라고 권할 뿐, 그 수련의 의미를 이해하는 데 도움이 되는 예를 제시하거나 하지 않는다. 그 이유는 그에게 예가 필요하지 않기 때문이다. 그는 자기가 무슨 얘기를 하는지 안다. 『명상록』 전반에서 반복되는 표현은 어떤 견해를 드러내지 않는다. 그 표현은 관념의 연합을 통해 표상과 실천 전체를 활성화하는 일종의 자극제다. 마르쿠스 아우렐리우스는 오로지 자기를 위해서 글을 썼기 때문에 그 전체를 상술할 필요가 없었다.

마르쿠스 아우렐리우스는 도그마와 삶의 규칙을 언제나 염두에 두기 위해서 글을 썼을 뿐이다. 그는 에픽테토스의 조언을 따른 것이다. 에픽테토스는 스토아주의의 근본 도그마, 즉 우리에게 달려 있는 것과 그렇지 않은 것의 구분을 제시한 후 이렇게 덧붙인다.

> 철학자들이 명상해야 할 것이 이것이다. 매일 글로 쓰고 수련의 주제로 삼아야 할 것이 이것이다.(『담화록』 I, 1, 25)

이 원칙들을 너는 밤이나 낮이나 수중에 두고procheira 글로 써야 하며 읽어야 한다.(『담화록』III, 24, 103)

우리는 뒤에서 또 살펴볼 것이다. 스토아철학적인 삶은 주로 내적 담론을 다스리는 데 있다. 개인의 삶에서 모든 것은 상황을 생각하는 방식에 달려 있다. "우리를 괴롭히는 것은 사물이 아니라 사물에 대한 우리의 판단"(『엥케이리디온』§5), 다시 말해 사물에 대한 우리의 내적 담론이다. 아리아노스가 정리한 에픽테토스의 『담화록』은 청중 앞에서 철학을 강의하는 에픽테토스의 모습을 보여준다. 아리아노스는 짧은 서문에서 말한다. "그가 말할 때는 자기 말에 귀 기울이는 이들이 그들의 사유 중 가장 좋은 것으로 향하게 하려는 바람밖에 없었다⋯⋯ 에픽테토스가 이 말을 할 때 듣는 자들이 그가 느끼게 하고 싶었던 바로 그것을 느끼지 않을 수 없음을 적어도 알 것이다."

요컨대 에픽테토스의 말은 청중의 내적 담론을 변화시키려는 목적을 띠었다. 이것은 말에 의한 치료다. 이것은 인상적이고 감동적인 표현, 논리적이고 기술적인 추론, 나아가 매력적이고 설득력 있는 이미지에 힘입어 다양한 형태로 작동한다. 그리고 자기를 위한 글쓰기 치료가 있다. 마르쿠스 아우렐리우스는 글쓰기를 통해 에픽테토스가 말했던 도그마와 행동 규칙을 자기 자신에게 일깨운다. 그것을 자기 것으로 삼기 위해서, 그것이 내적 담론의 원칙이 될 수 있도록. 그러므로 끊임없이 '표상phantasiai', 즉 도그마를 나타내는 담론을 다시 일깨우는 것이 중요하다(VII, 2).

글쓰기 수련은 그래서 끊임없는 반복으로 이어지게 마련이다. 『명상록』과 여타 저작의 근본적으로 다른 점이 바로 여기에 있다. 도그마는 한

번 배워서 기계적으로 적용할 수 있는 수학적 규칙이 아니다. 도그마는 의식의 고취, 직관, 감정, 신비 체험이나 계시처럼 강렬한 정신적 경험이 되어야 한다. 그러나 정신적 정서적 강렬함은 금세 지나간다. 이것을 다시 일깨우려면 이미 쓰여 있는 것을 다시 읽어보는 걸로는 충분치 않다. 글이 쓰여 있는 페이지는 이미 죽은 것이다. 『명상록』은 다시 읽기 위해 쓴 책이 아니다. 중요한 것은 다시 쓰는 것, 쓰고 싶은 욕구가 있을 때 곧바로 글을 쓰고 자기 자신에게 말을 거는 행위다. 또한 공들여 구성을 짜고, 쓰고 나면 당장 효과가 스러질지라도 가장 좋은 효과를 낼 수 있는 형태를 추구하는 것이다. 물리적 구현 매체에 쓴 문자는 그 무엇도 붙잡아 놓지 않는다. 모든 것은 글쓰기라는 행위 자체에 있다.

그래서 똑같은 말을 새롭게 표현하고 재탕하려는 시도, 동일한 주제—에픽테토스의 가르침—에 대한 변주가 계속 이어진다.

중요한 것은 언제라도 꺼지거나 고사할지 모르는 내적 상태를 다시 깨우고, 북돋우고, 다시 활성화하는 것이다. 판에 박힌 일상과 무의미 속에서 희미해지고 흐트러지는 내적 담론을 언제나 새롭게 가다듬는 것이 중요하다.

마르쿠스 아우렐리우스는 『명상록』을 쓰면서 스토아주의 정신 수련을 했다. 다시 말해 그는 자기 자신에게 영향력을 행사하기 위해서 글쓰기라는 하나의 기술, 하나의 방법을 썼다. 내적 담론을 변화시키기 위해서 스토아주의의 도그마와 삶의 규칙을 명상한 것이다. 그날그날의 글쓰기 수련은 언제나 새롭게 다시 해야 한다. 진정한 철학자는 아직 자신이 진정한 지혜에 도달하지 못했음을 아는 사람이기 때문이다.

6. '그리스어' 연습

현대 독자는 『명상록』 원문이 그리스어라는 사실에 놀라지 않는다. 그렇지만 라틴어가 모국어인 로마 황제가 어째서 자기만 볼 개인적 기록을 그리스어로 남겼는지 의문을 품을 수 있다.

일단 마르쿠스 아우렐리우스가 두 언어를 완벽하게 구사했다는 점을 알아야 한다. 그는 헤로데스 아티쿠스에게 그리스어 수사학을 배우고 프론토에게 라틴어 수사학을 배웠다. 게다가 전반적으로 당시 로마 인구는 다양한 이유로 제국의 수도에 들어온 이들로 구성되어 있었으므로 두 언어가 흔하게 쓰였다. 그리스 의학자 갈레노스가 그리스도교 변증론자 유스티누스나 몇몇 영지주의자와 나란히 거닐 수 있는 곳이 로마의 거리였다. 그들은 모두 로마에서 가르침을 펼치고 교양 강의에서 청중을 만났다.[10]

그리스어는 분명 로마에서도 철학의 언어였다. 수사학자 쿠인틸리아누스는 1세기 말에 철학을 다룬 라틴어 작가가 별로 없음을 확인해준다. 그가 거론한 작가는 키케로, 브루투스, 세네카, 그 외 몇 명이 전부다. 루크레티우스 정도만 추가할 수 있을까. 어쨌든 기원전 1세기의 섹스티우스 부자(父子)나 기원후 1세기의 코르누투스, 무소니우스 루푸스, 에픽테토스 전부 그리스어로 철학을 가르쳤다. 그러므로 로마에서도 그리스어는 철학의 공식 언어로 통했으리라 짐작할 수 있다.

마르쿠스 아우렐리우스가 자기를 위한 글을 쓰기에는 라틴어가 더 좋았을지도 모른다. 그렇지만 이미 보았듯이 『명상록』은 흉금을 털어놓는 글이 아니라 스토아주의 전통, 특히 에픽테토스에게서 배운 프로그램에 따르는 정신 수련이었다. 마르쿠스 아우렐리우스는 기존 질료를 바탕으로 작업했다. 자기에게 주어진 도안에 따라 수를 놓은 셈이다. 여기서 비롯된 여러 가지 결과가 있다.

일단 이 철학적 질료는 기술적 용어와 상관이 있다. 스토아주의자는 특히 기술적 용어로 유명했다. 번역가는 마르쿠스 아우렐리우스가 구사하는 용어의 특수성에 주의를 기울여야 한다. 몇 가지만 예를 들어보자면 hypolēpsis(가치판단), kataléptikos(객관적인, 적절한), phantasia('상상'이 아니라 '표상'), hēgemonikon(지배원리), epakolouthēsis(필연적이나 부수적인 결과), hypexairesis(유보조항) 같은 용어가 그렇다. 이러한 기술적 측면은 마르쿠스 아우렐리우스가 아마추어 철학자가 아니었음을, 또한 스토아주의가 그에게 일종의 '종교'[11]는 아니었음을 보여준다.

이 용어들을 라틴어로 번역하기는 어렵다. 루크레티우스, 키케로, 세네카도 동일한 종류의 시험을 아주 잘 치러냈다고 할 수 있다. 그렇지만 이 작가들은 대중화를 원했다. 그들은 라틴어 사용 독자들이 그리스철학을 접하게 해주고 싶었다. 마르쿠스 아우렐리우스의 계획은 전혀 다른 것이었다. 그는 자기를 위해 글을 썼다. 용어를 번역하고 라틴어에 맞추는 것은 목표에서 벗어나는 일이었다. 게다가 라틴어로 번역된 그리스철학 용어는 부분적으로 그 의미를 잃기 마련이다. 그래서 마르쿠스 아우렐리우스와 동시대에 살았던 작가 아울루스 겔리우스[12]는 아테네에서 철학 공부를 하고 아리아노스가 정리한 에픽테토스의 『담화록』을 번역하면서 그리스어의 기술적 용어에 부합하는 라틴어 어휘 선택에 대해 다소 설명해야 할 의무가 있다고 느꼈다. 현대에도 하이데거 번역가는 종종 그런 의무감을 느낀다. 사실 철학도 시와 마찬가지로 번역 불가능하다.

어쨌든 마르쿠스 아우렐리우스는 번역이라는 문학적 작업까지 신경쓸 여력이 없었다. 전격적 전향, 임박한 죽음 앞에서 철인 황제는 즉각적 효과를 원했다. 분노 혹은 불안을 금세 일소하는 단어와 문장을 원했다(IV, 3, 3). 그는 철학을 배우는 분위기로 돌아갈 필요를, 그에게 변주의 주제를 던져주는 에픽테토스의 말을 기억할 필요를 느꼈다.

IV
철인 노예와 철인 황제
―에픽테토스와『명상록』

1. 철학 독서의 추억

　『명상록』에는 철학자가 더러 인용된다.[1] 마르쿠스 아우렐리우스는 그 중 일부는 책으로 접했을 것이고, 또다른 일부는 스토아철학 강의를 통해 만났을 것이다.
　가령 헤라클레이토스[2]는 스토아주의자에게 위대한 시조로 통하는 철학자였다. 에페수스의 이 철학자가 남긴 말이『명상록』에 여러 번 등장하지만 그의 원문과 황제가 기억에 의존해 쓴 표현을 구분하기는 힘들다. 가령 "자면서 말하고 행동하는 사람들"(IV, 46, 4), 즉 무분별한 사람들에 대한 언급은 사람들이 잠자는 것처럼 자각이 없는 상태[3]를 암시한 헤라클레이토스의 첫번째 단상을 다르게 풀어 쓴 것일지도 모른다.
　어쨌든 자각 없는 잠이라는 주제는 마르쿠스 아우렐리우스에게 깊은 인상을 남겼다. 그는 취해서 갈 길을 알지 못하는 자에 대한 헤라클레이토스의 단상[4]을 "길이 어디인지 잊어버린 사람"(IV, 46, 2)이라는 표현으로 환기할 뿐 아니라, 여전히 이 철학자에게서 영감을 받아[5] 잠자는 자와 무분별한 자도 그들 나름대로 세계에 협력한다고 주장하며 다음과 같은 결론을 내린다.

> 우리는 모두 하나의 목적을 달성하기 위하여 서로 협력하는데, 더러는 알고서 의식적으로 그렇게 하고, 더러는 모르고서 그렇게 한다.(VI, 42, 1)

그러므로 각자는 보편 이성의 의지에 맞서면서도 협력한다. 자연의 흐름은 이를 따르기를 거부하는 자도 필요하기 때문이다. 사실 자연은 자유와 그것이 의미하는 것, 다시 말해 무분별과 저항까지도 자기 계획 속에 포함하고 있다. 자연이 상연하는 극에서는 잠자는 자와 반대자도 예견되어야 한다.

그러나 잠자는 자, 무분별한 자, "로고스[6]와 불화하는 자"(IV, 46, 3)는 "그들이 날마다 만나는 것이 낯설다"[7](IV, 46, 3). 헤라클레이토스가 제시하는 이 또다른 주제는 마르쿠스 아우렐리우스가 자연, 즉 로고스와의 '친숙함' 개념을 중요시하기 때문에 그에게 더욱더 각별하다. 친숙함 덕분에 자연의 의지에 따라 일어나는 모든 일이 낯설지 않고 친숙하며 자연스럽게 보일 수 있는 것이다(III, 2, 6).

한 원소는 다른 원소 안에서 죽기 마련이라는 헤라클레이토스 특유의 주제[8]도 스토아주의가 보편적 변모를 명상하는 데 익숙했던 만큼 황제의 주의를 끈다(IV, 46, 1).[9]

헤라클레이토스뿐만 아니라 엠페도클레스의 시도 인용한다(XII, 3). 이

철학자이자 시인이 상상한 "순수 궤도의" 구체球體, Sphairos는 전통적으로 현자의 상징이었다.[10]

마르쿠스 아우렐리우스는 영혼의 평정을 지키고 싶다면 세상사에 너무 관여하지 말라는 데모크리토스의 단상을 저자를 밝히지 않은 채 인용하고 비판한다(IV, 24). 실제로 이러한 덕을 다루었던 저자들, 특히 스토아주의자는 행동하지 말라는 데모크리토스의 권고를 전통적으로 거부해왔다.[11]

'데모크라투스의 문장'이라고 하지만 때로는 데모크리토스의 것이라고도 하는 글 모음[12]에서 마르쿠스 아우렐리우스는 자기 생각을 요약한다고도 할 수 있는 단상을 발견했다(IV, 3, 11). "세상은 변모alloisis에 불과하고, 삶은 의견hypolepsis(혹은 판단)에 불과하다." 그는 이 표현에서 우리를 괴롭히는 것은 사물이 아니라 사물에 대한 우리의 판단, 즉 표상이라는 에픽테토스의 가르침을 알아보았을 것이다(『엥케이리디온』 §5).

마르쿠스 아우렐리우스는 데모크리토스의 다른 글도 비판한다(VII, 31, 4). 진정한 실재는 원자와 진공뿐이고 나머지는 다 '관습nomisti'에 지나지 않는다는 글이다. 갈레노스가 설명한 것처럼[13] '그 자체'엔 원자밖에 없고 '우리에 대해서만' 색깔, 냄새, 맛 따위가 있다. 그런 것은 주관적일 뿐이지만 우리는 실재한다고 생각한다. 아우렐리우스는 데모크리토스의 표현을 스토아적인 방향으로 수정해서 해석했다. 그는 무한히 많은 원자가 실재하는 유일한 원리라는 주장은 거부하지만 'nomisti'를 '관습'이 아니라 '법칙'이라는 의미로 이해하는 조건에서 받아들인다. 그래서 그에게 "모든 것이 관습nomisti이다"라는 데모크리토스의 주장은 절반만 참이다. 그는 이 말을 "모든 것은 보편 자연의 법칙에 따라 일어난다"는 의미로 받아들인다. 이 경우, 무수히 많은 원자만이 원리로서 존재한다는 주장은 틀렸다. 모든 것이 자연법칙을 따른다면 원리의 수는 제한될 수밖에 없다. 원리는 단 하나, 로고스밖에 없거나 로고스와 질료 둘밖에 없다. 이 것이 어렵고도 손상되었을 가능성이 있는 이 텍스트의 해석 중 하나다.[14] 우리는 마르쿠스 아우렐리우스가 "모든 것이 관습nomisti이다"를 앞에서 인용한 데모크리토스의 의미대로 "모든 것은 주관적이다, 다시 말해 의견에 지나지 않는다", 즉 모든 것이 우리의 표상 안에 있다는 에픽테토스의 관념에 비추어 이해했다고 볼 수 있을 것이다.[15] 이것은 우리가 실재를 알 수 없다는 뜻이 아니라, 실재에 근거하지 않은 선악의 가치를 주관적으로 실재에 부여한다는 뜻이다.

마르쿠스 아우렐리우스는 키니코스학파 철학자의 글에서도 이 가르침을 발견했다고 생각했다.

> 만물은 그것에 대한 우리의 판단에 지나지 않는다. 키니코스학파 철학자 모니모스의 발언은 분명히 옳다. 그러나 누가 참다운 것의 한계 안에서 이 말에 담긴 유용성을 받아들이기만 하면 이 말의 유용함은 분명해진다. (II, 15)

메난드로스[16]의 희극에 따르면, 모니모스는 인간의 모든 의견to hypolēphthen이 허영tuphos이라고 선언했다. 마르쿠스 아우렐리우스는 메난드로스가 인용한 문장이 정곡을 찌른다고 생각했다. 결국 모든 것이 의견의 문제다. 우리의 가치판단이 우리를 괴롭히는 것이요, 그러한 판단은 허영이다.

사실 모니모스가 말하는 '허영tuphos'은 '공허' '연기' 그리고 우리의 가치판단을 어긋나게 하는 '허세'의 의미이기도 하다.

허세는 무서운 사기꾼이다. 네가 진지한 문제에 전념한다고 굳게 믿을 때 가장 현혹되기 쉽다. 그러니 크라테스가 크세노크라테스에 관하여 한 말을 기억하라.(VI, 13)

크세노크라테스 같은 플라톤주의자는 고대에 허세가 많고 오만하기로 유명했다. 그러니 모니모스와 마찬가지로 키니코스학파였던 크라테스가 그의 과장된 허세를 비난했던 것도 당연하다.[17]

마르쿠스 아우렐리우스는 직접적으로든 간접적으로든 키니코스학파의 다른 글도 접했을 것이고—이 부분은 다시 다루겠다[18]—이 점은 그리 놀랍지 않다. 일단 스토아학파와 키니코스학파는 삶에 대한 생각이 비슷하다. 그리고 데모크리토스와 모니모스에 대해서 그랬던 것처럼 철인 황제는 자기 주의를 끄는 글에서 스토아학파의 가르침을 발견하는 재주가 있었다.

우리는 『명상록』에서 플라톤의 여러 텍스트, 가령 『소크라테스의 변론』(28b, 28d), 『고르기아스』(512d-e), 『국가』(486a), 『테아이테토스』(174d-e)도 만날 수 있다. 황제는 플라톤을 일종의 '스토아주의 이전의 스토아주의자'로 인용하므로 이 점도 놀랍지 않다. 플라톤은 소크라테스라는 인물을 통해 스토아주의자가 결코 부인하지 못할 말을 남겼다. 중요한 것은 생과 사가 아니라 정의와 불의, 선과 악이다(VII, 44). 우리에게 부여된 지위에 머물러야 한다(VII, 45). 목숨을 부지하는 것보다 생을 최대한 존엄하게 영위하는 것이 중요하다(VII, 46). 시간과 실체를 한눈에 포용하는 사람은 죽음을 두려워하지 않는다(VII, 35). 마지막으로, "산중에 우리를 짓고"(X. 23) 양떼와 함께 갇혀 지내는 목자처럼 사유하고 철학할 여유가 없는 왕의 고충에 대한 『테아이테토스』(174d-e)의 묘사도 인용한다.

아우렐리우스가 이러한 인용에서 발견한 철학은 플라톤주의가 아니라 스토아주의였다.[19]

철인 황제는 아리스토텔레스의 제자 테오프라스토스를 읽었고, 고대 저자로는 유일하게 이름도 언급한다. 그 텍스트는 책임의 정도라는 문제를 제기하므로, 아마도 아우렐리우스는 죄를 가늠할 책임이 있는 재판관의 입장에서 관심이 갔을 것이다. 테오프라스토스는 쾌감에 이끌리고 쾌감을 느끼면서 저지른 잘못이 불의나 분노를 견디지 못해 저지른 잘못보다 더 무겁다고 보았다. 마르쿠스 아우렐리우스는 이 이론에 동의한다(II, 10). 스토아주의는 모든 과오를 똑같이 취급하기 때문에, 그가 교의에 충실하지 못했다고 말하는 자들이 있다.[20] 스토아학파가 지혜를 절대적 완벽으로 여겼던 것은 사실이다. 아주 작은 잘못도 큰 잘못 못지않게 완벽과는 거리가 있다. 현자이거나 아니거나 할 뿐, 그 방식은 중요하지 않다. 그러므로 원칙적으로 잘못의 크고 작음은 없다. 그렇지만 스토아학파는 지혜롭지 않은 정신도 발전할 수 있다고 보았으므로, 그 발전의 서로 다른 수준도 인정한 셈이다. 따라서 지혜롭지 않은 경우에도 잘못의 경중은 다양한 단계로 존재한다.[21] 게다가 에픽테토스 역시 어떤 잘못은 다른 잘못보다 용서할 만하다고 말한다(IV, 1, 147). 가령 사랑의 정념은 야심보다 용서할 만한 과오다.

아우렐리우스는 천체라는 순수와 질서의 모델을 기억하기 위해 새벽부터 눈을 들어 하늘을 보라고 했던 '피타고라스주의자'도 거론한다(XI, 27).[22]

『명상록』에는 에피쿠로스와 그 학파의 격언도 나온다. 마르쿠스 아우렐리우스는 이런 격언을 인용하면서 스토아주의의 용어로 다시 썼고, 스토아주의자로서 마땅히 실천할 만한 조언만 취했다. 우리가 갖지 못한 것이나 가질 수 없는 것을 아쉬워하지 말고 현재에 행복할 것(VII, 27). 고통은 견딜 수 없는 것인 동시에 영원할 수 없는 것(VII, 33; VII, 64). 언제나 고대인의 덕을 염두에 둘 것(XI, 26). 어떤 상황에서나 철학이라는 면에 머물고, 철학을 하지 않는 자들의 의인주의에 휩쓸리지 말 것(IX, 41).[23] 이 가운데 마지막 텍스트는 에피쿠로스가 병석에서 혹은 죽음을 앞두고 쓴 편지의 일부로, 세네카나 에픽테토스 같은 스토아주의자가 어떻게 에피쿠로스주의에서 명상할 만한 격언을 찾을 수 있었는지 보여준다. 그들이 절충주의자이거나 스토아주의에 확신이 없어서가 아니었다. 그들은 스토아주의와 에피쿠로스주의가 가르침에 있어서나 실천적 태도에 있어서나 심원한 차이가 있다는 것을 잘 알았다. 그렇지만 스토아주의, 에피쿠로스주의, 플라톤주의, 아리스토텔레스주의 모두 그 형태는 다를지언정 다 같은 철학적 삶의 양식이라는 것도 알았다. 철학적 삶에는 여러 학파, 나아가 모든 학파의 공통점이 있었다. 마르쿠스 아우렐리우스도 에피쿠로스의 편지를 두고 이렇게 말한다.

> 어떤 상황에서도 철학을 포기하지 않고 철학과 자연에 무지한 사람의 수다에 맞장구치지 않는 것은 모든 철학 학파에 공통된 기본 원칙이다.(IX, 41)

스토아주의와 에피쿠로스주의는 특히 시간을 대하는 태도, 현재에 대한 집중[24]이라는 공통점이 있다. 우리는 그로써 지금 이 순간의 비할 데 없는 가치를 이해하고 고통 또한 현재에만 경험하는 것, 느끼는 것이라는 자각을 통해 그 극심한 아픔을 완화할 수 있다.

요컨대 마르쿠스 아우렐리우스는 그가 인용한 철학자를 어디까지나 스토아주의자로서, 에픽테토스의 제자로서 읽었다. 『명상록』을 설명해주는 것은 뭐니뭐니해도 에픽테토스 읽기, 이 노예 철학자의 가르침에 대한 앎이다.

2. 에픽테토스의 가르침

앞에서 우리는 이 철학자의 이름을 여러 번 만났는데, 이 이름이 『명상록』에 여러 번 등장하는 것도 놀랄 일은 아니다. 마르쿠스 아우렐리우스는 자신의 스토아철학 스승 유니우스 루스티쿠스가 에픽테토스 강의록을 빌려준 일을 무엇보다 고마워한다. 게다가 몇 번이나 에픽테토스를 스토아주의자가 생각하는 가장 위대한 스승의 반열에 올려놓는다. "시간이 벌써 크리시포스, 소크라테스, 에픽테토스 같은 이들을 얼마나 많이 삼켜버렸는가!"(VII, 19, 2)

그 이유는 실제로 에픽테토스가 당대의 위대한 철학자였기 때문이다. 2세기 문헌 전체가 그의 사람됨과 가르침을 상기시키며 그는 고대 말까지 철학자의 본보기로 남았다. 아테네에서 공부했던 라틴어 작가 아울루스 겔리우스는 그 도시에서 목격했던 어떤 대화를 언급하는데, 거기서 수사학자 헤로데스 아티쿠스는 아리아노스가 정리한 에픽테토스의 『담화록』을 인용한다. 또다른 대화에서 철학자 파보리누스도 이 위대한 스승의 여러 말씀을 전한다. 아울루스 겔리우스 자신도 배에서 만난 어떤 철학자가 여행 가방에서 『담화록』을 꺼내 한 대목을 읽어주었다고 전한다. 그리고 아울루스 겔리우스의 『아티카의 밤』에서도 에픽테토스의 생애가 여러 번 언급된다. 원래 그는 노예였고, 도미티아누스 황제에 의해 로마에서

IV. 철인 노예와 철인 황제―에픽테토스와 『명상록』　89

추방당해 니코폴리스에 정착했다.[25] 마르쿠스 아우렐리우스 치세에 살았던 풍자작가 루키아노스도 어느 숭배자가 "스토아주의자 에픽테토스의 점토 등잔"을 3천 드라크마나 주고 사들였다고 말한다. "그자는 아마도 밤에 그 등잔을 켜놓고 책을 읽으면 에픽테토스의 지혜가 잠든 동안 흘러들어와 그 놀라운 노인을 닮게 되리라 기대했을 것이다."[26] 마르쿠스 아우렐리우스의 주치의 갈레노스도 아를의 파보리누스가 에픽테토스에게 맞서 이끌었던 대화를 언급하고 직접 그에 대한 반박을 전개했다.[27] 오리게네스 같은 3세기의 그리스도교 교부도 이 철학자에게 존경을 드러냈다.[28]

에픽테토스는 1세기경에 프리기아의 히에라폴리스(현재 튀르키예의 파묵칼레)에서 태어났다. 1세기 후반에 네로 황제의 휘하에 있던 에파프로디투스의 노예로 로마에 왔는데, 그는 『담화록』에서 이 주인을 여러 번 언급한다. 주인은 그가 스토아철학자 무소니우스 루푸스의 가르침을 듣게 해주었다. 스승의 지대한 영향은 『담화록』에 전하는 말과 가르침에서 잘 드러난다. "우리는 저마다 그의 옆에 앉아 누군가가 우리 잘못을 그에게 일러바친 것 같은 기분을 느끼곤 했다. 그만큼 그는 우리의 현재 상태를 정확하게 건드려 잘못이 눈앞에 고스란히 드러나게 했다."(III, 23, 29) 에픽테토스는 에파프로디투스에게서 해방된 후 로마에 철학 학당을 열었지만 93~94년에 도미티아누스 황제에 의해 다른 철학자들과 함께 로마에서 쫓겨났다. 그래서 이탈리아와 배로 연결되는 그리스의 항구도시 에피루스의 니코폴리스에 정착해서 다시 학당을 열었다. 신플라톤주의자 심플리키우스는 에픽테토스가 어찌나 가난했는지 로마 집은 자물쇠도 필요 없고 짚단과 거적 외에는 세간도 없었다고 했다. 심플리키우스가 전하는 바로, 에픽테토스는 나중에 아이를 입양하고 그 아이를 키우기 위해 여자도 한 명 들였다.[29] 그러나 결혼은 절대 하지 않았다.[30] 에픽테토스의 정확한 사망일은 알려지지 않았다.

에픽테토스는 글을 남기지 않았다. 우리는 니코메디아의 아리아노스[31]를 통해서만 그의 가르침을 알 수 있다. 아리아노스는 공직자였으나 108년경 젊은이였을 때 니코폴리스에서 에픽테토스를 사사하고 자기가 적은 강의록을 발표했다. 니코메디아의 아리아노스는 흥미로운 인물이다. 그가 동시대인에게 철학자로 통했다는 점을 먼저 밝혀야겠다. 그는 살아생전에 코린토스와 아테네에서 그 칭호로 불렸다.[32] 역사가 디온 카시오스는 「철학자 아리아노스의 생애」를 썼던 것으로 짐작된다.[33] 사실 아리아노스는 철학 저작을 남겼다. 우리는 이미 그가 쓴 에픽테토스의 『담화록』을 알고 있다. 그리고 서양 사상사에서 각별히 중요한 작은 책 한 권을 덧붙일 수 있는데, 바로 (그리스어 제목으로)『엥케이리디온』이다. '엥케이리디온Encheiridion'은 '손안에 두는 것'이라는 뜻으로, 스토아철학적 삶의 요구, 마르쿠스 아우렐리우스가 『명상록』을 쓰면서 부응하고 싶었던 요구다. 삶의 어떤 상황에서나 '손안에 두는 것'은 제대로 행동하거나 운명을 받아들이게 하는 내적 성향에 머물 수 있도록 하는 원칙, '도그마', 삶의 규칙이다. 『엥케이리디온』은 에픽테토스의 『담화록』을 추린 것으로, 가장 인상적인 문장 모음집이자 에픽테토스라는 철학자를 그의 행적을 통해 밝혀 보여주는 책이다.[34] 아리아노스는 천체 현상에 대한 책도 썼는데 고대인은 그 책을 『메테롤로기아』라고 불렀던 것 같다.[35] 그러나 고대에 철학자는 철학 저작을 쓰는 사람이 아니라 철학적인 삶을 사는 사람이었다. 아리아노스는 마르쿠스 아우렐리우스의 스승이었던 루스티쿠스처럼 국가의 요직에 있으면서 철학자의 삶을 살고자 노력했던 것 같다. 에픽테토스의 『담화록』 서문 끝을 보면 그러한 사실이 짐작된다. 아리아노스는 그 책을 발표하면서 독자에게 에픽테토스가 강의를 듣는 자들에게 일으켰던 효과, 곧 선을 북돋우는 효과를 일으키길 원했다. 더구나 그의 모델은 소크라테스의 유명한 제자로 정치인이자 군인이자 문인이었던 크세노폰이었다. 아리아노스는 '신新크세노폰'으로 불리길 원했다. 그래서 크세노폰의 문체, 저작의 주제를 모방했다. 그는 크세노폰처럼 사냥에 대한 소론을 썼고, 에픽테토스를 새로운 소크라테스로 삼아 크세노폰의 『소크라테스 회상』에 해당하는 『담화록』을 썼다.[36] 아리아노스에게 중요했던 것은 아마 문학적 모델만이 아니라 삶의 모델, 행동의 모델이었을 것이다. 두 세기 후 철학자 테미스티우스[37]는 유니우스 루스티쿠스와 아리아노스를 칭송하며 그들이 책을 버리고 공공선을 위해 살았다고, 카토나 다른 로마의 위정자들처럼 살았을 뿐 아니라 소크라테스와 크세노폰처럼 살았다고 말한다. 루스티쿠스나 아리아노스에게 철학은 잉크와 펜에 국한된 것이 아니었다. 그들은 용기에 대해 글을 쓰는 데 만족하지 않았고, 국익에 기여할 의무를 결코 저버리지 않았다. 실제로 아리아노스는 공직자로서 훌륭한 이력을 쌓았다. 123년경 바이티카 속주 총독을 지내고, 129년 혹은 130년에 보결집정관을 지냈으며, 130년(또는 131년)부터 137년(혹은 138년)까지 카파도키아 총독을 지냈다. 135년에 알란족을 물리치고 흑해 연안을 시찰했으며, 이 원정에 대해서 하드리아누스 황제에게 보고를 올렸다.

아리아노스는 친구 루키우스 겔리우스에게 보내는 이 서문에서 에픽테토스의 강의를 어떤 식으로 받아 적었는지 밝힌다. "이런 유의 글을 작성할 때면 으레 사용하는 문학적 양식을 취하지 않았고, 엄밀히 말하자면 내가 쓴 글이 아니어서 직접 발표하지도 않았네." 고대에 책을 발표한다는 것은 문체와 구성의 규칙에 따라 고심해 작성한 텍스트를 공개 낭독하거나 책방에 내놓는다는 뜻이었다. "그러나 그가 말하는 동안 내가 들은 모든 것을 토씨 하나 다르지 않게 기록으로 남기려고 노력했네. 훗날 나에게 그의 진솔한 말과 사유에 대한 '기억을 일깨우는 메모hypomnēmata'로 삼기 위해서 말일세. 그러다보니 이 기록은 독자를 고려한 구성이 아니라 자연스레 인간 대 인간의 대화 형식을 취하게 되었네." 아리아노스는 대화와 권고를 최대한 자연스럽게 글로 옮겼다고 말하는 것이다. 그는 이로써 왜 이 책이 자신의 다른 책들과 마찬가지로 문학어를 쓰지 않고 공통어koinē를 쓰는지 설명한다. 그리고 그는 이어 말한다. "그러한 상태에 있던 노트가 어떻게 나도 모르는 사이에 내 뜻과 달리 시중에 퍼졌는지 모르겠네." 아리아노스도 갈레노스와 비슷한 경우였을 것이다. 친구들에게만 보여준 강의록이 다양한 환경에서 조금씩 필사되어 사실상 '발표'된 경우 말이다. "내가 저작을 쓰기에 적합지 않은 사람처럼 보이더라도 개의치 않네." 여기서 아리아노스는 에픽테토스의 제자를 자처하고 문인으로서의 영예엔 관심을 두지 않는다. "에픽테토스가 담론을 경멸한 것이 사실이라고 해도 그건 중요하지 않네. 그가 말할 때는 자기 말에 귀 기울이는 이들이 그들의 사유 중 가장 좋은 것으로 향하게 하려는 바람밖에 없었어. 담론이 바로 그렇게 귀착된다면 철학자의 담론이 일으켜야 하는 효과를 틀림없이 일으킬 것이네. 만약 그렇지 않은 경우라도, 담론을 읽은 자들은 에픽테토스가 이 말을 할 때 듣는 자들이 그가 느끼게 하고 싶었던 바로 그것을 느끼지 않을 수 없음을 적어도 알 거야. 이 담론이 그러한 효과를 일으키지 못한다면 아마 내 책임일 테지만, 어쩌면 그렇게 되어야 하는지도 모르네."

   이 서문이 역사가들에게 불러일으킨 논의를 자세히 파고들지는 않겠다. 어떤 이들은 아리아노스가 속기사를 써서 에픽테토스의 강의를 받아 적었을 거라 짐작한다. 또 어떤 이들은 아리아노스가 크세노폰의 『소크라테스 회상』을 모방해 사실은 좀더 본격적인 저술을 했지만 겔리우스에게 보내는 글에서 말하지 않았을 뿐이라고 말한다. 다시 말해 아리아노스가 에픽테토스의 말을 세련된 문학적 형식으로 재구성하고는 그 사실을 밝히지 않았다는 것이다. 어쨌든 아리아노스가 자신의 철학적 담론을 전개하고 그것을 에픽테토스의 것으로 속이지 않은 한, 아리아노스의 저작은 기본적으로 에픽테토스의 실제 가르침과 밀접한 관계가 있다고 봐야 한다.[38]

그럼에도 불구하고 대부분의 역사가나 주석가가 그랬던 것처럼 아리아노스가 작성한 『담화록』에 에픽테토스의 가르침 전체가 있다고 보아서는 안 된다. 실제로 이 책을 읽어보면 아리아노스가 강의에서 전하지 않은 부분이 있음을 짐작할 수 있다. 철학자 J. 수이예가 잘 지적해주었듯이[39] 1세기 이후 다른 텍스트들과 마찬가지로 에픽테토스의 강의에서 가장 중요한 부분 역시 스토아주의 창시자인 제논과 크리시포스의 기본 텍스트를 설명하는 데 쓰였다. 스승이 주로 텍스트를 설명했지만, 때로는 강의를 듣는 이들이 그 역할을 하기도 했다. 아리아노스는 에픽테토스의 교육 활동에서 이러한 기술적 부분을 재현하지 않았다. 하지만 군데군데 암시가 있다. 가령 에픽테토스의 제자 중 한 사람이 삼단논법의 논리적 문제점에 대한 스토아주의 텍스트를 선배의 지도하에 설명하는 장면이 그렇다(『담화록』 I, 26, 13). 에픽테토스가 아침에 일어나서 그날의 강의에서 텍스트를 어떻게 설명할지 속으로 연습해보는 장면도 그렇다(『담화록』 I, 10, 8).

그러므로 이 부분, 즉 중세에 렉티오lectio가 되고 현대에 프랑스어 'leçon(강의)'이 된 이 텍스트 '읽기'는 강의의 중심을 차지하는데도 에픽테토스의 『담화록』에는 모두 빠져 있다. 우리에게 남아 있는 부분은 강의의 기술적이지 않은 부분이라고 할 수 있을 것이다. 이미 말했듯이 적어도

1세기 초 이후의 모든 철학 강의에는 텍스트 설명이 중요한 요소로 포함되었고, 때로는 철학자와 청중이 자유롭게 토론을 벌이는 방식으로 강의가 끝나곤 했다. 아리아노스보다 몇십 년 후에 글을 썼던 아울루스 겔리우스는 플라톤주의자였던 자기 스승은 텍스트 설명—렉티오—을 마치고 청중에게 그들이 선택한 주제로 질문할 수 있는 시간을 주었다고 말한다. 아리아노스가 작성한 『담화록』은 바로 이렇게 스승이 청중과 대화를 나누거나 철학적 삶에 유익하다고 판단한 몇 가지를 부연 설명한 부분에 해당한다.[40]

이 점을 중요하게 지적하는 이유는 에픽테토스의 『담화록』에서 체계적이고 기술적인 스토아주의 교의 전체를 찾아볼 수 있으리란 기대를 하지 말아야 하기 때문이다. 그렇다고 에픽테토스가 이론을 가르치면서 텍스트 설명을 통해 그 교의의 체계를 다루지 않았다는 얘기는 아니다. 에픽테토스가 스토아주의의 세 부분, 즉 자연학, 논리학, 윤리학 가운데 자연현상의 기술을 일부 포함하는 자연학을 무시했다고 생각해선 안 된다. 우리는 그가 강의에서 어떤 텍스트를 읽고 어떻게 설명했는지 모른다. 우리는 단지 우리에게 전해 내려오는 에픽테토스와 제자들의 담화에 자연현상을 다루는 내용이 없다는 말만 할 수 있다. 불행히도 현재 전해지지는 않지만 아리아노스가 혜성에 대해 쓴 책이 있다고 한다. 그게 사실이라면, 그는 스승인 에픽테토스에 의해 이런 유의 문제에 대한 철학적 사유에 입문했을지도 모른다. 플로티노스가 이 저작의 내용을 소개한 대목을 보면 아리아노스가 에픽테토스의 가르침에서 무엇을 취했는지, 다시 말해 자연에 대한 연구에 어떤 정신적 의미를 부여했는지 엿볼 수 있다. "아리아노스는 혜성의 성질, 형성, 출현에 대한 이 작은 책을 쓰면서 혜성의 출현이 길흉을 예고하지 않는다는 것을 여러 논의를 통해 보여주려 했다."[41] 어쨌든 철학의 세 부분에 대한 에픽테토스의 생각은 다시 살펴볼 것이다. 지금은 『담화록』의 실제 내용에 기반하여 후기 스토아주의의 이론적 가르침이 빈약하다고 비판할 수는 없다는 것만 알아두자.[42] 첫째, 『담화록』이 에픽테토스의 강의를 애초에 이론적이거나 기술적이지 않은 부분만, 아마도 파편적으로 전하기 때문이다. 둘째, 이 책은 아리아노스가 니코폴리스에 머물던 한두 해 동안 들었던 강의를 반영할 뿐이다. 그런데 에픽테토스는 철학 강의를 이십오 년에서 삼십 년은 했다! 마지막으로, 전체 저작 중에서 현재 전해 내려오는 것은 앞의 네 권뿐이다. 한 권 내지 여러 권이 사실상 사라진 셈이다. 아울루스 겔리우스는 5권의 한 대목을 길게 인용한다.[43] 마르쿠스 아우렐리우스도 우리에게 전해지지 않은 텍스트를 엿보게 한다.[44] 따라서 현재 전하는 『담화록』으로는 에픽테토스의 가르침을 전부 알 수 없고, 그가 말하지 않은 것은 더더욱 알 수 없다.

우리는 『명상록』 1권에서 마르쿠스 아우렐리우스가 그에게 스토아철학을 가르쳐주고 나중에 황제의 자문역 중 한 명이 되었던 유니우스 루스티쿠스 덕분에 에픽테토스를 접했다는 것을 보았다. 철인 황제는 스승이 개인 소장하고 있던 에픽테토스의 강의록 hypomnēmata을 빌려주었다고 말한다. 이 말은 두 가지로 해석된다. 첫째, 아리아노스의 저작 필사본을 빌려주었다는 뜻이다. 앞에서 루키우스 겔리우스에게 보낸 편지를 통해 보았듯이, 아리아노스 본인도 자기 저작을 강의에 대한 기억을 일깨우기 위한 노트, 즉 hypomnēmata로 여겼다. 루키우스 겔리우스에게 보낸 편지는 아마도 에픽테토스 사후인 125년에서 130년경에 쓰였을 것이다. 책 자체는 130년 전후에 유포되었을 것이다. 아울루스 겔리우스는 아테네에서 공부하던 140년경에 헤로데스 아티쿠스라는 유명한 부자가 철학 토론에 참석하면서 아리아노스가 정리한 digestae 에픽테토스의 논술집 dissertationes을 도서관에서 한 부 가져왔다고 증언한다.[45] 또한 카시오페이아에서 브룬디시움까지 여행하는 중에 만난 철학자도 여행 가방에서 『담화록』을 꺼내 (현재 소실된) 5권의 한 대목을 읽어주었다고 말한다. 그러므로 마르쿠스 아우렐리우스가 스승 덕에 접했던 『담화록』은 현재 우리에게 전하는 책보다 훨씬 완전한 모양새였을 것이다.

파커슨[46]이 제안한 다른 가설도 살펴보자. 철인 황제가 스승에게 빌린 필사본은 루스티쿠스 본인이 직접 작성한 에픽테토스 강의록일지도 모른다. 연대순으로 보아 에픽테토스는 125~130년에 사망했고 루스티쿠스는 2세기 초에 출생했으니 (그가 밟아온 이력을 보건대) 120년 전후로 에픽테토스의 가르침을 받았을 가능성이 충분히 있다. 게다가 아리아노스가 작성한 에픽테토스의 『담화록』은 그리스에서 140년경에 알려졌으니, 마르쿠스 아우렐리우스가 철학으로 전향한 145~146년에는 이미 로마에 들어와 있었을 법하다. 그런데 철인 황제는 루스티쿠스의 선물을 아주 특별한 것으로 말한다. 따라서 루스티쿠스 본인이 작성한 강의록이 아니었을까. 그렇다면 그 강의록은 아리아노스가 작성한 책에서는 알 수 없었던 내용을 알려주었을 것이다. 에픽테토스는 매년 똑같은 내용을 가르치는 철학자가 아니었으니 말이다.

어쨌든 마르쿠스 아우렐리우스는 분명히 아리아노스가 작성한 책을 읽었을 것이다. 『명상록』에 인용한 문장들이 그 증거다.

그가 아리아노스가 작성한 『담화록』만 읽었든 루스티쿠스의 강의록까지 읽었든, 우리가 접할 길 없는 에픽테토스의 가르침까지 접한 것은 어쨌든 분명하다. 우리에겐 아리아노스의 책도 일부만 전한다. 또한 루스티쿠스가 작성한 강의록이 만약 실제로 존재했다면 거기에서 황제가 새로이 알게 된 것이 있었으리라. 실제로 우리는 마르쿠스 아우렐리우스 덕분에 다른 데서는 볼 수 없는 에픽테토스의 단편적인 텍스트를 볼 수 있다.

3. 『명상록』의 에픽테토스 인용

> 에픽테토스가 말했듯이 너는 시체를 지고 다니는 작은 영혼일 뿐이다.(IV, 41)

> 에픽테토스가 말하기를, 제 자식에게 입맞출 때 '내일 이 아이가 죽을지도 모른다'고 마음속으로 생각해야 한다.(XI, 34)

『명상록』에서 이 두 문장은 에픽테토스 인용임을 명시하고 있다. 첫번째 인용문은 우리에게 전하는 『담화록』 1~4권에 없으므로 마르쿠스 아우렐리우스는 다른 출처에서 가져왔을 것이다.[47] '시체를 진 작은 영혼'이라는 표현은 이성과 자연에 부합하지 않는 인생의 비참한 상태를 기술한 수많은 대목에서 다시 등장한다.

> 어린애의 분노, 어린애의 장난! 시체를 지고 다니는 가련한 영혼! 저승의 광경이 눈앞에 생생하게 그려지리라.(IX, 24)

에픽테토스의 다른 인용문(XI, 34)에서도 『담화록』의 한 대목(III, 24, 88)을 볼 수 있다.

그렇지만 마르쿠스 아우렐리우스는 곧잘 에픽테토스의 문장임을 밝히지 않고 단락 전체를 인용하기도 한다. 가령 플라톤의 『국가』(412e-413a)

를 자기가 에픽테토스를 통해서 접한 형태(『담화록』 I, 28, 4)로 인용한다.

모든 영혼은 본의 아니게 진리를 빼앗긴다.(VII, 63)

동일한 인용이 분노에 대한 케팔라이아 목록에서도 반복된다(IX, 18, 5).
에픽테토스는 이 말을 통해서 스토아주의의 자살론을 암시했다.

집안에 연기가 있는가? 연기가 지나치지 않으면 집에 머물 것이다. 연기가 지나치게 많으면 나갈 것이다. 문이 열려 있는지 절대로 잊지 않고 명심해야 하는 까닭이다.(『담화록』 I, 25, 18)

마르쿠스 아우렐리우스의 다음 문장이 여기에 해당한다.

연기가 나니, 나는 떠난다!(V, 29, 2)

에픽테토스는 제자에게 이렇게 권한다.

아침부터 나가자마자 네가 보는 모든 것, 네가 듣는 모든 것을 계기 삼아 질문과 대답으로 논증을 펴듯 찬찬히 살펴보라.
무엇이 보이는가? ─잘생긴 남자, 아름다운 여자.
규칙을 적용하라epage ton kanōna〔그리고 너 자신에게 물어보라〕.
그들의 아름다움은 그들의 의지에 달린 것인가, 아닌가?
─그들의 아름다움은 그들의 의지와 상관없다.

그렇다면 그 아름다움을 거부하라.(『담화록』 III, 3, 14)

마르쿠스 아우렐리우스도 이 방법을 취한다.

국가에 해를 입히지 못하는 것은 시민에게도 해를 입히지 못한다. 네가 해를 입었다고 생각될 때마다 이 규칙을 적용하라epage touton ton kanōna.

두 경우 모두에서 개별적 사례에 적용해야 할 규칙kanōn 형태로 제시된 도그마 혹은 이론적 입장을 볼 수 있다(의지에 달려 있는 것과 그렇지 않은 것의 구분, 국가의 이익과 시민의 이익의 일치).

11권은 아예 전체가 에픽테토스 모작처럼 보인다. 일단 34에서는 앞에서 보았듯이 에픽테토스의 이름이 명시적으로 드러난다. 33은 『담화록』 3권의 한 대목(III, 24, 86)을 요약한다. 35-36은 3권의 다른 부분에 대한 요약이다(III, 24, 92-93; III, 22, 105). 그래서 마치 황제가 『담화록』 3권을 읽으면서 메모한 내용을 보는 기분이 든다.

11권의 37은 "그는 말했다"라는 말로 앞에서 언급한 저자, 즉 에픽테토스를 계속 인용하고 있음을 알려준다. 이어지는 내용은 『담화록』에서 찾을 수 없는 것으로 보아, 우리에게 전해지지 않은 출처에서 인용한 것인 듯하다. 에픽테토스가 으레 사용하는 어휘들(topos peri tas hormas, hypexairesis, kat' axian, orexis, ekklisis)이 보이고, 삶의 세 가지 규칙 혹은 규율(판단, 욕망, 행동)이라는 근본 도그마가 등장한다.

38에도 "그는 말했다"가 나오는데, 여기서 '그'가 에픽테토스 아닌 다른 사람을 가리킬 리 없다. 이것은 덕을 위한 싸움은 결코 사소한 사안이 아니요, 거기에 행복이 달려 있다는 에픽테토스의 주장(III, 25, 3)을 자유롭게 풀어 쓴 것으로 보인다. 마르쿠스 아우렐리우스의 문장을 보자.

> 이 싸움은 어떤 상을 받기 위한 것이 아니라, 우리가 미치느냐 마느냐를 결정하는 것이다.(XI, 38)

소크라테스의 말을 전하는 것으로 보이는 39도 33부터 38까지 다 에픽테토스 인용이었기 때문에 에픽테토스를 통해서 접한 문장이려니 짐작할 수 있다.

『명상록』에는 에픽테토스의 다른 인용도 있을 것이다. H. 프렌켈[48]은 다음 단락도 에픽테토스 인용일 것이라고 보았는데 일리가 있다.

> "이런 일이 나에게 일어나다니, 나야말로 불운하구나!"
> 천만에! 그렇게 말할 것이 아니라 이렇게 말하라. 나는 이런 일을 당했는데도 고통을 겪지 않았고 현재의 불운에도 망가지지 않고 미래의 고통도 두렵지가 않으니, 나야말로 행운아로구나! 그런 일은 누구에게나 일어날 수 있지만, 그런 일을 당하고도 고통을 겪지 않는 것은 누구에게나 있을 수 있는 일이 아니다.
> 그런데도 어째서 전자는 불운으로 여기면서 후자는 행운으로 여기지 않는가?
> 너는 왜 인간의 본성에서 벗어나지 않은 것을 불운이라고 부르며, 인간 본성의 의지에 어긋나지 않은 것을 본성에서 벗어난다고 여기느냐?
> "그렇다면 그 본성의 의지란 무엇인가?"
> 너는 그것을 배워 알고 있다. 왜 너에게 일어난 일이 네가 공정하

고, 고매하고, 신중하고, 현명하고, 서두르지 않고, 올곧고, 겸손하고, 자유로워지고, 그 밖에 그것만 가지면 인간 본성이 제 사명을 완수하게 되는 다른 자질을 갖지 못하게 하는가?(IV, 49, 2-5)

프렌켈은 어휘와 문법의 특수성을 근거로 이러한 주장을 펴는데 충분히 설득력이 있다. 이 텍스트가 스토아주의의 근본 도그마를 대화 형태로 표현했다고 봐도 일리는 있을 것이다. 도덕적 악, 다시 말해 우리가 덕을 실천하지 못하게 하는 것 외에 다른 악은 없다. 그렇지만 이 텍스트의 어조와 형식은 『명상록』의 나머지 부분과 다르다. 일반적으로 마르쿠스 아우렐리우스가 '나'라고 할 때는 자기 자신과 대화를 나누는 본인 혹은 어떤 선한 사람을 가리킨다. 하지만 여기서 말하는 '나'는 황제가 전하는 대화 속의 상대다. 『담화록』에서 에픽테토스는 자주 청중 앞에서 이러한 대화를 상정하는데 아마도 그것을 따왔을 것이다. 게다가 에픽테토스가 청중에게 "살면서 '어찌할꼬!'와 '나는 참 불행하구나!'라는 말을 하지 않으려고 노력하는 것은 할 만한 가치가 있는 수고"라고 한 적도 있다(『담화록』I, 4, 23).

그러므로 이 단락은 우리에게 전해지지 않은 에픽테토스의 단편일 수 있다. 이런 단편이 또 있을까? 나는 있을 거라고 생각한다. 더욱이 『명상록』의 어떤 단락은 우리가 모르는 작가를 인용하거나 적어도 풀어 쓴 것일지 모른다. 그러나 에픽테토스에 관한 한, 마르쿠스 아우렐리우스는 이 철학자를 거듭 읽으면서 어휘, 어투, 무엇보다 사상에 깊이 물들었다. 현재 다름슈타트에 소장중인 1~9권 발췌본을 필사한 14세기 인문주의자는 그러한 상황을 제대로 파악했다. 그래서 그는 2권 첫머리에 이렇게 썼다. "antikrus epiktetizei(그는 에픽테토스를 따르고 모방한다)."

4. 에픽테토스가 제안한 삶의 세 가지 규칙 혹은 규율

우리는 『명상록』에서 내가 삶의 세 가지 규칙이라고 칭한 것이 중요하다는 것을 앞에서 보았다.[49] 그 규칙은 표상 혹은 판단의 규율, 욕망의 규율, 행동의 규율을 제안한다. 영혼의 행위와 기능을 판단, 욕망, 충동으로 구분하는 것은 에픽테토스 고유의 가르침으로, 이전 시대 스토아주의에서는 찾아볼 수 없다.[50] 그런데 이 가르침이 『명상록』에서 분명하게 보인다. 가령 8권 7에서 표상$_{phantasia}$, 욕망$_{orexeis}$, 행동하고픈 충동$_{hormai}$은 뚜렷하게 대비된다. 8권 28도 마찬가지다.

> 모든 판단, 모든 충동, 모든 욕망 혹은 혐오는 영혼 안에서 생겨나며 바깥에서 침투해 들어가지 못한다.

우리는 이미 동일한 도식을 따르는 짧은 문장을 본 적이 있다.

> 표상$_{phantasia}$을 지워라. 충동$_{hormē}$을 억제하라, 욕망$_{orexis}$을 꺼라. 지배원리$_{hēgemonikon}$를 장악하라.(IX, 7)

삶의 세 가지 규칙은 영혼의 세 가지 행위에 대한 고행 혹은 기강을 제안한다. 마르쿠스 아우렐리우스는 우리가 이미 보았듯이 이 주제에 대하여 에픽테토스 모작을 통해 우리에게 출처가 전해지지 않은 텍스트를 인용한다(XI, 33-39).

그는 또 말했다. "우리는 [표상과 판단에 대하여] 동의를 표명하는

주제에 적용할 규칙을 발견해야 하며,

　행동하고픈 **충동**의 영역에서는 충동이 유보조항에 따라 제어되고, 공동체에 유익하고, 가치에 비례하도록 각별히 주의해야 한다.

　그리고 마지막으로, 우리는 **욕망**을 전적으로 단념해야 하고, 우리가 마음대로 할 수 없는 것을 피해야 한다."(XI, 37)

에픽테토스가 이 텍스트와 『담화록』의 여러 곳에서 제안하는 표상과 판단의 규율, 행동하고픈 충동과 행동의 규율, 욕망의 규율은 마르쿠스 아우렐리우스가 말하는 삶의 세 가지 규칙과 완전히 일치하며 『명상록』의 핵심을 이룬다.

5. 아리스톤의 영향?

마르쿠스 아우렐리우스가 철학으로 전향한 데는 기원전 3세기의 스토아철학자 키오스의 아리스톤이 쓴 저작을 읽은 경험이 영향을 미쳤을 수도 있다.[51] 나는 예전에 황제가 구사한 표현에서 아리스톤의 가르침이 얼핏 보인다고 생각했다. 그 가르침은 삶의 지고한 목적으로 정의된다. "차이가 없는 것에는 무관심하게 살아가라."

　인생을 가장 아름다운 방식으로 살아가는 능력은 영혼에 내재한다. 차이가 없는 것에 무관심하기만 하다면 말이다.(XI, 16)

이 표현의 유사성은 나에게 깊은 인상을 남겼다.[52] 하지만 아리스톤이 차이 없는 것에 대한 무관심을 말한 유일한 스토아철학자는 아니다. 그리고 에픽테토스와 크리시포스의 스토아주의에 충실한 마르쿠스 아우렐리우스는 이 원칙을 아리스톤이 말하는 의미로 이해하지 않고 전혀 다르게 해석했다.

사실 스토아주의 전체의 원칙이 바로 차이 없는 것에 대한 무관심이다. 이 원칙의 의미는 이렇다. 첫째, 우리의 자유에 달린 도덕적 선만이 가치가 있고, 우리가 좌우할 수 없는 것(부와 가난, 건강과 질병)은 선하지도 악하지도 않으므로 차이가 없는 것이다. 둘째, 우리가 차이 없는 것을 구분하지 않는다면 그 모든 것은 보편 자연의 뜻이므로 똑같이 좋아해야 한다. 차이 없는 것에 차이를 두지 않는 태도는 알렉산드리아의 필론에게서도 볼 수 있다.[53] 아리스톤이 딱히 필론에게 영향을 준 바가 없는데도 필론은 지혜 수련, 즉 철학에 대해서 이렇게 말한다.

> 육신과 외부의 악을 고려하지 않는 습관을 들이고, 차이 없는 것에 무관심하고자 힘쓰며, 쾌락과 욕망에 대하여 무장하고…… 그러한 인간에게는 삶 전체가 축제다.

사실 아리스톤과 다른 스토아주의자들이 갈라지는 지점은 무관심 개념에 있다. 아리스톤에게 무관심은 전혀 '구분되지 않는 것'이요,[54] 일상의 그 무엇도 그 자체로는 중요하지 않다. 이러한 입장은 필론처럼 모든 것에 무관심한 회의주의자의 태도로 이어진다. 정통 스토아주의자는 우리에게 달려 있지 않은 것은 차이가 없는 것으로 보되, 인간 본성의 요구에 따라 당연히 정치, 사회, 가정에서의 의무가 존재함을 인정하고 그런 것에 가치를 부여할 수 있다고 본다. 이것은 카테콘타 kathēkonta, 곧 의무의 영역이다. 이 문제는 뒤에서 또 다룰 것이다. 그런데 에픽테토스가 그렇듯 마르쿠스 아우렐리우스도 아리스톤이 거부한 의무의 영역을 인정하는 입장이다. 그는 카테콘kathēkon이라는 기술적 용어를 스토아철학적인 의미로 다섯 번이나 사용했다.[55] 따라서 무관심의 교의에 관한 한, 마르쿠스 아우렐리우스는 아리스톤의 영향을 받지 않았다.

게다가 아리스톤은 철학에서 자연학과 논리학을 쓸모없는 것으로 간주했다.[56] 마르쿠스 아우렐리우스도 그런 면이 있었던 것처럼 보인다. 예를 들어 그는 삼단논법을 풀거나 천체 현상을 밝히는 일에 몰두하지 않았던 것이 신의 덕분이라고 감사히 여긴다(I, 17, 22). 다른 곳에서는 논증학자나 자연학자가 되겠다는 희망을 버렸음에 감사한다(VII, 67). 하지만 여기서도 중대한 차이가 있다. 아리스톤은 논리학과 자연학이 아예 쓸모가 없다고 보았다. 반면 마르쿠스 아우렐리우스는 논리학과 자연학의 이론적 담화는 더이상 자신의 관심사가 아니라고 말하는 것이다. 철인 황제는 체험의 논리학(판단의 규율)과 체험의 자연학(욕망의 규율)을 실천하며 그 점을 아주 명시적으로 말한다.

> 끊임없이, 가능하다면 모든 표상을 자연학과 윤리학과 논리학의 원리로써 검정해보라. (VIII, 13)

결론적으로, 『명상록』에서는 아리스톤 교의의 자취를 찾을 수 없다고 하겠다.[57]

V
에픽테토스의 스토아주의

1. 스토아주의의 전반적 특성

굳이 짚고 넘어가야 할까? 어느 시대 어느 철학자의 가르침을 논할 때는 그 철학자가 모든 부분을 만들고 하나의 체계를 이룬 것처럼 생각해선 안 된다. 고대 철학자는 우리 시대 철학자와 완전히 달랐다. 지금은 독창적이기에 이해하기 어렵고 인위적인 '새로운 담론', 새로운 언어를 만드는 것을 철학이라고 생각한다. 고대 철학은 일반적으로 어떤 전통 안에 있었고 어떤 학파와 닿아 있었다. 에픽테토스는 스토아학파였다. 이 말은 그의 가르침이 스토아학파의 기초가 된 텍스트, 즉 제논과 크리시포스를 설명했다는 뜻이고, 그보다 더 중요하게는 스토아학파에 고유한 삶의 양식을 스스로 실천하고 자기 제자들에게도 실천하게 했다는 뜻이다. 그렇다고 에픽테토스의 가르침에 고유한 특징이 없다는 말은 아니다. 하지만 그 특징이 스토아주의의 근본 도그마나 삶의 중대한 선택을 수정하지는 않는다. 에픽테토스의 특징은 가르침의 형식, 교의를 제시하는 방식, 몇 가지 특수한 정의(가령 충동과 욕망의 구분이라든가) 혹은 그가 제안하는 스토아적인 삶의 양식에 배어 있는 특수한 분위기나 색채 쪽에 있다.

에픽테토스가 철학을 가르치던 시기와 키티온의 제논이 아테네에서 스토아 학당을 연 시기 사이에는 약 4세기의 세월이 있다. 스토아주의에는 소크라테스의 윤리학적 전통, 헤라클레이토스의 '유물론적'이고 자연학적인 전통, 메가라학파와 아리스토텔레스의 변증론적 전통이 융합되어 있다. 스토아적인 삶의 선택은 소크라테스적인 삶의 선택과 이어져 있다. 모든 것이 종속되어야 할 유일한 가치는 도덕적 선, 즉 덕이다. 플라톤이 쓴 『소크라테스의 변론』(41d)에서 소크라테스는 "선한 인간에게 가능한 악은 없으니, 그는 죽든지 살든지 할 뿐이다"라고 한다. '가능한 악이 없는' 이유는, 선한 인간은 도덕적 악과 무관한데 그에게 도덕적 악 외에 다른 악은 없으니 다른 이들이 악으로 여기는 죽음, 질병, 부의 상실, 모욕조차도 그에겐 악이 아니기 때문이다. 그러나 이 같은 가치의 변환은 대화, 로고스, 추론을 통해서 자기 자신을 감찰하는 지성적이면서도 윤리적인 작업을 통해서만 이루어진다. 소크라테스 철학의 정신은 이성을 통해 발견한 도덕적 선의 절대적 가치를 긍정하는 데 있다. 나중에 다시 다루겠지만, 이러한 견해는 도덕적 삶을 판단과 인식의 문제로 본다.

헤라클레이토스의 '유물론적'이고 자연학적인 전통은 언뜻 보면 소크라테스의 윤리학적 전통과 상관이 없는 것 같다. 하지만 스토아주의의 독창성은 바로 이 두 전통을 떼려야 뗄 수 없이 한데 융합한 데 있다. 일단 헤라클레이토스의 영향으로 스토아주의는 우주가 끊임없이 변모하고 만물의 근원은 불이며 로고스, 즉 이성에 의해 사건이 필연적으로 일어난다고 본다는 사실만 알아두자.

마지막으로, 스토아주의가 메가라학파와 플라톤의 아카데메이아와 아리스토텔레스의 변증론적 전통에 속한다는 것은 놀랍지도 않다. 당시의 철학 강의는 뭐니뭐니해도 토론과 논증에, 즉 변증법 연습에 있었다. 여기에도 로고스가 관여하는데 이때의 로고스는 인간의 담화, 그러나 우주에 질서를 부여하는 로고스를 모방한다는 점에서 이성적이고 타당한 담화다.

 따라서 우리는 스토아주의 체계의 부분들을 한데 떠받치는 특이한 통일성을 엿볼 수 있는데, 그것은 하나의 로고스, 만물에 퍼져 있는 단일한 이성의 통일성이다. É. 브레이에는 이 점을 잘 지적해주었다.

> 변증법에서 명제를 그 이전 명제와 연결해주는 것, 자연에서 원인을 전부 이어주는 것, 행동에서 행위의 완벽한 조화를 이뤄주는 것은 유일하고 동일한 이성이다. 선한 인간은 자연학자나 변증론자와 별개일 수 없다. 이성이 이 세 영역에서 따로 실현되기란 불가능하다. 가령 우주의 운행에서 합리성을 깨달은 사람이 자기 행동거지의 합리성을 깨닫지 못할 수는 없다.[1]

 스토아주의는 자기 정합성의 철학이다. 이 철학은 삶의 본질에 대한 직관을 바탕으로 한다. 생명체는 태어나는 순간부터 본능적으로 자기 자신과 조화를 이룬다. 자기를 보존하려는 경향, 자기 삶을 좋아하고 자기 삶을 보존해주는 모든 것을 좋아하는 경향이 있다. 이 본능적 조화는 인간이 이성적으로 숙고하고 선택할 때 도덕적 자기 조화가 된다. 지고의 가치는 자기 보존 본능이 향하는 대상이 아니라 선택이라는 활동 자체에 있다. 자발적 의지에 따른 자기 조화는 보편 이성의 성향과 상응한다. 보편 이성은 모든 생명체를 그 자신과 조화하는 존재로 만들 뿐 아니라 온 세상도 그 자신과 조화를 이루는 존재로 만들기 때문이다. 마르쿠스 아우렐리우스가 말하는 대로다. "오 우주여, 너와 조화를 이루는 것은 나와도 조화를 이룬다."(IV, 23) 단일한 로고스, 단일한 이성에 참여하는 자들이 이루는 사회는 원칙적으로 이상적 국가다. 그 국가에서는 이성, 즉 법이 자기 조화를 보장한다. 마지막으로, 각 개인의 이성은 사유와 말의 연쇄에 논리적이고 변증론적인 정합성을 요구한다. 따라서 이 자기 정합성은 스토아주의의 근본 원칙이다. 세네카[2]는 지혜를 이 한마디로 요약한다. "언제나 같은 것을 바라고 언제나 같은 것을 거부할 것." 세네카는 "도덕적으로 선하기를 바라는 한에서" 같은 조건을 덧붙일 필요도 없다고 말한다. 그 이유는 "어차피 도덕적으로 올바른 것일 때만 언제나 같은 것이 보편적이고 지속적으로 기쁨을 줄 수 있기 때문이다". 이 말은 오래전 제논이 이미 했던 말의 메아리나 다름없다. 스토아주의의 창시자인 제논은 지고의 선을 이렇게 정의한다. "일관된 방식$_{homolgoumēnos}$대로 사는 것,[3] 다시 말해 하나의 조화로운 생의 규칙에 따라 사는 것이다. 일관성 없이 사는 자는 불행한 까닭이다."

이러한 자기 정합성은 보편 이성, 보편 자연의 자기 정합성에 근거한다. 스토아철학의 유명한 주제 '영원회귀'도 이러한 교의의 다른 한 면일 뿐이다. 보편 이성은 세상이 있는 그대로이길, 다시 말해 시원의 불에서 태어나 시원의 불로 돌아가기를, 그리하여 처음과 끝이 있기를 원한다. 그러나 이성의 의지가 언제나 동일하기 때문에 그 의지가 지속적으로 작용함으로써 처음과 끝과 그 사이에 일련의 사건들이 있는 이 세상은 계속 반복된다. 따라서 세상은 영원히 돌아온다. "소크라테스 같은 인물, 플라톤 같은 인물은 늘 있을 것이다. 같은 친구, 같은 동포가 늘 있을 것이다…… 이 복원은 한 번이 아니라 여러 번 있을 것이다. 혹은 만물은 영원히 반복될 것이다."⁴⁾ 그렇기 때문에 현자는 보편 이성과 마찬가지로 매사가 일어나는 대로 영원히 일어나기를 간절히 바라야 한다.

나는 방금 현자의 모습을 거론했다. 현자를 아주 드물게 구체적으로 실현되는 초월적 규범의 전형으로 보는 것이 스토아철학의 특징이다. 우리는 여기서 플라톤의 『향연』(204a)의 반영을 본다. 이 글에서 소크라테스는 자신이 지혜롭지 않다는 것을 아는 자로 등장한다. 그는 신과 인간의 중간에 있다. 신은 지혜롭고 자기가 지혜롭다는 것을 안다. 인간은 지혜롭지 않은데 그 사실을 모른다. 이 중간 입장이 철학자, 곧 지혜를 사랑하는 자의 입장이다. 철학자가 지혜를 열망하는 이유는 자기에게 그것이 없음을 알기 때문이다. 에로스가 아름다움을 사랑하는 이유는 자기가 아름답지 않다는 것을 알기 때문이다. 그러므로 에로스는 신도 아니고 인간도 아닌 그 중간의 '다이몬daimōn'이다. 소크라테스의 모습은 에로스의 모습, 철학자의 모습에 상응한다.⁵⁾

스토아철학에서 현자는 신과 대등한데, 여기서 말하는 신은 우주의 모든 사건을 자기 정합적으로 생성하는 보편 이성과 다르지 않다. 인간의 이성은 보편 이성의 일부, 일종의 발현이다. 하지만 이 이성은 육신의 삶을 따르고 쾌락에 끌리면서 흐려지고 왜곡될 수 있다. 오직 현자만이 자신의 이성을 보편 이성과 일치시킬 수 있다. 그렇지만 이 일치는 이상에 불과할 수밖에 없다. 현자는 필연적으로 매우 예외적인 존재로, 거의 없거나 아예 존재하지 않을지도 모른다. 현자는 거의 다다를 수 없는 이상, 사실상 초월적 규범이다. 스토아주의자는 온갖 역설을 열거하면서 지치지도 않고 현자의 이상을 묘사한다. 철학은 지혜가 아니라 단지 지혜의 수련이다. 철학자는 현자가 아니라 비非현자다. 현자와 비현자는 대립적으로 파악되고, '현자'와 '현자가 아닌 자'가 있을 뿐 그 중간은 없다. 지혜에 있어서 지혜롭지 못함의 정도는 존재하지 않는다. 스토아주의자는 그런 구분은 중요하지 않다고, 물의 깊이가 50센티미터든 500길이든 빠져 죽으면 마찬가지라고 말한다. 현자는 극히 드물기 때문에 인류는 어리석다. 사람들 사이에는 이성의 부패와 이탈이 거의 일반화되어 있다. 그렇지만 스토아주의자는 사람들에게 철학을 하라고, 지혜를 수련하라고 권한다. 요컨대 그들은 정신의 진보를 믿는 것이다. 지혜로움과 지혜롭지 않음이 상호 모순적으로 대립하고 지혜로움의 반대인 지혜롭지 않음에 정도가 없다지만, 지혜롭지 않은 상태의 인간은 『향연』이 말한 것처럼 두 부류로 나뉜다. 자기가 지혜롭지 않다는 것을 모르는 자(무분별한 자)가 있는가 하면, 자기 상태를 알고 다다를 수 없는 지혜에 다가가려고 노력하는 자(철학자)가 있다. 논리적 관점에서 현자와 자기 상태를 모르는 무분별한 자는 상호 모순적으로 대립한다. 그러나 이 대립은 그 중간의 지혜롭지 않으나 무분별하지도 않은 자, 즉 철학자를 인정한다.[6]

그러므로 이상적인 현자는 매 순간 자신의 이성을 보편 이성과 완전히 일치시킬 수 있는 자다. 그는 세계를 사유하고 생성할 수 있는 절대 현자다.

이러한 현자론이 예기치 않게 낳은 결과는 스토아철학이 ─ 다시 말해 '지혜 수련'의 이론과 실천이 ─ 엄청난 불확실성과 단순한 개연성을 허용했다는 것이다. 사실 오직 현자만이 실재를 완벽하고 필연적이며 확고하게 인식할 수 있다. 철학자는 그러한 인식을 가질 수 없다. 그러므로 스토아철학은 우리 이성이 동의할 수 있는 그럴싸한 선택을 제안함으로써 철학자가 불확실한 일상의 삶에서 방향을 잡는 것을 목적, 계획 혹은 목표로 삼는다. 그러나 철학은 그것이 잘하는 일인가에 대한 확신이 없다. 중요한 것은 결과나 효력이 아니라 잘해보려는 의도다. 중요한 것은 이익이나 쾌락을 생각하지 않고 오직 도덕적 선을 동기로 삼아 행동하는 것이다. 이것이 유일한 가치이자 유일하게 필요한 것이다.[7]

2. 스토아주의에 따른 철학의 분과

제논이 스토아학파를 세울 당시 이미 철학 학파들의 가르침에는 철학의 분과를 규정하고 그 분과 사이의 관계를 명시하는 전통이 있었다. 플라톤 이후로, 특히 아리스토텔레스 이후로 철학자들은 다양한 유형의 지식과 각 지식에 특징적인 방법에 극도로 주의를 기울여왔다.[8]

플라톤의 학당, 즉 아카데메이아는 이미 철학을 변증론, 자연학, 윤리학이라는 세 분과로 나누고 있었다. 변증론은 철학에서 가장 고귀한 분과에 해당하는데, 이는 플라톤이 '변증론적' 논의 방법에 따라 이데아 혹은 형상(예를 들어 정의나 평등의 개념 자체)을 발견할 수 있다고 보았기 때문이다. 다시 말해 플라톤주의자는 엄정한 논증을 통해 이데아를 발견할 수 있다고 생각했다. 자연학은 가시적 세상을 연구하기 때문에 변증론보다 하위에 있지만 어느 정도는 천체 현상, 행성의 영원하고 필연적인 운명을 연구 대상으로 삼는다고 할 수 있다. 윤리학은 인간의 불확실하고 우발적인 행동을 대상으로 삼기 때문에 자연학보다도 아래에 있다. 이러한 철학의 구분은 플라톤주의자들이 실재에 적용했던 위계질서를 반영한다.

스토아주의자는 이 구분을 가져와 완전히 바꿔놓았다. 용어는 달라지지 않은 것 같지만, 이제 그것은 플라톤주의의 위계가 아니라 스토아주의에 고유한 역동적이면서도 통일된 세계관에 상응한다.

자연학, 윤리학, 변증론은 모두 동일한 로고스, 동일한 신성한 이성과 맞닿아 있으므로 그중 어느 하나가 상위에 있다고 할 수 없다. 그 이성은 물리적 세계에, 사회생활의 세계—사회는 모든 인간에게 공통된 이성에 근거하므로—에, 인간의 말과 생각, 즉 판단이라는 이성적 활동에 있다.

나아가 현자의 완벽한 행동이라는 면에서도 세 분과는 서로 함축적이다. 자연, 인류 공동체, 개인의 이성에 깃든 것은 동일한 로고스, 동일한 이성이기 때문이다. É. 브레이에의 글을 다시 한번 빌리자면 "선한 인간〔윤리학을 실천하는 인간〕은 자연학자나 변증론자와 별개일 수 없다. 이성이 이 세 영역에서 따로 실현되기란 불가능하다. 가령 우주의 운행에서 합리성을 깨달은 사람이 자기 행동거지의 합리성을 깨닫지 못할 수는 없다."[9] 세 분과 중 어느 하나를 완벽하게 실행한다는 것은 나머지 분과도 익히게 됨을 의미한다. 현자는 판단의 정합성을 따지면서 변증론을 실천하고, 의지와 그에 따른 행동의 정합성을 따지면서 윤리학을 실천하며, 전체에 속한 부분으로 행동하면서 자연학을 실천한다. 스토아주의자는 철학의 분과 하나하나가 덕[10]이라고, 모든 덕은 대등하며 상호 함축적이므로 어느 한 가지 덕을 실행하면 나머지는 필연적으로 따라온다고 보았다. 이러한 관점에서 논리학, 자연학, 윤리학은 사실상 구분되지 않는다고 할 수 있겠다. 이 셋은 어느 하나가 선행하지 않고 서로 얽히고설켜 있다. 플라톤주의자와 아리스토텔레스주의자가 상정한 지식의 위계와 실재의 수준 도식은 모든 것이 상호 침투적이고 유기적인 전체에 대한 생각으로 대체된다. 플라톤주의자와 아리스토텔레스주의자에게 실재는 전체적으로 균일하지 않다. 실재를 구성하는 구역에서 실체와 필연은 완전히 다르다. 반면 스토아주의자에게 실재는 균일하고 사건의 연쇄는 전적으로 필연적이다. 감각세계를 연구하는 자연학, 이데아의 초월적 세계를 연구하는 플라톤주의적 변증론, 신을 연구하는 신학 사이의 구분은 완전히 폐기된다. 플라톤주의자와 아리스토텔레스주의자에게 실재의 한 부분이었던 피시스$_{physis}$, 즉 자연이 스토아주의자에게는 실재의 전부가 된다. 한편 '변증론'도 의미가 바뀐다. 플라톤에게 이 단어는 인간이라면 공통으로 갖고 있는 개념에서 출발하는 추론 방법을 뜻했다. 질문과 대답을 통해 본질적인 것을 발견하는 식인데, 이로써 합리적 사유와 언어가 가능해진다. 아리스토텔레스에게 이 단어는 모든 인간에게 공통된(즉, 과학적이지는 않은) 개념에서 출발해 역시 질문과 대답을 통해서 실재의 모든 영역에서 개연적 결론을 도출하는 것이다. 그런데 스토아주의의 변증론은 공통 개념에서 출발하긴 하지만, 감각세계에서 필연적인 원인의 연쇄를 반영하기 때문에 참되고 필연적인 결론에 도달할 수 있는 것이다.

스토아주의자에게도 자연학, 윤리학, 변증론은 실재의 서로 다른 세 영역, 즉 물리적 세계, 인간 행동, 사유의 기능에 해당했을 것이다. 그렇긴 해도 그들은 이 세 부분을 이론적 가르침의 덩어리라기보다 현자(그리고 지혜를 수련하는 철학자)의 내적 성향과 실천적 태도로 보았다. 이렇게 본다면 자연학, 윤리학, 변증론을 체험적으로 실행하는 것만이 로고스와 조화를 이루는 유일한 태도, 유일한 행동이다. 그 로고스는 보편 자연의 로고스, 이성적 인간 본성의 로고스, 인간의 담화에서 표현되는 로고스다.

구체적으로 철학을 실천할 때는 자연학, 윤리학, 변증론이 하나의 행동에 뒤섞이지만, 그럼에도 불구하고 가르침의 대상이 될 때는 서로 구분된다. 배우고자 하는 이에게는 철학을 제시하고 설명해야 한다. 철학 담론이 도입하는 시간적 차원에는 담론 자체의 '논리적' 시간과 제자가 주어진 것을 내적으로 소화하는 데 필요한 심리적 시간이 있다. 논리적 시간은 이론적 담론의 내적 요구에 해당한다. 일련의 논증은 반드시 어떤 순서대로 제시되어야 하는데, 이것이 논리적 시간이다. 그러나 담론을 듣는 자는 또다른 요소, 즉 듣는 자의 정신적 진보 수준이라는 요소를 끌고 들어온다. 이것은 말 그대로 심리적 시간이다. 듣는 자가 주어진 교의를 내적이고 정신적으로 흡수할 때까지는 다른 얘기로 넘어갈 수 없다. 게다가 이 두 시간은 갈등 관계에 있다고도 할 수 있다. 듣는 자의 정신이 어떤 상태에 있는지 고려하다보면 논리적 순서를 지킬 수 없을 때도 많다.

그래서 스토아주의자도 철학 담론을 전달함에 있어서는 철학의 세 분과를 뚜렷하게 구분했다. 그들은 분과 사이에 논리적 순서를, 그리고 교육학적 순서도 정하길 원했다. 그리고 학파 안에서도 이 문제로 많은 논의가 있었다. 그들은 세 분과의 순서에 대해서 의견 일치를 보지 못했다. 우리가 알다시피 스토아주의자는 철학의 세 분과가 이루는 전체를 달걀, 정원, 생명체에 비유했다. 하지만 이러한 비유에서 논리학은 늘 그 전체를 지켜주는 단단한 분과로 제시되었던 반면, 가장 귀하고 가장 중심부에 있는 분과는 윤리학이라고 보는 이도 있고 자연학이라고 보는 이도 있었다.

플루타르코스는 「스토아주의자의 모순에 대하여」에서 크리시포스를 비판한다.[11] 크리시포스가 자연학을 신들에 대해 가르쳐준다는 이유로 철학의 끝, 궁극적 입문으로 제시하거나 선악의 분별도 보편 자연과 세상의 구성에 대한 앎에서 출발해야만 가능하다며 자연학을 윤리학보다 우선시했다는 것이다. 실제로 이 주저함은 철학을 가르칠 때 선택 가능한 프로그램이 다양하기 때문에 발생한다. 논리적 순서로는 자연학이 윤리학의 이성적인 토대가 되어야 하지만, 심리적 순서로는 윤리학을 실천하면서 신성한 세계, 즉 보편 자연의 계시를 받아들일 준비를 하는 것이 맞으니 윤리학이 자연학보다 먼저 와야 한다.

실제로 어떤 스토아주의자는 이러한 어려움을 넘기 위해 철학 전반의 가르침에서 특정한 분과가 우선시되는 것이 이상적이라는 이론을 펼치면서도 모든 분과를 동시에 제시할 것을 권했다. "어떤 스토아주의자는 철학의 어느 분과도 앞자리를 차지하지 않고 모든 분과가 그들의 가르침에 한데 섞여 있다고 보았다."[12] 그 분과들은 "분리 불가능하다".[13] 어떻게 어느 한 분과를 완벽하게 끝내고 다른 분과로 넘어가기를 바랄 수 있겠는가? 무엇보다 철학 그 자체를 이 세 측면에서 실천하기를 어떻게 바랄 수 있는가? 크리시포스 자신도 이런 글을 썼던 것을 보면 여러 분과가 섞여 있는 가르침을 강조했던 것 같다. "논리학부터 시작한 자는 다른 분과에 대한 배움을 삼갈 것이 아니라 기회가 되는 대로 다른 학문에도 참여해야 한다."[14] 사실 가르침의 방법은 매 순간 온전해야 한다. 중요한 것은 세 분과를 따로따로 배우고 익히는 것이 아니라 자연학, 윤리학, 논리학의 실천과 따로 뗄 수 없는 지혜의 행위를 수행하는 것이기 때문이다.

우리는 앞에서 전개한 내용에 비추어 스토아주의자가 철학 자체와 철학에 관계된 담론을 구분했음을 알 수 있다. 그들은 사실 우리가 통상 철학 분과라고 부르는 논리학, 자연학, 윤리학이 진정한 철학의 분과가 아니라 철학에 관계된 담론의 분과라고 보았다.[15] 우리가 방금 보았듯이 그 분과들은 철학을 가르치는 담론에서만 별개로 구분되고 순서가 있는 것처럼 나타나기 때문이다.

철학을 가르치는 담론은 사실 논리학의 이론적 설명(추론 법칙에 대한 추상적 연구), 자연학의 이론적 설명(우주의 생성과 구조에 대한 추상적 연구), 윤리학의 이론적 설명(인간 행동과 그 행동이 따라야 할 규칙에 대한 추상적 연구)을 요구한다. 크리시포스는 명시적으로 이것을 "철학에 고유한 세 종류의 테오레마타theōrēmata"[16]라고 말했다. 반대로 지혜 수련으로서의 철학에는 세 분과가 각 분과의 덕을 수련한다는 유일하고도 다채로운 행위를 통해 상호 함축적으로 공존한다. 잘 말하고 잘 생각하는 논리학의 추상적 이론이 중요한 것이 아니라, 실제로 잘 말하고 잘 생각하는 것이 중요하다. 윤리학도 선한 행동의 추상적 이론이 아니라 실제로 선하게 행동하는 것이 중요하다. 우리가 우주라는 전체의 일부임을 보여주기 위해서는 자연학의 추상적 이론이 아니라 실제로 그 일부로서 살아가는 것이 중요하다. 이 세 가지 수련은 하나의 행위 속에서 상호 함축적이고 상호 보완적이다. 성향은 하나인데 그것이 실재의 어떤 면으로 향하는가를 따질 때만 인간 담론의 이성, 인간 사회의 이성, 우주의 이성으로 구별되는 것이다.

논리학, 윤리학, 자연학은 철학에 대해서 말할 때만 구별되고 철학을 삶으로 살 때는 구별되지 않는다.

3. 에픽테토스가 말하는 영혼의 세 가지 행위와 세 가지 수련 주제

제논(기원전 332~262년)과 크리시포스(기원전 약 281~204년)로부터 에픽테토스(기원후 125년 사망 추정)에 이르기까지 스토아철학은 조금씩 변해왔다. 여기에는 주로 다른 철학 학파들의 논쟁이 영향을 미쳤고, 창시자의 엄격했던 입장도 다소 누그러졌다. 그래도 근본 도그마는 크게 달라지지 않았다.

어쨌든 에픽테토스는 창시자의 텍스트를 설명하는 강의 방식 때문에라도 스토아철학의 근본으로 돌아갔다. É. 브레이에도 옛 스토아학파를 이해하려면 에픽테토스를 읽으라고 아무리 권해도 지나치지 않다고 했다.[17] 이미 1894년에 A. 본회퍼는 에픽테토스에 대한 두 권의 명저에서 브레이에와 비슷한 결론에 도달했다.[18] 에픽테토스는 가장 정통파, 즉 크리시포스에서 출발해 아르케데모스와 안티파트로스로 계승되는 전통에 충실했던 반면, 파나이티오스와 포세이도니오스에 대해서는 아무 언급을 하지 않는다.[19] 마르쿠스 아우렐리우스는 에픽테토스를 통해 가장 순수한 스토아주의의 원천을 접했다. 그래서 에픽테토스의 스토아주의를 설명하는 것으로 마르쿠스 아우렐리우스의 스토아주의도 개괄적인 설명이 된다.

아리아노스가 취합한 에픽테토스의 담화 어디에서도 스토아주의의 체계적인 교의는 드러나지 않는다. 우리는 이미 그 이유를 안다. 『담화록』은 그때그때의 상황, 그때그때 등장한 인물에게서 착안한 주제를 다룬다. 이 담화들은 일화적이다. 하지만 거기에서 구조적으로 짜임새 있는 주제, 자주 되풀이되면서 스토아주의의 본질을 드러내는 주제를 관찰할 수 있다는 것이 더욱 중요하다.

일단 고도로 구조화된 주제를 하나 보자면, 에픽테토스는 마르쿠스 아우렐리우스와 더불어 스토아주의 전통에서 유일하게 영혼의 세 활동 혹은 수행을 구분한 것으로 보인다. 그 세 활동은 좋은 것을 취하려는 욕망, 행동하고픈 충동, 사물의 가치에 대한 판단이다.

우리 의지에 달린 것과 달리지 않은 것이라는 스토아주의의 전통적 구분을 바탕으로, 에픽테토스는 영혼이 수행하는 세 가지를 다음과 같이 열거한다.

> 가치판단hypolēpsis, 행동하고픈 충동hormē, 욕망orexis 혹은 혐오, 한마디로 우리가 할 수 있는 것은 우리에게 달려 있다. 육신, 부, 명예, 높은

직위, 한마디로 우리가 어떻게 할 수 없는 것은 우리에게 달려 있지 않다.[20]

여기서 엿볼 수 있는 것은 스토아주의의 가장 근본적인 태도다. 우리가 자유를 행사하는 영역은 한정되어 있다. 운명과 사건의 거대한 흐름 한가운데 탈취할 수 없는 자율의 섬이 있다. 우리에게 달린 것은 우리 영혼의 행위다. 그 행위는 우리가 자유롭게 선택할 수 있으니까. 어떤 것을 판단하느냐 마느냐, 어떤 식으로 판단하느냐는 우리 하기에 달렸다. 무엇을 욕망하느냐 마느냐, 어떤 것을 원하느냐 아니냐는 우리 하기에 달렸다. 반대로 우리가 어찌할 수 없는 것(에픽테토스는 육신, 부, 명예, 높은 직위가 그런 것이라고 보는데)은 자연 일반의 흐름에 달려 있다. 육신은 대체로 우리 의지로 움직일 수 있지만 육신의 생로병사는 우리가 어찌할 수 없다. 몸이 말을 듣지 않을 때도 있고, 쾌감이나 고통도 꼭 우리 의지대로 되지는 않는다. 부와 명예를 얻으려고 노력할 수는 있지만, 성공은 우리 마음대로 되지 않는다. 우리 외부의 사건과 인간이기에 발생하는 변수가 맞물려 일이 어떻게 될지 모르고 우리가 좌우할 수도 없다. 이렇게 스토아주의는 자율의 중추를 영혼으로 한정한다. 영혼은 육신과 대비되고, 지배원리 hēgemonikon는 영혼 외적인 것과 대비된다. 그리고 우리의 진정한 자아와 자유는 지배원리에 있다. 또한 도덕적 선과 도덕적 악도 여기에만 있다. 우리의 의지가 개입하지 않으면 도덕적으로는 선도 악도 아니기 때문이다.

영혼 혹은 지배원리는 기본적으로 세 가지 활동을 한다. 첫째, 신체감각에서 비롯된 이미지로 내적 담론을 전개한다(이것이 판단이다). 영혼은 자기가 바라보는 대상 혹은 사건이 무엇인지, 특히 영혼 자신에게 무엇인지, 자기가 보기에 어떤 것인지 생각한다. 이 내적 담론, 표상에 대한 판단의 순간에 스토아주의의 핵심이 있다. 에픽테토스와 마르쿠스 아우렐리우스가 지겹도록 되풀이하는 말이 이것이다. "모든 것은 판단의 문제다." 우리를 괴롭히는 것은 사물이 아니라 사물에 대한 우리의 표상, 우리의 생각, 우리의 내적 담론이다. 욕망과 충동도 필연적으로 이 내적 담론에서 비롯된다. 우리가 뭔가를 욕망한다면 그 이유는 그것을 좋게 생각했기 때문이다. 우리가 어떤 일을 하고 싶다면 그 이유는 그 일을 좋게 생각했기 때문이다. 스토아주의자는 'kataleptikai'한 표상만 받아들여야 한다고 주장했다. 이 용어는 보통 '이해한'으로 번역되는데, 이런 번역은 스토아주의자는 실재의 내용을 파악해서 '이해한' 표상만 받아들인다는 인상을 준다. 하지만 에픽테토스에게서는 전혀 다른 의미가 엿보인다. 표상은 주어진 것을 넘어가지 않을 때, 지각된 것에서 딱 멈추고 지각되지 않은 것을 전혀 덧붙이지 않을 때 'kataleptike'한 것이다. 요컨대 '이해한 표상'보다는 '적절한 표상'이라는 말이 더 어울린다. 그래서 에픽테토스의 『담화록』에서 중요한 다음 대목을 이렇게 옮기면 이해하기가 더 쉽다. 이 대목은 내면에서 작용하는 담론 혹은 영혼이 표상에 대해서 자기 자신과 하는 대화를 잘 보여준다.

> 소피스트의 질문에 맞서기 위해 우리가 훈련하는 바로 그 방식으로 표상phantasiai에도 맞서는 훈련을 해야 한다. 그 이유는 표상도 우리에게 질문을 던지기 때문이다.(『담화록』III, 8, 1)

예를 들어 우리가 속으로 어떤 표상의 내용을 떠올렸다고 해보자. '아무개의 아들이 죽었다.'

이 표상이 제기하는 물음에 답하라. "그건 의지에 달린 일이 아니니 악이 아니다."

아무개의 아버지가 상속권을 박탈했다. 그에 대해 어떻게 생각하는가? "그건 의지에 달린 일이 아니니 악이 아니다."

그는 그 일로 몹시 상심했다. "그건 의지에 달린 일이니 악이다."

그는 꿋꿋하게 견뎌냈다. "그건 의지에 달린 일이니 선이다."

에픽테토스는 또 이렇게 말한다.

우리가 이 습관을 들이면 적절한 katalēptikē 표상이 있지 않은 한 결코 동의하지 않을 것이므로 발전을 볼 것이다.

에픽테토스가 도덕적 삶을, 우리에게 질문하는 사건과의 대화에서 이루어지는 변증법 연습처럼 제시하고 있다는 점은 주목할 만하다.

그는 이어서 표상이 질문을 던지는 다른 예를 제시한다. '그의 아들이 죽었다'는 우리가 내면에서 만든 표상이다. 그 표상이 묻는다. "무슨 일이 일어났는가?" 이 질문은 자칫 우리에게 가치판단('크나큰 불행'이라든가)을 내리게 하지만, 우리는 그저 "그의 아들이 죽었다"라고 대답해야 한다. 표상이 집요하게 "그것 말고는 없나?"라고 묻더라도 영혼은 "그것 말고는 없다"고 해야 한다. 마찬가지 맥락에서 에픽테토스는 이렇게 말한다.

그의 배가 가라앉았다. 무슨 일이 일어났는가? "그의 배가 가라앉았다."

그는 감옥에 끌려갔다. 무슨 일이 일어났는가? "그는 감옥에 끌려갔다."

　하지만 "그에게 큰 불행이 일어났다"라고 말한다면 그 말은 자기 안 깊은 곳에서 끌어올린 것이다.

　에픽테토스는 어떤 사건을 불행하다고 생각하는 것은—어떤 표상이 욕망과 영혼의 성향에 미칠 수 있는 결과와 마찬가지로—실재에 근거하지 않은 표상이라는 말을 하고 싶은 것이다. 혹은 그러한 생각은 거짓된 가치판단을 덧붙였기 때문에 실재에 대한 적절한 시각을 이미 벗어났다고 할까. 스토아주의의 근본 도그마를 제 것으로 삼지 못한 영혼에서 이런 일이 일어난다. 행복은 도덕적 선에만, 덕에만 있다. 불행도 도덕적 악에만, 과오와 악덕에만 있다.

　선악이 도덕적 선과 도덕적 악뿐이라면, 스토아주의자는 도덕적으로 선하지도 악하지도 않은, 스토아철학의 용어로 말하자면 '차이가 없는' 일상을 어떻게 살아가는가? 사람은 먹고, 자고, 일하고, 가정을 꾸리고, 국가에서 자기 역할을 해야 한다. 스토아주의자 또한 행동해야 하고, 그의 행동하고픈 충동은 본능적인 동시에 이성적이어야 한다. 그래서 표상, 판단, 동의의 활동 다음에 오는 영혼의 두번째 고유한 기능은 행동하고픈 충동과 행동 그 자체다. 이 영역은 스토아주의자와 에픽테토스가 kathēkonta라고 불렀던 것, 다시 말해 마땅한 이유에서 인간 본성에 '적합하다'고 볼 만한, 자기를 보존하고자 이성적 본성을 작동시키는 뿌리 깊은 본능에 걸맞은 행동을 포함한다. 따라서 행동하고픈 충동과 행동은 특히 사회, 국가, 가족, 인간관계라는 영역에 관여한다.

　그러나 인간 행동이 완전히 효력을 지니기를 바랄 수는 없다. 행동이 언제나 목표에 도달하지는 않는다. 그래서 인간은 자신이 감당할 만한 일만 일어나기를, 두려워하는 일은 일어나지 않기를 바라는 수밖에 없다. 욕망은 인간 영혼에 고유한 세번째 활동이다. 욕망의 영역도 우리가 스스로 하는 것이 아니라 운명에 따라 보편 자연의 흐름 속에서 우리에게 일어나는 사건에 있다. 욕망하는 자는 행동하지 않지만, 어떤 기다림의 상태에 있다고 할 수 있다. 행동하고픈 충동과 마찬가지로 욕망도 우리에게 달려 있다. 영혼은 자유로이 특정한 대상을 욕망하든가 하지 않든가 할 수 있다.

판단, 행동하고픈 충동, 욕망이라는 세 활동 영역에서 철학자는 수련해야 한다.

> 완벽한 인간이 되고자 하는 사람이 수련해야 할 세 영역이 있다.
> —**욕망**과 혐오에 관한 영역. 욕망이 좌절당하거나 피하려 했던 것과 마주치지 않기 위함이다.
> —**행동하고픈 충동**과 반발에 관한 영역. 일반적으로는 우리 본성에 적합한 것 kathēkon의 영역. 합리적 개연성에 따라 질서정연하고 부주의하지 않게 행동하기 위함이다.
> —오류와 불충분한 근거를 피하는 것이 중요한 영역. 요컨대 [판단에 대한 우리의] **동의**와 관련한 영역. (『담화록』 III, 2, 1-2)

에픽테토스의 담화에서 이 주제에 할애된 지침을 한데 모아본다면 철학적 수련의 세 가지 형식 또는 영역을 다음과 같이 이론적으로 정리할 수 있겠다.

첫째, 욕망과 혐오의 영역이다. 인간은 자기가 좋게 여기는 것을 욕망하지만 그것을 얻지 못하거나 잃어버릴 수 있기에 불행하다. 또한 나쁘다고 여기는 것을 종종 피할 수 없기에 불행하다. 선이니 악이니 하는 것, 이를테면 부와 건강, 가난과 질병은 우리에게 달려 있지 않다. 욕망을 다스리는 수련은 그러한 욕망과 혐오를 차차 포기하고 도덕적 선만 바라며 도덕적 악만 피하는 것이다. 우리가 어찌할 수 없는 것은 차이가 없는 것으로 보아야 한다. 즉 선호를 개입시키지 않고 보편 자연이 바라는 것이니 그대로 받아들여야 한다. 에픽테토스는 때때로 그러한 자연을 '신'으로 지칭한다. "신을 따르라"는 신의 의지는 보편 자연의 의지이니 받아들이라는 말이다(『담화록』 I, 12, 8; I, 20, 15). 따라서 이 욕망의 규율은 우리에게 어떤 일이 일어날 때 느끼는 정념$_{pathē}$과 감정을 대상으로 한다.

두번째 수련의 영역은 행동하고픈 충동이다. 이것은 앞에서 보았듯이 우리의 이성적 본성에 '적합한$_{kathēkonta}$' 행동 분야다. 우리에게 달려 있지 않은 것(타인, 정치, 건강, 가정생활 등)에 대한 행동(그런데 행동은 우리에게 달려 있다)이기도 하고, 스토아철학에서 우리에게 달려 있지 않은 것은 '차이가 없다'. 그러나 행동의 대상은 이성적 판단 혹은 타당한 개연성에 따라서 이성적 본성의 자기 보존 본능에 걸맞은 것으로 간주될 수 있다. 행동은 인류를 하나로 묶는 이성적 본성의 공동체에 근거를 두고 타인에게로만 향하며, 인류 공동체에 봉사하고 정의를 실현하려는 의도에서 나와야 한다.

세번째 수련의 영역은 동의$_{sunkatathesis}$다. 우리에게 떠오르는 모든 표상$_{phantasia}$을 비판하여 주관적인 것은 일절 덧붙이지 않고 표상이 객관적이고 현실에 '적합하게끔', 그래서 우리가 참된 판단에 동의할 수 있게끔 해야 한다. 우리는 이미 선악이 판단 능력에만 있다고 보았던 스토아주의에서 이 주제가 얼마나 중요한지 말한 바 있다.

에픽테토스가 구분한 영혼의 세 가지 행위(판단과 동의라는 이성적 행위, 행동하고픈 충동, 욕망)와 플라톤주의가 구분하는 영혼의 세 부분(이성 부분, 행동 원칙이 되는 '기개'의 부분, 쾌락과 열정의 원칙인 '욕망'의 부분)을 비교해보고 싶을 것이다. 플라톤도 에픽테토스처럼 덕의 체계를, 다시 말해 다분한 '고행의' 체계를 영혼의 구분에 입각해 세웠기 때문에 더욱더 비교해보고 싶어진다. 우리가 보았다시피 에픽테토스에게는 영혼의 지적 활동 규율, 행동하고픈 충동과 경향에 대한 규율, 욕망의 규율이 있었다. 그런데 플라톤의 『국가』에서 정의, 즉 내적인 조화는 개인의 경우 이성 부분을 지배하는 지혜의 통합에 있고, 국가의 경우 철인 통치자의 고유한 속성에 있다. 반면 용기는 개인의 영혼에선 '기개'와 충동 부분을 지배하고, 국가의 경우에는 전사 계급의 속성에 해당한다. 마지막으로 절제는 개인의 경우 '욕망' 부분에 해당하고, 국가의 경우 하위 계급, 즉 장인匠人의 속성이다.[21]

이처럼 플라톤과 에픽테토스의 도식은 비슷한 점이 있을지언정 근본적으로 다르다. 『국가』에선 영혼의 세 부분이 국가의 세 계급(통치자, 전사, 장인)과 호응한다. 철인 통치자는 이성의 법칙을 하위 계급인 전사와 장인에게 부과한다. 그리고 이성은 영혼의 열등한 부분에도 부과되는 법칙이다. 반면 에픽테토스는 행동하고픈 충동과 욕망을 인간에게 내재한 이성적 영혼의 행동 혹은 인간 영혼 전체의 '지배원리'로 보았다. 이성적 활동, 행동하고픈 충동, 욕망 사이에 위계는 없다. 충동과 욕망도 이성적 영혼 자체에 위치한다. 충동과 욕망이 비록 영혼에 정서적 반향을 미칠지라도, 스토아주의의 가르침에 따르자면 기본적으로는 이성적 영혼의 판단이기 때문이다. 이성은 본질적으로 선한 게 아니다. 이성도 충동이나 욕망과 마찬가지로 행동을 이끄는 판단을 어떻게 내리느냐에 따라 선할 수도 악할 수도 있다. 플루타르코스의 다음 글은 우리가 에픽테토스에게서 찾아볼 수 있는 스토아주의 교의를 잘 요약하고 있다.

> 스토아주의자에게 덕이란 영혼의 지도하는 부분의 자질…… 혹은 굳건하고 변함없는 자기 정합성을 지닌 이성이다. 그들은 영혼의 정념적이고 비이성적인 능력이 본성의 차이로 인해 이성적 능력과 구분된다고 보지 않았고, 영혼의 같은 부분—dianoia(사유)와 hēgemonikon(지배원리)—이 정념이나 그로 인한 어떤 상태, 어떤 성향으로 변화되는 것이라고 했다. 동일한 부분이 악덕이 되기도 하고 미덕이 되기도 한다. 그것의 능력 자체는 비이성적이지 않지만, 충동이 과하여 이성의 선택에 어긋나는 부적절한 행동을 할 때는 비이성적이라고 할 만하다. 그러므로 정념도 이성이다. 그러나 사악하고 어긋난 정념은 못 되고 타락한 판단의 효과로 힘과 원기를 얻는다.[22]

플라톤이 보기에 인간의 본질은 반드시 올바른 이성에 있지만, 인간의 구체적 삶이 반드시 이성에 부합하지는 않는다. 반면 에픽테토스는 스토아주의자답게 인간의 본질이 자유의 규율로서 이성, 선택할 수 있는 힘에 있다고 본다. 선택할 수 있기에 반드시 올바르기보다는 선할 수도 악할 수도 있는 것이다.

그러므로 충동과 욕망은 '지배원리', 인간 영혼의 자유 중추에 있다. 그렇기 때문에 판단과 동의의 이성적 능력과도 위계상 대등하다. 그러나 판단, 충동, 욕망은 당연히 서로 호환될 수 없다. 각각의 충동과 욕망은 어떤 판단에 근거하고 거기서 유래한다. 영혼은 그 내적 담론에 따라서 행동하고픈 충동 또는 뭔가를 하고 싶은 성향을 느끼는 것이다.

4. 수련의 세 가지 주제와 철학의 세 분과

스토아주의자가 논리에 대한 담론뿐만 아니라 체험의 논리학을, 윤리에 대한 담론뿐만 아니라 체험의 윤리학을, 자연에 대한 담론뿐만 아니라 체험의 자연학을 중시했다는 점은 이미 보았다. 혹은 삶의 수행으로서 철학이 논리학, 윤리학, 자연학과 떼려야 뗄 수 없는 것이었다고 할까. 우리는 에픽테토스의 세 가지 수련에서 이 체험의 논리학, 윤리학, 자연학을 알아볼 수 있다.

더욱이 에픽테토스[23]는 그러한 수련을 '토포스$_{topos}$'라는 말로 지칭했는데 전통적으로 스토아주의자는, 적어도 셀레우키아의 아폴로도로스(기원전 2세기 말의 철학자)[24]는 이 단어를 철학의 분과를 가리키는 데 썼다. 스토아주의자는 철학의 분과를 논하면서 이 단어를 변증법적이고 수사학적인 의미로, 다시 말해 논지, 즉 "논의되는 일반 문제"[25]라는 의미로 썼다. 에픽테토스도 이 '토포스'를 세 가지 체험적 수련을 가리키는 데 쓴다. 앞으로 보겠지만, 그러한 수련은 철학 담론의 세 부분을 실천에 옮긴 것이라 할 수 있다. 우리는 이 단어를 '수련 주제'로 옮길 수 있겠다. 실제로 수사학이나 변증법에서의 토포스는 담론 영역의 수련 주제. 에픽테토스의 세 가지 토포스는 철학 담론의 세 분과에 상응하는 세 가지 지적 수련 주제, 담론에 제시된 원칙을 삶의 영역에 적용하는 체험적 수련의 주제다.

어쨌든 에픽테토스가 판단과 동의의 규율을 논리학, 충동의 규율을 윤리학과 등가로 보았음은 분명하다. 이 등가성은 텍스트에 뚜렷이 드러난다. 처음에 그는 논리학을 이론적 담론으로, 동의의 규율을 체험의 논리학으로 보고 그 둘을 대조한다. 그다음에는 윤리학을 이론적 담론으로,

충동의 규율을 체험의 윤리학으로 보고 그 둘을 대조한다. 에픽테토스는 이론을 읽는 데 만족하는 거짓 철학자를 비판한다. 그는 청중에게 "삶은 책이 아닌 다른 것들로 이루어져 있다"고 말하며 다음과 같은 예를 든다.

> 이는 마치 동의의 수련 영역topos에서 '적절한kataleptikai' 표상과 그렇지 않은 표상을 대하고도 그것을 구분하기를 거부하고 「이해에 대하여」 같은 글만 읽고 싶어하는 것과 같다. 그러는 이유는 무엇인가? 아무 것도 읽거나 쓰지 않아도 우리에게 떠오르는 표상을 그 본성에 맞게 사용하여 행동할 수 있다. 그러나 우리는 이미 누군가에게서 나온 말을 다른 사람에게 설명하기 위해서, 삼단논법과 관련한 의문을 풀기 위해서, 가설적 논증을 검토하기 위해서만 배운다.(『담화록』 IV, 4, 11-18)

여기서 에픽테토스는 이론적 논리학과 체험의 논리학을 대조한다. 「이해에 대하여」 같은 논문은 현실과 무관한 이론적 앎, 논의의 기술적 능숙함에만 도움이 된다. 체험의 논리학은 일상에서 우리에게 떠오르는 표상에 대한 비판, 그 표상과의 대화다. 이어서 에픽테토스는 사람들이 충동에 대해 뭐라고 말하는지 알고 싶다면 「충동에 대하여」 같은 논문을 읽을 게 아니라 실제로 행동하라고 말한다. 논문에 든 내용은 이론적 윤리학이다. 에픽테토스는 의무가 충동의 규율을 실천하는 수련과 관계가 있다고 덧붙인다.

그러므로 동의의 규율과 논리학, 충동의 규율과 윤리학이 상응한다는 것은 어렵잖게 인정할 수 있다. 하지만 욕망의 규율은 어떻게 되는 건가? 스토아주의자가 생각한 철학의 세 분과 도식대로라면 욕망은 자연학에 상응해야 한다. 말이 되는가? 이건 아닌 것 같다. 일단 방금 인용한 글에서 에픽테토스는 욕망의 규율과 자연학의 관계를 전혀 언급하지 않았다. 그는 단지 「욕망과 혐오에 대하여」라는 논문 제목을 들먹일 뿐인데, 그런 글은 아무래도 윤리학 쪽으로 보인다. 영혼의 행위로서 '욕망' 자체에 대한 추상적 이론이 윤리의 영역이 맞는다면, 욕망의 규율을 체험적으로 실천하는 것은 우주와 자연에 대한 특정 태도를 포함할 것이다. 우리는 그 점을 이미 앞에서 세 가지 규율의 내용을 밝히면서 암시했다. 이제 좀더 상세히 말해볼 때다. 욕망의 규율은 우리를 좌절시킬 수도 있는 것은 아예 원하지 않고 우리의 의지에 반하여 감내해야 하는 일을 피하지도 않는 것이 목표다. 따라서 우리는 우리에게 달린 선, 스토아주의자가 생각하는 유일한 선만 바라고 오직 도덕적 악만 피해야 한다. 우리에게 달려 있지 않은 것은 보편 자연이 의도한 바이니 그저 받아들여야 한다.

> 철학자의 일은 대략 다음과 같이 생각할 수 있다. 그는 자신의 의지를 일어나는 일에 부합시켜 자기가 원치 않는데 일어나는 일이 하나도 없고 원하는데 일어나지 않는 일 또한 하나도 없게 해야 한다. 결과적으로 이 과업을 수행하는 자는 자기 욕망이 좌절되는 법이 없고 자기가 싫어하는 일을 억지로 하는 법도 없다.(『담화록』 II, 14, 7)

이어지는 대목에서도 철학자의 과업을, 그렇지만 이번에는 타인과의 관계에 초점을 맞추어 기술한다. 여기서 우리는 욕망의 규율과 운명이 의도한 사건에 대한 동의 사이의 관계를 명확하게 볼 수 있다. 이 동의는 인간이 자기를 전체의 일부로 인식하고 세상사가 보편 이성의 뜻에 따라 필연적으로 맞물려 있음을 이해한다는 전제에서 가능하다. 에픽테토스는 어떤 상황에서든 "제우스[보편 이성]가 직접 정한 일에" 성을 내서는 안 된다고 말한다. 그런 일은 "제우스가 너의 탄생에 임하고 너의 운명을 엮은 모에라이[운명의 여신들]와 함께 정하고 명한 것이다. 너는 전체에 비하면 네가 얼마나 작은 부분인지 모르느냐?"(『담화록』I, 12, 25)

다음도 보자.

> 너의 욕망, 너의 혐오가 제우스에게, 다른 신들에게 매이게 하라. 그것을 신에게 맡겨 그들이 다스리게 하라. 그 욕망과 혐오가 그들을 따르게 하라.(『담화록』II, 17, 25)

운명에 동의하기, 신에게 복종하기, 이것이 욕망의 규율에서 핵심이다. 그러자면 전체 속에서 인간이 차지하는 자리에 대한 자각, 나아가 자연학의 실천이 전제된다. A.-J. 보엘케[26]는 "운명에 동의하려면 무엇보다 먼저 지성의 힘으로 감각 표상을 근거삼아 우주를 이해해야 한다⋯⋯ 그러한 방법적 설명을 통해 우리는 차츰 지고의 섭리에 따라 조화롭게 마련된 선한 우주에서 살아가고 있다는 이성적 확신에 도달한다"고 썼다. 우리는 뒤에서 욕망의 규율과 정신 수련으로서 체험의 자연학이 맺는 관계라는 이 주제가 마르쿠스 아우렐리우스의 글에서 에픽테토스의 담화에서보다 한층 더 풍부하게 다뤄지는 것을 볼 것이다.[27]

에픽테토스는 때로는 세 규율을 같은 수준에 두는 것 같고, 때로는 셋 사이에 어떤 질서를 상정하는 것 같다. 어떤 때는 동의의 규율을 맨 먼저 말한다(I, 17, 22; IV, 4, 14 ss.; IV, 6, 26). 다른 곳에서는 수련의 첫째, 둘째, 셋째 주제 topoi를 논하며 첫째는 욕망, 둘째는 충동, 셋째는 동의라고 말한다. 그는 이러한 순서가 정신적 진보의 각기 다른 단계에 상응한다고 보았다. 이 관점에서 욕망의 규율, 그다음에 충동의 규율이 먼저 와야 하고 그 규율들은 반드시 필요하다(I, 4, 12). 동의의 규율은 세번째일 수밖에 없거니와 정신적 진보를 이루는 자에게만 가능하다(III, 2, 5; III, 26, 14; IV, 10, 13). 오직 그런 자에게 이 규율은 굳건한 동의를 보장한다. 하지만 그와 동시에 에픽테토스의 경우 욕망과 충동의 규율은 표상을 비판하는 규율, 즉 판단과 동의의 규율에 근거한다. 실제로 에픽테토스는 스토아주의자답게 우리 정념의 원인(욕망)과 행동의 원인(충동)이 표상 phantasia, 즉 사물에 대한 우리의 생각일 뿐이라고 본다. 세상의 모든 비극은 단지 그 비극의 주인공이 사건에 대해 갖는 잘못된 생각에서 비롯된다(I, 28, 10-33). 하지만 그렇다면 표상과 판단에 대한 비판을 목적으로 삼는 수련 주제가 맨 처음에 와야 하지 않나.

이 표면적인 모순은 한편에서는 철학의 구체적이고 체험적인 실천이, 다른 편에서는 철학을 가르치는 데 필요한 정연한 진도가 서로 다른 관점을 요구하기 때문에 빚어진다. 실천에서는 표상 비판과 사물에 대한 잘못된 생각의 정정이 가장 시급하다. 그것이 욕망과 충동의 통제를 좌우하기 때문이다. 교육 프로그램을 끝내고 나서, 이론적 논리학을 텍스트로 공부하고 가언적 삼단논법과 궤변을 검토하고 나서, 그때 비로소 판단과 동의의 규율을 실천하게 되리라 기대할 수는 없다. 삶은 너무나 긴급하기에 갈고닦을 시간을 허락하지 않는다. 에픽테토스의 말대로 "삶은 책이 아닌 다른 것들로 이루어져 있다". 매일매일의 삶에서 욕망의 규율, 충동의 규율, 판단의 규율은 서로 별개가 아니고 에픽테토스가 표상의 "올바른 사용chrēsis"이라고 불렀던 활동, 다시 말해 우리가 사물에 대해 갖는—또한 욕망과 충동을 일으키는—생각의 가치와 올바름을 살피는 활동의 세 가지 측면일 뿐이다(II, 19, 32 ; 22, 29).

　게다가 이 세 규율은 가르침의 대상이기도 하다. 제자들이 이론적 담론으로 받아들이면 그들의 정신적 진보에 기여한다. 여기에도 관점은 다르지만 긴급성의 순서가 있다. 최우선순위인 수련 주제는 철학적 삶을 가능하게 하는 주제, 즉 우리를 "걱정, 동요, 번민에서 해방시키는" 욕망의 규율(III, 2, 3)과 우리가 가정과 국가에서 어떻게 살아야 하는지 가르쳐주는 충동의 규율이다. 에픽테토스는 "처음에 와야 하고 가장 필요한 수련 주제가 이것이다"라고 말한다(I, 4, 12). 이론적 가르침에서 첫번째 수련 주제는 자연학에 해당하는 욕망의 규율이다. 두번째는 윤리학, 특히 의무와 적절한 행동kathēkonta 이론에 해당하는 행동하고픈 충동의 규율이다.

　다시 한번 이론적 자연학과 욕망의 규율이라는 체험의 자연학 사이의 관계를 살펴보겠다. 철학자가 욕망을 다스릴 수 있으려면 일단 스토아주의의 자연론을 이해해야 한다. 크리시포스는 이미 이렇게 말한 바 있다.

> 보편 자연과 세계의 구성에서 출발하는 것보다 선과 악의 이론, 미덕, 지혜에 다다르기에 더 적합한 길은 없다…… 선악론을 이 주제에 다시 연결지어야 한다. 자연학은 선과 악의 구분을 가르치기 위해서만 가르쳐야 한다.[28]

　욕망의 규율은 바로 이 선과 악의 구분에 기초해 있다. 이 때문에 에픽테토스는 자연학과 욕망의 수련이라는 주제 사이의 밀접한 관계를 드러내고 크리시포스를 참조하여 이렇게 말한다.

> 크리시포스가 말한 대로, 세계의 조직과 이성적 동물이 그 조직에서

차지하는 자리를 잘 살피고, 그러한 시각에서 네가 누구이고 너에게 선한 것과 악한 것이 무엇인지 연구해야 한다.(『담화록』I, 10, 10)

아리아노스가 정리한 에픽테토스의 『담화록』에서 이러한 일련의 문제를 길게 다룬, 교육 프로그램 전체에 해당하는 대목은 찾을 수 없다. 그렇지만 에픽테토스가 이 자연학 교육 담론의 본질적인 부분을 암시한 대목은 곧잘 보인다.

신은 아무 제약 없이 독립적으로 우주에 존재하는 모든 것과 우주 전체를 만들었다. 그러나 우주의 부분들은 전체의 효용을 위해 만든 것이다. 신 아닌 다른 존재는 신의 운용을 이해할 능력이 없으나, 이성적으로 사유할 수 있는 존재는 이 우주에 대해, 자기가 거기 속해 있다는 사실에 대해, 자신이 어떤 종류의 부분인가에 대해 생각하고 부분이 전체에 양보하는 것이 옳음을 이해한다.

자연학을, 전체에 속한 일부라는 우리 상황을 배움으로써 얻는 자각은 단지 욕망의 규율에 이론적이고 합리적인 근거만 제공하는 것이 아니다. 그러한 자각이 있으면 전체 우주의 모습을 즐기고 신의 시선으로 세상을 바라보게 된다. 욕망의 규율은 우리가 전체의 일부이니 보편 자연의 전반적인 흐름 속에서 일어나는 모든 일을 바라라고 요구한다. 에픽테토스는 신의 고독한 명상을 묘사한다. 우주의 한 주기가 끝나갈 무렵 신은 혼자다. 만물이 어느 순간 시원의 불 속에서 신에게 전부 흡수되었기 때문이다. 그 불이 세계를 생성한 로고스다. 그는 우리가 신을 모방해야 한다고 말한다.

제우스가 자기 자신과 있고, 자기 안에서 쉬고, 세계를 운용하는 방식을 생각하고, 자신에게 걸맞은 사유에 푹 잠기는 것과 마찬가지로 우리도 다른 사람을 필요로 하지 않고, 우리 삶을 어떻게 바쁘게 유지할지 염려하지 않으며, 우리 자신과 대화할 수 있어야 한다. 우리도 신이 세계를 운용하는 방식에, 우리와 세계 나머지와의 관계에 우리를 반영해야 한다. 지금까지 사건에 대한 우리의 태도가 어땠는지, 지금은 어떠한지 생각해야 한다. 우리에게 고통을 일으키는 것이 무엇인지, 어떻게 하면 치유할 수 있는지 생각해야 한다……(『담화록』 III, 13, 7)

　우리는 여기서 자연스럽게 우주에 대한 시각에서 의식의 감찰로 넘어간다. 의식의 감찰은 욕망의 규율, 그리고 우주의 일반 흐름에 따라 일어나는 사건에 대한 태도와 관련이 있다. 이 또한 에픽테토스가 말한 대로다.

　　흙으로 빚은 몸, 신은 어떻게 이 몸을 구속에서 자유롭게 만들 수 있었을까? 그래서 신은 내 몸은 물론 내 재산, 내 세간, 내 집, 내 자식, 내 아내까지도 우주의 공전에 복속시켰다. 그런데 왜 신에게 맞서는가? 어째서 원할 수 없는 것을 원하는가?(『담화록』 IV, 1, 100)

　따라서 불평해봐야 소용없다. 우리에게 준 것을 전부 빼앗기 위해서 주는 이를 원망해봐야 소용없다.

　너는 누구이고 여기 왜 왔는가? 신이 너를 지상에 보내지 않았는가?

신이 너를 위해 빛을 밝혀주지 않았는가?(……) 신이 너에게 감각과 이성을 주지 않았는가? 신은 어떤 조건에서 너를 지상에 보냈는가? (……) 지상에서 비참한 육신의 덩어리로 살아가는 것, 그러는 동안 신의 통치를 관조하고 신의 행렬을 따르며 신과 더불어 축제를 하는 것이 아닌가?(『담화록』IV, 1, 103)

그러므로 선한 인간은 죽어가면서 이렇게 말할 것이다.

나는 당신께 감사한 마음을 가득 안고 떠납니다. 그 이유는 내가 당신과 더불어 축제를 하고, 당신의 작품을 관조하며, 당신이 세계를 통치하는 방식으로 당신을 따를 만하다고 당신이 판단하셨기 때문입니다.(『담화록』III, 5, 10)

결국 욕망의 규율은 체험의 자연학으로서 자기에게 일어난 일을 받아들일 뿐 아니라 신의 작품을 감탄하며 바라보는 데 있다.

신은 자신과 자기가 지은 것을 관조하라고 인간을 지상에 보내셨다…… 우리에게 자연의 성취란 관조, 자각, 자연과의 조화로운 삶이다. 그러니 이 모든 실재를 바라보지도 않고 죽지는 않도록 하자…… 네가 누구인지, 왜 태어났는지, 네가 받아들여진 이 광경이 어떤 것인지 결코 모르겠는가?(『담화록』I, 6, 19)

그러므로 철학자를 양성할 때 첫번째로 가르쳐야 할 이론은 자연학일 것이다. 자연학은 선악의 구분, 즉 욕망의 규율에 토대가 되어준다. 두번째로 가르칠 이론은 윤리학으로, 충동의 규율에 토대가 되어준다. 세번째는 논리학인데 이는 에픽테토스가 "동의의 수련 주제"라고 불렀던 것에 해당한다. 에픽테토스가 철학적 담론의 특정 부분을 발제하는 지적 수련—이 경우에는 논리학—과 일상에서 실천하는 체험적 수련—여기서는 동의와 판단의 수련 주제 topos —을 근본적으로 동일시했다는 증거가 여기에 있다. 실제로 그는 표상과 사물에 대한 사고 비판 같은 체험의 논리학과 삼단논법 같은 이론적 논리학을 전부 "동의의 수련 주제"라는 표현으로 지칭한다.

한편으로, 에픽테토스는 이렇게 주장한다.

> 세번째 수련 주제는 동의, 특히 유혹적이고 마음을 끄는 표상과 관련된다. 소크라테스가 숙고하지 않은 삶은 살 가치가 없다고 했던 것처럼 우리는 숙고하지 않은 표상을 받아들여선 안 된다.(『담화록』III, 12, 14)

우리는 이 체험의 논리학 혹은 실천으로 옮겨진 논리학의 기술에서 다른 모든 수련 주제의 근간이자 기본인 표상의 올바른 사용을 볼 수 있다. 재차 말하지만 구체적 체험적 관점에서 세 주제는 반드시 동시적이고, 에픽테토스는 단지 발제의 편의를 위해 세번째 주제를 거론한 것이다.

다른 한편으로, 동의의 수련 주제가 실제로 세번째를 차지하는 대목이 있다. 이 주제는 다른 주제보다 뒤에, 이미 정신적 진보를 이룬 자들에게 한정해 제시되곤 한다(III, 2, 5). 여기서 거론되는 것은 논리에 대한 이론적 학술적 담론이다. 그것은 전제 중 어느 하나가 결론이 되어버리는 추론, 가언적 삼단논법, 기만적 추론 등 가치를 변화시키는 추론 과정으로 여겨진다(III, 2, 6).[29)] 에픽테토스는 이 가르침이 절대적으로 필요하다고 강조한다. 일례로 청중 가운데 누군가가 논리의 쓸모를 확실히 알려달라고 청했을 때 그는 이렇게 대답했다. "논리가 없으면 내가 그대에게 궤변을 늘어놓는 것인지 아닌지 어떻게 알겠는가?"(II, 25, 1) 그는 자연학과 윤리학이 가르치는 도그마가 확고부동해지려면 궤변과 오류 추론을 알아보는 기술이 꼭 필요하다고 생각했다. 그러한 논리는 결실이 없을지 모르지만(I, 17, 10) 순수한 비판의 규율이다. 어떤 도그마도 가르치지 않지만 나머지 전부를 검토하고 비판한다. 결국 에픽테토스에게 논리학은 철학 교육의 처음과 끝이라는 서로 다른 두 시기를 차지하는 듯하다. 앞에서 말했듯이 논리를 먼저 알아야 세 가지 주제의 철학 수련을 실천할 수 있다. 가급적 일찍부터 표상을 비판하고 적절한 것에만 동의해야 한다. 에픽테토스는 "이러한 이유로 논리학을 처음에 두어야 한다"(I, 17, 6)고 했다. 그렇지만 논리학은 교육과정의 끝에 삼단논법의 정교한 이론 형태로 와야 하는 것이기도 하다. 그것이 행동의 규율인 도그마에 흔들리지 않는 확실성을 부여하기 때문이다(III, 26, 14). 그러나 이러한 기술적 연구는 순수하게 기술적인 것에 그친 채 그 자체가 목적이 되어버리거나 보여주기의 수단이 될 위험이 있다(III, 2, 6; I, 26, 9; II, 19, 5). 그렇다면 세번째 수련 주제가 철학 교육에 외려 해를 끼칠 것이다.

다른 스토아주의자와 마찬가지로 에픽테토스도 철학을 삶으로 구현해야 한다는 요구와 철학의 이론과 교육에서 오는 요구를 조화시키기는 결코 쉽지 않았다. 그는 아마 일부러 세 규율을 한데 섞어 가르치는 정도에 그쳤을 것이다. 그러나 그가 말하는 체험적 수련의 세 주제, 세 가지 토포스의 교의는 스토아주의의 철학 삼분론이 심화된 결정판처럼 보인다. 에픽테토스는 그 세 분과에 대한 철학 담론을 펼치는 동시에, 그 세 분과를 철학자의 일상에서 영혼의 세 가지 행위와 관련된 수련 주제로서 재발견했다. 욕망의 규율은 철학자가 자신이 우주 전체의 일부임을 자각하지 않고는 실천 불가능하다. 충동의 규율은 철학자가 인류 공동체에서 자신의 자리를 발견하는 자각 없이는 실천 불가능하다. 마지막으로 동의의 규율은 철학자가 표상과 관련해 자유와 이성의 엄정한 법칙을 다 함께 발견할 때만 실천할 수 있다.

5. 전체의 정합성

철학사가들은 대부분 에픽테토스의 세 가지 수련 주제의 교의를 다뤘다. 가령 그들은 아리아노스가 자신이 모아놓은 스승의 가르침을 그 도식을 활용하여 분류하고 『엥케이리디온』으로 펴냈다고 보았다.[30] 그들은 또한 세네카와 키케로에게서도 비슷한 도식의 흔적을 찾으려 노력했다.[31] 이런 시도에서 확실하고 중요한 결과를 얻은 것 같지는 않다. 그러나 이 모든 노력에도 불구하고 이 교의의 인간적 의미를 충분히 강조하지는 못한 것 같다.

사실 욕망의 규율은 기본적으로 자신을 우주 속에 위치시키는 것, 즉 인간의 삶이 전체, 즉 보편 이성의 의지에 부합하는 한 부분이어야 한다는 자각이다. 충동과 행동의 규율은 기본적으로 인간 사회라는 전체 속에서 자기 자리를 찾는 것, 따라서 인류에게 공통된 이성에 부합하게 사는 것이다. 이 이성 자체도 보편 이성에 속하는 일부다. 판단의 규율은 우리 안의 이성, 역시 보편 이성의 일부인 그 이성이 이끄는 대로 논리적 필연을—사건의 필연적인 연쇄에 논리적 필연의 근거가 있으므로—따르는 것이다. 에픽테토스가 말하는 수련 주제의 도식은 스토아주의자가 말하는 체험적 철학의 세 측면(자연학, 윤리학. 논리학)과 정확히 똑같은 목표를 추구한다. 그 목표란 '이성을 따라 사는 것'이다. 에픽테토스에게 세 가지 수련 주제와 체험적 철학의 세 측면은 같은 것이었으니 당연한 얘기다. 철학자는 현실을 이기적이고 편협한 눈으로 바라보지 않고 자연학에 힘입어 한층 높은 곳에서, 보편 이성의 시각에서 바라보는 것이 중요하다. 무엇보다도 전체의 공공선과는 다른, 부분에 고유한 선 따위는 없음을 깨닫고 마음을 다해 우주와 사회의 공공선을 바라야 한다. 철학자는 세계시민이다(I, 9, 1; II, 10, 3). 하지만 그는 인류 국가의 시민이기도 하다(II, 5, 26). 그 국가는 우주라는 국가의 좀더 작은 이미지일 뿐이다. 개인적인 의식이 우주적 사건의 극한까지 확장되기를 바라는 사람이라도 얼마든지 인류 공동체에 깊은 애정을 느끼고 사회적 의무를 맡을 수 있다. 나의 이성이 보편 이성에서 유래했다면, 다른 사람들의 이성도 마찬가지일 것이다. 모두가 동일한 이성을 공유하는 형제자매다. 심지어 노예도 자기 주인의 형제다(I, 13, 3).

그러므로 에픽테토스의 세 규율은 인간이 우주와 맺는 관계, 다른 인간과 맺는 관계, 자기 이성과 맺는 관계를 지도한다. 인간 존재 전체가 이렇게 해서 실재 전체와 관계를 맺는다. 게다가 스토아주의자는 생명체의 특징을 전체성으로 본다. 온전한 하나일 것, 자기 자신과 정합적일 것. 인간은 세 규율에 의해 자유로이 전체성과 정합성에 협력한다. 그가 원하든 원치 않든 그러한 정합성은 반드시 실현되게 마련이다. 사실 우주 전체만이 어떤 것으로도 깨뜨릴 수 없는 완벽한 정합성을 지닌다. 자유는 인간이 자발적으로 우주의 합리적 정합성에 부합할 수 있는 특권을 주었지만, 인간의 생각이나 정서 그리고 인류 공동체에 정합적이지 않은 것이 끼어들 가능성도 주었다. 우주적 이성의 정합성에 대한 인간의 애착은 약하기 그지없으니 언제라도 뒤집힐 수 있다. 그러나 신의 의도는 필연적으로 실현될 것이다.

세 가지 수련 주제, 세 가지 규율 혹은 삶의 규칙이라는 교의는 결국 스토아주의의 본질 전체를 다소 거창하게 간추린 것으로 볼 수 있다. 이 교의는 인간에게 세계관과 평소 생활 방식을 완전히 뒤집어보기를 권한다. 노예 철학자의 간접적 제자요, 철학자이자 황제였던 마르쿠스 아우렐리우스는 『명상록』을 통해 그 주제들을 풍성한 화음으로 전개하고 멋들어지게 편곡해냈다.

VI
『명상록』의 스토아주의
―내면의 성채 혹은 동의의 규율

1. 동의의 규율

우리가 보았듯이 『명상록』은 스토아주의의 정신 수련이다. 하지만 마르쿠스 아우렐리우스는 이 수련에 힘입어 자기 안에 내적 담론과 뿌리 깊은 성향을 수립하려 했다. 그를 통해 황제로서 자신의 삶에서 에픽테토스가 제안하는 세 가지 수련 주제 혹은 삶의 규칙을 구체적으로 실천하고자 했던 것이다. 『명상록』은 끊임없이 이 주제들과 그 근거가 되는 도그마를 글로 표현한다. 이 책을 떠받치는 구조는 우리가 에픽테토스에게서 살펴본 삼원 구조에 다름 아니다. 이제 『명상록』에서 그 구조가 어떤 모양새로 나타나는지 자세히 살펴보자.

객관적 혹은 적절한 표상 phantasia kataleptike

동의의 규율은 기본적으로 객관적이거나 적절하지 않은 표상은 아무것도 자기 안에 받아들이지 않는 것이다. 아우렐리우스가 이로써 하고 싶었던 말을 제대로 이해하려면 그가 이 맥락에서 사용한 스토아철학의 기술적 용어가 무슨 뜻인지 정확히 짚고 가야 한다.

일단 감각aisthēsis은 인간과 동물에게 공통된 신체적 과정이다. 이 과정에서 외부 대상의 인상이 영혼에 전해진다. 대상의 이미지phantasia도 이 과정을 매개로 영혼 속에, 좀더 정확히 말하자면 영혼의 지도하는 부분hēgemonikon에 새겨진다.

phantasia에는 이중적 측면이 있다. 한편으로는 대상을 대체하고, 대상과 동일시되며, 대상의 이미지로 존재한다. 다른 한편으로는 외부 대상이 작용하여 영혼에 일어나는 변화pathos이기도 하다. 마르쿠스 아우렐리우스는 이런 식의 질문을 자기 자신에게 던진다(III, 11, 3; XII, 18). "내 안에 이 phantasia를 낳은 대상의 본성은 무엇인가?"

역사가 디오게네스 라에르티오스가 우리에게 남겨준 스토아주의 논리학 요약에서 다음과 같은 내용을 볼 수 있다. "phantasia가 먼저다. 사유dianoia는 phantasia의 결과로 느낀 바를 담론으로 표현한 것이다."[1] 요컨대 영혼에 현존하는 이미지에는 내적 담론이 수반된다. 그 이미지를 일으킨 대상의 본성, 성질, 가치를 진술하는 하나 혹은 여러 개의 문장이나 명제가 수반되는 것이다. 그리고 우리는 그 진술에 동의하거나 동의하지 않을 수 있다. phantasia는 외부 대상과 마찬가지로 형태가 있으나, 우리가 동의하는 내적 담론은 그것이 어떤 의미를 가진 한 무형적이다. phantasia, 다시 말해 외부 대상이 빚어내는 이미지 혹은 표상은 수동적 성격을 띠지만, 내적 담론은 그와 대조적으로 영혼의 지도하는 부분의 적극적 활동을 나타낸다. 게다가 영혼은 자기가 받아들인 이미지를 조합해 표상들phantasiai을 만들어낼 수도 있다.[2]

수동적이면서 적극적이고, 제한되었으되 자유로운 이 인지과정의 이중적 측면은 아울루스 겔리우스가 인용한 에픽테토스의 글에서도 발견된다. 그 글은 동의의 메커니즘을 보여준다는 점에서 전문을 인용할 만하다.

철학자들이 phantasiai라고 불렀던 영혼의 이 표상들로 인하여 인간의 정신은 영혼에 현존하는 사물을 언뜻 본 순간 흔들린다. 이 표상은 의지로 어쩌할 수 있는 것이 아니므로 자유롭지 않지만, 어떤 고유한 힘으로 인간에게 던져지고 알려진다.

반면에 동의, 이른바 sunkatathēseis는 의지적이고 인간의 자유에 의해 만들어진다. 표상을 알아보고 판단하는 것은 이 동의를 통해서다.

그러므로 하늘에서 무시무시한 소리가 날 때, 건물이 무너지거나 어떤 위험을 알리는 소리가 들릴 때, 혹은 그와 비슷한 어떤 일이 일어날 때 현자의 영혼도 어쩔 수 없이 다소간 흔들리고 긴장하고 무서움을 느낀다. 그러한 반응은 현자가 안 좋은 일이 있다고 판단해서가 아니라, 의도하지 않은 빠른 움직임이 정신과 이성의 고유한 작업보다 먼저 일어나기 때문에 나오는 것이다.

그러나 현자는 자기 영혼을 두렵게 하는 그 표상에 곧바로 동의하지 않는다. 그것을 인정하지 않고 옆으로 치워버리며 거부한다. 그런 것을 두려워할 이유가 하등 없다는 듯이 말이다. 이것이 현자와 어리석은 자의 차이다. 어리석은 자는 사물을 그것이 자기 영혼에 일으킨 처음 감정대로, 다시 말해 무섭고 겁나는 것으로 받아들인다. 어리석은 자는 자신의 두려움을 정당화하는 첫인상에 그냥 동의해버린다.

그러나 현자는 잠깐 낯빛은 바꿀지언정 동의하지 않고, 자신이 그러한 표상에 대해 늘 가지고 있던 도그마의 굳건함과 힘을 유지한다. 그 표상은 전혀 두려워할 것이 아닌데 거짓된 모습과 텅 빈 공포로 사람들을 두렵게 할 뿐이다.[3]

이 텍스트는 이미지phantasia, 판단(마르쿠스 아우렐리우스가 사용한 용어로는 hypolēpsis), 동의sunkatathēseis를 비교적 명확하게 구분한다. 이미지는 영혼을 뒤흔든 천둥소리, 판단은 '무섭고 겁난다'는 내적 담론, 동의는 판단을 인정하거나 인정하지 않음에 해당한다.

마르쿠스 아우렐리우스는 판단과 표상phantasia을 자주 혼동한다. 다시 말해 그는 표상을 그것의 내용과 가치를 말하는 내적 담론과 곧잘 동일시한다. 삼단논법, 즉 판단의 연쇄에 대한 것임에도 그가 표상의 연쇄라고 말하는 V, 16, 2는 따로 떼어놓고 생각해도 된다. 이 경우는 phantasiai logikai, 우리가 앞에서 언급한 추상적 표상을 얘기하는 것으로 보이기 때문이다. 그러한 추상적 표상은 지적인 활동에서 나오는 것이 맞는다. 하지만 다른 곳에서는 구분이 제대로 이루어지지 않았다. "표상phantasiai을 지워버려라."(VIII, 29) "판단을 없애라."(VIII, 40) 그렇지만 마르쿠스 아우렐리우스는 내적 담론(영혼이 표상에 대해서 전개하는 판단)과 표상 자체를 잘 구분할 때도 있다.

첫 표상이 네게 전해주는 것 이상을 너 자신에게 말하지 마라. "아무개가 너에 대해 나쁘게 말했다"라는 말을 들었다. 이것은 너에게 알려주는 말이다. 하지만 "누가 너에게 해를 입혔다"는 너에게 알려주는 말이 아니다.(VIII, 49)

여기서 과정의 단계가 보인다. 일단 외부 사건이 있다. 누가 마르쿠스 아우렐리우스에게 아무개가 그에 대해 악담을 했다고 말했다. 다음 단계에서 그의 내면에 만들어진 표상은 아직 아무것도 덧붙여지지 않았으므로 첫 표상이라고 할 수 있다. 세번째 단계에는 첫 표상의 내용을 진술하는 담론이 있다. "아무개가 너에 대해 나쁘게 말했다"는 첫 표상이 알려준 것이다. 네번째 단계에서는 상황을 기술하는 데 그치지 않고 가치판단을 내놓는 또다른 진술 "누가 너에게 해를 입혔다"가 나온다.

우리는 여기서 에픽테토스가 정의한 '적절한' 혹은 '객관적 표상 phantasia kataleptikē' 개념을 재발견한다.[4] 적절한 혹은 객관적 표상은 현실에 정확히 부합하는 표상이다. 다시 말해 주관적 가치판단 없이 사건의 순수한 기술에 만족하는 내적 담론을 낳는 표상이다.

> 그는 감옥에 끌려갔다. 무슨 일이 일어났는가? "그는 감옥에 끌려갔다." 하지만 "그에게 큰 불행이 일어났다"라고 말한다면 그 말은 자기 안 깊은 곳에서 [즉, 주관적으로] 끌어올린 것이다.(『담화록』, III, 8, 5)

마르쿠스 아우렐리우스와 에픽테토스는 '객관적' 내적 담론과 '주관적' 내적 담론을 명확히 대비시킨다. 전자는 현실의 순수한 기술이고, 후자는 현실과 상관없는 관습적 생각이나 정념에 따른 생각이 개입한 것이다.

'자연학'의 정의

표상에 떠오른 대상을 정의하고 기술하여 그 대상이 본질적으로, 있는 그대로, 전체로서 그리고 모든 부분으로서 어떤 것인지 볼 수 있어야 하고, 그 대상의 고유한 이름과 대상을 구성하고 해체하기도 하는 각 부분의 이름을 너 자신에게 말할 수 있어야 한다.(III, 11)

마르쿠스 아우렐리우스는 이런 유의 정의가 의미하는 바를 몇 가지 예로 설명한다.

> 맛좋은 요리나 그와 비슷한 다른 음식을 두고 '이것은 물고기의 사체다, 이것은 새나 돼지의 사체다'라고 생각하고 '이 팔레르누스산 포도주는 포도즙에 불과하다' '이 자홍색 피륙은 조개의 피에 담갔던 양모에 불과하다'라고 생각하는 것이 중요하다. 성교에 대해서도 '장기의 마찰과 끈적끈적한 진액의 발작적 분비'라고 생각하라. 그러한 표상phantasiai이 사물의 본질과 핵심을 건드려 그 사물이 실제로 어떤 것인지 보게 해준다.(VI, 13)

여기서도 마르쿠스 아우렐리우스는 표상의 대상을 기술하는 내적 담론을 phantasiai로 지칭한다. 그러나 "사물의 본질과 핵심을 건드려 그 사물이 실제로 어떤 것인지 보게" 해주는 이 표상은 에픽테토스와 아우렐리우스가 규정한 의미에서 '적절한' 혹은 '객관적' 표상에 해당한다. 그것은 실제에 아무것도 보태지 않는다. 오히려 그 표상은 습관, 사회적 편견의 영향, 정념 때문에 덧붙여질 수밖에 없는 가치판단과 분리된 것, 벌거벗은 것으로 정의된다.

우리는 이런 유의 정의를 '자연학적'이라고 할 수 있다. 왜냐하면 표상을 주관적이고 의인주의에 따른 사고에서, 인간적인 관점과 연결짓는 각각의 사고에서 떼어내 있는 그대로, 과학적이고 자연학적으로 규정하기 때문이다. 여기서 다시금 스토아철학 안에 모든 것이 있음을 확인할 수 있다. 사실 표상을 비판하고 객관적 표상을 추구하는 것은 논리학의 영역이지만, 실제로 그렇게 하려면 사물과 사건을 보편 자연의 관점 안에 놓고 자연학의 시각으로 바라보아야만 한다. 그래서 욕망의 규율을 다룰 때도 이러한 정의를 다시 언급할 필요가 있겠다.

2. 내면의 성채

사물은 영혼을 건드리지 않는다

사물은 영혼을 건드리지 않는다.(IV, 3, 10)

사물은 영혼과 접촉하지 못한다.(V, 19)

사물은 우리의 판단을 만들지 못한다.(VI, 52)

사물은 우리 밖에 있다. 사물 자체는 아무것도 알지 못하고 스스로 아무것도 진술하지 않는다.(IX, 15)

마르쿠스 아우렐리우스는 사물이 우리 밖에 있음을 여러 차례, 그것도 아리아노스가 정리한 에픽테토스의 가르침에서는 보이지 않는 인상적인 표현으로 힘주어 말한다. "사물은 영혼을 건드리지 않는다." 사물이 영혼에 일어나는 표상phantasiai의 원인이 아니라는 뜻은 아니다. 우리는 사물과 표상은 인과관계에 있고 그 관계는 운명의 필연적 연쇄에 속한다고 말할 수도 있다. 그렇지만 지배원리의 내적 담론을 뒤흔드는 이 충격은 그 지배원리가 내적 담론을 제대로 전개할 기회일 뿐이고, 내적 담론 자체는 여전히 자유롭다. 크리시포스[5]는 이렇게 말한다.

> 네가 원통을 밀어서 굴러가게 했다고 해서 그 원통에 굴러가는 속성을 부여한 것은 아니듯이, 표상이 영혼에 어떤 표시나 형태를 가하는 것은 틀림없으나 우리의 동의 여부는 여전히 우리 소관이다. 우리의 동의는 마치 원통처럼 외부에서 미는 힘을 받지만 자신의 본성과 힘으로 움직일 것이다.

회의주의자 섹스투스 엠피리쿠스[6]도 스토아주의자를 비판하면서 이러한 지각의 이중적 측면을 확인한다.

> 그들의 주장에 따르면 지각katalēpsis은 객관적kataleptikē 표상에 동의하는 것인데, 여기에는 두 가지가 있는 듯하다. 하나는 의지가 개입하지 않고, 다른 하나는 우리의 판단에 따른 의지가 개입한다. 가령 표상을 받아들이는 행위는 비자발적으로 일어날 수 있다. 이 행위는 표상을 받아들이는 사람이 아니라 표상의 원인이 좌우한다. 그러나 이 영혼의 움직임에 동의하는 행위만큼은 표상을 받아들이는 사람의 소관이다.

사물이 영혼을 건드리지 않고 우리 밖에 있다는 마르쿠스 아우렐리우스의 주장을 이해하려면 스토아주의자가 말하는 '영혼'의 두 가지 뜻을 알아야 한다. 영혼은 신체를 움직이게 하는 숨pneuma으로 이루어진 실체요, 외부 대상의 인상 혹은 phantasiai를 받아들이는 실체이기도 하다. 마르쿠스 아우렐리우스가 '영혼'이라고 말할 때는 대개 이런 의미다. 그렇지만 그가 '우리'와 영혼에 대해 말할 때는 주로 영혼의 상위이자 지도하는 부분, 즉 스토아주의자가 말하는 hēgemonikon을 의미한다. 오직 이 부분만이 대상이 phantasia에 의해 표상된 바를 진술하는 내적 담론을 받아들일 수도 거부할 수도 있기 때문에 자유롭다. 사물이 넘어올 수 없는 경계, 침범할 수 없는 자유의 요새, 그것을 나는 '내면의 성채'라고 부를 것이다. 사물은 이 성채 안으로 파고들 수 없다. 사물은 우리가 그것에 대해 전개하는 담론, 우리가 세계와 사건에 부여하는 해석을 만들지 못한다. 마르쿠스 아우렐리우스는 우리 밖에 있는 사물은 "가만히 머물러 있고" "우리에게 다가오지 않고", 어떤 의미에서는 "우리가 그것에 다가간다"고 말한다(XI, 11).

   이 말은 심리적이고 도덕적인 의미로 이해해야 한다. 마르쿠스 아우렐리우스는 사물이 물리적으로 부동 상태를 유지한다고 말하는 게 아니다. 사물 '그 자체'는―'대자적'과 대립되는 '즉자적'이라는 의미로―우리를 아랑곳하지 않는다. 우리 안에 들어와 동요를 일으키고 영향을 끼치려 하지 않는다. 더욱이 사물은 "그 자체에 대해 아무것도 알지 못하고 스스로에 대해 아무것도 진술하지 않는다". 오히려 우리가 사물에 신경쓰고, 알려 하고, 걱정한다. 인간은 자유로운 탓에 불안과 근심을 세상에 들여온다. 그 자체로는 선도 악도 아니니 우리가 괴로워할 이유가 없다. 세상사는 필연적으로, 선택의 여지 없이, 주저함 없이, 정념 없이 흘러간다.

어떤 외적인 일로 네가 고통받는다면, 너를 괴롭히는 것은 그 외적인 일이 아니라 그에 대한 네 판단이다.(VIII, 47)

이 문장에서 에픽테토스의 유명한 말이 보이는 듯하다.

사람들을 괴롭히는 것은 사물이 아니라 사물에 대한 그들의 판단이다.(『엥케이리디온』, §5)

사물은 우리를 괴롭힐 수 없다. 사물은 우리의 에고$_{ego}$를 건드리지 않기 때문이다. 다른 말로 하면 사물은 우리 안의 지배원리를 건드리지 못한다. 사물은 우리의 자유 바깥에 문턱을 넘지 못한 채 머문다. 마르쿠스 아우렐리우스와 에픽테토스는 "사물에 대한 우리의 판단"이라는 표현으로 주어진 사건의 의미를 우리 안에서 규정하는 담론을 가리킨 것이 분명하다. 이 판단이 우리를 괴롭힐 수 있다. 하지만 여기서 스토아주의의 근본 도그마가 개입한다. 도덕적 선이 유일한 선이고 도덕적 악이 유일한 악이다. 도덕적이지 않은 것, 즉 우리의 선택이나 자유에 달려 있지 않은 것은 차이가 없으니 우리가 괴로워할 일이 아니다. 사물에 대한 판단이 우리를 괴롭힌다면 그건 우리가 이 근본 도그마를 잊었기 때문이다. 따라서 동의의 규율은 선하고, 악하고, 차이가 없는 것의 교의와 밀접한 관계가 있다.

인생을 가장 아름다운 방식으로 살아가는 능력은 영혼에 내재한다. 차이가 없는 것에 무관심하기만 하다면 말이다. 우리는 차이가 없는 것을 부분적으로 보든 전체적으로 보든, 그런 것 가운데 어떤 것도 그에 대한 가치판단을 우리에게 강요하지 않거니와 우리에게 다가오지도 않는다는 점을 생각하면 무관심할 수 있다. 그런 것은 오히려 꼼짝 않고 머물러 있는데, 그것에 대해 판단을 내리고 우리 마음에 새기는 것은 우리 자신이다. 사실 그런 것을 새기지 않을 수도 있다. 무의식중에 그렇게 한다 해도 단번에 지워버릴 수 있다.(XI, 16)

영혼은 원하는 대로 자유로이 사물을 판단할 수 있다

그러므로 사물은 지배원리에 어떠한 영향도 미쳐서는 안 된다. 에픽테토스와 아우렐리우스는 사물로 인한 괴로움이나 평정심은 모두 지배원리 때문이라고 본다. 그 원칙이 사물에 대한 이런저런 판단을 선택함으로써―결과적으로 세계에 대한 이런저런 표상을 선택함으로써―스스로를 수정한다. 마르쿠스 아우렐리우스의 표현을 빌리자면 "영혼만이 스스로를 수정한다"(V, 19). 여기서 말하는 '영혼'은 지도하는 상위 부분이다. 플루타르코스의 글에서 알 수 있듯이, 그러한 개념은 에픽테토스와 아우렐리우스 이전의 스토아주의에도 있었다.

> 그들이 dianoia(사유 능력)와 hēgemonikon(지배원리)라고 부르는 영혼의 동일한 부분은 변화하고 스스로 겪는 변모와 정념에 의해 완전히 바뀔 수 있다…… 그들은 정념 자체도 이성이라고, 잘못된 판단의 결과로 강해지고 힘을 얻은 어긋난 이성이라고 주장한다.[7]

여기서 스토아주의의 또다른 도그마를 볼 수 있다. 플라톤주의자의 생각처럼 영혼의 이성적인 부분과 비이성적인 부분이 대립하는 게 아니라 영혼의 지도하는 부분이, 이성이―에고 그 자체가―사물에 대한 판단에 따라서 좋을 수도 있고 나쁠 수도 있는 것이다.[8] "영혼 자체가 사물을 아느냐 모르느냐에 따라 변한다."[9)] 자기 판단과 자기 결정에 따라서 영혼은 진리에 거할 수도 있고 오류에 빠질 수도 있다.

에픽테토스와 아우렐리우스는 이 모든 것이 존재의 차원이 아니라 사물에 부여하는 가치의 차원에 있다고 생각한다. 이를 좀더 잘 이해하기 위해 아우렐리우스가 들었던 예를 전개해보자(VIII, 50). 내가 먹고 싶은 오이가 쓰다. 그래서 영혼에 쓴맛 나는 오이의 표상이 새겨진다. 영혼의 지배원리는 이 표상에 대해 한 가지 담론, '이 오이는 쓰다'라는 확인된 사실만 받아들여야 한다. 여기서 우리는 객관적이고 적절한 표상 phantasia kataleptike의 예를 볼 수 있다. 동의의 규율 전체가 이 객관적 표상만을 받아들인다는 것이다. 하지만 내가 "어째서 세상에 이런 일이 있는가?" "제우스께서 어찌 이런 일을 허락하실 수 있단 말인가!"를 덧붙이면 마음 깊은 곳에서 객관적 표상에 부합하지 않는 가치판단을 덧붙인 셈이다.

아리아노스가 정리한 『엥케이리디온』(§5)에서 "사람들을 괴롭히는 것은 사물이 아니라 사물에 대한 그들의 판단이다"는 다음과 같은 주석으로 명쾌하게 설명된다. "가령 죽음은 조금도 무서운 것이 아니다…… 죽음에 대한 우리의 판단, 즉 죽음은 무섭다는 판단 때문에 죽음이 무서운 것이다." 여기서 덧붙여진 것은 순전히 주관적인 판단이다.

이 가치판단의 영역에서 지배원리와 동의의 능력이 가진 힘이 작용한다. 그 힘이 '그 자체로는' 차이가 없는 세계에 가치의 차이를 불러온다. 그렇더라도 유일하게 참되고 진실한 가치판단은, 선은 도덕적 선뿐이고 악은 도덕적 악뿐이며 선하거나 악하지 않은 것은 아무런 차이가 없고 따라서 가치도 없음을 알아보는 판단이다. 달리 말하자면 선과 악에 대한 스토아주의의 정의는 사물과 사건의 거짓 가치를 벗겨냄으로써 세계관의 전격적 변화를 불러온다. 사람들이 습관적으로 부여하는 거짓 가치는 우리가 벌거벗은 실재를 보지 못하게 방해한다.

> 참된 판단은 자신에게 일어나는 일에 대해 "너는 겉으로는 달라 보여도 본질은 이것이지"라고 말하는 것이다.(VII, 68)

비록 "영혼의 지배원리는 세상에 일어나는 모든 일이 자신이 원하는 대로 보이게" 할지라도 말이다(VI, 8). 이 말은 지배원리가 실재를 자신이 원하는 대로 상상한다는 뜻이 아니다. 그 원리는 자기가 마주치는 대상에 원하는 가치를 부여할 수 있다. 그리고 대상의 가치에 대한 잘못된 담론만 없애면 우리가 부여하는 거짓 가치도 충분히 없앨 수 있다. '나는 피해를 입었다'라는 내적 담론을 없애면 피해는 사라지고 폐기된다(IV, 7). 에픽테토스가 『담화록』에서 말한 대로다. "차이가 없는 것이 필요하다고 너 자신에게 말하지 마라. 그러면 그것은 더이상 필요치 않을 것이다."(IV, 1, 110)

따라서 에픽테토스와 마르쿠스 아우렐리우스가 말하는 '판단hypolēpsis'은 '가치판단'이다. 이 때문에 나는 hypolēpsis를 '가치판단'으로 번역했다.

비판적 관념론?

그러므로 빅토르 골트슈미트[10]처럼 에픽테토스와 마르쿠스 아우렐리우스의 주장을 일종의 '칸트 관념론'과 비교하는 것은 문제가 있다. 그러한 관념론은 크리시포스가 제안한 객관적이거나 이해한 표상 이론과 완전히 다르다. 골트슈미트는 크리시포스에 대해 "이해는 그러한 표상에—자발적이지만 필연적으로—동의함으로써 빚어지는 자연스러운 결과"라고 썼다. "칸트주의에서처럼 이해는 사물 자체보다 현상에 적용된다. 대상이 일으키는 현상은 우리가 만든다. 그러므로 실제 그 자체보다 실제를 왜곡하는 이 주관성을 연구하고 비판해야 한다…… 표상이 주체의 활동에 힘입어 비로소 나오는 것처럼 말이다. 표상은 직접적으로 이해된 것이 아니요, 대상에서 비롯된 결과다." 그렇지만 골트슈미트는 에픽테토스와 아우렐리우스가 생각하는 주체의 활동이란 '객관적이거나 이해한' 표상을 만드는 것이 아니라 가치판단을 더하지 않고 객관적 표상 안의 객관성에 매달리는 것임을 보지 못했다. 에픽테토스는 표상 하나하나에 이렇게 말해야 한다고 했다.

> 나에게 너의 신분증을 보여다오! 너는 동의를 받기 위해 모든 표상이 반드시 지녀야 할 자연의 표식을 가지고 있느냐?(『담화록』 III, 12, 15)

이 물음은 자발적으로 동의할 수 있는 객관적이고 적절한 표상이 아니라 그 밖의 표상 혹은 판단에 던져야 할 것이다. 우리는 사물 혹은 사건의 실제가 아니라 가치에 대해서 내적 담론을 만든다. 그런데 가치에는 객관적이고 적절한 표상의 '신분증' 혹은 '표식'이 없다.

골트슈미트가 그렇게 해석한 이유는 에픽테토스의 글에서 한 대목을 오해했기 때문이다. 사실 그 대목은 일견 수수께끼처럼 보인다.

> 괴로운 표상을 대할 때마다 너 자신에게 이렇게 말하는 연습을 하라. "너는 단지 표상 phantasia 일 뿐, 딱히 네가 표상하는 to phainomenon 바는 아니다."(『엥케이리디온』 I, 5)

어쨌든 골트슈미트가 제안한 번역은 이렇지만, 이 번역은 정확하지 않다. 여기서 문제되는 것은 '괴로운' 표상, 다시 말해 사물 혹은 사건이 괴롭고 해가 되거나 두렵다는 인상을 준다는 것이다. 객관적인 사물 혹은 사건의 표상에 '괴롭다'라는 가치판단이 더해졌다는 얘기다. 그렇다면 그 표상은 이미 객관적이지 않고 주관적이다. 따라서 이렇게 번역해야 한다. "너는 단지 주관적 표상일 뿐이다." 다시 말해 "너는 순전히 표상에 불과하다"('순수한 상상'이라고 할 수 있겠다). "그리고 너는 전혀 표상이 아니다"(골트슈미트처럼 "딱히 ~은 아니다"로 번역할 게 아니라 "전혀 ~가 아니다"로 번역해야 한다). "실제로 표상되는 것이 전혀 아니다." to phainomenon도 객관적이고 적절한 표상으로서 보이는 대상, 다시 말해 실제로 지각된 대상을 가리킨다.

세계와 자아를 동시에 발견하다

동의의 규율은 결국 우리에게 달려 있지 않은 것, 도덕적 가치가 없는 것에 대해 가치판단을 하지 않으려는 부단한 노력이다. 의인주의에 눈먼 우리가 붙인 '무섭다' '두렵다' '위험하다' '가증스럽다' '혐오스럽다' 같은 술어를 제거하면 자연현상과 세상사가 벌거벗은 채로 드러난다. 그다음에는 모든 실재가 보편 자연의 관점에서 야성의 아름다움으로 지각된다. 영원한 변모의 흐름 속에서는 우리 개인의 삶과 죽음도 지극히 작은 물결에 지나지 않듯이. 우리는 으레 사물을 보던 방식을 바꾸는 행위에 힘입어 그렇게 바꿀 수 있는 우리의 힘을 깨닫는다. 우리가 원하는 대로 사물—이 '사물'은 언제나 사물의 가치로 이해하기로 하자—을 볼 수 있는 내적 힘을 자각하게 되는 것이다. 다시 말해 동의의 규율 덕분에 세계에 대한 의식의 변화가 우리 자신에 대한 의식의 변화를 낳는다. 스토아주의 자연학에서는 사건이 운명에 의해 빼도 박도 못하게 엮이는 것처럼 보이지만, 자아는 필연의 망망대해에 떠 있는 자유의 섬처럼 인식된다. 이 깨달음은 우리가 자아라고 믿어왔던 것에 대비되는 진정한 자아의 경계를 설정한다. 우리는 이것이 영혼의 평정에 반드시 필요한 조건임을 보게 될 것이다. 내가 생각했던 자아가 나의 자아가 아님을 자각할 수 있다면 어떤 것도 나를 건드리지 못한다.

자아의 경계 설정

마르쿠스 아우렐리우스는 자아와 영혼의 지도하는 부분이 그 자신의 경계를 설정해야 한다고 여러 번 지적했다. 그리고 이 수련을 일부러 상세히 기술한 적도 있다.

> 너는 육신, 호흡, 정신$_{noūs}$이라는 세 부분으로 이루어져 있다.
> 이 가운데 앞의 두 가지는 네가 돌봐야 한다는 점에서 네 것이지만, 세번째 것만이 진정한 의미에서 네 것이다.
> 그러므로 너 자신에게서,
> 다시 말해 네 사유$_{dianoia}$에서
> ─남들이 행하거나 말하는 모든 것,
> ─너 자신이 (과거에) 행했거나 말한 모든 것과 장래에 너를 괴롭힐 모든 것,
> ─너를 둘러싼 육신과 거기에 선천적으로 생명을 불어넣는 호흡으로 인해 네 의사와 관계없이 일어나는 모든 것,
> ─너를 휩쓸어가는 소용돌이를 멀리한다면,
> 그리하여

―운명의 쇠사슬에서 벗어나,

―순수하게,

―그 자신에게 자유로이, 생생한 지적 역량이

―옳은 것을 행하고,

―일어나는 일을 원하고,

―진리를 말한다면,

다시 말해 이 지배원리hēgemonikon에서 정념으로 인해 거기에 들러붙은 모든 것을 분리한다면, 그리고 시간에서 현재 이후의 것과 지나간 것을 분리한다면,

그리고 너 자신을 엠페도클레스의 '주위를 지배하는 고독을 즐기는 구체Sphairos'처럼 만든다면,

그리고 네가 살고 있는 삶, 즉 현재만을 살고자 노력한다면,

너는 여생을 내면의 다이몬daimōn과 평온하고 유쾌하고 사이좋게 보낼 수 있을 것이다.(XII, 3, 1)

자아를 한정하고 경계를 설정하는 수련은 인간을 구성하는 요소를 분석하는 데서 시작한다. 그 요소는 육신, 육신을 움직이게 하는 호흡, 그리고 정신―판단과 동의의 능력, 사유 능력dianoia, 지배원리hēgemonikon―이다. 인간에 대한 이 기술은 『명상록』에 여러 차례 나온다(II, 2, 1-3; II, 17, 1-4; III, 16, 1; V, 33, 6; VII, 16, 3; VIII, 56. 1; XI, 20; XII, 14, 5; XII, 26, 2). 어떤 곳에서는 영혼과 육신만 언급하는데, 이때 영혼은 hēgemonikon과 동일시된다. 가령 VI, 32에서 영혼과 dianoia―따라서 hēgemonikon도―가 동의어로 다뤄지는 것을 볼 수 있다.

전통적인 스토아철학은 육신과 영혼을 구분할 뿐 아니라 영혼 안에서

도 상위 부분을 따로 구분한다. 영혼의 지도하는 부분으로, 거기엔 다양한 정신적 기능이 있다. 이러한 도식은 순전히 이분법적으로 육신과 영혼을 대립시킨다. 그렇지만 영혼에 대한 스토아철학이 우리가 마르쿠스 아우렐리우스에게서 볼 수 있는 입장으로 어떻게 발전했는지 이해하기는 어렵지 않다. 이 발전의 의미는 회의주의자 섹스투스 엠피리쿠스에게서 인용한 다음 글로 설명이 된다.

> 일부 스토아주의자는 '영혼'이 두 가지 의미로 쓰인다고 말한다. 한편으로는 육신의 전체적인 혼합물을 한데 잡아주는 것〔이것을 아우렐리우스는 pneuma(호흡)라고 불렀다〕, 다른 한편으로는 영혼 고유의 의미인 지배원리…… 좋은 것을 나눔에 있어 어떤 것은 영혼의 선이요 또다른 것은 육신의 선이며 또 어떤 것은 외부의 선이라고 할 때, 여기서 영혼은 영혼 전체가 아니라 지배원리에 해당하는 영혼의 부분을 가리킨다.[11]

아우렐리우스에게서 영혼을 생명의 원칙과 사유의 원칙으로 나누는 이런 태도는 볼 수 있지만, 역으로 아리아노스가 정리한 에픽테토스의 담화에서 아우렐리우스가 제안하는 것 같은 삼분법의 흔적은 볼 수 없다. 그렇지만 에픽테토스(『담화록』 II, 1, 17)도 육신(somation이라는 지소사로 표현)과 생명의 호흡(pneumation이라는 지소사로 표현)을 대립시킬 때 아우렐리우스와 비슷한 용어를 사용한다.

내가 여기서 설명하는, 자아의 경계를 설정하는 수련의 전반적인 원칙은 아리아노스가 정리한 에픽테토스의 『엥케이리디온』 첫 부분에 나온다. 우리에게 달려 있는 것과 달려 있지 않은 것의 차이가 그 원칙이다.

다르게 말하자면, 내면의 인과성(선택 능력, 정신적 자유)과 외부의 인과성의 차이, 혹은 운명과 자연의 보편적 흐름의 차이가 되겠다.

자아의 경계를 설정하는 첫 단계는 나라는 존재에게 있어 육신도, 그것을 움직이는 생명의 호흡도 고유한 의미에서 내 것은 아님을 아는 것이다. 이것은 자연에 대한 '의무' 혹은 '적절한 행동'의 교의에 속한다. 내가 내 몸과 거기에 생기를 불어넣는 호흡을 돌보는 것은 자연스러운 자기 보존 본능에 부합한다. 하지만 내게 속한 이것들에 관심을 두는 것은 선택의 원칙에 해당한다. 그리고 이 선택의 원칙은 고유한 의미에서 내 것이 맞는다. 육신과 생명의 호흡은 운명이 내게 준 것이요, 나의 의지로 좌우할 수 없으므로 완전히 내 것은 아니다. 혹자는 hēgemonikon 역시 '주어진' 것이라고 반박할 것이다. 그러나 그 부분은 자기 주도의 출처로서, 결정하는 '나'로서 주어진 것이다.

앞서 인용한 대목에서 마르쿠스 아우렐리우스는 자아 혹은 '나'를 둘러싼 다양한 활동 범위를 탁월하게 설명하고, 그것은 자기와 상관없으니 하나하나 걷어내야 한다고 말한다.

가장 바깥쪽을 차지하는 첫째 범위는 타자다. 아우렐리우스는 다른 곳에서도 이렇게 말한다.

> 공동체의 이익과 연관이 없다면 남들에 대한 표상phantasiai에 머무느라 네 여생을 허비하지 마라. 이 사람 또는 저 사람은 무엇을 하고 있을까, 왜 그렇게 할까, 그는 무엇을 말하고 생각하고 노릴까 등등의 의문이 네 속을 어지럽히고 너 자신의 지배원리hēgemonikon에 쏟아야 할 주의력을 딴 데로 돌리기 때문이다. (III, 4, 1)

둘째, 과거와 미래라는 범위가 있다. 진정한 자아를 의식하려면 현재에 집중해야 한다. 아우렐리우스의 주장대로 우리는 "현재를 한정하고" 더 이상 우리에게 속하지 않는 것에서 우리를 분리해야 한다. 우리가 옛날에 했던 말과 행동, 앞으로 하게 될 말과 행동으로부터. 세네카는 이미 이러한 생각을 피력한 바 있다.

> 이 두 가지는 반드시 끊어내야 한다. 앞날에 대한 두려움, 그리고 고통스러웠던 과거의 기억. 과거는 이제 나와 상관없고, 미래는 아직 나와 상관없다.[12]

과거도 미래도 내가 어찌할 수 없으니, 현재만이 나의 소관이다.

셋째 범위는 육신이 받아들인 인상과 신체 생동의 원리로, 육신에 '선천적으로 생명을 불어넣는 호흡'으로 간주되는 영혼에서 기인하는, 내 의지가 개입하지 않은 감정의 영역이다. 의지와 관계없는 이 감정을 이해하기 위해 지금은 전해지지 않는 『담화록』 5권의 한 대목을 살펴보자. 아울루스 겔리우스는 『아티카의 밤』에서 뱃길에 풍랑이 일자 어떤 스토아철학자의 낯빛이 몹시 창백해졌다고 말한다. 항구에 도착한 후 철학자에게 왜 그토록 약해졌는지 물었다. 철학자는 짐보따리에서 책을 꺼내 에픽테토스가 현자도 특별히 극심하고 강렬한 경험을 하면 아무리 지혜롭더라도 자기 의사와 관계없이 육신과 영혼에 울리는 감정을 느끼게 된다고 한 부분을 짚어 보였다. 현자도 낯빛이 변할 수 있으나 에픽테토스가 설명한 대로 "현자는 그 감정에 동의하지 않는다"는 것이다. 이 말은 우리의 이성적 의식 혹은 지배원리만이 감정을 내적 담론으로 옮겨 "무섭고 떨린다"라고 진술할 수 있고, 지배원리는 이 가치판단에 즉시 동의하기를 거부할 수 있다는 뜻이다.
 말이 나온 김에, 이 증언은 현재 소실된 『담화록』 5권이 다른 네 권과는 상이한 주제를 다루었음을 엿보게 한다는 점에서 더욱 흥미롭다. 실제로 그 네 권에는 현자의 의지와 무관한 감정에 대해 언급한 부분이 아예 없는 듯하다. 어쨌든 마르쿠스 아우렐리우스는 다른 곳에서도 지배원리와 의지와 무관한 움직임의 관계를 다룬다.

> 네 영혼의 지배적이고 지도하는 부분이 네 육신 안의 원활한 또는 격렬한 움직임에 휘둘리지 않게 하고, 그러한 움직임과 섞이지 않고 자신의 한계를 정하여 그러한 자극이 그것이 속하는 부분에만 국한되게 하라. (V, 26, 1)

 지배원리는 육신에서 일어나는 쾌와 불쾌에 긍정 혹은 부정의 가치를 부여하는 판단에 동의하지 않음으로써, 마치 감지되는 감정과 판단의 자유 사이에 경계선을 긋는 것 같다. 이 경계선은 지배원리가 자기 몸에서 일어나는 모든 것을 느끼는 데 방해되지는 않으므로, 살아 있는 존재가 지닌 의식의 통일성을 보장한다. 살아 있는 우주 안에서는 만물이 우주의 지배원리라는 유일한 의식으로 수렴되는 것과 마찬가지다(IV, 40). 마르쿠스 아우렐리우스는 이 새로운 관점에서 우리는 감각이 지배원리 안으로 뚫고 들어오는 것을 막을 수 없다고 말한다. 그러한 감각은 자연현상이기 때문이다. 그렇지만 지배원리는 그것에 관련된 가치판단을 덧붙이지 말아야 한다.
 지배원리가 살아 있는 존재의 통일성을 보장하기 때문에 내가 느끼는 감각과 감정은 나의 것이다. 나는 그것을 내 안에서 느낀다. 그러나 다른 한편으로. 지배원리는 감각과 감정을 어느 정도 자기와 이질적인 것으로 보기 때문에 그것이 육신에 일으키는 혼란을 거부하기도 하고 인정하기도 한다. 하지만 현자는 늘 초연해야 하나? 자기 육신과 영혼을 완전히 지배해야만 하나? 스토아주의 현자는 곧잘 그런 모습으로 여겨지긴 한다. 그런데 세네카는 스토아주의 현자가 그렇게 무감각한 존재는 아니라고 말한다.

> 현자에게도 육신의 고통, 장애, 벗이나 자식과의 사별, 전쟁으로 폐허가 된 조국 등의 불행이 닥친다. 현자도 당연히 그런 일에는 민감하다. 현자라고 해서 바위나 강철 같지는 않기 때문이다. 아예 느끼지도 못하는 것을 참는다면 그게 무슨 덕인가.[13]

이 감정의 일차적 충격이 마르쿠스 아우렐리우스가 말하는 우리 의지와 무관한 움직임이다. 세네카도 이러한 개념에 무척 익숙했던 것으로 보인다.

> 감정은 이런 식으로 태어나고, 발전하고, 격렬해진다. 다른 모든 것에 앞서 의지와 무관한 최초의 움직임이 있다. 두번째 단계에는 욕망이 수반되는데 우리는 그것을 여전히 거부할 수 있다. '누가 나에게 해를 입혔으니 나도 복수해야겠다'라는 생각이 그것이다. 세번째 단계까지 가면 도저히 억누를 수 없는 감정이 든다. 무슨 수를 써서라도 복수해야만 한다. 영혼에 가해진 첫번째 충격은 하품 같은 신체적 자동 반응이기 때문에 이성을 동원한다고 해도 피할 수 없다…… 이성은 그 충격을 제압할 수 없다. 다만 습관과 부단한 주의력으로 누

그러뜨릴 뿐이다. 그러나 판단에서 생겨난 두번째 움직임은 판단으로 없앨 수 있다.[14]

스토아주의자에 따르면 현자조차 의지와 무관한 이 첫번째 움직임은 피하지 못한다. 세네카가 주장한 대로 현자도 현상 혹은 '정념의 그림자'[15]를 언제나 느낀다.

넷째 범위, "너를 휩쓸어가는 소용돌이"는 사건의 흐름이다. 다른 말로 하면 운명의 흐름, 운명이 제 모습을 드러내는 시간의 흐름이다.

> 시간은 생성되는 만물로 이루어진 강, 아니 급류다. 무엇이든 눈에 띄자마자 휩쓸려가고, 다른 것이 떠내려오면 그것도 곧 휩쓸려갈 것이기 때문이다.(IV, 43)

또다른 곳에서 마르쿠스 아우렐리우스는 이렇게 쓴다.

> 존재하는 것과 생성되는 것이 얼마나 빨리 우리 앞을 지나 시야에서 사라지는지 가끔 떠올려보라. 사물의 실체는 쉴새없이 흐르는 강과 같기 때문이다.(V, 23)

그는 이 사물과 사건의 흐름이 우리와 무관하다는 것을 인식하면 "운명의 뒤얽힌 그물에서 벗어날" 것이라고 덧붙인다. 우리의 육신과 호흡은 이 흐름에 쓸려간다. 육신에 받아들여진 사물의 표상도, 우리의 호흡도 이 흐름에 속해 있다. 그것은 우리 외부의 원인에서 비롯되었기 때문이다. 그러나 자아는 판단의 자유에 힘입어—여기에는 욕망의 자유와 의지의 자유도 포함되는데—자신이 이 흐름과 분리되어 있음을 자각할 수 있다. 이때 자아는 지배원리와 동일한 것으로 운명의 그물을 벗어난다.

따라서 자아는 자신의 자유를 깨달으면 자기 이성을 보편 자연의 이성에 부합시키는 방향으로 행동한다.

자아는 일어날 일이 일어나기를, 다시 말해 보편 자연이 원하는 바를 원한다. 이제 자아는 자기 안에서나 밖에서나 진실을 말한다. 달리 말하자면, 표상이 동의를 얻기 위해 지배원리에 자신을 제시할 때마다 자아는 존재하는 것에만 주목한다. 자아는 얼른 객관적 표상을 파악하고 도덕적 가치가 없는 것에는 가치판단을 덧붙이지 않는다. 마지막으로, 자아는 이제 옳은 일을 한다. 보편 이성에 맞게, 인류 공동체에 도움이 되게 행동한다는 뜻이다. 여기(XII, 3, 3)에서도 에픽테토스의 세 가지 수련 주제$_{topoi}$를 마르쿠스 아우렐리우스가 다시 취했음을 볼 수 있다. 자아를 한정하고 경계를 설정한다는 것은 다음과 같은 수련을 한다는 의미다.

(1) 동의의 영역에서 육신과 호흡에 영향받을 수도 있는 가치판단에 동의하지 않기(육신과 호흡은 나의 자아가 아님).

(2) 욕망의 영역에서 나의 도덕적 선택에 달려 있지 않은 모든 것은 차이가 없는 것임을 알아차리기.

(3) 행동의 영역에서 모든 인간에게 공통된 보편 이성의 관점을 취하고 공동선에 유용한 것을 바라기 위해 나의 육신과 호흡에 대한 이기적인 관심 넘어서기.

마르쿠스 아우렐리우스는 이 정점에 도달한 후 다시 자아의 경계 설정으로 돌아가 이 과정의 어떤 면을 분명히 한다. 집중하면 깨달을 수 있는 사실이 있으니, 우리에게 부착되어 있는 것은 더이상 우리와 구분되지도 않는다. 우리가 그것에 집착한 나머지 우리의 자아를 그것과 혼동한다.

에픽테토스는 우리가 집착하는 사물에 대한 분리라는 주제를 특히 좋아했다.

> 너의 판단을 정화하여 '네 것'이 아닌 그 무엇도 너에게 달라붙거나 너의 성질이 되지 않게 하라. 그리하여 그것이 너에게서 떨어져나가더라도 어떤 고통도 느끼지 않게 하라.(『담화록』 IV, 1, 112)

에픽테토스는 그런 것은 '우리 것'이 아니라고 일깨워준다. 그것은 우리와 다를 뿐 아니라 운명과 신에게 속해 있기 때문에 우리에게 주었다가도 거두어갈 수 있다.

> 네가 어떤 것에 매달리게 되거든 그것을 영영 빼앗기지 않을 것처럼 대하지 말고 화분이나 유리잔 대하듯 하라. 그래서 그것이 깨지더라도 어떤 것이었는지를 기억하면 혼란스럽지 않을 것이다…… 네가 사랑하는 것은 영원하지 않다는 것을, 그 무엇도 진정한 의미에서 네 것이 아님을 기억하라. 너에게 현재 주어진 것이지 빼앗기지 않거나 영원할 수 있는 것이 아니다. 일 년 중 한철에만 나는 무화과나 포도송이 같은 것이란 말이다. 겨울에 그런 과일을 먹고 싶어하는 자는 어리석다.(『담화록』 III, 24, 84)

그다음에 마르쿠스 아우렐리우스는 현재에 대한 집중의 중요성으로 돌아온다. 자아의 경계 설정과 현재의 경계 설정은 굉장히 큰 의미가 있다. 나는 내적으로나 외적으로나 행동할 때만 자유로운 나 자신이다. 나는 현재에만 행동할 수 있다. 오직 현재만이 내 것이다. 나는 현재만 산다.

마르쿠스 아우렐리우스는 이렇게 분리되어 자기 자신에게 돌아온 자아는 엠페도클레스의 구체에 비견할 만하다고 말한다. 엠페도클레스는 사랑이 지배하는 우주의 통일된 상태를 이 용어로 지칭했다. 그 상태는 증오가 우주를 지배하는 상태와 대립된다. 통일된 상태의 우주는 완벽하게 동그란 구를 이룬 채 즐거운 부동不動을 누린다. 철학적 전통에서 엠페도클레스의 구체는 호라티우스[16]의 말대로 "모든 것이 둥근 구체 안에 있고 그 형태가 매끈하고 미끄러워서 외부의 어떤 것도 달라붙지 못하는" 현자의 상징이 되었다. 이 이미지는 결코 무너지지 않고 꿰뚫을 수 없는 내면의 성채의 이상에 부합한다(VIII, 48, 3).

마르쿠스 아우렐리우스는 끝부분에서 내면의 다이몬을 언급하는데 그에게 이 다이몬은 자아, 지배원리, 사유 능력과 동일한 것이다. 이 개념에 대해서는 뒤에서 또 살펴볼 것이다.

우리는 자아의 경계 설정이 스토아주의의 근본적인 수련임을 보았다. 그 수련은 우리 자신의 의식, 우리 육신과 외부 사물에 대한 관계, 과거와 미래에 대한 태도를 완전히 바꿔놓는다. 그러자면 현재에 대한 집중, 해탈한 금욕, 우리를 휩쓸어가는 운명의 보편적 인과성에 대한 인정, 우리의 판단력, 즉 사물에 우리가 부여하고 싶은 가치를 부여하는 능력에 대한 발견이 필요하다.

따라서 자아의 경계를 설정하는 과정은 두 요소를 구분한다. 일단 우리가 진짜 자아라고 믿는 것이 있다. 우리의 육신, 그리고 우리의 영혼과 그것이 느끼는 감정까지도 자아라고 생각한다. 다른 편에는 선택할 수 있는 힘이 있다. 그런데 우리가 진짜 자아라고 생각하는 것은 운명이 우리에게 부과한 것이다. 이 두 '자아'의 대립은 마르쿠스 아우렐리우스가 자기 정신이 기민하지 못하다고 고백하는 대목에서 비교적 명확하게 드러난다.

기지가 부족한 것은 선천적인 성격과 체질의 문제다. 따라서 그 단점은 그의 눈동자 색깔이나 키와 마찬가지로 그에게 달려 있지 않은 것이다. 하지만 도덕적으로 행동할 자유는 그에게 달려 있다.

> 너는 날카로운 기지로 사람들의 감탄을 자아낼 수 없다. 그렇다. 그래도 너에게는 타고나지 못했다고 말할 수 없는 다른 자질도 많다. 그렇다면 전적으로 네 손아귀에 있는 그 자질을 보여주도록 하라. 정직, 위엄, 끈기, 향락에 대한 혐오, 운명에 대한 만족, 자비, 마음의 자유, 검소함, 과묵함, 고매함을 말이다. 너는 재능을 타고나지 못했다든가 능력이 모자란다는 핑계를 대지 않고도 얼마나 많은 것을 보여줄 수 있는지 알지 못하겠는가?(V, 5)

이 단락에서는 두 가지가 대비된다. 자각을 통해 발견한 심리적 자아는 운명이 정해준 장점과 단점을 지녔다. 그리고 이 자아보다 상위에, 이 자아와 맞서는 지배원리로서 도덕의 영역에 응하는 자아가 있다. 여기에 사유와 이성 능력이라는 두 측면이 있다. 이성은 모든 인간에게 내재하나 이는 누구에게나 동일하게 판단력과 도덕적 의사결정력이 있다는 의미일 뿐으로, 사색과 표현 능력은 개인의 심리적 특성에 따라 천차만별이다.

좀더 명쾌하게 말해보자. 자아는 도덕에 관여하는 자유의 원칙 혹은 지배원리로서 그 자체는 선하지도 악하지도 않다. 자아는 차이가 없다. 선택할 수 있음은 선 혹은 악을 선택할 수 있음, 선해질 수도 악해질 수도 있음을 뜻한다. 플라톤이 생각했던 것처럼 합리성이 그 자체로 선하지는 않다. 이성은 잘못된 길로 빠질 수도 있다.[17]

그들이 [이러한 악한 짓을] 손이나 발로가 아니라, 원하기만 하면 신뢰, 염치, 진리, 법, 선한 다이몬이 될 수 있는 자신들의 가장 귀중한 부분으로 저지른다는 사실을 잊으면 안 된다.(X, 13)

운명을 초월하는 자유의 가능성으로 자아의 경계를 설정하는 것은 나의 판단력 혹은 가치판단에 동의하거나 동의하지 않는 나의 능력에 한계를 정해둔다는 뜻이다. 육신을 지녔다는 점에서, 가난하거나 병들거나 굶주릴 수 있고 어느 날 죽을 수도 있다는 점에서 나는 운명의 제약을 받는다. 하지만 그러한 상황에 대해 나는 생각하고 싶은 대로 생각할 수 있다. 나는 그런 것이 불행하지 않다고 생각할 수 있다. 이런 관점의 자유는 아무도 빼앗을 수 없다. 그렇지만 나는 무슨 명분으로 선은 도덕적 선뿐이고 악은 도덕적 악뿐이라고 생각하는가? 바로 이 지점에서 자유의 신비가 개입한다. 마르쿠스 아우렐리우스의 말마따나 판단과 선택 능력으로서 자유는 "신뢰, 염치, 진리, 법, 선한 다이몬"이 될 수도 있고 그 반대가 될 수도 있다. 자아는 원한다면 스스로를 보편 이성, 도덕성에 절대 가치를 부여하는 초월적 규범에 일치시킬 수 있다. 아우렐리우스는 바로 그 수준, 보편 이성과 초월적 규범의 수준에 자기를 위치시키고 정신 수련에 대해서 쓴 것이다. 에픽테토스는 그 수준을 '다른 이'라고 불렀다.

대단하다는 사람을 찾아갈 때는 무슨 일이 일어나든 위에서 다 내려다보는 다른 이를 기억하고 그 사람보다 그 다른 이를 기쁘게 하고자 힘쓰라.(『담화록』 I, 30, 1)

이 '다른 이'는 마치 내면의 음성처럼 지배원리와 대화를 나눈다. 에픽테토스도 이 인용문 다음에 자신이 상상한 그 대화를 전한다. 게다가 마르쿠스 아우렐리우스가 『명상록』에서 대화를 나누는 상대 역시 그러한 초월적 '다른 이'다.

따라서 아우렐리우스 본인이 명시적으로 구분하지는 않았지만, 선택의 자유와 실제 자유는 다르다고 말할 수 있겠다. 지배원리는 전자 덕분에 자기 자신을 선하거나 악하게 만들 수 있고, 후자 덕분에 도덕적 선과 보편 이성을 선택해 판단이 옳고 욕망이 실현되며 의지가 효력을 발휘하게 할 수 있다. 이 실제 자유가 '자유'라는 단어 고유의 의미에 해당한다.

그래서 지배원리는 결코 무너뜨릴 수 없는 '내면의 성채'다. 무너뜨릴 수 없다고 하는 이유는 일단 선택의 자유를 강요할 수 없기 때문이고, 더 큰 이유는 보편 이성과 자기를 일치시키는 실제 자유 덕분에 판단, 욕망, 의지를 예속시킬 법한 모든 것에서 해방되기 때문이다.

> 지배원리는 자신 속으로 물러나 자신에게 만족하고, 설사 그것이 비이성적인 반항이라 해도 자신이 원치 않는 것은 아무것도 하지 않을 때 무적이 된다.
> 하지만 지배원리가 어떤 사물에 대하여 이성적으로 신중하게 판단을 내린다면 어떻겠는가? 그러므로 정념에서 자유로운 지성은 성채다. 인간에게 그보다 더 튼튼한 요새는 없다. 그곳으로 피신하면 앞으로는 함락되지 않을 것이기 때문이다.(VIII, 48)

지배원리가 스스로 자유롭게 판단하고 자기가 부여하고 싶은 가치를 부여할 수 있음을, 그 무엇도 자신에게 도덕적 악을 강요할 수 없음을 깨달으면 완전히 안전하다고 느낀다. 그 무엇도 그것을 침범하거나 뒤흔들지 못한다. 그것은 파도가 밀려오는 곳 같아서 주위의 요동치는 물결이 그것에 부딪혀 스러지고 만다(IV, 49, 1).

우리는 앞에서 인용한 철인 황제의 글에서 1) 자아 2) 정신noũs 3) 사유 능력dianoia 4) 지배원리hēgemonikon 5) 내면의 다이몬, 이 다섯 가지 용어가 등가적인 의미로 쓰였음을 볼 수 있다. 이는 스토아철학의 전통에 완벽하게 부합한다. 다이몬 개념도 크리시포스[18]의 글에서 상당히 분명하게 드러난 바 있다. 크리시포스는 매사에 "각 사람 안의 다이몬과 우주를 지배하는 이의 의지가 조화를 이루게끔 사는 것"이 복된 삶이라고 했다.

그렇지만 오늘날 독자에게는 자아를 정신, 사유 능력, 지배원리와 동일시하는 편이 더 쉽고, 다이몬은 난해한 개념일 것이다. 이 개념이 아주 오래된 것은 사실이다. 호메로스의 시에서 다이몬은 개인의 운명, 혹은 좀 더 일반적으로는 확산된 신의 원칙을 환기한다. 소크라테스의 다이몬 개념은 특히 잘 알려져 있는데, 플라톤은 그것을 내면의 음성으로 제시했다. 그리고 플라톤 자신은 『티마이오스』 끝부분(90a)에서 이성적 영혼, "우리 안의 지고한 영혼"을 이야기하고 "신이 선물을 내려 우리 한 사람한 사람이 마치 다이몬인 것처럼 존재하게 했다"고 주장한다. 몇 줄 내려가서(90c) 플라톤은 인간이 "자기 안의 다이몬을 좋은 상태로 유지하기 위해 끊임없이 신을 우러름으로써" 참다운 실재를 접할 수 있다고 말한다. 한편 아리스토텔레스는 우리 안의 정신은 신적인 것이라고 보았다.[19]

우리 안의 다이몬은 자아를 초월하는 힘이기 때문에 자아와 동일시할 수 없지 않나? 그렇지만 플라톤은 인간을 이성적 영혼으로 보면서도 이 다이몬을 "좋은 상태"로 유지해야 한다고 말한다. 그 상태는 우러르고 경배해야 하는 신의 위상을 말하는지도 모른다.

마르쿠스 아우렐리우스에게서도 그 같은 애매성이 보인다. 어떨 때는 이 내적 신성이 더럽혀질 수 있으니 그렇게 되지 않도록 잘 보존해야 한다는 식으로 말하고(II, 13, 1; II, 17, 4; III, 12, 1; III, 16, 3), 또 어떨 때는 그것이 우리를 초월하는 실재인 것처럼 말한다(III, 5, 2; V, 27).

사실 이러한 진술이 마르쿠스 아우렐리우스가 다이몬을 사유 능력이나 정신과 다른 것으로 보았다는 근거가 되지는 못한다. 가령 그는 사유 능력을 (다이몬과 마찬가지로) "타인들과 더불어 사는 생각하는 동물에게 어울리지 않는 상태로 변질되지 않게끔"(III, 7, 4) 평생 조심하며 살펴야 할 것이라고 말한다.

다이몬이라는 단어를 '이성'으로 대체하면 모든 것이 명쾌해진다. 스토아주의자에게 인간의 이성은 신성한 보편 이성의 일부다. 우리는 그 이성을 받았으니 이성이 원하는 바를 행해야 한다. 그리고 인간의 이성은 부패할 수 있다. 그러므로 그렇게 되지 않도록 잘 지켜야 한다. 우리가 신에게서 받은 이성이라는 선물은 망가지기 쉽다.

그렇다면 다이몬과 자아는 어떤 관계에 있는가? 다이몬은 자아를 초월하는 것 아닌가? 다이몬이 우리가 앞에서 말했던 초월적 규범, 즉 이성에 해당하는 것은 사실이다. 에픽테토스가 언급한 '다른 이', 우리 내면의 음성에 해당하는 것도 사실이다. 하지만 도덕적 삶의 역설이 바로 여기에 있다. 자아가 동일시하는 초월적 이성은 자아보다 상위에 있는 동시에 자아 그 자신이다. "내 안에 있는 누군가이면서 나보다 더 나 자신인 것"이다.[20] 플로티노스[21]는 우리가 영적인 삶을 살게 하는 바로 그것이 정신이라고 했다. 자아는 자신을 초월적 수준으로 높일 수 있지만, 수준을 유지하기는 쉽지 않다. 다이몬의 존재에 힘입어 마르쿠스 아우렐리우스는 도덕적 의도와 도덕적 선에 대한 사랑의 절대적 가치를 거의 종교적으로 표현한다. 내면의 다이몬과 덕보다 위에 있는 것은 없다(III, 6, 1-2). 내면의 다이몬의 탁월한 위엄에 비하면 나머지는 다 시시하고 보잘것없다(III, 6, 3).

도덕적 의도가 다른 모든 실재를 초월한다는 이 스토아주의의 주장에는 상당히 주목할 만한 데가 있다. 이 주장은 파스칼에게서 볼 수 있는 '육신'의 차원, '정신'의 차원, '의지'의 차원과 비교해 살필 수 있다.[22] 무엇보다 파스칼은 '육신' '정신' '자선'을 구분했다. 각 차원은 다른 차원을 무한히 초월한다.

> 모든 육신을 합친다 해도, 인간은 그것으로 작은 생각 한 토막도 만들어내지 못할 것이다. 이것은 불가능한 일이며 다른 차원에 속한다. 모든 육신과 정신에서 인간은 자선의 움직임 하나 끌어내지 못할 것이다. 이것은 불가능한 일이며 아예 다른 차원, 초자연적인 차원에 속한다.[23]

파스칼은 예수그리스도가 육신이 눈부시게 빼어나지도, 지적인 천재도 아니었음을 이해시키기 위해 이러한 사유를 전개했다. 그 무엇도 이보다 더 단순하지도, 더 숨겨져 있지도 않다. 예수의 위대함은 완전히 다른 차원에 있다. 마찬가지 맥락에서 스토아주의자는 선한 의지의 차원, 도덕적 의도의 차원이 사유와 이론적 담론의 차원, 육체적 우수성의 차원을 한없이 초월한다고 보았다. 인간을 신과 대등하게 해주는 것은 도덕적 선을 선택하는 이성뿐이다.

"모든 것은 가치판단의 문제"

우리는 동의의 규율이 적절한 표상에만 동의할 것을 지시하고 체험의 논리학과 그 실천에 해당한다는 것을 보았다. 그렇다면 이 규율은 제한된 영역에만 적용될 것이다. 다시 말해 욕망과 행동의 수련 영역에는 개입하지 않고 우리의 내적 담론을 수정하는 수련에만 힘쓸 것이다.

그런데 사실은 그렇지 않다. 일단 이 규율은 내적 담론뿐 아니라 외적 담론에도 관여한다. 달리 표현하자면, 자기를 속이지 않되 다른 사람에게도 거짓을 말해선 안 된다. 이 때문에 마르쿠스 아우렐리우스는 이에 부합하는 덕을 "진리"라고 부른다(IX, 1, 2). 하지만 그보다도, 우리가 이 장에서 줄곧 엿보았듯이 어떤 의미에서 동의의 규율은 사물에 대한 우리의 생각, 우리의 내적 담론을 지속적으로 수정해나감으로써만 실천할 수 있는 여타의 규율까지 포함한다. 일단 동의의 규율, 즉 가치판단 비판은 스토아주의의 근본적인 행동 원칙을 받아들인다는 전제에서 가능하다. 선은 도덕적 선밖에 없고 악은 도덕적 악밖에 없다. 그리고 욕망의 규율, 행동의 규율도 결국 사물에 대한 우리의 판단 수정이 핵심이다. 스토아주의자에게 학파 내 논쟁이나 교의를 첨예하게 다듬는 일은 그리 중요하지 않고 욕망과 행동하고픈 충동이 동의의 주요 사안이었으니까.[24] 그들의 개념에는 '지향-움직임'이 포함되어 있었겠지만, 그 움직임은 어떤 판단에 대한 내적 결속 혹은 사물에 대한 어떤 담론과 따로 떼어 생각할 수 없다.

그러므로 마르쿠스 아우렐리우스처럼 "모든 것은 가치판단의 문제"라고 말할 수 있는 것이다. 이건 주관주의도, 회의주의도 아니다. 그저 모든 덕은 앎[25]이고 모든 악은 무지라는 소크라테스의 가르침을 계승한 스토아철학의 '주지주의'를 적용한 결과일 뿐이다. 소크라테스의 교의가 정확히 어떤 의미이든 간에, 그것이 추상적이고 이론적인 앎과 무지가 아니라 개인을 참여시키는 앎과 무지라는 점은 분명하다. 진짜 중요한 앎은 실존적 판단이 아니라 가치판단과 관련이 있고, 개인의 삶의 방식을 전면적으로 돌아보게 한다. '깨닫다'라는 말에서 그러한 뉘앙스를 읽어낼 수 있다. 과오를 범하는 인간은 자기 행동이 잘못되었음을 '깨닫지' 못한다. 그는 잘못된 가치판단 때문에 그 행동이 선한 줄 안다. 반면 선한 사람은 도덕적 선이 유일한 선임을, 이 가치판단이 자신에게 어떤 삶의 방식을 취하게 하는지를 '깨닫는다'. 이 교의에는 모든 인간은 자연히 선을 욕망하는데 단지 선의 본성을 제대로 알지 못해서 선을 행하지 못한다는 사고가 담겨 있다. R. 섀러[26]가 잘 보여주었듯이 소크라테스와 플라톤의 대화법이 이러한 입장에 근거를 둔다. "상대가 어떤 형태든 선이 악보다 낫다는 것을 인정하지 않으면 그 어떤 토론도 가능하지 않다." 이러한 '주지주의' 시각에서는 "아무도 의도적으로 악하지는 않다"고 말할 수 있다. 악인도 자연히 선을 원하지만 선의 본성을 잘못 판단하고 있을 뿐이다. 에픽테토스와 마르쿠스 아우렐리우스도 플라톤을 본받아 이렇게 말한다. "각 영혼은 자기 의사와 무관하게 진리를 박탈당한다."

에픽테토스는 이 교의를 다른 곳에서 좀더 힘주어 설명한다.

> 모든 과오에는 모순이 깃들어 있다. 잘못을 저지르는 자는 그러기를 원치 않으나 그렇게 하고 마는 것이다. 그는 분명히 자기가 원하는 바를 행하지 않은 것이다. 사실 도둑이 원하는 것은 무엇인가? 자기에게 도움되는 일을 원했을 것이다. 도둑질은 그에게 해로운 일이니 그는 자기가 원하는 일을 하지 않은 셈이다. 그런데 모든 이성적 영혼은 당연히 모순을 싫어한다. 자신이 모순에 빠졌다는 것을 깨닫지 못하는 이상 아무것도 그가 모순되는 일을 저지르지 않게 막아주지

못한다. 그러나 깨달음이 있으면 반드시 모순을 멀리하고 피하게 된다. 과오를 깨달은 자는 엄혹한 필연에 의해 과오를 버릴 수밖에 없다. 하지만 과오가 보이지 않는 동안은 그것이 참인 것처럼 믿고 따른다. 자기 과오의 원인인 모순을 누구에게나 보여줄 수 있고, 자기가 어째서 원하는 것을 하지 않고 원하지 않는 것을 하는지 명쾌히 아는 자는 추론에 능하고 반박하는 동시에 납득시킬 수 있다. 사실 누군가가 이걸 보여줄 수 있으면 그는 스스로 다잡을 것이다. 그러나 이걸 보여주지 않는 한 그가 과오 속에 남아 있는 것은 놀랄 일도 아니다. 그는 자기가 하는 바를 선한 행동이라고 생각하기 때문이다. 이것이 소크라테스가 과오를 깨우쳐주는 능력에 자신감을 갖고 이렇게 말했던 이유다. "나에게 내 말을 뒷받침하기 위해서 다른 사람의 말을 인용하는 습관은 없다. 나는 나와 더불어 대화를 나누는 사람만으로 늘 충분하다. 나는 그에게만 의사 표시를, 증언을 요구한다. 나에게는 그 한 사람이 다른 모두를 대체한다." 그는 이성적 영혼을 흔드는 것이 무엇인지 알았다. 그 영혼은 마치 저울처럼 원하든 원하지 않든 어느 한쪽으로 기울어진다. 합리적인 지배원리에 모순을 보여주라, 그러면 모순을 버릴 것이다. 하지만 보여주지 못한다면 너를 납득시키지 못한 상대보다는 너 자신을 비난해야 할 것이다.(『담화록』 II, 26)

동의의 규율이든, 욕망의 규율이든, 행동의 규율이든, "모든 것은 판단의 문제다"(II, 15; XII, 26, 2). 그렇다면 욕망의 규율과 행동의 규율은 동의의 규율로 수렴되는가? 마르쿠스 아우렐리우스와 에픽테토스의 진술은 그 규율들이 우리가 실재와 맺는 다양한 관계에 따라 다양한 영역에 작용한다는 점을 생각해보게 한다. 우리가 보편 자연과 우주와 맺는 관계는 욕망의 규율의 대상이고, 나와 인간 본성의 관계는 행동의 규율의 대상이며, 동의 능력으로서 나 자신과의 관계는 동의의 규율의 대상이다. 그렇더라도 이 세 가지 규율에서는 동일한 방법이 사용된다. 내게 일어난 일이든 내가 하고자 하는 행동이든, 언제나 내 판단을 살피고 비판하는 것이 중요하다. 이러한 관점에서 É. 브레이에가 말한 대로 "논리는 우리의 행동 전부를 관통한다".[27]

VII
『명상록』의 스토아주의
—욕망의 규율 혹은 운명애

1. 욕망의 규율과 충동의 규율

고대 스토아철학자들은 지배원리의 주요한 두 기능만 구분했다. 동의는 표상과 인식의 영역과 관련되고, 행동하고픈 충동hormē 혹은 의지는 표상이 불러일으키는 운동, 사물에 대한 움직임과 관련된다.[1] 그러한 기능을 두 가지가 아니라 세 가지로 분류한 스토아철학자는 에픽테토스와 마르쿠스 아우렐리우스 둘뿐이다. 동의, 욕망, 행동하고픈 충동에는 각기 동의의 규율, 욕망의 규율, 충동의 규율이 상응한다.

특히 에픽테토스보다 마르쿠스 아우렐리우스에게서 욕망과 충동의 대비를 좀더 상세하게 뒷받침하는 실재에 대한 체계적 기술을 볼 수 있다는 점이 흥미롭다.

욕망과 행동하고픈 충동은 의지 개념이 양분화된 것이다. 욕망은 효력이 없는 의지라면, 행동하고픈 충동(혹은 경향)은 행위를 낳는 의지다. 욕망은 정서, 경향은 운동성이다. 욕망은 쾌락과 고통을 느끼는 영역과 느끼고자 하는 영역에 위치한다. 이것은 정념의 영역이다. 마음 상태라는 의미에서, 그와 동시에 외부의 힘에 대한 수동적 상태라는 의미에서도 그렇다. 경향은 그와 반대로 우리가 하고 싶거나 하고 싶지 않은 것의 영역에 위치한다. 이것은 우리 내면의 힘을 행사하고 싶을 때 나오는 주도적 행동의 영역이다.

마르쿠스 아우렐리우스에게 욕망이나 혐오는 수동성을 전제한다. 그러한 감정은 외부 사건이 유발하는 것이요, 그런 사건 자체는 우리 외부의 원인에서 빚어진다. 반면, 어떤 행동을 하려고 하거나 하지 않으려고 하는 경향은 원인이 우리 내부에 있다(IX. 31). 그는 이 각각의 원인이 공통의 보편 자연과 우리의 본성에 상응한다고 보았다.

> 네 본성이 이끄는 대로 행하고, 보편 자연이 가져다주는 것을 참는 것 외에는 그 무엇도 위대하다고 여기지 마라.(XII. 32. 3)

다른 곳도 보자.

> 나는 지금 보편 자연이 내가 갖기를 원하는 바를 갖고 있으며, 내 본성이 지금 내가 행하기를 원하는 바를 행하고 있다.(V. 25)

> 네가 네 본성의 이성에 따라 사는 것을 막을 사람은 아무도 없다. 보편 자연의 이성에 어긋나는 일은 결코 너에게 일어나지 않을 것이다.(VI. 58)

외부 원인과 내부 원인, 보편 자연과 인간 본성을 대립시킴으로써 아우렐리우스는 욕망의 규율과 충동의 규율에 존재론적 토대를 마련했다. 전자의 대상은 내가 광대하고 가차없는 자연의 흐름, 그리고 끊임없이 일어나는 사건과 맺는 관계다. 나는 매 순간 운명, 즉 보편적이고 만물에 공통되는 유일한 원인이 내게 예비해놓은 사건과 맞닥뜨린다. 따라서 욕망의 규율은 만물의 자연이 원하는 것 말고는 아무것도 바라지 않는 것이다.

후자의 대상은 나 자신의 미미한 인과성이 세계의 인과성에 편입되는 방식이다. 이 규율은 나의 본성이 내게 행하기를 원하는 바를 하는 것이다.

동의의 규율이 어떤 면에서 다른 두 규율의 근본적인 방법이 된다는 점은 이미 앞에서 살펴보았다. 욕망의 규율과 충동의 규율은 우리가 표상에 동의하느냐 마느냐에 달려 있기 때문이다. 그렇다면 동의의 규율이 다른 두 규율에 포함되기 때문에 철학적 삶의 연습은 욕망과 적극적인 의지의 두 규율로 요약될 수도 있겠다.

> 네가 네 자연에 적절한 것을 현재 행하고,
> 만물의 자연이 현재 너에게 적절하다고 여기는 것을 받아들인다면, 네가 무슨 불상사가 있겠느냐?(XI, 13, 4)

이 두 자연은 정확히 말해 무엇인가? '나의' 자연은 개인의 성격이 아니라 인간으로서의 '본성', 인류에게 공통된 이성이다. 이 자연은 우리가 동의의 규율을 다루면서 보았던 초월적 자아, 신성한 원칙, 우리 안의 다이몬에 해당한다.

보편 자연에 맞지 않는 일은 어떤 것도 내게 일어나지 않을 것이고,

> 나는 나의 신과 나의 다이몬을 거역하는 일은 아무것도 하지 않을 수 있다.(V, 10, 6)

'나의' 본성과 보편 자연은 서로 대립하지 않고 서로 외재적이지도 않다. '나의' 본성과 '나의' 이성은 만물에 내재하는 보편 이성과 보편 자연의 발현일 뿐이기 때문이다. 따라서 그 두 자연은 동일하다.

> 본성이 나를 인도하는 목표를 직시하라. 너에게 일어나는 일을 통해 만물의 자연이 인도하고, 네가 해야 하는 일을 통해 너 자신의 본성이 인도하는 바를 모두 직시하라는 말이다.(VII, 55, 1)

이러한 생각은 옛 스토아주의자, 적어도 크리시포스[2])까지 거슬러올라가야 발견할 수 있다. 크리시포스는 도덕의 목표를 자연에 순응하는 삶으로 정의하고, 여기서 말하는 자연이 보편 자연인 동시에 인간의 본성이라고 분명히 밝혔다. 스토아철학 전통도 마찬가지로 '자연$_{physis}$'과 '이성$_{logos}$'을 줄곧 동일시해왔다.[3]) 이 두 용어가 동일시된다는 것은 세계와 모든 존재가 그 자체의 방법, 합리적인 인과의 조직 법칙$_{logos}$을 품고 있는 성장 과정에서—physis라는 단어 자체가 phuein(성장하다)에서 왔다—비롯됐음을 의미한다. 인간은 이성적 동물이므로 이성이라는 자기 내면의 법칙을 따라 사는 것이 자연에 순응하는 삶이다. 이렇게 우리는 끊임없이 스토아철학의 근본적 직관으로 돌아가게 된다. 자기 정합성은 실재를 낳는 법칙인 동시에 인간의 생각과 행동을 조절하는 법칙이다. 욕망의 규율과 충동의 규율은 결국 자기 정합적인 삶이요, 그것이 우리가 일부로서 속한 전체에 합당하게 사는 것이다.

> 공동체적 이성에서 달아나는 자는 도망자다…… 일어난 일이 불만스럽다고 보편 자연의 이성을 외면하고 물러나는 자는 우주의 부스럼이다…… 모든 이성적 존재의 단 하나뿐인 영혼에서 자신의 영혼을 떼어내는 자는 국가에서 떨어져나간 하나의 조각에 불과하다.(IV, 29, 2)

우리는 욕망의 규율을 통해 세상 전체에 유용한 것만을 바라게 될 것이다. 그것이 보편 이성의 바람이기 때문이다. 또한 의지와 행동의 규율을 통해 국가라는 전체에 도움이 되기만을 바라게 될 것이다. 그것이 인류에게 공통된 바른 이성의 바람이기 때문이다.

2. 현재의 경계 설정

독자들은 이미 눈치챘겠지만, 마르쿠스 아우렐리우스는 세 가지 수련 주제가 현재와 관련이 있음을 줄기차게 강조한다는 점에서 비슷한 내용을 이미 제시한 바 있는 에픽테토스와 차별화된다. 가령 동의의 규율도 철인 황제는 우리가 갖는 현재의 표상과 관련 있다고 본다. 욕망의 규율은 현재 일어나는 일에 대한 수련이다. 행동하고픈 충동의 규율에서도 중요한 것은 우리의 현재 행동이다. 우리는 이미 자아의 경계를 설정하는 수련이 현재에 집중하려는 노력과 불가분의 관계에 있음을 보았다.

현재의 경계를 설정하는 과정은 객관적이고 적절한 표상을 추구하기 위해 사실과 실재만 붙잡고 가치판단을 덧붙이지 않는 과정과 완전히 흡사하다. 결국 우리를 괴롭히는 가치판단은 늘 과거 아니면 미래와 관련이 있다. 우리는 현재의 일 혹은 오래전에 이미 일어난 일이 앞으로 불러올 결과를 두고 안달복달하기도 하고, 앞으로 무슨 일이 있을까봐 두려워하기도 한다. 어쨌든 우리의 표상은 지금 일어나는 일에만 집중하지 않고 자꾸 과거와 미래의 방향으로 흘러넘친다. 달리 말하자면, 우리에게 달려 있지 않은 것, 차이가 없는 것을 향하여 흘러가는 것이다.

> 사유 능력dianoia에서 자기 자신의 활동이 아닌 것은 아무 차이가 없다. 그러나 자신의 활동 영역에 속하는 것은 모두 그 능력에 좌우된다. 게다가 그 활동 중에서도 현재의 것하고만 관련이 있다. 사유 능력에서 과거나 미래의 활동은 현재에 아무 차이가 없기 때문이다.(VI, 32, 2)

현재만 우리의 능력에 달렸다. 우리는 현재만 산다는 단순한 이유에서다(III, 10, 1; XII, 26, 2; II, 14). 현재를 의식한다는 것은 우리의 자유를 의식한다는 것이다.

왜냐하면 현재는 우리가 의식하지 않으면, 과거나 미래와 구분해서 경계를 설정하지 않으면 실재하지 않고 가치도 없기 때문이다. 우리는 실제 삶이 매 순간 현재의 사건 혹은 행동을 매개하여 우리를 적극적으로든 수동적으로든 우주의 전반적인 흐름과 연결하는 이 한없이 작은 점에 국한되어 있음을 알아야 한다. '현재 체험의 경계를 설정하는 것'은 사실 현재를 과거와 미래에 대하여 고립시키는 것, 그리고 현재가 찰나임을 인정하는 것이다.

현재의 경계 설정은 크게 두 가지 측면에서 살펴볼 수 있다. 일단 환란과 시련을 짧은 순간의 연속으로 환원하면 좀더 견딜 만해진다. 다른 한편으로, 우리가 맞닥뜨리는 사건에 대한 동의 혹은 행동에 좀더 주의를 쏟을 수 있다. 더욱이 두 측면은 근본적으로 하나의 태도로 수렴된다. 이미 얼핏 보았듯이, 사물을 바라보는 방식과 시간과의 관계를 변화시키는 태도가 그것이다.

첫번째 측면은 다음 글에서 비교적 명확하게 드러난다.

> 네 인생 전체를 미리 그려보고 낙담하는 일은 없도록 하라. 네가 겪었던, 그리고 겪게 될 어려움을 한꺼번에 떠올리지 말고 그때그때 현재의 일과 관련하여 "이 일에서 참을 수 없고 감당할 수 없는 것이 있는가?"라고 자문해보라. 만약 이 물음에 그렇다고 대답한다면 너 자신이 부끄러울 것이다. 나아가 너를 짓누르는 것은 미래도 과거도 아니고 언제나 현재라는 사실을 상기하라. 그러나 현재는 따로 떼어서 살펴보면, 네 마음이 그렇게 따로 떨어진 작은 것도 감당하지 못함을 찬찬히 생각해보고 부끄러워할 줄 안다면 한결 작게 보일 것이다.(VIII, 36)

우리는 언제나 표상과 가치판단을 비판하는 동일한 방법을 찾을 수 있다. 그 방법은 우리를 두렵게 하는 현상을 떼어놓고 사물을 바라보는 것, 처음의 객관적 표상과 다른 것을 개입시키지 않고 사물을 적절하게 정의하는 것이다. 이것이 우리가 자연학의 정의라고 불렀던 방법이다. 마르쿠스 아우렐리우스는 이 방법이 실재를 본연의 것으로 돌려놓을 뿐 아니라, 실재를 부분으로 나누어 부분의 합 외에 덧붙여지는 것이 없음을 확인해준다고 본다. 이 구분 방법을 따르면 그 무엇도 우리의 자제력을 무너뜨리지 못한다.

매혹적인 선율…… 그것을 하나하나의 소리로 나누고 그것에 압도당했는지 자문한다면 그렇다고 시인하기가 부끄러울 것이다. 춤의 경우에도 동작과 자세를 하나씩 분해해서 본다면 마찬가지일 것이다…… 요컨대 미덕과 미덕에서 파생된 것이 아니라면 이를 명심하여 모든 사물의 구성 요소를 고찰하되, 그것을 구분함으로써 사물 자체를 경멸하도록 하라. 같은 방법을 네 인생 전체에 적용하라.(XI, 2)

아나톨 프랑스가 비슷한 개념을 기술했던 이유는 마르쿠스 아우렐리우스를 읽었기 때문일까. 본인의 심리적 경험 때문이었을까? "어머니는 강스 부인의 이목구비를 잘 뜯어보면 특별한 구석이 없다고 말하곤 했다. 어머니가 그런 의견을 내놓을 때마다 아버지는 믿을 수 없다는 듯 고개를 저었다. 나의 훌륭한 아버지는 나와 마찬가지로 강스 부인의 이목구비를 자세히 뜯어본 적이 없었던 것이다. 그리고 세부적으로 보면 어떻든 간에 전체적인 합은 매력적이었다."[4]

아무튼 마르쿠스 아우렐리우스의 결론이 무엇인지는 뚜렷이 보인다. "같은 방법을 네 인생 전체에 적용하라." 앞에서 말했던 현재 순간의 정의와 경계 설정이라는 방법이 다시 한번 보인다. 한낱 음표의 연속, 움직임의 연속으로 환원될 수 있는 노래나 춤 때문에 자제력을 잃어서는 안 되듯이 인생 전체를 그려보고서, 우리를 기다리는 고난과 시련을 상상하고서 실의에 빠져서는 안 된다. 인생도 구성단위로 쪼갤 수 있는 춤이나 노래와 마찬가지며, 그 단위의 합일 뿐이다. 단위 하나하나를 연달아 잘 해내면 춤이 되고 노래가 된다. 인생도 그와 같아서 우리는 순간순간을 연달아 산다. 그리고 그 순간을 쪼개고 한정할수록 우리는 좀더 자제력을 잘 발휘할 수 있다.

현재의 경계를 설정하는 수련의 또다른 목적은 우리가 지금 하는 일, 지금의 경험에 주의를 쏟기 위해서다. 이제 고난과 시련을 완화하는 것이 관건이 아니고, 삶과 자유에 대한 의식을 고조시키는 것이 중요하다. 마르쿠스 아우렐리우스는 이 주제를 더 개진하지 않았지만, 과거나 미래에 마음 쓰지 말고 현재의 표상, 현재의 행동, 현재의 사건에 집중해야 한다고 몇 번이나 강조하기 때문에 우리는 미루어 짐작할 수 있다.

> 네가 우회로로 돌아 도달하기를 원하는 행복은 지금이라도 가질 수 있다…… 네가 모든 과거를 뒤로하고, 미래를 섭리에 맡기고, 현재를 경건과 정의에 따라 살아간다면 말이다.(XII, 1, 1-2)

여기서 말하는 경건은 현재 일어나는 일에서 드러나는 신의 의지에 '경건히' 동의하게 하는 욕망의 규율임을 알아두자. 또한 정의는 인류 공동체를 위해서 움직이게 하는 행동의 규율에 해당한다. 동일한 권고를 다음 글에서도 볼 수 있다.

> 네가 살고 있는 삶, 즉 현재만을 살고자 노력한다면 너는 여생을 차분하고 유쾌하며 평온하게 살 수 있을 것이다.(XII, 3, 4)

과거나 미래를 염려하지 않고 지금 이 순간 하는 일에 온전히 온 마음으로 자신을 내어주는 것이 중요하다.

> 항상 신을 기억하며 공동체적인 행동에서 또다른 공동체적 행동으로 나아가는 것만을 너의 유일한 낙, 유일한 안식으로 삼아라.(VI, 7)

이러한 태도는 어떤 긴박감을 드러낸다. 죽음이 언제 어느 때 닥칠지 모르기 때문이다. "인생의 모든 행동을 마지막 행동인 것처럼 해야 한다."(II, 5, 2) 죽음을 생각하면 생의 단 한순간도 허투루 흘려보낼 수 없다. 마르쿠스 아우렐리우스와 스토아주의자처럼 유일한 선은 도덕적 행동과 완벽하게 선하고 순수한 의도에만 있다고 생각한다면 바로 이 순간 우리의 사고방식, 행동 방식을 바꿔야 한다. 지금이 아니면 안 된다! 죽음을 생각하면 현재의 모든 순간이 진지한 것, 한없이 귀하고 빛나는 것이 된다. "인생의 모든 행동을 마지막 행동인 것처럼 해야 한다." 결국 지금 이 순간을 열렬하게, 애정을 가지고 살라는 말이다. 온 생애가 그 순간에 포함되어 있고 거기서 완성되는 것처럼.

사람들은 대부분 살아 있지 않다. 현재에 살지 않고 자기 자신에게서 벗어나 언제나 소외된 채로, 과거에 빠져 있거나 미래에 먼저 가 있는 채로 살기 때문이다. 그들은 현재가 진정으로 자유로운 자기 자신이 되는 유일한 지점이라는 사실을 모른다. 그 점에서만 우리는 행동과 의식을 통해 세계 전체에 접근한다.

마르쿠스 아우렐리우스가 현재를 대하는 태도를 이해하려면 스토아철학이 현재를 어떻게 정의하는지 살펴볼 필요가 있다. 스토아철학을 요약적으로 보여주는 다음 글을 보자.

> 진공이 무한한 것처럼, 시간은 두 방향으로 완전히 무한하다. 과거와 미래는 한계가 없다. 그[크리시포스]는 시간이 결코 현존하지 않음을 매우 분명하게 말했다. 연속된 것은 **무한히** 쪼갤 수 있으므로 시간 전체도 그런 식으로 **무한히** 나눌 수 있다. 따라서 엄밀한 의미에서 현재의 시간은 없다. 그러나 넓은 의미로는 kata platos 현재의 시간을 말할

수 있다. 크리시포스는 오직 현재만이 [주체에게] "실제로 속하고 hyparchein" 과거와 미래는 실현되기는 하나 hyphestanai [주체에게] "실제로 속하지 않는다"고 했다. 예를 들어 '걷기'는 내가 걷고 있는 동안은 내게 속하고 내가 누워 있거나 앉아 있으면 내게 속하지 않는다.[5]

여기서 현재의 대칭적인 두 개념을 볼 수 있다. 첫째, 현재는 연속된 시간 속에서 과거와 미래 사이의 경계이며 무한히 쪼갤 수 있다. 거의 수학적인 이 관점에서 현재는 사실 존재하지 않는다. 둘째, 현재는 그것을 지각하는 인간의 의식, 하나의 의도와 거기에 기울이는 주의력과의 관계 속에서 규정된다. 현재는 내가 지금 하고 있는 것, 표현하고 있는 것, 느끼는 것이다. 이 관점에서 현재는 어떤 지속 시간 혹은 어느 정도 kata platos 의 '두께'를 갖는다. 이렇게 볼 때 스토아철학이 정의하는 현재는 베르그송이 『사유와 운동』에서 정의하는 현재와 상당히 비슷하다. 베르그송은 완전히 추상에 지나지 않는 수학적 순간으로서의 현재와 어느 정도 두께를 가진, 우리의 주의를 다소간 한정하는 지속 시간으로서의 현재를 대립적으로 파악했다.[6]

독자는 크리시포스의 현재 대 과거와 미래 개념을 이해하려 노력하는 과정에서 현재가 "내게 실제로 속한 것"은 인정하되, 과거와 미래가 "실현되는" 것이라는 진술에는 놀랄지도 모른다.

고대 저자들이 이미 해설을 많이 달았으니, 크리시포스의 기술적 개념에 깊이 들어가지는 않겠다. 다만 이 인용문에서 중요한 것은 크리스포스가 사용한 그리스어 hyparchein, hyphestanai(그리고 다른 곳에서 쓴 바 있는 hyphēstekēnai)의 의미 차이가 아니라 시제 차이다. 두 단어 모두 '존재하다' '실재하다'라는 뜻이다. 현재시제로 쓴 hyparchein이 '현재의 과정으로서 실재하다'라면, 과거와 미래에 대해서 쓰이는 hyphestanai는 '결정된 것으로서 실재하다'라는 의미다. hyparchein은 동작의 개시와 지속이라는 의미가 있다. 이것은 지금 이 순간 일어나는 일이다. hyphestanai는 결정적 의미가 있다. 독자는 과거가 결정된 것이라는 생각에 어렵잖게 동의할 것이다. 하지만 미래도 그럴까? 그래서 스토아주의자가 미래 역시 과거에 정해진 것으로 생각했다는 점을 기억해야 한다.[7] 운명에는 미래도 과거도 없다. 전부 이미 정해지고 규정된 것이다.[8] 크리시포스가 hyparchein이라는 동사를 선택한 이유는 아리스토텔레스가 주체가 타고난 어떤 우연성 혹은 속성을 지칭할 때 자주 사용했던 논리학 용어이기 때문이다. 그래서 이 단어는 이미 주체와의 관계를 내포한다. 내가 걷고 있다면 '걷기'는 '현재', 즉 나에게 지금 속하는 것이다. 반면 미래나 과거는 지금 나에게 속하지 않는다. 나는 과거나 미래를 생각할 수 있지만 그것은 나의 주도성과 무관하므로 나에게 달려 있지 않다. 그러므로 현재는 오직 나의 의식, 생각, 주도성, 자유와의 관계 속에서만 실재성을 띤다. 그런 것이 현실에 두께와 지속 시간을 부여한다. 현재는 발화된 담론의 의미의 일체성, 도덕적 의도의 일체성, 나의 집중도와 연관이 있다.

마르쿠스 아우렐리우스가 말하는 현재는 항상 이 지속적인 현재, 일종의 두께를 가진 현재다. 지금 이 순간 나의 표상, 내가 느끼는 욕망, 내가 하는 행동은 분명히 이 현재에 위치한다. 그러나 내가 좀더 잘 감당하기 위해 규정하고 경계를 설정함으로써 누그러뜨릴 수 있는 것 또한 이 '두께를 지닌' 현재다. 이러한 현재의 '축소'는 골트슈미트[9]가 생각한 것처럼 생생한 현재를 무한히 분할 가능한 수학적 순간으로 환원한다는 의미가 아니다. 골트슈미트는 아우렐리우스가 현재를 대하는 태도가 두 가지라고 보았다. 하나는 지금 이 순간의 비실재성을 고발하는 태도이고, 또

다른 하나는 도덕적 행위 주체의 주도성이 현재에 실재성을 부여한다고 보는 태도다. 앞에서 보았듯이 철인 황제는 현재의 '축소'를 말하면서 인생을 춤과 노래에 비유했다. 춤과 노래에는 동작이나 음표 같은 구성단위가 있다. 그러한 단위는 아무리 작을지라도 어느 정도 두께, 다시 말해 실재성을 가진다. 비실재를 아무리 나열한들, 춤이나 노래나 인생이 되지는 않는다. 게다가 철인 황제가 현재를 무한 속의 한 점으로 말할 때조차도 이 점은 두께를 지닌 체험적 현재다.

> 아시아나 유럽은 우주의 구석이다. 바다 전체는 우주의 한 점 물방울이다. 아토스산(山)은 지구의 한 줌 흙덩이다. 모든 현재의 시간은 영원 속의 한 점이다. 만물은 미소하고, 쉬이 변하고, (광대함 속으로) 금세 사라진다.(VI, 36, 1)

여기서 마르쿠스 아우렐리우스는 아시아, 바다, 아토스산의 비실재성을, 현재의 비실재성을 말하려는 것이 아니다. 그는 단지 광대한 전체 속에서 그것이 상대적으로 아주 작다는 사실을, 말하자면 과학적인 시각에서 말한 것이다.[10] 이 또한 '자연학'의 정의 방법이다.

3. 현재, 사건, 우주적 의식

에픽테토스에 따르면, 욕망의 규율은 욕망이 좌절당하거나 우리가 피하려 했던 것을 만나는 일이 없도록 하는 데 그 목표가 있다. 그러자면 우리에게 달려 있는 도덕적 선만을 바라고 우리에게 달려 있는 도덕적 악만을 피해야 한다. 우리에게 달려 있지 않은 것은 선하지도 않고 악하지도 않은 것, 다시 말해 차이가 없는 것이다. 그런 것은 욕망해서도 안 되고 피해서도 안 된다. 그러다가 "우리가 피하려 했던 것에 빠지기" 때문이다. 에픽테토스는 이것이 운명에 동의하는 태도라고 보았다.

마르쿠스 아우렐리우스는 바로 이 가르침을 계승했지만 그 속에 담긴 의미와 그 결과를 훨씬 더 명시적으로 표현했다. 욕망의 규율은 무엇보다 보편 자연의 일반 흐름에서 유래한 사건—아우렐리우스의 표현을 빌리자면 "외부 원인"에서 빚어진 사건—을 받아들이는 방식과 관련지어 보아야 한다.

> [인간에게 고유한] 이성적 본성은 순조롭게 자신의 길로 나아가면서 만족하니…… 자신에게 달려 있는 것만 좋아하거나 싫어하고, 보편 자연이 할당한 것이면 무엇이든 반긴다면 말이다.(VIII, 7)

인간의 본성에 할당된 것이 바로 인간에게 일어나는 사건이다.

> 선한 자의 고유한 특징은 자기가 만나게 되는 일sumbainonta과 자신을 위하여 운명이 지은 것을 사랑하고 반기는 것이다.(III, 16, 3)

이미 보았듯이 스토아주의자는 자신에게 현존하는 것은 실제로 일어난 것이라고 생각했다. 현재 내가 하는 행동뿐만 아니라 현재 내가 맞닥뜨리는 사건까지 말하는 것이다. 현재의 개념을 다룰 때도 그랬지만 여기서도 나의 주의력, 나의 사유가 허다한 사물의 흐름 속에서 나한테 의미 있는 것을 따로 떼어낸다. 나의 내적 담론이 어떤 사건이 나에게 일어난다고 말해줄 것이다. 더욱이 내가 의식하든지 의식하지 않든지 우주의 전체 흐름은 신적 이성이 정한 것이니, 나는 이미 그 사건을 맞닥뜨리도록 태고로부터 운명 지어졌다. 이러한 이유로 나는 아우렐리우스가 우리에게 일어나는 사건을 지칭하기 위해 쓴 단어 sumbainon(어원학상으로는 '함께 걸어가는 것')을 '우리가 만나게 되는 일'이라고 옮겼다. 좀더 정확히 말하자면, '우리에게 들어맞는 일'이라고 해야겠지만 이 표현을 모든 맥락에서 쓸 수는 없어서 그렇게 쓰지 않았다. 어쨌든 마르쿠스 아우렐리우스가 sumbainon에 부여한 의미는 다음 글에서 정확히 드러난다.

> 석공이 피라미드를 쌓을 때 건축 규정에 맞게 네모난 큰 돌을 이어붙이면서 각각이 맞는다고 말하는 것처럼, 우리는 우리에게 일어나는 일이 우리에게 맞는다sumbainein고 한다.(V, 8, 3)

우주를 일종의 구조물로 상상하면 직조, 골조, 사슬 같은 이미지가 함께 떠오른다. 이 전통적이고 의고적인 이미지는 모에라이와 관련이 있다. 호메로스의 작품에서 이 여신들은 각 사람의 운명을 실로 짠다.[11] 데르베니 파피루스[12]에도, 그리고 플라톤[13]이나 스토아주의자의 저작에도 파르카이라는 운명의 세 여신이 등장한다. 각기 라케시스, 클로토, 아트로포스라는 이름을 지닌 이 세 여신은 신적 이성이 낳은 우주의 법칙에 해당하는 신비한 존재다. 스토아철학에서 이를 어떻게 진술하는지 보자.

모에라이(혹은 '파르트')는 그들이 수행하는 분배diamerismos에 따라 이름이 붙었으니 클로토(실을 잣는 여신), 라케시스(운명을 나눠주는 여신), 아트로포스(융통성을 허락하지 않는 여신), 이렇게 셋이다. 라케시스는 정의에 부합하게 각 사람이 받을 팔자를 나눠주므로 그러한 이름을 얻었고, 아트로포스는 그렇게 나눠 받은 몫이 사소한 부분 하나 바뀌지 않게 하여 태고로부터 변함이 없게 하니 그런 이름을 얻었다. 마지막으로 클로토는 분배가 운명에 부합하게 이루어지고, 일어나는 일은 결국 그녀가 만든 실에 들어맞게 마련이므로 그러한 이름을 얻었다.[14]

또다른 글에서도 거의 비슷한 생각이 나타난다.

모에라이의 이름은 그 여신들이 우리 한 사람 한 사람에게 뭔가를 분배하고 맡긴다는 사실에서 유래했다. 크리시포스는 세 여신이 세 가지 시간에 상응한다고 보았다. 만물은 그 세 가지 시간 속에서 순환적으로 움직이고 그로써 완성에 이른다. 라케시스는 각 사람에게 운명을 나눠주기 때문에 그러한 이름을 얻었다. 아트로포스는 그 분배의 불변성을 나타내기에 그러한 이름을 얻었다. 클로토는 만물이 더불어 짜여 있기에, 그것은 완벽하게 정해진 오직 한 길로만 나아갈 수 있기에 그러한 이름을 얻었다.[15]

'내가 만나게 되는 일' '나에게 들어맞는 일'은 운명 혹은 보편 이성을 상징하는 여신 클로토가 이미 마련한 것이다.

너를 기꺼이 클로토에게 맡기고 네 운명의 실로 그녀의 마음에 드는 천을 짜도록 하라.(IV, 34)

마르쿠스 아우렐리우스는 이 직조를 『명상록』에서 즐겨 언급한다.

> 네가 만난 이 사건은…… 너에게 일어났고, 너에게 맞게 정해졌고, 가장 오래된 원인으로 거슬러올라가는 운명의 실로 너와 이어졌다.(V, 8, 12)

> 네게 어떤 일이 일어났느냐? 잘된 일이다. 너에게 일어나는 모든 것은 운명으로 너와 이어진 것, 처음부터 우주가 너를 위하여 정해놓고 자아놓은 것이다.(IV, 26)

> 너에게 무슨 일이 일어나든 그것은 태곳적부터 너에게 미리 정해진 것이다. 그리고 원인의 연쇄는 태곳적부터 네 존재와 이 사건의 만남을 한데 엮어놓았던 것이다.(X, 5)

철인 황제가 이 주제를 강조하긴 하지만, 아리아노스가 기록한 에픽테토스의 『담화록』에도 같은 주제가 없지는 않다.

> 제우스가 직접 정한 일에 성을 내고 불만스러워할 텐가? 그런 일은 제우스가 너의 탄생에 임하고 너의 운명을 엮은 모에라이와 함께 정하고 명한 것이다.(I, 12, 25)

'걷기'의 예에서 보았듯이 스토아주의자에게 일어나는 일은 술어에 해당한다. "나는 걷고 있다"라는 문장에서 '걷기'는 내게 일어나는 일이다. 어떤 일이 나한테 일어났다면, 우주를 구성하는 원인의 보편적 전체가 그 일을 일으킨 것이다. 우리는 뒤에서 이 의지가 사건을 세세한 부분까지 규정하는지, 아니면 사건을 불러일으키는 충동에서 그치는지도 살펴볼 것이다. 하지만 지금은 내가 병들거나 자식을 잃거나 불의의 사고를 당하더라도, 그 모든 일에 우주가 연루되어 있음을 기억하는 정도로 충분하다.

이 상호 연계, 이 얽히고설킴, 만물의 상호 연루는 마르쿠스 아우렐리우스에게 특히 각별했던 주제 중 하나다. 그는 스토아주의자답게 우주도 하나의 의식과 의지를 지닌 하나의 생명체일 뿐이라고 생각했다.

> 어떻게 존재하는 만물이 생성되는 만물의 공동 원인인지, 그리고 그것이 어떻게 서로 얽히고 짜이는지 생각해보라.(IV, 40)

그것들은 "신성한 연계"를 이룬다(IV, 40 ; VI, 38; VII, 9).

현재의 모든 순간과 거기서 내가 만나는 사건, 그리고 그 사건과 나의 만남은 잠재적으로 우주의 모든 움직임을 함축하고 포함한다. 이러한 관념은 현실을 만물의 만물에 의한 상호 침투, 전적인 혼합으로 보는 스토아주의의 시각과 일치한다.[16] 크리시포스는 포도주 한 방울이 떨어지면 바다 전체에 섞이고 온 세상으로 퍼진다고 했다.[17] 게다가 이러한 세계관이 뒤떨어진 것만은 아니다. 가령 천체물리학자 위베르 리브스는 "온 우주가 세계의 각 장소, 각 순간에 신비롭게 현존한다"는 E. 마흐의 생각을 소개한 바 있다.[18] 나는 여기서 그러한 생각의 근거가 과학적이라고 말하려는 게 아니다. 하지만 그러한 시각은 시원적이고 근본적이며 실존적인 경험에 근거를 둔다. 프랜시스 톰프슨이 시의 형태로 표현한 바 있는 경험 말이다.

> 만물은
> 멀거나 가깝게
> 은밀한 방법으로
> 불멸의 힘에 의해
> 서로 연결되어 있으니
> 꽃 한 송이만 꺾어도
> 하늘에서 별 하나가 괴로움에 몸부림친다.[19)]

어쨌든 우리는 여기서 또다시 이 근본적인 직관을 발견한다. 실재의 자기 자신에 대한 결속, 자기 정합성은 스토아주의자가 어느 한 생명의 움직임에서나 우주의 움직임에서나 현자의 완전함에서도 자기 자신과의 조화, 자기애를 발견하게 했다. 마르쿠스 아우렐리우스에게서도 그러한 태도가 엿보인다.

> 대지는 사랑한다! 대지는 비를 사랑한다. 존엄한 대기도 사랑한다! 세계도 일어나야 할 일을 일으키기를 사랑한다. 나는 세계에 말한다. 나 역시 너와 마찬가지로 사랑한다. 사람들도 "일어나고 싶어서 일어난 일"이라는 표현을 쓰지 않는가?(X, 21)

'어떤 것을 습관적으로 즐겨 하다'라는 의미로도 쓰이는 일상어 '사랑하다(프랑스어 aimer, 영어 love)'는 자기 자신을 사랑하는 우주라는 우의적 신화에 대한 생각의 단초를 던져준다. 사실 여기서 마르쿠스 아우렐리우스가 암시한 것은 에우리피데스가 묘사한 대기(에테르)와 대지의 신성한 혼인hieros gamos이다.

대지는 사랑한다! 밭이 팍팍하게 말라가면서 습기를 원할 때 대지는 비를 사랑한다. 존엄한 하늘도 사랑한다! 비를 잔뜩 머금은 하늘은 아프로디테의 권능으로 땅에 비를 뿌리기를 사랑한다.[20]

게다가 이 신화에서 우주의 자기애가 고독하고 이기적인 자기 자신에 대한 사랑이 아니요, 전체 안에서 부분이 서로 사랑하고 부분이 전체를 사랑하며, 전체가 부분을 사랑하는 것임을 알 수 있다. 부분과 전체 사이에는 일종의 '조화', 서로 화합하는 '상호 호흡'이 있다. 부분에 일어나는 모든 일은 전체에 도움이 된다. 부분에 '지시된' 모든 것은 마치 전체의 건강에 유익한 의학적 처방처럼 결과적으로 다른 모든 부분에도 이롭게끔 '지시된'(V, 8) 것이다.

그러므로 욕망의 규율은 각각의 사건을 전체의 시각에 놓고 보는 것이다. 이 때문에 이 규율은 철학에서 자연학 분과에 해당한다. 각각의 사건을 전체의 시각에 놓는다는 것은 내가 만난 사건이 전체가 나에게 운명 지어놓은 것이요, 그 사건 안에 전체가 있음을 이해한다는 뜻이다. 그 사건 자체는 나에게 달려 있지 않으니 선하지도 악하지도 않다. 그렇다면 스토아주의자는 그 사건을 무심하게 아무 상관 없는 것처럼 받아들여야 할까? 아니다. 차이가 없음은 차가운 무관심이 아니다. 오히려 그 반대다. 그러한 사건은 전체가 그 자신을 사랑한다는 표현이요, 전체에 도움되는 일, 전체가 바란 일이기 때문에 우리도 그 일을 바라고 사랑해야 한다. 나의 의지는 그 사건을 바랐던 신적 의지와 하나가 되어야 한다. 나에게 달려 있지 않은, 차이가 없는 일에 차이를 두지 않는다는 것은 그 일을 다 같은 사랑으로 생성하는 전체를 사랑하듯, 자연을 사랑하듯 그 일도 사랑한다는 뜻이다. 내 안에서 나를 통해 전체는 그 자신을 사랑한다. 어떤 사건을 받아들이길 거부함으로써 전체의 결속을 깨뜨리느냐 마느냐, 이것은 나에게 달려 있다.

전체의 의지에 애정을 가진 동의, 신적 의지와의 일치를 마르쿠스 아우렐리우스는 우리에게 일어나는 일을 "만족스럽게 여겨야 한다" "반겨 맞아야 한다" "기쁘게 받아들여야 한다" "사랑해야 한다" "바라야 한다" 등의 표현으로 기술한다. 에픽테토스의 『엥케이리디온』에도 이러한 태도의 인상적인 표현(c. 8)이 등장하는데, 이 표현 안에 욕망의 규율 전부가 들어 있다고 해도 과언이 아니다.

> 네가 원하는 대로 일이 일어나게 하려 애쓰지 말고, 단지 일어나야 할 일이 일어나기를 바라면 행복해질 것이다.

마르쿠스 아우렐리우스가 세계(우주)에 바치는 기도는 이 모든 내용을 탁월하게 아우른다.

> 오 우주여, 너와 조화를 이루는 것은 나와도 조화를 이룬다! 너에게 시의적절한 것은 나에게도 너무 이르거나 너무 늦지 않다. 오, 자연이여, 너의 계절이 가져다주는 것은 나에게도 결실이다. 만물이 너에게서 오고, 네 안에 있고, 너에게로 돌아간다.(IV, 23)

이로써 우리는 다시 현재라는 주제로 돌아간다. 특정 사건이 내게 예정되고 나와 조화를 이루는 이유는 단지 그것이 세계와 조화를 이루기 때문만은 아니다. 더 중요한 이유는 그 사건이 다른 때가 아니라 바로 지금 일어나기 때문이다. 그리스인은 카이로스kairos(기회)가 한 번뿐임을 알았다.

나에게 지금 일어나는 일은 필연적 흐름에 따라 모든 사건과 체계적으로 조화되게끔 딱 맞는 때에, 자신의 제철에 일어난 것이다.

지금 이 순간 일어나는 일을 바라는 것은 그 일을 생성하는 온 우주를 바라는 것이다.

4. 운명애

내가 소제목으로 단 '운명애amor fati'는 마르쿠스 아우렐리우스가 직접 쓴 표현이 아니다. 그는 이 표현을 그리스어로 썼고, 내가 아는 고대 라틴어 작가 중에서 'amor fati'라는 표현을 쓴 자는 아무도 없다. 이 말은 니체에 의해 널리 알려졌고, 나 역시 니체가 말하는 운명에 대한 사랑을 언급하면서 욕망의 규율에 해당하는 마르쿠스 아우렐리우스의 정신적 태도를 비교와 대조를 통해 이해시키고 싶었다. 일례로 니체는 이런 글을 썼다.

> 인류의 위대함에 대한 나의 표현은 **운명애**다. 앞을 향해서도, 뒤를 향해서도, 모든 영원에 걸쳐서도, 단 하나의 변경도 요구하지 않기. 필연적으로 닥치는 일을 단지 견디는 것이 아니라—자신에게 은폐하는 것은 더욱이 아니며, 모든 이상주의는 불가피한 일 앞에서 자신을 속이는 것이다—사랑하기.[21]

> 전체의 광대한 범위에서 보면, 위에서 내려다보면 모든 것이 필연이고 그 자체로는 다 같이 유용하다. 그런 것을 단지 견딜 게 아니라 사랑해야 한다⋯⋯ 운명애, 그것이 나의 가장 내밀한 본성이다.[22]

'존재하는 것 외에는 아무것도 바라지 않기.' 마르쿠스 아우렐리우스라면 그렇게 말했을 테고, 다음과 같은 글에도 기꺼이 동의했을 것이다.

> 근원적인 문제는 우리가 우리 자신에게 만족하느냐 아니냐가 아니라 전반적으로 우리가 어떤 것에 만족하느냐 아니냐다. 우리가 어느 한 순간을 긍정했다면 그로써 우리 자신을 긍정했을 뿐 아니라 삶 전체를 긍정한 것이다. 그 이유는 어떤 것도, 우리 자신에게서든 사물에 있어서든 자기로 충분하지 않기 때문이다. 만약 우리 영혼이 팽팽한 현처럼 단 한 번 행복에 전율하고 울린다면, 그 유일무이한 사건을 불러일으키기 위해 영원처럼 긴 시간이 필요했을 것이다. 그리고 우리의 그 유일한 긍정의 순간에 영원이 받아들여지고, 구원받고, 이유를 얻고, 용인받는다.[23]

에픽테토스가 그랬듯, 마르쿠스 아우렐리우스도 우리에게 일어나는 사건에 대한 애정 어린 동의를 스토아주의의 영원회귀와 결부하지는 않았다. 영원회귀설은 세상에 퍼지는 이성의 불이 영원히 갈마드는 긴장과 이완에 휘둘리기 때문에 그에 따라 동일한 시기가 생기고, 그 시기들의 교체에 따라 동일한 사건이 동일한 양상으로 반복되므로 세상이 영원히 반복된다고 본다. 신의 섭리와 운명, 세계의 모든 부분이 서로 침투하고 얽혀 있다는 생각만으로도 스토아주의자는 욕망의 규율, 즉 자연이 원하는 것을 사랑하고 만족하는 태도를 호소하기에 충분했다. 반면 니체는 운명애를 영원회귀 신화와 분명하게 연결짓는다. 운명을 사랑한다는 것은 내가 지금 하는 일과 내 삶을 살아가는 방식이 언제까지나 변함없이 반복되기를 바라는 것이다. 내가 사는 바로 이 순간을 똑같이 다시 살고 싶다,

영원히 그렇게 살고 싶다는 바람. 니체의 운명애는 바로 이 지점에서 지극히 특별한 의미를 띠게 된다.

> 철학자가 다다를 수 있는 가장 높은 상태. 디오니소스적 태도로 삶을 대하기. 이것에 대한 나의 표현이 **운명애**다……
> 그러자면 삶에서 부정당한 측면을 단지 **필요한** 것일 뿐만 아니라 바랄 만한 것으로도 여겨야 한다. 그리고 지금까지 용인되었던 측면과의 관계를 따져서 바랄 만한 것일 뿐만 아니라(이를테면 그 측면을 보완한다든가, 전제 조건으로 삼아서) 그것 자체가 더 강력하고, 더 풍부하고, 더 진실된 삶의 측면이라고 보아야 한다. 생의 의지는 그 측면을 통해 가장 선명하게 드러난다.[24]

앞으로 보겠지만 실제로 마르쿠스 아우렐리우스는 삶의 혐오스러운 면도 원래는 자연의 의지에서 비롯된 필연적 보완 혹은 불가피한 결과라고 생각했다. 그러나 니체는 여기서 훨씬 더 나아간다. 사실 니체의 시각과 스토아주의의 시각 사이에는 깊은 골이 있다. 스토아주의의 '긍정'은 세계에 대한 합리적 동의인 반면, 니체가 말하는 디오니소스적 '긍정'은 생의 비합리성, 생의 맹목적인 가혹함, 선악을 넘어서는 힘의 의지까지도 긍정하는 것이다.

마르쿠스 아우렐리우스라는 주제에서 좀 벗어나는 감이 있긴 하나, 이 여담이 운명에 대한 동의라는 욕망의 규율의 핵심을 더 잘 설명해줄 수 있을 것이다.

우리가 본 대로, 자아의 경계를 설정하고 현재에 집중하는 수련은 각 사건에서 드러나는 자연의 의지에 동의하는 것이다. 그러한 수련은 의식을 우주의 차원으로 고양한다. 나에게 일어나는 사건, 온 세상이 함축된 그 사건에 동의함으로써 나는 보편 이성이 바라는 것을 바라고 그 이성과 나의 이성을 일치시킨다. 이때 나는 개인의 한계를 넘어서 전체에 대한 소속감, 전체에 참여하는 기분을 느낀다. 나는 세상과 친밀해지고 광대한 우주 속으로 빠져든다. W. 블레이크의 시가 생각난다.

> 한 알의 모래에서 우주를 보고,
> 들판에 핀 한 송이 꽃에서 천국을 본다,
> 그대의 손바닥에 무한을 쥐고
> 찰나의 시간 속에서 영원을 보라.[25]

의지 혹은 자유로서의 자아는 보편 이성 혹은 만물에 퍼져 있는 로고스와 일치한다. 지배원리로서의 자아는 우주의 지배원리와 일치한다.

만약 자아를 의식하더라도 내게 일어나는 사건에 이런 식으로 동의한다면, 우주 속의 작은 섬처럼 고립되지 않고 오히려 온 우주의 변화에 열려 있게 된다. 자아가 개인의 사사롭고 제한된 시각에서 벗어나 보편적인 관점으로 고양되기 때문이다. 나의 의식은 우주의 의식 차원으로 확장된다. 아무리 사소하고 진부하더라도 그 사건을 바라보는 나의 시선은 보편 이성의 시선과 일치를 이룰 수 있다.

마르쿠스 아우렐리우스는 "현재의 심정이 자연스러운 원인에서 일어나는 모든 것에 만족한다면 그것으로 충분하다"고 말한다(IX, 6). '충분하다'라는 표현에는 두 가지 의미가 있다. 첫째, 우리가 방금 보았듯이, 지금 이 순간 우리는 실재성을 온전히 누릴 수 있다는 뜻이다. 세네카[26]가 현재의 모든 순간에 우리는 신에게 "모두 제 것입니다"라고 말할 수 있다고 했던 것처럼 말이다. 그렇지만 이 표현은 지금 이 순간 나의 도덕적 의도가 선하고 내가 행복하다면 온 생애와 영원조차도 그보다 더 큰 행복을 가져다주지 못한다는 뜻이기도 하다. 크리시포스는 "한순간 지혜를 누렸던 자의 행복은 영원히 지혜를 누리는 자의 행복에 결코 뒤지지 않는다"[27]고 했다. 세네카[28]도 "선의 지속 시간은 천차만별이지만 양으로는 전부 같다. 원을 크게 그리거나 작게 그리면 원 안에 포함되는 면적은 달라지지만 원이라는 형태 자체는 변하지 않는다"고 썼다. 원은 크든지 작든지 원이다. 마찬가지로 지금 이 순간 경험하는 도덕적 선은 무한한 가치를 지닌 절대적인 것이기 때문에 지속 시간이나 외부 요소에 영향을 받지 않는다. 이때도 내가 지금 사는 현재를 생의 마지막 순간처럼 살 수 있고, 그렇게 살아야 한다. 비록 이 순간 다음에는 다른 순간이 오겠지만, 도덕적 의도와 선에 대한 사랑의 절대 가치 덕분에 나는 이렇게 말할 수 있다. 나는 잘살았구나, 내 삶에서 기대할 수 있는 모든 것을 누렸구나.[29] 그러니 눈을 감을 수 있겠구나. 마르쿠스 아우렐리우스는 이렇게 썼다.

> 이성적 영혼은…… 인생의 종말이 어디서 닥치든 본래 목표에 도달한다. 무용이나 연극 같은 예술에서는 어떤 방해가 생기면 전체가 불완전해진다. 이성적 영혼은 그와 달리 인생의 모든 단계에서, 어느 지점에서 중단되더라도 자신 앞에 놓인 과제를 완전하고 흡족하게 수행했기에 "나는 내 몫을 다했다"고 말할 수 있다.(XI, 1, 1)

춤을 추거나 시를 읽는 행동은 완결되어야만 목표에 도달한다. 도덕적 행동은 실행 그 자체로 목표에 도달한다. 그러므로 현재의 도덕적 행동은 그러한 행동 혹은 내적 성향을 발동시키는 하나의 일관된 도덕적 의도 안에서 완전하다. 여기서도 지금 이 순간은 내게 즉각적으로 존재와 가치 전체를 열어놓는다. 비트겐슈타인이 한 말이 생각난다. "만약 우리가 '영원'을 무한한 시간의 지속이 아니라 무시간성으로 이해한다면, 현재를 사는 자는 영원을 사는 것이다."[30]

5. 섭리인가, 원자인가?

마르쿠스 아우렐리우스는 수수께끼 같은 질문을 던진다.

> 우주가 너에게 나눠준 몫이 불만스러운가? 그러면 '섭리인가, 원자인가'라는 양자택일을 머리에 떠올려라.(IV, 3, 5)

우선 첫 문장에서 욕망의 규율에 고유한 문제의식을 볼 수 있다. 전체가 우리에게 나눠준 몫을 받아들여야 하고, 나아가 사랑하기까지 하라니. 우리가 처음에는 짜증나고 불만스럽더라도 '섭리인가, 원자인가'라는 딜레마(선언명제)를 기억해야 한다고 말한다. 여기서 철인 황제는 어떤 추론을 거론하는데, 그로서는 추론의 첫번째 명제만 언급해도 전체를 기억하기에 충분하므로 이렇게만 쓴 것이다. 이 딜레마는 『명상록』에 여러 차례 등장하는데, 이렇게 첫번째 인용에 암묵적으로 포함된 추론이나 추론의 변형이 수반되기도 한다.

의미를 설명하기에 앞서 섭리(자연, 신, 운명)와 원자를 대립적으로 보는 이 첫번째 명제를 자세히 살펴보기로 하자. 섭리는 스토아주의 자연학이 제안하는 우주 모델에, 원자는 에피쿠로스주의 자연학이 제안하는 우주 모델에 해당한다. 마르쿠스 아우렐리우스는 다른 곳에서 질서정연한 세계와 뒤죽박죽 섞여 있는 세계로 설명하기도 했다. 또는 통일, 질서, 섭리를 한쪽에 두고, 다른 쪽에는 무질서하고 비정형적인 원자의 결합과 해체가 있다고 말하기도 했다(IV, 27, 1; VI, 10, 1; IX, 39, 1).

이렇듯 그가 스토아주의와 에피쿠로스주의의 우주관을 대립시키는 이유는 설령 자연학 분야에서 스토아주의와 정반대되는 가설을 지지하더라도 윤리학에서는 스토아주의의 도덕적 태도만이 유일하게 가능하다는 것을 보여주기 위해서다. 스토아주의 자연학 이론을 받아들인다면—다시 말해 우주의 합리성을 믿는다면—스토아주의의 도덕적 태도—욕망의 규율, 즉 보편 이성이 일으키는 모든 일에 대한 이성적 동의—가 전혀 문제되지 않는다. 하지만 에피쿠로스주의 자연학을 받아들인다면—먼지 같은 원자가 통일성 없이 마구잡이로 뒤섞인 것이 우주라고 생각한다면—인류는 이 혼돈 속에 이성을 도입했다는 바로 그 점에서 위대하다.

> 신이 지배한다면 모든 것이 잘된 것이다. 그러나 우연이 지배한다 해도 너까지 우연의 지배를 받지는 마라.(IX, 28, 3)

> 지도자 없는 혼돈이 지배한다면, 그런 거센 파도 속에서도 네 안에 지배하는 지성이 있음을 다행스럽게 생각하라.(XII, 14, 4)

두 가설 중 어느 쪽을 지지하든, 우리는 평정심을 갖고 우리에게 일어나는 일을 그대로 받아들여야 한다. 원자를 비난하거나 신을 비난하는 것은 미친 짓이다(VIII, 17).

특히 죽음 앞에서 평정심을 가져야 한다. 어느 쪽을 지지하든 두 가설

모두 죽음을 자연학적 현상으로 보기 때문이다.

> 마케도니아의 알렉산드로스나 그의 노새지기나 죽은 뒤에는 같은 처지가 되었다. 둘 다 똑같이 우주의 근원인 이성으로 환원되었거나 원자로 분해되었기 때문이다. (VI, 24)

우주 모델은 사건에 대한 동의라는 스토아주의의 근본 입장에 아무런 변화도 끼치지 않는다. 그 입장은 욕망의 규율에 다름 아니다(X, 7, 4). 만약 이성적 자연 가설을 거부하고 우주 부분들의 변화를 그저 '원래 그런 것'이라고 설명한다면, 다시 말해 일종의 맹목적 자발성 때문이라고 설명한다면, 한편으론 우주의 부분들이 자연스럽게 변화할 수 있다고 단언하는 것은 우스운 노릇이지만, 그 변화가 자연을 거스르기라도 한 것처럼 놀라고 언짢아하는 것도 마찬가지다.

이런 유의 추론은 마르쿠스 아우렐리우스의 머리에서 처음 나온 것이 아니다. 첫번째 언급(IV, 3)에서도 익히 알려진 학파의 교의를 말하듯 "머리에 떠올려라"라고 하지, 그 추론의 내용 전체를 굳이 제시하지 않는다.

에픽테토스에게서 마르쿠스 아우렐리우스의 표현과 액면 그대로 일치하는 가르침은 찾을 수 없다. 하지만 세네카에게서는 같은 유의 추론을 볼 수 있다.

세네카는 우리가 신과 우연 중 어느 가설을 받아들이든지 철학을 실천해야 한다고 말한다. 다시 말해 신의 의지에 사랑하는 마음으로 복종하든가 자부심을 가지고 우연에 복종해야 한다는 것이다.[31]

일부 역사가들이 어떻게 생각하든 간에,[32] 세네카에게서든 마르쿠스 아우렐리우스에게서든 섭리 아니면 우연이라는 딜레마가 등장하는 이유는 스토아주의 자연학 이론을 포기하는 태도 혹은 에피쿠로스주의와 스토아주의 사이에서 선택을 거부하는 절충적 태도 때문이 아니다. 사실 우리는 철인 황제가 에피쿠로스주의 모델을 설명하면서 "뒤죽박죽 섞여 있는" "무질서하고 비정형적인"이라는 부정적 어감의 단어를 쓰는 것으로 보아 그가 이미 스토아주의를 선택했음을 짐작할 수 있다. 무엇보다 그는 몇 번이나 명시적으로 '원자'를 거부한다.

> 우주는 질서정연하거나, 무질서하고 우발적인 뒤죽박죽이거나 둘 중 하나다. 우주가 질서정연함은 명백하다.[33] 네 안에 질서가 있는데 우주에 질서가 없다는 것이 가능할까? 만물이 구분되고 분산되어도 서로 공감하거늘, 과연 그럴 수가 있을까?(IV, 27)

『명상록』11권에도 비슷한 반박이 나온다. 여기서 그는 인류를 사랑할 의무를 상기하기 위해 자연은 자기 자신과 결속하고 조화를 이루며 자연의 모든 부분은 서로 이어져 있다는 스토아철학의 원칙을 활용한다. 그리고 이 원칙으로 거슬러올라가면서 딜레마의 두 가지 중 하나, 즉 에피쿠로스주의 모델을 거부한다.

> 다음과 같은 원칙에서 출발해 거슬러올라가라. 우주가 단순히 원자의 집합체가 아니라면, 전체를 다스리는 것은 자연이다. 이것이 사실이라면, 열등한 것은 우월한 것을 위하여 존재하고 우월한 것은 서로를 위하여 존재한다.(XI, 18, 2)

에피쿠로스주의 자연학은 내적 외적 경험 모두에 직면해서 성립하기 어렵기도 하지만, 여기에서 도출되는 윤리학은 내면의 도덕적 요구를 감안할 때 성립할 수가 없다. 무질서하고 분산된 원자가 전부라면 어떻게 될까?

> 그렇다면 너는 왜 불안해하는가? 너의 지배원리에 말하라. "너는 죽었다. 너는 썩었다. 너는 들짐승이 되었고, 너는 위선자다. 너는 가축 떼와 다니며 풀을 뜯고 있구나."(IX, 39, 2)

마르쿠스 아우렐리우스는 이처럼 신랄하게 빈정댄다. 이성 없는 세상에서 인간은 비이성적 짐승일 뿐이다.

그는 다른 곳에서도 스토아주의의 도덕적 태도가 어떤 우주 모델, 어떤 자연학을 받아들이든지 여전히 유효하다고 암시하면서, 어떤 가설을 취하든 스토아주의자가 되지 않을 수 없음을 보여주고자 한다. 아리스토텔레스[34]가 우리는 철학을 하면 안 된다고 말할 때조차 철학을 한다고 주장했던 것처럼, 마르쿠스 아우렐리우스와 세네카는 우리가 에피쿠로스주의를 따라 보편 이성이 존재하지 않고 스토아주의는 거짓이라고 주장한다 해도 결국 스토아주의자로서 이성을 따라 살 수밖에 없다는 논증을 펼친다. "우연이 지배한다 해도 너까지 우연의 지배를 받지는 마라."(IX, 28) 스토아주의 자연학을 버린다는 뜻은 아니다. 아우렐리우스는 다른 대목에서 그 자연학을 도덕적 선택의 근간으로 받아들이고 인정한다. 하지만 이것은 일종의 사고 수련이다. 그는 에피쿠로스주의와 스토아주의 사이에서 망설이는 것이 아니라 스토아주의자가 되지 않을 수 없음을 증명하고 싶은 것이다. 에피쿠로스주의 자연학이 참되다 해도 쾌락에만 가치가 있다는 에피쿠로스주의 사상은 거부하고, 스토아주의자로서 이성에 절대 가치를 두고 우리 의지에 달려 있지 않은 것에는 차이를 두지 않고 살아야 할 것이다. 우리는 매사에 욕망의 규율을 따라 차이가 없는 것에는 차이를 두지 않고 살아야 할 것이다. 이렇게 우리는 몇 번이나 똑같은 중심 주제로 돌아온다. 이성이 선택한 도덕적 선과 진정한 자유가 지니는 가치는 측정 불가능하다. 공통의 척도가 없기에 그것의 가치에 비하면 다른 것은 하나도 가치가 없다. 그러나 자율적이며 도덕적인 이성이 무한한 가치를 지닌다고 해서, 우리가 이성을 가졌으니 우리가 속한 전체는 이성이 없을 리 없다는 스토아주의자의 주장에 걸림돌이 생기는 것은 아니다. 섭리라면 스토아주의자로 살아야 하고, 원자라고 해도 스토아주의자로 살아야 한다. 하지만 그런 삶은 결국 원자가 아니라 보편 자연의 손을 들어 주는 셈이다. 요컨대 우리는 항상 스토아주의자처럼 살아야 한다.

사실 우리가 언급한 선언명제는 전통적으로 더 광범위하고 더 자세하게 전개되는 추론의 일부로, 그 초안은 세네카[35]에게서 볼 수 있다. 이 추론은 어떤 가설을 택하든 스토아주의자의 도덕적 태도는 변함이 없음을 보여주기 위해서 사건이 생성되는 모든 양상에 대한 가설을 고려한다. 그 가설을 전체적인 도식으로 제시하기에 앞서, 『명상록』에서 특히 의미심장한 대목을 짚어보자. 괄호 안의 숫자는 뒤에 나올 도식의 하위 구분을 가리킨다.

우주의 사유가 개별 사물에 충동을 행사하는 것이라면(5) 그 충동을 기꺼이 받아들여라.

(그게 아니라) 단 한 번 그러한 충동을 행사하는 것이라면(4) 나머지는 모두 필연적 결과에 따르는 부수 현상일 것이다(3). 그렇다면 불안해할 까닭이 뭐란 말인가?

신(2)이 지배한다면 모든 것이 잘된 것이다. 우연이 지배한다면(1) 너까지 우연의 지배를 받지는 마라.(IX, 28, 2)

이 가설 각각은 욕망의 규율의 근본적 태도로 수렴된다. 도식으로 정리하면 다음과 같다.

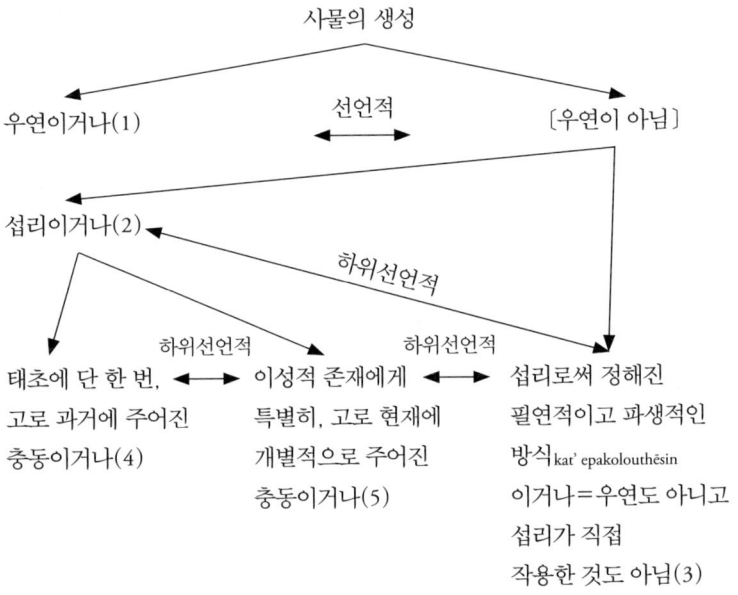

이 도식에서 우리는 일단 우연의 긍정(에피쿠로스주의)과 우연의 부정(스토아주의)이 근본적으로 대립하는 선언적 관계에 있음을 볼 수 있다. 우연의 부정은 섭리에 대한 긍정을 포함한다. 반면 하위선언명제는 전부 스토아주의 체계와 양립할 수 있다. 그러나 우리가 인용한 글의 논리적 구조를 설명하는 이 도식은 섭리의 긍정 안에도 미묘하게 다른 입장이 있음을, 섭리의 작용으로 일어나는 사건이 그러한 섭리와 맺는 관계는 크게 다를 수 있음을 보여준다. 우연이냐 우연이 아니냐, 혹은 마르쿠스 아우렐리우스가 말한 대로 우연이냐 섭리냐는 한쪽 항이 다른 항을 완전히 배제하는 선언명제다. 두 항은 절대로 양립할 수 없다.

나머지 대립은 진정한 의미에서 선언적이지 않다. 스토아주의 논리학 역사가들의 용어를 빌리자면 이 대립들은 '하위선언적'이다.[36] 배제는 절대적이지 않고 상대적이다. 마르쿠스 아우렐리우스는 같은 세계 안에서도 '어떤 것'은 섭리의 직접적 작용으로 생성되고(가설 2) '또다른 것'은 간접적으로 파생된다고(가설 3) 보았다는 뜻이다. 혹은 달리 말해보자면, 같은 세계 안에서도 어떤 것은 섭리가 처음에 한 번 전반적인 충동을 가하여 만들어졌거나(가설 4) 이성적 존재에게 개별적으로 부여된 충동에 의해 만들어졌다(가설 5).

가설 2와 3의 차이는 욕망의 규율이라는 관점에서 대단히 중요하다.

> 만물은 저 공통된 지배원리에서 비롯되며, 거기에서 직접 유래하든가(2) 부수 현상으로 나타난다(3, kat' epakolouthēsin). 따라서 사자의 쩍 벌린 입, 독, 가시, 진흙탕처럼 유해한 것은 모두 저 장엄하고 신성한 것의 부수 현상$_{epigennēmata}$이다. 그러니 그런 결과에 의한 현상(3)이 네가 공경하는 것과 무관하다고 여기지 말고 만물의 근원(2)을 생각하라.(VI, 36, 2)

그러므로 모든 사물과 사건은 보편 이성의 결과이지만, 그 생성 방식은 다르다. 보편 이성의 의지가 직접 작용한 것도 있고, 보편 이성이 의도하지 않았으나 간접적으로 그렇게 된 것도 있다.

이 구분은 크리시포스에게로 거슬러올라간다.

크리시포스 자신도 섭리에 대한 책 네번째 권에서 제기할 만한 가치가 있다고 생각했던 문제를 다루고 고찰한다. "인간의 질병은 자연에서 오는가." 달리 말하자면 이 세계의 체계와 인간이라는 종을 낳은 사물의 본성 혹은 섭리가 인간이 감내하는 질병, 장애, 신체의 고통도 낳는 것인가. 그런데 그는 인간이 병에 걸리는 것이 자연의 원래 의도는 아니었다고 생각한다. 그러한 의도는 모든 좋은 것의 창조자이자 어머니인 자연과 절대로 양립할 수 없기 때문이다. 그러나 자연이 세상에 온갖 위대하고 적절하고 유용한 것을 낳더라도, 그 위대한 것에 결부된 다른 부정적인 것이 부수적으로 더해진다. 크리시포스는 이 부정적인 것도 자연에서 생성되긴 했지만 그가 kata parakolouthēsin이라고 부르는 어떤 필연적 결과에 의한 것으로 본다. 인체의 구성은 머리통이 아주 가늘고 작은 뼈로 이루어지기를 요한다. 주요한 구성에서 머리의 취약함이라는 부정적 부수 효과가 빚어진다.[37]

마르쿠스 아우렐리우스에게 이 부수적 결과 이론은 우리에게 고통스럽거나 혐오스럽게 보이는 사물과 사건에 대한 사랑의 근거가 되므로 욕망의 규율에서 아주 중요한 역할을 한다. 보편 이성이 온 우주의 건강과 보존을 위해 자연법칙을 적용했으니 "나는 부수적 결과로서 나에게 일어난 kat' epakolouthēsin 모든 것을 기쁨으로 받아들이고 사랑해야 한다"(VI, 44, 3). 자연의 원래 의도에 따른 맹목적이고 부수적인 결과는 어떤 자연현상―역병이나 지진 같은―이 나에게, 특별히 나에게 떨어졌다는 사실이다.

그리고 어떤 자연현상—사자, 가시, 진흙탕 따위—이 나에게 특별히 두렵거나 혐오스럽게 보인다는 사실이기도 하다. 여기서 '부수적 결과' 개념이 주관성과 밀접하게 연결되어 있음을 알 수 있다. 그 일이 내게 일어났기 때문에, 내게 나타났기 때문에, 내가 지각했기 때문에, 그리고 내가 두렵거나 혐오스럽다는 표상을 떠올렸기 때문에 나는 그것이 선한 섭리에서 나왔을 리 없다고 생각하는 것이다. 그래서 나는 반항하고, 이성과 보편 자연을 비판하고 받아들이길 거부한다. 욕망의 규율은 그러한 사건도 자연이 직접 의도하지는 않았으나 결국 자연의 선한 의지에서 비롯됐음을 발견함으로써 잘못된 판단을 바로잡는 것이다. 요컨대 일단 자연의 원래 의도는 내게 해를 끼치려는 것이 아니었다. 키케로가 말한 대로 "가뭄과 우박이 땅 주인에게 피해를 입힐지라도 유피테르와는 상관없는 일이다".[38] '자연'현상은 개인을 차별하지 않는다. 이는 다른 한편으로 자연의 원래 의도는 재앙, 혐오스러운 것, 위험하거나 추한 것을 생성하는 게 아니었다는 뜻이다. 모든 것이 자연스럽지만, 어떤 자연현상은 자연의 의도가 부수적으로 낳은 것이다. 사자, 독, 가시는 인간에게 위험 혹은 적어도 위협이 될 수 있는 것에 해당한다.

여기서도 욕망의 규율은 자연학의 정의에 기대고 있다. 너무나 인간적인 가치판단을 물리치고 사물의 객관적이고 적절한 표상만 생각할 것, 마치 인간은 있지도 않은 것처럼 실재를 바라볼 것.

스토아주의자는 섭리가 합리적이라는 바로 그 이유 때문에 전능하지 않다고 본다. 크리시포스는 우리에게 섭리는 머리뼈를 위험하리만치 가늘게 만든 인체의 구성에 국한되어 있다고 한다. 스토아주의의 자연은 아리스토텔레스주의의 자연과 마찬가지로, 자기가 쓸 수 있는 재료나 상황에서 최선을 끌어내는 훌륭한 관리인이나 훌륭한 장인과 비슷하다. 중요한 것은 질료의 결함이 아니라 이성의 본성 자체다. 이성은 결정된, 따라서 유한한 대상을 요구한다. 이성에 주어진 가능성은 제한되어 있다. 이성은 서로 엇갈리는 해결책 사이에서 선택을 해야 한다. 그 해결책은 결정된 것으로서 각기 나름의 장점과 단점이 있다. 그로써 하나의 결정된 우주가 비롯되고, 그 우주는 그것 아닌 다른 것일 수 없다(운명의 교의가 지닌 또다른 측면). 그것은 태초부터 종말까지 '이러저러한' 변화를 거치고 영원히 반복되는 '이러저러한' 우주다.[39]

보편 이성은 세계를 생성하면서 만물의 변화에 어떤 법칙을 새겨놓았다. 가령 원소는 끝없이 모습을 바꾸는데, 그러한 원소의 변모로 이루어진 존재는 자기를 보존하려는 경향이 있다. 그러나 근본 법칙에서 현상이 나오고, 현상에서 혐오스럽거나 두렵거나 위험해 보인다는 주관적 판단이 나오는 것이다. 원소의 영원한 변모라는 법칙에서 죽음, 티끌, 진흙탕이 나오고, 자기보존 법칙에서 장미의 가시나 사자의 이빨처럼 자기를 방어하는 요소가 나온다. 그것은 자연의 원래 결정에서 부수적으로 비롯된 결과다.

부수적이고 필연적인 결과 개념은 섭리가 시원적인 충동을 한 번 가하고 그에 따른 필연적 연쇄kat' epakolouthēsin에 의해 만물이 생성된다는 생각(가설 4)과 밀접하게 이어져 있다. 그러므로 인간에게 고통스러운 결과는 그 시원적 충동의 의도가 아니다(가설 3). 시원적 충동과 결과의 연쇄라는 두 개념은 서로 연루되어 있다.

만물의 기원에는 단 하나의 보편적 충동, 자연-이성의 충동이 있다. 그 충동을 파스칼[40]이 표현한 것처럼 일종의 "손가락 튕기기"로 상상하지는 말자(파스칼은 데카르트의 신은 손가락을 한 번 튕기는 것만으로 우주를 움직였다고 말한다). 세계와 별개인 존재가 세계의 바깥에서 충동을 가했더니 세계가 마치 구슬처럼 저절로 굴러갔다고 생각해선 안 된다. 마르쿠스 아우렐리우스가 말하는 충동은 세계 내적인 힘, 다시 말해 세계 영혼 혹은 정신이 가하는 것이다. 기계적 모델이 아니라 유기적 모델에 부합하게 상상해야 한다. 스토아주의자는 우주를 어떤 종자에서부터 성장해가는 생명체로 생각했으니까. 종자는 그 안에 싹을 틔우고 뻗어나가는 힘, 어떤 충동을 지니고 있다는 면과 생명체로서 성장의 모든 단계가 계획되어 있다는 면이 있다. 이 계획은 체계적으로, '합리적으로' 수행된다. 스토아주의자는 생명체를 생산하는 힘을 '종자적 이성'이라 일컫는다. 신, 다시 말해 이성과 자연, 만물의 근원은 그 자체가 종자적 이성이지만 그 안에 모든 종자적 이성을 품고 있다.[41] 그래서 마르쿠스 아우렐리우스는 이렇게 말한다.

> 섭리의 근원적인 충동에 따라 먼저 일어나는 일과 이어서 일어나는 일이 있는데, 보편 자연은 미래에 관하여 어떤 구상을 품고 어떤 것을 낳을 수 있는 힘, 어떤 변화, 어떤 계승을 결정하였다.(IX, 1, 10)

시원적 충동은 내부에서부터 우주의 전개와 확장을 일으키는 힘의 작용으로 보아야 한다. 좀더 정확히 말하면, 시원적 에너지를 폭발시키는 이완과 팽창의 움직임이다. 따라서 우주는 그 자체 안에 조직과 전개의 이성적 법칙을 가지고 있다. 생명체의 성장처럼 이 변화의 과정에서 모든 것은 유기체가 번영하도록 협력하고, 모든 것이 최초의 뻗어나감과 이성적 계획의 필연적 결과로서 kat' epakolouthēsin 이루어진다. 그러나 우리가 앞에서 보았듯이, 필연적 결과도 전체의 부분 입장에서는 악으로 보일 수 있다. 그렇다고 그 악이 전개 법칙이 '의도한' 것은 아니다. 따라서 시원적 충동 이론은 우주의 전개 속에 내재하는 몰인격적 섭리에 상응한다. 세계가 이성적이라는 말은 세계 밖에 존재하는 어떤 장인의 의도, 선택, 계산으로 세계가 생성됐다는 뜻이 아니라 자체 내 법칙이 있다는 뜻이다.

이 몰인격적 섭리(가설 4)는 인류, 특히 특정인을 돌보는 섭리(가설 5)와 완전히 반대되는 것처럼 보인다. 개인을 짓누를 수도 있는 몰인격적 법칙이라는 자연학적 모델은 인간을 돌보는 신의 이미지로 대체된다. 우리가 기도를 바치는 신은 인간에게 자비를 베풀며 인생의 소소한 부분까지 돌봐준다.

겉으로 보기에 두 표상은 양립할 수 없는 것 같다. 마르쿠스 아우렐리우스는 자비를 베풀 수 있는 섭리라는 생각에 대해서 '섭리인가, 원자인가'라는 딜레마를 해결할 때와 동일한 방식으로, 어떤 가설을 취하든 스토아주의의 태도를 견지할 수밖에 없음을 보여주려는 듯하다.

> 운명의 필연과 벗어날 수 없는 질서가 지배하거나, 자비를 베풀 수 있는 섭리가 지배하거나, 지도자 없는 무의미한 혼돈이 지배한다.
> 벗어날 수 없는 필연이 지배한다? 그렇다면 왜 반항하는가?
> 자비를 베풀 수 있는 섭리가 지배한다? 너 자신이 신의 도움을 받을 자격을 갖춰라.
> 지도자 없는 혼돈? 그런 거센 파도 속에서도 네 안에 지배하는 지성이 있음을 다행스럽게 생각하라. (XII, 14)

자비를 베풀 수 있는 섭리라는 생각 자체는 보편 이성이 애초의 움직임에서 벗어날 수도 있음을 전제하므로 스토아주의의 원칙과 양립할 수 없는 듯 보인다. 세네카는 이렇게 강조한다. "신이 수정해야 하는 일을 했다면 그것은 신의 위엄을 떨어뜨리는 일이요, 신이 실수를 고백하는 셈이 될 것이다."[42] 신은 스스로에게도 필연과 법칙을 부과하기에 운명의 흐름을 바꾸지는 못한다. 신은 스스로에게도 필연이다.[43]

그렇지만 유일한 근원적 충동과 특수 섭리 사이의 대립은 언뜻 보았을 때만큼 근본적이지 않다. 종교의 몫, 그리고 여기에 수반되는 신비적 언어의 몫을 인정하기만 하면 이 대립의 진정한 의미를 족히 발견할 수 있다.

특수 섭리 이론은 확실히 세계 및 자연과의 관계를 개별화하고 싶은 욕구, 신의 존재와 선의와 부성父性을 느끼고 싶은 욕구에 부응한다. 이 욕구는 스토아주의 초기부터 감지되었다. 스토아주의자 클레안테스의 저 유명한 『제우스 찬가』는 신에게 정신적 구원을 바란다는 점에서 그러한 욕구를 잘 보여준다. "오 제우스, 모든 좋은 것을 주시는 분…… 인간을 서글픈 무지에서 구하소서. 아버지시여, 그러한 무지를 우리 마음에서 멀리 쫓아주소서……"[44] 제우스는 로고스, 자연 혹은 제1원인의 몰인격적 힘에 어떤 얼굴을 부여하기 위해 등장했다고 말할 수 있다. 세네카는 이 동일시를 분명하게 지적한다. "고대인은 우리가 카피톨리움과 다른 신전들에서 숭상하는 유피테르(제우스)가 그의 손으로 직접 벼락을 내린다고 생각하지 않았다."[45] 고대인은 유피테르를 세계의 영혼이자 정신으로 생각했던 것이다.

모든 이름이 그에게 합당하다.

운명이라 부르고 싶은가? 그래도 된다. 그에게 만물이 매여 있으니 그는 원인들의 원인인 까닭이다.

섭리라 부르고 싶은가? 그래도 된다. 그의 조언으로 이 세계의 필요가 충족되어 세계는 아무런 장애물도 만나지 않고 완성에 이르며 모든 움직임을 전개하기 때문이다.

   자연이라 부르고 싶은가? 그리 불러도 틀린 것은 아니다. 우리가 살아가는 이 생기에 힘입어 만물이 그에게서 태어나니 말이다.

   세계라 부르고 싶은가? 그리 불러도 실수하는 것은 아니다. 네가 보는 모든 것이 그이기 때문이다. 그는 자신의 모든 부분에 임하고 자기 자신과 자신의 부분들을 보존한다.[46]

이 글의 다음 부분에선 제우스-유피테르에게 유일한 시원적 충동 이론이 적용된다.

   벼락은 유피테르가 내린 것이 아니지만 만물이 그에 의하여 마련되었으니, 그가 직접 만들지 않은 것조차도 유피테르의 이성 없이는 만들어지지 않았다. 유피테르가 직접 그것을 만들지 않았어도 만들어지게 한 이는 유피테르다.[47]

   유피테르 외의 다른 신들은 세계를 구성하고 우주의 전반적인 변화 단계를 나타내는 요소에 우의적으로 상응한다. 일례로 헤라는 공기를 상징한다. 에픽테토스(『담화록』 III, 13, 4-8)는 제우스, 즉 이성 혹은 자연을 신비롭게 묘사한다. 이완과 확장, 그후 응축과 수축을 거친 우주는 어느 순간 활활 타오르면서 종자 상태로 돌아간다. 이때 이성은 오직 그 자신하고만 존재한다. 제우스가 말한다. "나는 참으로 불행하구나! 내게는 헤라도, 아테나도, 아폴론도 없는가?" 에픽테토스는 말한다. "그렇다. 제우스는 자기와 살고 자기 안에서 휴식을 취하며…… 자신에게 합당한 사유로 자기를 유지한다."

그러므로 이 모든 것이 종교적 욕구, 그 힘을 인격화하려는 욕구에 해당한다. 욕망의 규율은 우리가 그 힘의 의지에 기쁘게 동의하기를 바란다. 이 때문에 마르쿠스 아우렐리우스는 에픽테토스도 그랬듯이 동의의 태도를 묘사하면서 "신을 따르다" 혹은 "신에게 복종하다"라는 표현을 쓴다.[48]

철인 황제는 신이 자신에게 베푸는 관심을 감지하고 싶은 욕구를 느꼈다. 『명상록』(I, 17)에서 그는 신이 베푼 은총을 하나하나 열거하고, 특히 건강, 소통, 지지에 대해서 신이 그에게 허락한 꿈과 철학적 삶에서 신이 불러일으킨 영감에 감사한다. 그런 것은 소위 그리스도교 신학에서 말하는 '현재의 은총'에 해당할 것이다. 신은 인간이 도덕적 삶을 실현하도록 돕는 데 그치지 않고, 인간이 으레 원하는 차이 없는 것(건강, 부, 영광)까지 얻을 수 있도록 돕는다(IX, 11, 2; 27, 3).

나는 종교적 욕구라고 말했지만 이것은 정치적 사회적 문제이기도 하다. 고대인의 일상은 전부 종교의식으로 점철되어 있었다. 현재의 특별한 은총이 없다면 기도와 희생이 무슨 의미가 있으랴.

> 신이 어떤 것에 대해서도 결정을 내리지 않는다면―그러리라 믿는 것은 불경한 일이지만―더이상 제물도 바치지 말고, 기도도 맹세도 하지 말고, 그 밖에 신이 현존하고 우리와 함께 산다고 믿고서 행하는 그 어떤 것도 하지 말자.(VI, 44, 4)

따라서 이 종교적 욕구는 대화가 거의 가능한 어떤 인격적 존재와 관계를 맺고자 하는 욕망에 상응한다. 그리고 다이몬의 표상도 이 열망에 부응한다. 더욱이 다이몬은 전통적으로 일반적 섭리론의 특수한 한 요소에 불과하다.[49] 에픽테토스의 다음 말은 의미심장하다.

> 신은 각 사람 곁에 그에게 특수한 다이몬을 수호자로 두시고 각 사람을 그 다이몬의 보호하에 맡기셨다…… 너희는 문을 닫을 때…… 절대로 너희가 혼자라고 말하지 않아야 한다는 것을 기억하라…… 신은 너희 안에 계시다.(『담화록』 I, 14, 12)

사실 인간과 섞여 있는 신과 인간 내면의 다이몬에 대한 표상이 스토아주의의 이성적 요구를 바꾸지는 못한다. 내 말은, 개인의 팔자에 관여하는 신 혹은 다이몬은 이성이나 운명을 좀더 생생하고 인간적인 모습으로 이미지화한 신비적 표현에 불과하다는 것이다.

가령 우리는 마르쿠스 아우렐리우스의 글에서 이 현상을 볼 수 있다.

> 자신의 영혼이 주어진 몫에 만족하고, 제우스가 자신의 분신으로서 각자에게 지배자와 인도자로 나누어준 다이몬이 원하는 바를 행하고 있음을 신에게 늘 보여주는 자는 신과 더불어 사는 것이다. 그 다이몬은 다름 아닌 각자의 정신과 이성이다.(V, 27)

여기서 다이몬은 인간 내면의 이성, 인간의 고유한 본성과 동일시된다.[50] 그것은 자연과 보편 이성의 일부분이다.

그래서 특별하고 특수한 섭리 가설도 신화적인 표현을 벗겨놓고 보면 스토아주의의 일반적 섭리론에 완벽하게 통합된다. 사실 스토아주의자는 보편 이성이 근원적 충동으로 우주의 전개 법칙을 작동시켰다고 볼 뿐 아니라, 우주의 근본 법칙이 그 무엇보다 이성적 존재의 선을 지향한다고 보았다. "열등한 존재는 우월한 존재를 위해 존재한다."(V, 16, 5) 따라서 섭리는 직접적으로 이성적 존재를 가장 우선시해 작용하고 결과를 통해 다른 존재에게까지 영향을 미친다.

> 만물의 본성은 질서정연한 세계를 만들고픈 충동을 느낀다(가설 4). 그리고 지금 일어나는 것은 그 충동의 필연적 부수 현상이거나(kat' epakolouthēsin, 가설 3) 세계의 지배원리가 특수한 의지에 따라 추구하는(가설 5) 아주 적은 수의—가장 중요한—것$_{oligista}$이다.(VII, 75)

'아주 적은 수의 가장 중요한 것'이 바로 이성적 존재다. 그러므로 우주 전체를 향한 일반 섭리가 있고, 그 섭리는 '근원적 충동'에 해당한다. 또한 이성적 존재를 향한 특수 섭리, 특수한 의지, 아우렐리우스가 다른 곳에서 "개별 사물에 행사하는 충동"(IX, 28, 2)이라고 말했던 것도 엄연히 있다. 두 섭리의 개념은 상호 배타적이지 않다. 시원적 충동에서 비롯한 우주에 내재하는 일반 법칙은 이성적 삶이 우주를 정당화하는 목적이기를 바란다. 오리게네스는 스토아주의에 이러한 가르침이 있었음을 명확하게 알려준다.

> 섭리는 만물이 무엇보다 이성적 존재에게 이롭도록 하였다. 이성적 존재는 가장 중요한 존재이기에 세상에 태어난 아이들 역할을 맡고, 이성이 없거나 움직이지 못하는 존재는 태아와 함께 만들어진 태반 역할을 맡는다…… 섭리는 무엇보다 이성적 존재의 욕구를 고려하지만, 이성 없는 존재가 부수적인 결과에 따라 인간을 위해 만들어진

것의 덕을 보기도 한다.[51]

하지만 이 글을 어느 밭 주인이 우박에 입은 피해와 유피테르는 아무 상관도 없다는 키케로의 글과 정반대되는 내용으로 보아서는 안 된다. 수확이라는 도덕적으로 차이 없는 것이 스토아주의자의 시각에서는 어차피 중요하지 않다. 중요한 것은 오직 인간의 도덕적 고양과 지혜의 추구다. 열등한 존재도 창조하고 먹여 살리는 신의 섭리는 인간에게 교육적이다. 베르그송[52]은 세계를 "신을 만드는 기계"라고 했다. 스토아주의자라면 기꺼이 현자를 만드는 기계라고 말할 것이다.

사실 현자는 이 특수한 섭리의 수혜를 입은 자로 나타난다. 에픽테토스가 한 말을 보자.

> 신은 자신의 걸작, 자신의 노예, 자신의 증인에게 이렇게까지 무심할 수 있을까? 자신이 도덕적 훈련 없이 인간 앞에 본보기로 세운 자들에 대해서?(『담화록』 III, 26, 28)

혹은 키케로의 이 글을 보자.

> 신은 인류만이 아니라, 신의 구원 없이는 그렇게 될 수 없었을 자들도 특별히 귀히 여긴다.[53]

섭리의 작용 양상이 다를 수 있다는 이 이론은 마르쿠스 아우렐리우스가 보기에 결국 우리가 욕망의 규율을 실천하는 방식을 특정한다는 의의가 있다. 사실 사건은 근원적 충동의 관점에서 보느냐, 특수 섭리의 관점에서 보느냐에 따라 상이하지만, 하나로 수렴되는 두 방식으로 고려할 수 있다.

보편 이성과 일반 섭리의 관점에서 장미의 가시나 맹수의 아가리, 진흙탕과 지진처럼 인간에게 혐오스럽고 불쾌하고 추하고 무섭게 보이는 것은 완전히 자연스러운 현상이지만, 근원적 충동이 직접 계획한 것이 아니라 그러한 충동의 부수적이고 필연적인 결과다. 이러한 세계 질서의 불가피한 결과가 키케로의 말마따나 포도밭 주인의 개인적 심기를 상하게 하고 그에게 불행으로 다가올지언정 그것이 '유피테르'가 바랐던 바라고 할 수는 없다. 포도밭 주인은 사건을 얼마든지 자기 마음대로 생각할 수 있으나, 사실 그러한 사건은 근원적 충동에서 비롯한 자연학적 법칙의 부수적 결과다. 그 사람이 스토아주의자라면 이 우주의 질서를 긍정하고, 세계를 긍정하고, 자신에게 닥치는 모든 일을 사랑하며, 자기 재산의 손실이 도덕적으로 선하지도 악하지도 않은, 차이가 없는 것임을 알리라. 차이가 없는 것은 유피테르와 무관하다. 그것은 보편적 관점에서 아무 의미가 없다. 그것은 주관적이고 편파적인 관점에 해당한다.

그렇지만 특수 섭리의 관점에서 내게 일어나는 사건은 내게 특별히 운명 지어졌다. 클로토,[54] 즉 시원적 충동에서 비롯된 우주의 흐름은 태초부터 그 사건을 나와 엮어놓았다(IV, 34; V, 8, 12; IV, 26; X, 5). 나와 엮인 모든 사건은 신이 내게 원하는 바에 동의할 기회를 이러저러한 순간에 이러저러한 형태로 주기 위해 예정되었다. 온 우주가 특별히 나에게 정해놓은 '나의' 운명을 받아들일 수 있도록.

"아스클레피오스가 이러저러한 사람에게 승마 연습이나 냉수욕이나 맨발 걷기를 처방했다"고 한다. 마찬가지로 우리는 "보편 자연이 이러저러한 사람에게 질병이나 불구나 피해나 그 밖에 비슷한 다른 것을 처방했다"고 말할 수 있다. 전자의 경우 '처방했다'는 이러저러한 사람에게 그의 건강상 유익한 것을 지정해주었다는 뜻이고, 후자의 경우 각자에게 일어나는 사건이 어떤 의미에서 그의 운명에 유익한 것으로 지정되었다는 뜻이다⋯⋯ 우리는 운명의 이러한 처방을 아스클레피오스의 처방처럼 받아들이기로 하자.(V, 8)

마르쿠스 아우렐리우스는 특별히 너에게 일어난 사건은 '처방된' 것, 너와 관계가 있고 아주 오래된 원인에 의해 너와 함께 엮인 것이라고 말하는 한편, 너에게 '처방된' 것이 우주의 존재와 원만한 운영을 좌우한다고 말한다.[55]

두 시각은 상호 배타적이지 않다. 각 사건은 그 자체로 고려된 우주의 일반 법칙에서 비롯하는 동시에, 동일한 일반 법칙이 다수의 이성적 존재에게 적용될 때의 결과이기 때문이다.

그러나 어느 시각을 취하느냐에 따라 욕망의 규율 실천은 분위기가 자못 달라진다. 하나는 존엄하나 무차별적인 자연의 불가피한 법칙을 관조하면서 모든 주관성을 지우는 훨씬 몰인격적인 태도다(IX, 1). 다른 태도는 개인에게 자신의 과업, 역할, 자연이 그에게 정해준 운명을 감당함으로써 전체의 선에 협력하는 기분을 느끼게 한다는 점에서 좀더 인간적이다(VI, 42).

우리는 모두 하나의 목적을 달성하기 위하여 서로 협력하는데, 더러는 알고서 의식적으로 그렇게 하고, 더러는 모르고서 그렇게 한다. 생각건대 헤라클레이토스는 그런 의미에서 "잠자는 자들도 우주에서 일어나는 현상의 일꾼이며 협력자다"라고 말한 것 같다…… 우주를 관장하는 그분은 어떤 상황에서도 너를 잘 이용해줄 것이며, 자신의 협력자와 조력자 사이에 네 자리를 정해줄 것이다.(VI, 42)

6. 비관론?

"『명상록』을 관통하는 것은 기쁨도 착각도 없는 뿌리 깊은 비관론이다…… 이 책은 어느 지식인의 고독에 관한 진실한 자료다." 1988년에 열린 마르쿠스 아우렐리우스 관련 전시회 카탈로그[56]에서 발췌한 이 문장은 르낭 이후 대부분의 역사가가 이 철인 황제를 어떻게 생각했는지 요약적으로 보여준다. 물론 『명상록』에 비관론적인 선언이 없지 않은 것은 사실이다.

목욕할 때 나오는 기름, 땀, 때, 그리고 끈적거리는 물과 온갖 역겨운 것들처럼 인생의 모든 부분과 모든 대상이 그러한 느낌을 준다.(VIII, 24)

우리 각자 존재의 바탕을 이루는 물질이 분해되면 액체, 먼지, 뼈, 악취만 남는다.(IX, 36)

이 혐오에 구역질날 것 같은 권태까지 더해지는 듯하다.

원형극장이나 그 비슷한 장소의 구경거리에 너는 구역질이 난다. 늘 똑같은 것, 그런 획일성 때문에 공연도 지겹다. 인생 전체를 놓고 볼 때도 마찬가지다. 위로나 아래로나 모든 것이 언제나 똑같고, 똑같은 것에서 비롯한다. 언제까지 그럴 것인가?(VI, 46)

앞에서 말했듯이, 마르쿠스 아우렐리우스가 여기서 개인적 감상, 달랠 길 없는 자신의 슬픔을 표현한다고 성급히 속단해서는 안 된다. 우리는 그가 이미 도안이 그려진 천에 수를 놓았다는 것을 안다. 그의 사유는 정해진 방법, 기존 모델을 따라가는 수련이다. 무엇보다 이런 표현의 진정한 의미, 진정한 범위를 이해하려고 노력해야 한다.

우선 이런 진술의 상당수에서 앞서 보았던 자연학의 정의 방법을 인지할 수 있다. 자연학의 정의는 대상에 대하여 인간이 관습적으로 내리는 거짓된 가치판단을 지양하고 객관적 표상에만 머무는 것이다. 마르쿠스 아우렐리우스는 머릿속에 떠오르는 모든 대상을 정의하고 기술해(III, 11, 2) "인생의 모든 영역을 자연학의 관점에서 정확하게 고찰할"(X, 31, 5) 수 있어야 한다고 말한다. 이와 같은 자연학의 정의 방법은 사물을 벌거벗기고(VI, 13, 3; III, 11, 1) "그것이 뽐내는 옷을 벗겨 무가치함을 꿰뚫어본다"(VI, 13, 3). 그리고 철인 황제는 사물을 부분으로 환원해 정의하는 방법에 대해 이렇게 조언한다. "미덕과 미덕에서 파생된 것이 아니라면 이를 명심하여 모든 사물의 구성 요소를 고찰하되, 그것을 구분함으로써 사물 자체를 경멸하도록 하라. 같은 방법을 네 인생 전체에 적용하라." (XI, 2)

고로 거짓된 가치를 물리치고 사물을 벌거벗은 '자연학적' 실재 그대로 보는 것이 중요하다. 먹음직한 고기 요리는 동물의 사체에 불과하다. 자홍색 피륙은 물들인 양모에 불과하다. 성교는 장기의 마찰일 뿐이다(VI,

13. 1). 마르쿠스 아우렐리우스가 이끈 전쟁은 거미의 파리 사냥과 비슷하고(X. 10. 1) 사회적 정치적 삶도 부질없다.

> 살아 있는 동안 높이 평가받던 것도 공허하고, 썩고, 하찮다. 서로 물어뜯는 강아지나 저희끼리 싸우면서 금방 웃다가 우는 아이들과 무에 다르랴.(V. 33. 2)

동일한 방법이 스스로 대단하다 여기는 자에게도 적용될 수 있다.

> 그들이 먹고, 자고, 교합하고, 배설하고, 그 밖의 다른 일을 할 때 어떤 모습인지 상상해보라. 그리고 그들이 군림하고, 교만을 떨고, 화를 내고, 높은 자리에서 호통을 칠 때 어떤 모습인지도 상상해보라.(X. 19)

'자연학적' 실재를 바라보는 것이 늘 중요하다. 명성, 후세에 남을 이름에 대해서도 그렇다. "그리고 이름은 공허한 소리나 메아리에 불과하다." (V. 33) 마찬가지로, 전체를 부분으로 나누는 방법을 통해 생을 그 순간 중 하나로 환원함으로써 모든 가식을 뿌리 뽑을 수 있다.

> 목욕할 때 나오는 기름, 땀, 때, 그리고 끈적거리는 물과 온갖 역겨운 것들처럼 인생의 모든 부분과 모든 대상이 그러한 느낌을 준다.(VIII. 24)

인간사란 얼마나 덧없고 하찮은 것인지 보라. 어제는 한 방울의 진액

이었다가 내일은 미라나 재가 된다.(IV, 48, 3)

일련의 '자연학적' 정의 가운데 죽음에 대한 정의는 우리의 물리적 존재에 별 가치가 없음을 다시 한번 지적한다.

> 우리 각자 존재의 바탕을 이루는 물질이 분해되면 액체, 먼지, 뼈, 악취만 남는다. 대리석도 흙이 굳은 것이고, 금이나 은은 침전물이며, 의복은 짐승의 털이고, 자홍색 염료는 조개의 피고, 그 밖의 다른 것도 모두 마찬가지다.(IX, 36)

우리는 여기서 다양한 대상을 자연학적으로 정의하는 훈련을 하는 마르쿠스 아우렐리우스를 발견한다. 그가 우리를 이루는 물질의 분해를 말하면서 대리석이나 금을 말할 때보다 정서적으로나 개인적으로 더 의미를 두지는 않는다고 보아도 좋을 것이다. 이것은 인상적 표현을 찾기 위한 다소 작위적인 훈련이다. 그러나 핵심은 거짓 가치를 고발하는 것이다. 이것이 욕망의 규율이 해야 하는 일이다.

일부 역사학자들은 이 텍스트를 철인 황제가 물질적인 것과 물리적 대상을 정말로 혐오했다는 증거로 볼 수 있다고 생각했다.[57] 하지만 그렇다면 물질에 이성이 임재한다는 스토아주의의 가르침을 그가 저버린 셈이 된다. 또한 감각계에 대한 크리시포스의 찬탄도 그에게서는 나타나지 않아야 한다. 감각계와 별개로 존재하는 초월적 신성을 주장하는 경향이 보여야 할 것이다. 나는 그러한 시각이 적절하지 않다고 본다. 일단 마르쿠스 아우렐리우스가 '물질의 분해'를 말할 때, 그는 물질 자체가 썩어빠진 것이라고 말하지 않는다. 죽음, 곧 물질의 변화라는 자연스러운 과정에 필연적으로 그러한 분해 현상이 수반되는데, 이 현상은 우리에게 역겨워 보일 수 있으나 자연학적으로 정확하게 정의되어야 할 대상이다. 마르쿠스 아우렐리우스는 물질에 이성이 임재한다는 자기 학파의 교의를 저버리지 않았다. 그는 실체$_{ousia}$, 즉 유순한 물질을 지배하는 이성에 대해(VI, 1), 모든 실체 혹은 물질에 퍼지는 이성에 대해(V, 32), 실체의 도움으로 존재를 빚어내는 이성에 대해(VII, 23), 자연의 존재 속에 임하며 우리가 우러러야 할 건설적 힘에 대해(VI, 40) 말한다. 철인 황제가 "물질의 연약함"(XII, 7)을 말한 것도 사실이다. 그러나 이 연약함은 '유연한' 성질, 스스로 작용하지 못하고 늘 수동적으로 변화함을 뜻할 뿐이다. 이것이 스토아주의가 생각하는 물질의 성질이다.

　마르쿠스 아우렐리우스가 때때로 육신을 시체와 동일시하는 것도 사실이다(IX, 24; X, 33, 6). 하지만 그는 에픽테토스에게서 이러한 태도를 배웠다. "에픽테토스가 말했듯이 '너는 시신을 짊어지고 다니는 작은 영혼일 뿐이다.'"(IV, 41) 실제로 아리아노스가 정리한 에픽테토스의 『담화록』에서 비슷한 표현을 볼 수 있는데(II, 19, 27; III, 10, 15; III, 22, 41) 특히 이 철학자가 시체가 곧 '나'인지 묻는 대목이 그렇다(IV, 7, 31). 또 다른 곳에서는 마르쿠스 아우렐리우스가 그랬듯이 육신은 흙에 불과하다는 말을 덧붙인다(III, 22, 41). 따라서 육신에 대한 부정적 표현은 마르쿠스 아우렐리우스만의 고유한 발상이 아니다.

　철인 황제가 인생을 때와 기름 가득한 목욕물에 비유한 것도 자연학적 정의 훈련의 일환이다. 사물을 있는 그대로 보려면 그것이 일상과 떼려야 뗄 수 없는 실재임을, 다시 말해 신체 기능의 물리적이고 생리학적인 측면을 보는 훈련을 해야 한다. 우리 안과 주위 사물의 끝없는 변화를—먼지, 더러움, 고약한 냄새, 썩은 내를—알아볼 수 있어야 한다. 이 현실적 시선이 생을 있는 그대로 직시하게 해준다. 세네카가 떠오르는 대목이다.

> 목욕물이 튀거나, 공공장소에서 떠밀리거나, 진흙탕에 빠졌다고 놀라는 것은 그런 일에 불평하는 것 못지않게 우스꽝스럽다. 목욕탕에서, 군중 속에서, 길에서 응당 일어날 법한 일이 삶에서 일어난 것이거늘…… 삶은 섬세한 자에게 걸맞은 것이 아니다.[58]

이 가차없는 시각이 삶의 사물들에서 우리의 판단이 덧씌운 거짓 가치를 벗겨낸다. 이 시각이 비관론처럼 보이는 진짜 이유는 모든 것이 도덕적 의도의 순수성, 덕의 광휘라는 유일한 가치에 비하면 추하고 보잘것없고 무가치하기 때문이다. 이 시각에서 생은 "더러움"(VII, 47)이다. 하지만 그와 동시에 우리는 더러움과 역겨운 것이라는 개념이 얼마나 주관적이고 상대적인지 생각하게 된다. 정말로 역겨운 것은 물질의 어떤 측면이 아니라 정념과 악덕이다.

사실 자연학적 실재의 어떤 면을 역겹다고 느끼는 이유는 우리가 편견에 사로잡혀 그 실재를 보편 자연의 광대한 시각에 놓고 보지 못하기 때문이다. 그 모든 것은 자연이 만물의 기원에 가했던 시원적 충동의 필연적이지만 부수적인 결과일 뿐이다.

> 사자의 쩍 벌린 입, 독, 가시, 진흙탕처럼 유해한 것은 모두 저 장엄하고 신성한 것의 부수 현상이다. 그러니 그런 현상이 네가 공경하는 것과 무관하다고 여기지 말고 만물의 근원을 생각하라.(VI, 36, 3)

진흙탕, 먼지, 목욕물, 우리가 역겹다고 판단하는 모든 것은 보편 이성에서 기원한 세계의 흐름, 그 전개 과정과 긴밀하게 연결되어 있다. 마르쿠스 아우렐리우스는 여기서 더 나아간다.

> 우리는 자연적으로 발생하는 것에 수반되는 현상에도 우아하고 매력적인 면이 있음을 주목해야 한다. 예를 들어 빵을 굽다보면 군데군데 균열이 생기고, 그러한 균열은 어떤 의미에서 빵 굽는 이의 의도에 어긋나지만 우리의 주목을 끌어 나름대로 식욕을 돋운다. 무화과는 가장 잘 익었을 때 갈라지고, 농익은 올리브도 썩기 직전에 독특한 아름다움을 띤다. 고개 숙인 이삭, 사자의 주름진 이마, 멧돼지의 주둥이에서 흘러내리는 거품 등등은 따로 떼어서 보면 아름다움과는 거리가 멀지만, 자연적으로 발생하는 것에 수반되는 까닭에 그것을 돋보이게 하고 나름대로 매력을 지닌다. 따라서 누군가 우주에서 발생하는 것을 유독 깊은 감수성과 통찰력으로 살핀다면, 그러한 부수 현상도 나름대로 전체와 기분좋은 조화를 이루는 듯 보이지 않는 것이 거의 없으리라. 그러한 사람은 맹수의 쩍 벌린 입을 보고도 화가나 조각가가 모방해놓은 것을 볼 때 못지않은 즐거움을 느낄 것이다. 또한 노파나 노인에게서 원숙미 같은 것을 보고, 아이들의 매력을 순결한 눈으로 바라볼 수 있을 것이다. 이런 유는 한두 가지가 아니다. 아무나 그런 데서 기쁨을 발견하지는 못하고, 자연과 자연의 작용에 진정 친숙한 사람만이 그러한 경험을 한다. (III, 2)

이 글은 아리스토텔레스의 『동물의 부분들에 관하여』 서문(644b 31)과 비교해볼 만하다.

사실 이 세계의 어떤 피조물은 기분좋은 외양을 제공하지 않는다. 그러나 우리가 철학적 본성을 지니고 자연현상의 원리를 알 수만 있다면, 그것을 만든 자연이 우리가 그것을 관조할 때 경이로운 희열을 선사한다. 더욱이 우리가 자연이 만든 존재 자체는 기쁘게 바라보지 않으면서—적어도 거기서 원리를 보지 못할 때는 그렇다—그 존재의 모사품을 보고 예술가, 화가, 조각가의 재능에 탄복하고 기뻐하는 것은 부조리하고 이치에 맞지 않는다. 그렇기 때문에 덜 고귀한 동물을 관찰하면서 치기 어린 혐오감에 휘말려서는 안 될 것이다. 자연의 모든 것에는 경이로운 그 무엇이 있는 까닭이다.

아리스토텔레스는 자연이 낳은 존재 자체에 관심을 둔다. 그런 존재는 설령 무섭거나 혐오스러운 외양이더라도 거기서 자연의 창조적 역량을 알아볼 수 있다면 철학자는 아름다움을 발견할 것이다. 반면 마르쿠스 아우렐리우스에게 중요한 것은 오히려 필연적이고 부수적인 결과다. 뱀의 독, 장미의 가시, 이러한 자연현상은 원래 결정에서 비롯한 것임에도 인간의 눈에는 자연의 의도에서 벗어난 것처럼 보인다. 그렇지만 결국 마르쿠스 아우렐리우스 역시 이런 결과에서 자연의 창조적 역량을 알아보는 셈이다.

아름다움의 고전적 규준에 들어맞지 않는 이런 결과도 자연현상의 결과인 한 '아름답고 매력적인 그 무엇'을 지닌다.

빵 굽는 이는 완벽하게 고른 모양의 빵을 구워내고 싶었을 것이다. 그러나 빵이 어떻게 나올지는 모르는 일이고, 구워지는 과정에서 예기치 않은 방식으로 갈라지게 마련이다. 마찬가지로 우주의 전반적 운동은 완전히 이성적이어야 할 것이다. 그렇지만 이 운동에 수반되는 부수적 현상은 자연의 의도, 자연이 맨 처음 가한 충동에서 벗어나는 듯 보인다. 빵의 예와 마찬가지로 이 변칙성, 이 불규칙성, 이 껍질의 균열이 오히려 빵을 바삭바삭하니 먹음직스럽게 하고 우리의 식욕을 돋운다.

아리스토텔레스는 철학자만이 자연의 생산물에서 아름다움을 느낄 수 있다고 보았다. 철학자는 자연의 계획을, 존재를 안에서부터 성장시키는 힘을 발견하기 때문이다. 마르쿠스 아우렐리우스 역시 철학자 혹은 현자만이 우주의 과정을 깊이 경험하고 이해해 그 과정에 수반되는 현상의 아름다움과 우아함을 느낄 수 있다고 본다. 철학자 혹은 현자만이 자연의 과정과 거기에 필연적으로 수반되는 것의 관계를 감지하기 때문이다.

이상적 형태, 표준적 비례를 구현하는 것만 아름답다고 보는 이상주의 미학 대신, 아리스토텔레스나 마르쿠스 아우렐리우스는—헬레니즘 시대 전반에 걸쳐—생생한 현실이 벌거벗은 채로, 어쩌면 추한 모습 그대로도 가장 아름다운 모방보다 더 아름답다는 사실주의 미학을 취했다. 플로티노스[59]도 이렇게 말한다. "추한 사내도 살아 있기만 하다면 잘생긴 사내의 조각상보다 훨씬 아름답다."

여기서 관점이 완전히 바뀐다. 혐오스럽고 역겹고 무서워 보이는 것이 자연과 친숙한 이의 눈에는 아름답게 보인다. 그것은 존재하고, 자연스럽고, 자연의 과정에 속해 있고, 간접적으로 자연의 의도에서 유래하기 때문이다.

우리는 자연과 마찬가지로 차이가 없는 것, 우리에게 달려 있지 않고 보편 자연에 달려 있는 것을 차별하지 말아야 한다(IX, 1, 9). 때, 진흙탕, 가시, 독은 동일한 기원에서 오고 장미, 바다, 봄과 마찬가지로 자연스럽다. 자연, 그리고 자연과 친숙한 인간의 시각에서 보면 목욕물과 인생의 나머지 것을 구별할 이유가 없다. 모든 것이 '자연'이다. 이는 앞에서도 인용한 니체의 생각과 크게 다르지 않다. "전체의 광대한 범위에서 보면, 위에서 내려다보면 모든 것이 필연이고 그 자체로는 다 같이 유용하다. 그런 것을 단지 견딜 게 아니라 사랑해야 한다."

자연과의 친숙함은 욕망의 규율을 실천하는 자의 기본 태도 중 하나다. 자연과 친숙하다는 것은 사물과 사건을 우리와 같은 세계에 속해 있고 우리와 같은 기원에서 유래한 친숙한 것으로 본다는 뜻이다. 요컨대 그것은 '자연학을 하는 것', 우주의 통일성과 자기 정합성을 깨닫는 것이다. 그런 사람은 "그를 낳아준 우주에 어울리는 인간"이 되고 "자신의 조국에서 더 이상 이방인이 되지 않을" 것이다(XII, 1, 5).

그러한 우주적 시각에서 바라볼 때 생의 모든 것은 단지 존재한다는 이유로 아름답지만, 그와 동시에 자유와 도덕의 영역에 속하지 않으므로 가치가 없다. 그 모든 것은 무한한 시간과 공간 속에서, 끊임없는 생성의 흐름 속에서 빠르게 사라져갈 뿐이다. "버티고 설 수도 없는 이 변화의 강물 속에서 쏜살같이 지나가는 것 중에 대체 무엇을 높이 평가해야 한단 말인가?"(VI, 15, 2).

마르쿠스 아우렐리우스는 자연의 거대한 법칙을 관조하면서 결코 싫증을 느끼지 않는다. 만물의 영원한 변모가 그 무엇보다 그의 마음을 사로잡는다. 그는 그 변모를 하염없이 관조하길 원한다.

> 만물이 유기적으로 어떻게 변하는지 꿰뚫어보는 학문적 방법을 습득하고, 항상 이에 전념하여 이 분야에서 수련하라.(X, 11)

> 존재하는 모든 개체를 고찰하되 그것이 이미 해체되고 변하고 있음을, 그러니까 썩거나 흩어지고 있음을 명심하라.(X, 18)

마르쿠스 아우렐리우스는 주위의 사물과 사람에게서 이미 분해 과정이 일어나고 있음을 감지하려 애쓴다. 그러면 제비꽃 한 다발을 바라보는 것만으로도 죽음에 대해 명상할 수 있다는 비베스코 공주에게 동의할 것이다.[60] 과거 아우구스투스의 황궁을 떠올리면 그의 기억 속에서 한순간 살아나는 인물들이 이미 오래전에 죽었음을 깨닫는다. 이것은 죽음 강박이나 병적인 자기만족과 거리가 멀다. 영화 〈죽은 시인의 사회〉에서 문학 교사 로빈 윌리엄스는 학생들에게 삶의 가치를 깨우쳐주려고 오래전 그 기숙학교 선배들의 사진을 보여준다. 사진 속 소년들이 살아 있는지 죽었는지 모른다는 사실을 의식함으로써 그들은 생의 귀중함을 깨닫는다. "카르페 디엠, 오늘을 붙잡아라!" 마르쿠스 아우렐리우스가 유일하게 귀히 여기는 것은 인생 자체가 아니라 도덕적 삶이라는 차이가 있을 뿐이다.

보편적 변모를 바라봄으로써 죽음을 두려워하지 않는 법을 배운다. 죽음은 변모의 개별적 사례일 뿐이다(II, 12, 3). 또한 지나가는 것에 어떤 가치도 부여하지 않는 법(IX, 28, 5)을 배운다. 그렇지만 영혼은 광대한 자연의 관조에 빠져들고, 자연은 만물을 끊임없이 변화시켜 "우주가 영원히 새롭도록" 한다(VII, 25).

광대한 우주와 무한한 시공간 속에서 마르쿠스 아우렐리우스는 이전의 여러 인물도 그랬듯이 일종의 현기증과 도취에 빠져든다.

실체와 시간 전체를 조망하려면 위에서 내려다보는 시선,[61] 광대한 우주에서 만물 위로 비행하는 영혼의 시선이 필요하다. "사유를 통해 온 우주를 안고, 영원의 무한성과 개별 사물의 재빠른 변화를 생각한다면 너 자신에게 광대한 자유의 장이 열릴 것이다."(IX, 32) 철인 황제는 천체의 공전, 변모하는 원소의 거센 흐름에 휘말려든다. "그런 것에 관한 사색이 지상의 삶에서 더러움을 씻어줄 것이다."(VII, 47)

그는 사유를 통해 스토아주의 모델에 부합하는 우주에 빠져든다. 이 유한한 우주는 광대한 진공 속에서, 무한한 시간 속에서 끊임없이 자기 자신을 반복한다. "영혼은 온 우주와 그것을 둘러싼 진공을 두루 거닐며 우주의 형태를 규명하고 무한한 시간 속으로 뻗어나가 만물의 주기적 재생을 파악하고 고찰한다."(XI, 1, 3)

인간은 무한을 위해 만들어졌다. 인간의 진정한 조국, 진정한 국가는 드넓은 세계다. 세네카가 말한 대로다.

> 인간이 정신을 광대한 지경까지 넓히는 것은 자연스러운 일이니 …… 인간 영혼은 신에게조차 적용되는 한계 외에는 어떤 한계도 받아들이지 않는다…… 그의 조국은 하늘과 우주가 담은 모든 것이다.[62]

마르쿠스 아우렐리우스는 인간의 고유한 속성이자 인간을 기쁨으로 채우는 것 중 하나가 보편 자연과 그 자연에 따라 일어나는 것을 관조하는 것이라고 말한다(VIII, 26). 위에서 내려다보기 혹은 영혼의 우주적 비행이라는 정신 수련은 일단 인간에게 우주의 광휘와 정신의 광휘를 밝히 보여준다. 하지만 이 수련은 욕망의 규율을 실천할 동기를 강력하게 제공하는 효과도 있다. 위에서 내려다본 인간사는 미미하고, 부질없고, 바랄 만하지 않다. 죽음조차도 두려워할 만한 것으로 보이지 않는다.

이렇게 보면 아시아와 유럽도 우주의 한 조각에 불과하고, 바다는 물 한 방울이며, 아토스산은 흙덩이에 불과하고, 지금 이 순간은 한 점이다(VI, 36). 인간의 자리, 인간의 몫은 이 광대함 속에서 작디작기만 하다(XII, 32). 그리고 땅 위에 모여 들끓는 작은 것이 인간이다!

군중, 군인, 농부. 결혼, 이혼, 출생, 사망. 법정의 소란. 황무지. 야만족의 다양한 풍습. 축제, 애도. 장터. 이 모든 것의 혼합! 그리고 마지막으로 상반된 것들의 질서정연한 조화.(VII, 48)

위에서 내려다보려는 노력은 인간 현실의 모든 사회적 지리적 정서적 측면을 전방위적으로 조망하고 광대한 우주 속에, 지상에서 북적대는 익명의 인류 속에 위치시킨다. 보편 자연의 시각에서 바라본 사물은 우리에게 달려 있지 않으니 스토아주의의 표현을 빌리자면 차이가 없다. 건강, 영예, 부, 죽음, 그런 것이 모두 원래 비율을 되찾는다.

위에서 내려다보기라는 주제는 특히 지구상의 인간을 대상으로 할 때 키니코스학파의 전통에 속하는 특수한 형태를 띤다. 실제로 철인 황제와 동시대를 살았던 풍자작가로 키니코스학파의 영향을 많이 받았던 루키아노스는 이 주제를 풍부하게 끌어들였다. 「이카로메니포스 또는 구름 위로 날아오른 인간」[63]이라는 루키아노스의 대화편에서, 키니코스주의자 메니포스는 한 친구가 우주의 궁극 원리에 대해서 합의를 보지 못한 철학자들에게 실망하자 자신이 직접 하늘에 올라가 사정이 과연 어떠한지 살펴보기로 결심한 사연을 이야기한다. 메니포스는 오른쪽에 매의 날개, 왼쪽에 독수리의 날개를 매달고 날아오른다. 그는 달을 향해 날아갔다. 달에 도착해서 지구를 내려다보니 마치 호메로스의 글에 나오는 제우스처럼 때로는 트라키아인의 땅이 보이고 때로는 미시아인의 땅이 보였으며, 그가 원하기만 하면 그리스, 페르시아, 인도도 볼 수 있었다. 메니포스는 지구를 내려다보며 다양한 기쁨을 느꼈다. 또한 그는 인간을 관찰했다. "인간의 온 생애가 보였다. 민족과 국가뿐만 아니라 모든 개인, 항해하는 자, 전쟁하는 자, 소송하는 자가 보였다." 그는 야외에서 일어나는 일뿐만 아니라 집안에서 사람들이 아무도 안 본다고 생각하며 하는 일까지 볼 수 있었다. 말이 나온 김에, 이 주제가 18세기에 인기를 끌었던 알랭 르네 르사주의 소설『절름발이 악마』에도 차용되었음을 지적해둔다. 메니포스는 범죄나 간음 사례를 줄줄이 열거하고서 그의 인상을 뒤죽박죽, 불협화음, 우스꽝스러운 광경이라는 말로 요약한다. 하지만 그가 보기에 가장 우스운 꼴은 쪼끄만 땅에서 국경을 두고 싸우는 인간이다. 부자는 별것도 아닌 것을 가지고 으스댄다. 그들의 땅은 에피쿠로스의 원자보다도 크지 않고, 사람들의 운집은 개미떼를 닮았다. 메니포스는 달을 떠나 별들을 가로질러 제우스에게로 간다. 그는 인간이 제우스에게 올리는 기도가 얼마나 우스꽝스럽고 모순적인지 본다. 「카론 또는 감시자들」이라는 다른 대화편에서, 죽은 자들을 저승으로 데려다주는 뱃사공 카론은 사람들이 저승에 다다르기 전에 그토록 아쉬워하는 이승의 삶이 어떤 것인지 보기 위해 휴일을 하루 청한다. 카론은 인간을 잘 내려다보기 위해 헤르메스와 함께 산을 여러 개 쌓는다. 우리는 여기서 「이카로메니포스」나『명상록』에서와 같은 종류의 묘사―항해, 전쟁중인 군대, 소송, 밭에서 일하는 일꾼, 다양한 활동, 그리고 언제나 고통이 가득한 생에 대한 묘사―를 발견한다. 카론은 말한다. "애초에 인간이 인생을 잠시 살다 필경 죽을 운명임을 깨달았다면 좀더 현명하고 후회 없는 삶을 살았을 것을." 하지만 인간은 그런 의식이 없다. 그들은 마치 격랑 속에 일어났다가 금세 터지는 물거품처럼 살아간다.

앞에서 말했듯이 지상의 삶을 내려다보는 시각은 키니코스학파의 특징이다. 대화편 「카론」의 그리스어 제목이 'Episkopountes(감시자들)'라는 것만 봐도 알 수 있다. 키니코스주의자는 인간을 지켜보는 것, 그들의 과오를 감시하고 고발하는 것이 자기 역할이라고 생각했다. 루키아노스 자신이 이 점을 명시한다.[64] 키니코스주의자는 다른 사람들을 감시하는 검열관으로서 지상보다 높은 감시대에서 사람들의 행동거지를 내려다본다. episkopos(감시자), kataskopos(염탐꾼)라는 그리스어 단어가 고대 전통에서는 키니코스학파를 가리켰다.[65] 위로부터의 시선은 인간이 살아가는 방식의 무분별함을 고발하기 위한 것이었다. 이 대화편에서 죽은 자들을 저승으로 건네주는 뱃사공 카론이 인간사를 위에서 내려다보는 것은 결코 우연이 아니다. 초탈, 고양, 사물을 있는 그대로 보기 위한 거리 두기가 이 시선에서 나온다. 키니코스학파는 필멸을 망각하고 어차피 버려야 할 사치와 권력에 집착하는 인간의 광기를 고발한다. 그들이 허울뿐인 욕망, 사회적 관습, 작위적 문명을 버리라고 호소하는 이유다. 그런 것은 우리에게 괴로움, 걱정, 고통을 줄 뿐이므로, 우리는 순수하고 소박한 자연의 삶으로 돌아가야 한다.

이처럼 철인 황제, 그리고 고대의 볼테르라고 할 수 있는 이 풍자작가 루키아노스는 위에서 내려다보기라는 상상력 수련에서 만난다. 이는 거짓 가치를 가차없이 벌거벗기는 죽음의 시각이기도 하다.

명성은 그러한 거짓 가치 중 하나다. 마르쿠스 아우렐리우스는 동시대인이나 후세가 우리를 알아주길 바라는 욕망을 매우 인상적으로 표현해 냈다.

> 각자가 사는 시간은 짧고, 각자가 살고 있는 대지의 구석은 좁다. 가장 긴 사후의 명성도 짧기는 마찬가지다. 명성은 그나마도 머지않아 죽게 될 것이요, 오래전에 죽은 이는 고사하고 자기 자신도 알지 못하는 인간들에 의해 전승된다.(III, 10, 2)

명성이 너를 사로잡느냐? 그렇다면 모든 것이 얼마나 빨리 잊히는지, 얼마나 깊은 시간의 심연이 우리 앞에 있었고 우리 뒤에 올 것인지, 갈채라는 것이 얼마나 공허한지, 너를 좋게 말하는 자들이 얼마나 변덕스럽고 판단력이 부족한지, 이 모든 것이 얼마나 좁은 공간에 한정되어 있는지 생각해보라. 대지 전체가 한 점에 불과한데, 네가 사는 이곳은 얼마나 작은 구석인가. 여기에 너를 찬양할 자들이 얼마나 많겠으며, 그들은 또 어떤 자들이겠는가!(IV, 3, 7-8)

머지않아 너는 모든 것을 잊게 될 것이고, 머지않아 모두가 너를 잊게 될 것이다.(VII, 21)

머지않아 너는 어느 곳에도 존재하지 않을 것이며……(XII, 21)

위에서 내려다보면 인간사는 광대한 현실 속의 미세한 점일 뿐이다. 그 시선이 마르쿠스 아우렐리우스가 말하는 homoeides, 즉 사물의 동일성 혹은 균일성이라고 할 만한 것을 보게 한다. 이 개념은 애매하다. 광막한 우주를 바라보는 자에게는 이 개념이 모든 것이 모든 것 안에 있음을 의미할 수도 있다. 만물은 스스로 지탱하며 매 순간에, 실재의 조각 하나하나에 온 우주가 있다.

현재를 본 사람은 태곳적부터 일어난 모든 것과 영원토록 존재할 모든 것을 본 셈이다. 만물은 종류도 같고 알맹이도 같기 때문이다.(VI, 37)

그러므로 죽음은 나에게서 아무것도 앗아가지 못한다. 나는 매 순간 모든 것을 가졌다. 영혼은 어느 순간 생의 한계에 도달하더라도 제 목적을 다한 것이다. 현재의 매 순간, 나는 생에서 다다를 수 있는 모든 것을 가진다. 우주의 현존, 보편 이성의 현존은 동일한 하나의 현존일 뿐이다. 나는 어느 때라도, 아무리 작은 것에서라도 존재를 온전히 누린다. 하지만 생의 이점을, 명예나 쾌락 같은 거짓 가치를 더는 누릴 수 없게 된다는 이유로 죽음을 두려워한다면 homoeides, 즉 균일성은 전혀 다른 의미를 띠게 된다. 진정한 가치, 우주와 자기 안의 지배적 이성이라는 가치를 발견한 자에게는 끝없이 반복되는 지상의 진부하고 부질없는 것들이 원형극장의 공연만큼 지리멸렬하다(VI, 46).

인간사를 위에서 내려다보면 과거와 미래를 상상하게 된다. 개인은 사라질지언정 동일한 장면은 수세기에 걸쳐 반복된다. 시공간에 넓게 펼쳐진 영혼은 "우리 자손은 새로운 것을 보지 못할 테고, 우리 조상도 우리보다 더 많은 것을 보지 못했으며, 오히려 어떤 의미에서는 나이 마흔 된 사람이 약간의 이해력만 있다면 그 동일성에 따라 이미 존재했던 것과 장차 존재할 것을 모두 보았음을 알게 된다"(XI, 1, 3). 마르쿠스 아우렐리우스는 이러한 생각을 자주 힘주어 피력한다. "네가 그렇게 들어올려져 인간사를 위에서 내려다볼 때마다 똑같은 광경을, 모든 것이 천편일률적이고 덧없음을 발견하게 되리라. 그걸 네가 자랑스러워했다는 사실도!"(XII, 24, 3) 그는 하드리아누스, 안토니누스 피우스 같은 선대 황제, 그리고 과거의 필리포스, 알렉산드로스, 크로이소스 치세를 떠올리면서 이렇게 말한다. "네가 경험을 통해 알거나 고대 역사에서 배운 비슷비슷한 연극과 무대를 떠올려보라. 그 연극도 지금 우리가 보는 것과 같고 배우만 다를 뿐이다."(X, 27, 1-2)

고대인은 역사가 언제나 반복된다고 보았다. 당시 역사가들은 바로 그러한 이유로 역사책을 썼다. 투키디데스는 『역사』(I, 22, 4)에서 이렇게 말한다. "과거의 사건, 그리고 인간적 특성으로 인하여 비슷하거나 유사성이 있을 수밖에 없는 미래의 사건을 명철하게 보기 원하는 이들에게 이러한 사건의 기록은 유용하고도 족할 것이다." 이런 관점에서 투키디데스의 저작은 이례적인 성공을 거두었다고 봐야 한다. 그가 묘사한 강자와 승리자의 위선은 작금의 현실에서도 마찬가지다.

마르쿠스 아우렐리우스라면 아마 쇼펜하우어의 역사관에 동의할 것이다.

> 시작부터 끝까지 인물과 의상만 바뀔 뿐, 똑같은 극이 반복된다…… 모든 변화에도 끈질기게 버티는 이 동일한 요소는 인간의 마음과 정신의 일차적 특질이 제공하는 것이다. 그 특질은 나쁜 것이 많고 좋은 것은 별로 없다. 역사 일반의 모토는 이것이라야 한다. 동일하지만 다르게 Eadem sed aliter. 헤로도토스를 읽은 자는 철학을 하기에 충분할 만큼 역사를 읽은 셈이다. 그 이유는 후대의 역사를 구성하는 요소가 이미 거기에 다 있기 때문이다.[66]

그렇지만 마르쿠스 아우렐리우스는 이 동일성을 환기하면서 역사철학을 고안하려는 의도가 전혀 없다. 그보다는 높은 데서 인간사를 내려다보며 평가해야 한다. 특히 죽음의 시각에서 거짓 가치를 벗겨내야 한다.

동일한 장면이 인생과 시대를 가로지르며 반복되는데, 그 장면들은 거의 항상 악의, 위선, 인간의 하찮음을 보여준다. 그런 장면을 사십 년을 보나 만 년을 보나 바뀔 건 없다(VII, 49, 2). 죽음은 우리를 원형극장의 공연만큼 지겨운 이 구경거리에서(VI, 46) 풀어줄 것이다. 혹은 뭔가 새로운 것이 나타나기란 불가능하니, 우리가 죽음으로 잃을 것은 없다.

이런 유의 논증은 이미 에피쿠로스주의자 루크레티우스가 필멸의 인간을 위로하려 애쓰는 자연의 입을 빌려 전개한 바 있다. "이제 너를 기쁘게 할 만한 새로운 것을 생각해낼 수 없다. 사물은 언제나 동일하므로……설령 네가 죽지 않는다 해도 너는 늘 같은 것을 바라야 할 것이다."[67]

여기서 다시 한번 현대 역사가들이 비관론으로 치부하는 『명상록』의 진술이 반드시 아우렐리우스 본인의 경험이나 인상에 해당하지는 않는다는 사실을 알 수 있다. 이 책에서 드러난 개인적 경험은 주위 사람들에 대한 실망이 전부인 듯한데, 이 점은 나중에 다시 살펴보겠다. 인간사는 크게 보면 아무것도 아니라고, 추하고 보잘것없으며 질리도록 반복된다고 하는 그의 진술은 본인의 부정적 경험을 말하는 것이 아니다. 이는 정신수련, 문학적 훈련에 해당한다. 놀랍도록 인상적인 이 표현들 가운데 어떤 것은 고대 철학의 전통적인 주제를 그대로 가져온 것에 지나지 않기 때문에 기교적인 느낌마저 든다. 하지만 이 모든 것에 영감을 불어넣은 것은 마르쿠스 아우렐리우스가 유일한 가치, 필연적인 단 하나에 대해 마음 깊이 느끼는 사랑이다. 인생에서 "정의, 진리, 절제, 용기보다 더 가치 있는 것이 있는가?"(III, 6, 1) 그 무엇보다 우위에 있는 이 선은 지배원리 혹은 사유가 (올바른 이성에 따라 작용할 수 있는 것을 통해) 스스로 만족하고 (우리의 의지와 무관하게 우리에게 분배된 것을 통해) 운명에 만족할 때 실현되는 내적 기쁨의 상태다. "최고의 선을 선택하고 꼭 붙들어라."(III, 6, 6) 그 우위의 선은 곧 내면의 신, "그 어떤 것보다 선호해야"(III, 7, 2) 할 것이요, 세계를 다스리는 지배원리와 실체가 동일하기 때문에 우러러 보아야 할 것이다(V, 21). "항상 신을 기억하며 공동체적인 행동에서 또

다른 공동체적 행동으로 나아가는 것만을 너의 유일한 낙, 유일한 안식으로 삼아라."(VI, 7) 이 유일한 가치가 마르쿠스 아우렐리우스의 영혼에 기쁨, 평정심, 안식을 가져다준다.

이 유일한 초월적 가치 앞에서 인간사는 미미하기 짝이 없다. 그런 것은 광대한 우주 속의 점과 같다. 그 가치 앞에서도 위대할 수 있는 것은 도덕적 의도의 순수성뿐이다. 파스칼의 사상에서도 그러하듯이, 도덕적 선은 물리적 위대함을 무한히 초월한다.

광대한 우주를 관조하는 자의 눈에는 우리가 그토록 중요시하는 인간사가 흥미 없고 시시한 애들 장난 같다. "모든 것이 비루하고 보잘것없다"고 철인 황제는 거듭 말한다. 그러나 인간사는 거의 항상 도덕적 선에 맞지 않기 때문에, 주로 정념, 미움, 위선에 좌우되기 때문에 단지 미미하고 보잘것없기만 한 것이 아니라 그 천박한 단조로움은 역겨울 지경이다. 고로 지상의 삶에서 유일한 위대함, 유일한 기쁨은 도덕적 의도의 순수성이다.

7. 우주적 의식의 수준

앞에서 자의식의 단계를 도덕적 선택과 자유의 역량으로 가늠할 수 있다고 했다. 우리는 이제 이 주제로 돌아가 다양한 자의식 수준과 그에 상응하는 다양한 우주적 의식의 수준을 살펴볼 것이다.

자아가 아직 자신의 자유를 의식하지 못했다면, 지배원리가 거하는 이 잠재적 자유의 경계를 설정하지 못한 상태라면, 자기가 세상과 무관하게 자율적이라고 착각할 것이다. 사실 그러한 자아는 마르쿠스 아우렐리우스의 말마따나 "세상에 대하여 이방인"이다(IV, 29). 그리고 자기 뜻과는 달리 운명에 휩쓸려간다. 자아는 스스로를 신체나 호흡이나 비의지적 정서 중 어느 것과도 동일시할 수 없음을 차차 깨달으면서 그때까지 의식 없이 수동적으로 운명에 의해 결정되어왔음을, 시간이라는 거대한 파도의 작은 물결, 광대한 공간의 점 하나에 불과했음을 발견한다. 자유가 스스로를 깨닫는 바로 그 순간, 운명에 의해 결정된 자아는 세계의 아주 작은 부분에 지나지 않는다는 사실도 깨닫는다.

> 각자에게 할당된 것은 무한하고 헤아릴 수 없는 시간의 얼마나 작은 부분인가! 그것은 순식간에 영원 속으로 사라져버리니 말이다. 보편적 실체의 얼마나 작은 부분이며, 보편적 영혼의 얼마나 작은 부분인가! 그리고 너는 온 대지의 얼마나 작은 흙덩이 위를 기어다니는가!(XII, 32)

자유의 원칙, 도덕적 선택의 원칙으로서 자아가 도덕적 선보다 더 위대한 것은 없음을 인정하고 운명, 다시 말해 보편 이성이 원하는 바를 받아들이기로 할 때 관점은 다시 변한다. 자아가 스스로를 자유와 선택의 원칙으로 받아들이면 운명이 정해준 자기 몫, 운명이 결정한 자기 자신도 받아들이게 된다. 스토아주의자의 말마따나 자아는 우주의 연극에서 신이라는 연출가가 정해준 역할을 받아들인다.[68] 가령 마르쿠스 아우렐리우스의 역할은 황제다. 하지만 그 역할을 받아들임으로써 자아는 변모한다. 자유로운 자아가 세상의 기원인 보편 이성과 일치하는 것처럼, 자기가 곧 보편 자연인 것처럼 운명을, 세계의 역사 전체를, 온 우주를 바라기 때문이다. 의지로서의 자아, 자유로서의 자아가 보편 이성, 온 세상에 널리 퍼진 로고스와 일치하는 것이다.

이렇게 보편 이성과 일치하는 자의식에 이 의지에 대한 동의가 수반된다면 자아는 우주 속의 작은 섬처럼 고립되기는커녕 우주의 모든 생성에 대해 자기를 열어놓는다. 자아가 자신의 제한된 입장, 편파적인 개인의 시점에서 벗어나 보편적이고 우주적인 관점으로 고양되기 때문이다. 자의식은 세계의식이 된다. 또한 세계를 이끄는 신적 이성의 의식이 된다. 결국 자아는 이러한 의식의 고취 과정에서 우주 속의 개인으로서 한계(『명상록』에 자주 나오는 주제 중 하나다. 시공간의 심연 속에서 나는 전혀 중요하지 않다)를 발견하는 동시에 운명이 결정한 자아의 한계를 발견한다. 또한 순전히 물리적 차원에 비하면 무한한 가치를 지니는 도덕적 의식으로서 자아의 초월성 역시 발견한다.

우주와 운명의 그물망에 걸려 있는 자아, 그리고 보편 이성과 스스로를 동일시하는 자아의 대립은 에픽테토스에게서도 나타난다.

> 너는 전체에 비하면 네가 얼마나 작은 부분인지 모르느냐? 너의 몸을 두고 하는 말이다. 너는 이성으로는 신에게도 뒤떨어지지 않고 신보다 못하지 않다. 이성의 위대함은 길이나 높이로 측정되지 않고 판단dogma〔혹은 행동 원칙〕의 가치로 측정된다.(『담화록』 I, 12, 26)

나는 여기서 광대한 세계에 뛰어든 미약한 경험적 자아와 이성의 입법권으로서 측량할 길 없이 위대한 도덕적 자아의 대립을 떠올려본다. 후자의 자아는 칸트의 『실천이성비판』 마지막 페이지에서 찾아볼 수 있다.

그에 대해서 자주, 계속해서 숙고하면 할수록 영혼을 언제나 새롭고 언제나 더 커지는 경탄과 외경으로 채우는 것이 두 가지 있다. 내 위의 별이 빛나는 하늘과 내 안의 도덕법칙이 그것이다. 나는 이 양자를 어둠 속에 감춰져 있거나 나의 지평에서 벗어난 초월적 영역에 있는 것으로 단순히 추측해서는 안 된다. 나는 그것들을 눈앞에서 보고 나의 실존의식과 직접적으로 연결한다. 전자는 내가 외부의 감각세계에서 차지하는 위치에서 시작해 나의 연결점을 무한 광대하게 세계들 위의 세계들로, 체계들에 대한 체계들로, 뿐만 아니라 그것들의 주기적 운동의 한없는 시간 속에서 그 시작과 지속을 확장한다. 후자는 나의 비가시적인 자아 혹은 인격에서 시작해 참된 무한성을 갖는, 그러나 지성으로 파악 가능한 세계 속에서 나를 표상한다. 나는 이 세계(그리고 또한 이 모든 가시적인 세계)와의 연결을 보편적이고 필연적인 것으로 인식한다…… 무수하게 운집한 세계의 첫째 광경은 동물적 피조물로서 나의 중요성을 없애버린다. 동물적 피조물은 자기를 구성하는 질료에 (어떻게 그리된 것인지는 모르지만) 짧은 시간 생명을 부여받은 후에 다시금 (우주 안의 한 점에 불과한) 행성에 그 질료를 돌려줄 수밖에 없다. 이에 반해 두번째 광경은 나의 인격에 힘입어 지적 존재로서 내 가치를 한없이 높인다. 인격에서 도덕법칙은 동물성에 대하여 독립적인, 나아가 모든 감각세계로부터 독립적인 생을 나에게 밝히 드러낸다.[69)]

물론 마르쿠스 아우렐리우스는 감각세계와 지적 세계에 대한 칸트의 구분을 받아들이지 않을 것이다. 아우렐리우스 같은 스토아주의자에게 세계는 하나이고, 모든 지성적 존재에게 유일한 법칙은 공통된 이성이다 (VII, 9). 그렇지만 아우렐리우스 같은 스토아주의자에게 자의식은 자기를 변화시키고 필연의 차원에서 자유의 차원으로, 다시 자유의 차원에서 도덕의 차원으로 넘어가게 하는 것, 그리하여 광대함 속의 작은 점인 자아를 보편 이성과 대등하게 변모시키는 것이다.

VIII
『명상록』의 스토아주의
―행동의 규율 혹은 인간을 위한 행동

1. 행동의 규율

행동의 규율은 사람들에게 내적 평온, 영혼의 평정을 안겨준다. 이 규율은 보편 자연과 보편 이성으로 인해 우리에게 일어나는 모든 것에 기쁘게 동의하는 것이기 때문이다. 운명애amor fati는 우주가 원하는 바를 바라고 일어나는 일, 특히 우리에게 일어나는 일을 바라도록 우리를 이끈다.

이 아름다운 평온은 행동과 행동하고픈 충동의 규율에 의해 흐트러질 수 있다. 그 이유는 이제 받아들임이 아니라 행동이 중요하기 때문이다. 이제 동의가 아니라 책임을 다하는 것이 중요하다. 이제 존재, 우리와 같은 인간과 관계를 맺는 것이 중요하다. 인간은 우리와 동류이기 때문에 우리의 정념을 더욱더 불러일으키고, 우리는 그들이 가증스러울지라도 사랑해야만 한다.

여기서 규범은 다시 한번 자연에 대한 순응에서 발견되지만, 이번엔 보편 자연이 아니다. 우리는 보편 자연도 전반적으로 이성적이라고 알고 있지만, 여기서 중요한 것은 이 보편 자연의 좀더 특별하고 특정한 측면, 즉 인간 본성(자연), 다시 말해 인류라는 종의 본성이요, 모든 인류에게 공통된 이성이다. 여기에 상세한 의무의 근거를 마련하는 특수한 규범이 있다. 인류에 속한 이상 전체에 이롭게 행동하고, 각기 다른 유형의 행동 사이에 수립되는 가치의 위계를 준수하면서 행동해야 한다. 우리는 한 몸의 지체肢體이니 모든 인간을 사랑해야 한다. 인간은 네 가지 자연법칙이 다스린다고 말할 수 있다. 우선 전체의 부분으로서 보편 자연의 지배를 받는다. 인간은 이 자연의 위대한 법칙에, 다시 말해 운명과 이 보편 자연이 원하는 사건에 동의해야 한다. 그러나 자연보다 하위에 있는 것에 대한 이론을 전개했던 스토아주의자는 우리가 흔히 '자연'으로 옮기는 단어 physis를 형용사 없이 사용해 생물에 고유한 성장력을 지칭하기도 했다. 식물은 이 성장력밖에 없고 인간은 다른 역량도 가지고 있지만, 어쨌든 인간이 먹을 것을 찾아 영양을 취하고 자손을 볼 수 있는 힘은 이 성장력이다. 이 식물적 '자연'의 법칙이 요구하는 바를 살펴야 한다고 마르쿠스 아우렐리우스는 말한다(X, 2). 이를테면 인간은 영양을 취해 자기를 보존할 '의무'가 있다('의무'에 대해서는 뒤에서 다시 살펴보겠다). 이 요구의 충족이 인간 내면의 다른 역량에 해로운 효과를 미치지 않는다는 조건에서 말이다. 인간은 '성장력$_{physis}$'일 뿐만 아니라 '감각 역량'이기도 하기 때문이다. 후자가 더 상위에 있으며 인간 본성을 구성하는 또하나의 요소다. 마르쿠스 아우렐리우스는 이것을 동물적 '힘'이자 '본성'이라 불렀다(X, 2). 이 동물성 법칙에도 고유한 요구가 있다. 이 경우 자기보존은 감각 각성을 통해 이뤄진다. 여기서도 인간은 상위의 내적 역량에 악영향이 가지 않는 한에서 감각을 타고난 동물로서 인간의 기능을 행사할 의무가 있다.

감각의 역할을 과장한다면 감각보다 상위에 있는 역량, 즉 이성의 역량을 위협하게 될 것이다. 그러므로 이 모든 것이 행동의 규율에 부합한다. 이 규율은 인간의 통합된 본성—성장력이자 감각 역량이자 이성의 역량—의 요구에 부응하는 모든 운동과 행동에 연루되기 때문이다. 마르쿠스 아우렐리우스는 즉각 이렇게 덧붙인다. "이성의 역량은 사회생활 역량이기도 하다."(X. 2) 그러므로 인간 이성과 사회적 이성의 법칙은 온전히 인류 공동체를 위해 쓰여야 한다.

마르쿠스 아우렐리우스는 『명상록』 도처에서 행동의 규율과 욕망의 규율을 대칭적으로 대립시킨다.

네 본성이 명하는 대로 행하고, 보편 자연이 가져다주는 것을 참으라.(XII. 32. 3)

내가 무언가를 행하고 있는가? 나는 인간에게 베푸는 선과 관련지어 그것을 행한다. 나에게 무슨 일이 일어나고 있는가? 나는 그것을 신과, 일어나는 모든 일이 나와 얽히게 되는 출발점인 만물의 근원과 관련지으며 받아들인다.(VIII. 23)

외적인 원인으로 일어나는 사건에 대해서는 동요하지 마라ataraxia. 네 안에 있는 원인으로 일어나는 행동에 대해서는 정의롭게dikaiōsynē 대처하라. 너의 행동하고픈 충동과 행동은 인류 공동체를 위한 활동을 목표로 삼아야 한다는 말이다. 그것이 네 본성에 맞는 것이기 때문이다.(IX. 31)

그는 자기가 행하는 모든 일에서는 정의에, 자기가 당하는 모든 일에서는 보편 자연에 자신을 전적으로 맡긴다.(X, 11, 2)

그러므로 에픽테토스와 마찬가지로 마르쿠스 아우렐리우스도 우리의 행동은 인류 공동체의 선을 목표로 한다고 본다. 행동의 규율 영역은 타인과의 관계요, 이성적 존재의 이성과 본성―보편 이성과 보편 자연과 일치하는―이 부과하는 의무와 법칙이 그 영역을 지배한다.

2. 행동의 진지함

다른 규율이 제 영역에서 그러듯, 행동의 규율도 인간의 활동에 이성과 사유의 규범을 부과하는 것부터 시작한다.

첫째, 목적 없이 무턱대고 행동하지 마라. 둘째, 공동체에 유익한 것만 네 행동 목표로 삼아라.(XII, 20)

인간 영혼이 자신을 가장 불명예스럽게 하는 것은 어떤 행동이나 충동을 목표로 이끌지 않고 무슨 일을 하든 생각 없이 무분별하게 하는 것이다. 그런데 이성적 존재의 목표는 가장 오래된 국가의 이성과 법칙을 준수하는 것이다.(II, 16, 6)

어떤 행동을 하든 무턱대고, 또는 정의 자체가 행하는 것과 다르게 해서는 안 된다.(XII, 24, 1)

고로 행동의 규율에 대적하는 악은 경박함eikaiotēs이다. 경박함은 행동의 진지함이나 진중함과 반대된다. 자신을 행동의 규율로 다스리지 못하는 인간의 이 경박함, 생각 없음은 꼭두각시, 마리오네트, 팽이가 아무렇게나 움직이는 것과 같다.

> 너는 네 안의 지배원리를 더는 노예로도, 이기적인 충동에 끌려다니는 꼭두각시로도 만들지 마라.(II, 2, 4)

> 그 마리오네트 같은 움직임을 멈춰라.(VII, 29, 2)

> 팽이처럼 돌지 말고, 충동이 일 때마다 정의의 요구를 들어주고 표상이 떠오를 때마다 명확히 실재에 부합하는 것에 의지하라.(IV, 22)

진지하게 행동하기, 이는 무엇보다 진심과 영혼을 담아 행동하는 것이다. "온 마음으로 옳은 것을 행하라."(XII, 29, 2) 마르쿠스 아우렐리우스는 여기서 철학을 배우는 이들이 철학적 삶에 진지하게 참여하지 않는다고 비판한 에픽테토스에게 동조한다. 아이처럼 "너는 운동선수이다가, 검투사이다가, 철학자가 되고 수사학자가 되지만, 그 모든 것은 너의 영혼과 상관이 없다…… 그 이유는 네가 찬찬히 돌아보고 마음 깊이 느끼고 착수한 것이라고는 아무것도 없고 경박함과 열의 없는 욕망으로만 달려들었기 때문이다."(『담화록』 III, 15, 6) 열의, 마르쿠스 아우렐리우스는 바로 이것을 보편 자연의 의지에 대한 동의(III, 4, 4), 선에 대한 사랑(III, 6, 1) 혹은 정의의 실천(XII, 29, 2)에 더해야 한다고 보았다.

진지하게 행동하기, 이는 또한 모든 행동에 목적을, 가급적 이성적 본성에 걸맞은 목적을 두는 것이다. 이것은 에픽테토스의 가르침이기도 했다(『담화록』 III, 23, 2; IV, 4, 39). 우리 행동에 정확한 목적을 둘 줄 알아야 하고 이성적 존재로서 마땅히 지향할 만한 목적을 두어야 한다. 중요한 것은 우리 행동의 진정한 의도를 깨닫고 이기심을 제거하는 것이다. 우리 행동은 인류 공동체를 위한 것이어야만 한다.

진지하게 행동하기, 이는 또한 매 순간의 무한한 가치를 깨닫는 것이다. 죽음이 언제라도 닥칠 수 있음을 깨달을 때 "인생의 모든 행동을 마지막 행동인 것처럼 모든 경박함을 버리고"(II, 5, 2) 할 수 있다. 또한 "하루하루를 마지막 날인 양 살아가되 흥분하지도 나태하지도 않고 위선자가 되지도 않는다면, 그것이 인격의 완성이다"(VII, 69). 죽음을 생각하면 일상은 진부한 것, 판에 박힌 것일 수 없다. 그러한 관점에서는 아무리 사소한 행동도 아무렇게나 부주의하게 할 수 없다. 자기를 표현할 마지막 기회일지도 모르는 행동에 온전히 임할 수밖에 없다. 그러면 더는 기다릴 수도 없고 미룰 수도 없다. 순수한 의도에서 "온 영혼을 바쳐" 행동할 수밖에 없다. 그리고 다시 다루겠지만, 우리가 하는 행동이 죽음에 의해 중단될지라도 그 행동은 미완이 아니다. 행동을 완성하는 것은 그 행동을 불러일으킨 도덕적 의도이지, 행동이 이루어지는 방식이 아니기 때문이다.

진지하게 행동하기, 이는 또한 혈기 어린 동요에 휩쓸려 산만해지지 않는 것이다. 마르쿠스 아우렐리우스는 이러한 관점에서 데모크리토스의 단상을 인용한다(IV, 24). "평온을 바란다면 적게 행동하라." 그러고는 이 인용을 곧바로 다음과 같이 정정한다.

> 그러나 반드시 해야 할 일과 본성상 공동체적 동물인 인간의 이성이 요구하는 일을 그 이성이 요구하는 대로 행하는 것이 더 낫지 않겠는

가? 그렇게 하면 선한 일을 이행하는 데서 오는 마음의 평온뿐만 아니라 일을 적게 하는 데서 오는 평온도 얻기 때문이다. 우리가 말하고 행하는 것은 십중팔구 불필요한 것이므로, 그것을 버리면 여가는 늘고 마음의 동요는 줄어들 것이다. 그러니 매사에 이것은 불필요한 것 중 하나가 아닐까 자문해보아야 한다. 그런데 우리는 불필요한 행동뿐만 아니라 불필요한 생각도 피해야 한다. 그렇게 하면 우리를 빗나가게 하는 행동이 뒤따르지 않기 때문이다.(IV, 24)

평온은 데모크리토스가 말한 대로, 적게 행동하거나 사전에 조금 관여한다는 사실 자체가 아니라 자신의 활동을 공공선에 도움되는 것으로 한정함으로써 온다. 이것이 기쁨을 얻기 위해 유일하게 필요한 것이다. 나머지는 혼란과 불안을 끼칠 뿐이므로. 하지만 마르쿠스 아우렐리우스가 행동의 규율이 여가를 발견하게 해준다고 말한 것은 그의 경험에서 나온 것이 아니다. 그의 벗이자 수사학 스승인 프론토는 그가 밤낮없이 재판 일을 돕느라, 그리고 양심의 가책에 시달리느라 쉬지도 못하는 것을 안타까워하며 알시움 해변에서 잠시 휴식을 취하라고 권한다. "그대는 누군가에게 형을 선고해놓고 그 사람에게 보증을 서줄 사람이 충분하지 않아서 그렇게 됐다는 듯이 말합니다."[1] 행동이 몰고 오는 불확실성과 근심에 대해서는 다시 보겠다. 어쨌든 『명상록』에서 남들이 어떻게 생각하고 말하느냐를 알려고 해봤자 부질없으니(IV, 18) 시간 낭비를 해서는 안 된다든가, "아무것도 아닌 일에 필요 이상의 시간을 보내서는 안 된다"(IV, 32, 5)는 말은 재차 반복된다.

어떤 의미에서는 행동을 진지하게 해야 한다는 깨달음이 죽음을 생각할 때 매 순간의 무한한 가치를 깨닫는 것으로 이어진다.

행동할 때는 '이 행동은 나와 무슨 관계가 있지?' '내가 이 행동을 후회하게 되지 않을까?' 하고 자문해보라. 잠시 후면 나는 죽고 모든 것은 사라진다! 지적인 존재로서 지금 내가 하는 일이 인류 공동체에 도움이 되고 신에게도 그렇다면 무엇을 더 바라겠는가?(VIII, 2)

찰나의 가치를 깨닫는다면, 지금 하는 행동을 생의 마지막 행동처럼 여긴다면, 쓸데없고 부질없는 행동에 시간을 낭비할 수 있겠는가?

3. '적절한 행동 kathēkonta'

에픽테토스는 행동하고픈 충동과 행동에 대한 수련 주제가 스토아주의가 말하는 kathēkonta의 영역에 해당한다고 자주 말했다. 이 단어는 일반적으로 '의무'로 옮겨진다. 마르쿠스 아우렐리우스는 이 단어의 의미를 명시하지 않았지만, 이 수련 주제를 두고 "인류 공동체를 위해서" 한 행동을 언급하면서(IX, 6; XI, 37) 에픽테토스의 용어를 그대로 취한 것을 보면 그 이론에 대해 알고 있었음이 분명하다. 더욱이 스토아철학 체계에서 인간 행동은 반드시 이 kathēkonta의 영역에 속한다.

이 개념을 스토아주의의 전반적 가르침에서 간단히 살펴보자. 우리가 재차 말했듯, 그 가르침의 근본 원칙은 선은 도덕적 선밖에 없다는 것이다. 하지만 무엇이 선을 도덕적 선으로 만드는가? 첫째, 그것은 인간에게, 다시 말해 우리에게 달린 것에, 즉 사유, 행동하고픈 충동, 욕망에 있다. 둘째, 우리의 사유, 행동하고픈 충동, 욕망은 이성의 법칙에 부합하기를 원한다. 선을 행하려는 전적인 의지가 실제로 있어야 한다. 나머지는 다

차이가 없는 것, 즉 내재적 가치가 없는 것이다. 스토아주의자는 차이가 없는 것의 예로 삶, 건강, 쾌락, 아름다움, 힘, 부, 명성, 고귀한 출생과 이것의 대척점에 있는 죽음, 질병, 고통, 추함, 약점, 가난, 무명無名, 비천한 출생을 열거한다. 이 모든 것은 결국 따지고 보면 우리가 아니라 운명에 달렸다. 그리고 행복은 도덕적 의도에만 있기에 이런 것은 행복을 가져다주지 못한다. 하지만 여기서 이중의 문제가 불거진다. 일단 선하게 행동하고 싶은 것으로는 충분치 않고 구체적으로 무엇을 해야 하는지도 알아야 한다. 또한 우리에게 달려 있지 않은 것은 선하지도 악하지도 않다면 어떻게 살아야 하는가? 삶 속에서 어떻게 방향을 잡을 수 있는가? 여기서 '의무' 혹은 '적절한 행동kathēkonta'[2] 혹은 '합당한 것'[3] 이론이 대두된다. 이 이론의 목표는 선한 의지에 좋은 재료를 마련해주는 것, 차이가 없는 것이라고 해도 분별력을 발휘해 원칙적으로는 가치 없는 것에 상대적 가치를 부여하는 실천적 행동 규범을 제공하는 것이다.

여기서 우리는 스토아주의 윤리학의 '자연학적' 뿌리를 얼핏 볼 수 있다. 스토아주의자는 구체적으로 해야 할 바를 결정하기 위해서 자연의 의지를 드러내는 동물의 본능을 출발점으로 삼았다. 동물은 서로 사랑하고 자기 족속을 선호하는 자연스러운 충동에 따라 자기를 보존하고 위해가 되는 것을 멀리한다. 이렇게 타고난 본능으로 자연에 '적절한' 것을 알 수 있다. 인간이 이성을 갖추기 시작하면서부터 타고난 본능은 심사숙고한 선택이 된다.[4] 우리는 '가치' 있는 것을 이성적으로 알아볼 수 있다. 그런 것이 우리 안에 자연이 마련한 선천적 성향에 부합하기 때문이다. 그래서 우리는 '자연스럽게' 삶을 사랑하고, 부모는 자식을 사랑하고, 인간은 꿀벌이나 개미처럼 본능적으로 사회를 이루어 살고, 집단과 무리와 국가를 형성한다. 그러므로 결혼, 정치 활동, 조국에 봉사하는 모든 행동은 인간 본성에 '적절하고' 어떤 '가치'를 지닌다. 그렇지만 스토아주의의 근본 원칙으로 보면 그런 것은 차이가 없다. 전적으로 우리에게 달려 있지 않으므로 선하지도 악하지도 않다는 말이다.

그러므로 우리는 스토아주의자에게 (본성에) '적절한 행동'과 '의무kathēkonta'가 무엇을 의미하는지 알 수 있다. 그것은 행동, 요컨대 우리에게 달린 것으로 선하거나 악한 의도를 전제로 한다. 행동은 아무 차이 없이 이루어질 수 없다. 행동의 질료는 원칙적으로 차이가 없을 수 있고 다른 사람, 상황, 외부 사건, 결국 운명에 좌우된다. 하지만 차이가 없는 질료를 판단하는 방식은 이성적으로 합당하게 자연의 의지에 걸맞을 수 있고, 요컨대 내용에 의해서든 상황에 의해서든 모종의 가치를 지닐 수 있다.

'적절한 행동'은 또한 '의무', 좀더 정확하게는 국가 안에서 사는 인간의 삶과 연결된 정치적 사회적 의무다. 인류 집단, 국가, 가족에 도움이 되지 않는 일은 아무것도 하지 않을 의무, 신과 국가의 보호자를 공경할 의무, 정치 활동과 시민의 소임을 다할 의무, 조국을 지킬 의무, 자식을 낳고 키울 의무, 부부가 서로 존중할 의무 말이다. 에픽테토스는 진정한 철학자의 표지가 되는 행동을 살펴보면서 이 모든 '의무'의 일부를 열거한다.

목수는 우리에게 이렇게 말하지 않는다. "내가 목공예에 대해서 하는 말을 잘 들으시오." 그는 집을 지어주기로 계약하면 집을 실제로 지어 자신이 목수임을 보여준다. 너도 그와 같이 하라. 인간답게 먹고, 인간답게 마시고, 잘 씻고, 결혼하고, 아이를 낳고, 시민의 삶을 꾸려나가고, 모욕을 참고, 정신 나간 형제, 아버지, 아들, 이웃, 길동무를 참아주어라. 네가 철학자에게 뭔가를 진정으로 배웠음을 알 수

있도록 그러한 모습을 보여라.(『담화록』 III, 21, 4-6)

4. 불확실성과 근심

행동의 규율에서 이러한 '의무' '적절한 행동' '합당한 것'과 함께, 불확실성과 근심이 철학자의 영혼에 다시 들어올 위험이 있다. 우선 행동의 의도가 우리에게 달려 있다 해도 결과는 우리에게 달려 있지 않으므로 보장할 수가 없다. "배은망덕해질지 모르는 사람에게도 선을 베풀어야 하는가?"라는 질문에 세네카는 이렇게 대답한다.

> 우리는 결코 상황을 확실하게 이해할 때까지 기다렸다가 행동할 수 없다. 우리는 단지 진실임직해 보이는 길로 나아갈 뿐이다. 모든 '의무officium'는 이 길로 나아가야 한다. 우리는 그렇게 씨를 뿌리고, 그렇게 항해하고, 그렇게 전쟁하고, 그렇게 결혼하고, 그렇게 자식을 낳는다. 이 모든 일의 결과는 불확실하다. 그래도 우리는 어떤 희망의 토대가 될 수 있다고 생각하는 행동을 시도한다…… 우리는 확실한 진리가 아니라 견실한 이유가 이끄는 곳으로 간다.[5]

에픽테토스는 이렇게 말한다.

> "결과가 내게 숨겨져 있는 한, 나는 자연에 부합하는 바를 얻기에 가장 적절한 것에 힘을 쏟을 뿐이다. 신께서 친히 내게 그런 유의 일을 선택할 능력을 주셨으니 말이다. 그러나 내가 만약 운명이 질병을 내

몫으로 마련해놓았다는 사실을 안다 해도 그것을 향해 나아갈 것이다. 발에 조금이라도 지성이 있다면 진흙탕을 향해 자발적으로 나아갈 테니 말이다"라는 크리시포스의 말은 참으로 일리가 있다.(『담화록』 II, 6, 9)

요컨대 스토아주의자는 그저 자기 행동이 좋은 결과를 가져올지 모르겠다고만 하지 않는다. 그들은 행동의 결과와 신이 정해놓은 바는 미리 알 수 없으나 이성적으로 숙고해 최대한 그럴 법한 결정을 하되, 그 선택과 행동이 좋은 것인지 완전히 확신할 수는 없다고 본다. 그들이 생각하는 가장 극적인 선택은 자살이다. 철학하는 사람은 특정 상황에서 그럴 만한 이유가 있을 때 자살을 이성적으로 마땅함직한 선택으로 정할 수 있다. 생이 자연에 더 부합하는 것처럼 보이지만 죽음을 선택하게 하는 상황도 있다. 우리가 방금 언급한 크리시포스도 질병이 운명의 뜻임을 안다면 현자는 기꺼이 건강보다 질병을 택한다고 말하지 않는가.

이성적이고 마땅함직한 선택이라는 영역에서, 스토아주의자는 가급적 다양한 상황에서 해야 할 바를 결정하고자 애썼다. 스토아주의자의 『의무론』은 부분적으로 결의론적 지침서로서, 실제로 각 학파의 수장들이 개별적 경우를 평가하는 시각이 어떻게 다른가를 볼 수 있다. "이성적으로 정당한" 선택은 마땅함직함을 근거로 삼을 수밖에 없다. 키케로의 『의무론』에서 학파 내에서 논의되었던 경우와 다양한 대답의 예를 찾아보자.[6] 집을 팔 때 거래 상대에게 그 집의 하자를 전부 알려야 할 의무가 있을까? 타르수스의 안티파트로스는 그렇다고 하고, 바빌론의 디오게네스는 그렇지 않다고 대답한다. 식량난이 기승일 때 어느 중개상이 알렉산드리아에서 사들인 밀을 로도스까지 배로 옮기게 되었다. 그는 자기 뒤의 다른 배들도 곡물을 잔뜩 싣고 온다는 것을 알았고, 곡물 가격이 머지않아 급락하리라 예상했다. 그는 사람들에게 이 사실을 알려야 할까? 안티파트로스는 이번에도 그렇다고 답하지만, 디오게네스는 그럴 필요가 없다고 답한다. 안티파트로스의 입장이 스토아철학의 근본 원칙에 가깝고, 그가 자기 입장의 근거로 끌어다 쓰는 논증은 마르쿠스 아우렐리우스가 행동의 규율을 정초하기 위해 사용하는 논증과 일치한다.

> 너는 만인의 안녕을 살피고 인류 공동체에 봉사해야 한다. 자연은 너의 개별적 효용이 공통의 효용이 되어야 한다고 정해놓았다…… 너는 사람들 사이에 공동체가 있고 그 유대는 자연 자체가 만들어놓은 것임을 기억하라.[7]

에픽테토스는(이후의 마르쿠스 아우렐리우스 역시) 크리시포스로부터 시작해 타르수스의 안티파트로스와 아르케데모스로 계승되는 정통파를 대변하고 싶었던 듯하다.[8] 어쨌든 학파의 근본 원칙에 충실한 스토아주의자가 앞에서 언급한 것과 같은 양심의 문제에서 서로 다른 입장을 피력했다는 사실은 그들이 만장일치로 지지하는 도덕적 목적과 그 목적에 도달하기에 '적절한 행동' 사이의 관계에 모종의 불확실성이 있었음을 보여준다.

우리는 곧잘 스토아주의를 지적 확신과 자신감의 철학으로 생각하곤 한다. 하지만 실제로는 지극히 드문 존재인 현자만이―구체적 현실보다는 다다를 수 없는 이상을 나타내는 현자만이―잘못 생각하는 법 없이 자신의 동의를 완벽하게 확신할 수 있다. 철학자 자신을 포함한 보통의 인간은―철학자는 현자가 아니므로―불확실한 일상의 삶에서 고통스럽

게 방향을 잡고 마땅함직한, 다시 말해 합리적으로 정당한 선택을 내릴 뿐이다.[9]

5. 도덕적 의도 혹은 모든 질료를 사르며 타오르는 불

그러므로 행동은 스토아주의자가 선을 행하려고 노력하는 한, 그러한 의도를 갖는 한 그의 삶에 불확실성과 근심을 끌고 들어온다. 그러나 놀라운 역전에 의해 바로 이 선한 의도의 초월적 가치를 깨달음으로써 그는 영혼의 평정과 평온을 되찾고 실제로 선하게 행동할 수 있다. 도덕적 선, 다시 말해 선을 행하려는 의도 자체에 선이 있으므로 이는 놀랄 일도 아니다.

사실 스토아주의자는 의도 자체에 의도가 적용되는 모든 대상, 모든 '질료'를 초월하는 가치가 있다고 보았다. 대상이나 질료는 그 자체로는 차이가 없다. 거기에 적용되고 구체화되는 의도가 있어야만 비로소 가치도 생긴다. 요컨대 심오한 불변의 의지는 하나뿐이고, 그 의지는 그것이 영향을 미치는 질료를 초월해 완전히 자유롭게 다양한 대상을 계기 삼아 다양한 행동으로 표현된다.

행동의 규율을 설명하는 어휘 중에는—에픽테토스, 마르쿠스 아우렐리우스, 세네카에게서 모두 발견되는[10]—'유보조항을 두고 행동하다'(그리스어 hypexairesis, 라틴어 exceptio)라는 기술적 용어가 있다. 이 용어는 대상에 대한 의도의 초월성을 함축한다. '유보조항'이라는 개념은 스토아주의자가 행동의 의도와 행동을 내적 담론과 융합했음을 보여준다. 그러한 내적 담론은 행위 주체의 계획을 발화한다. 세네카는 현자가 매사에 유보조항을 둔다고 말한다.[11] 그래서 현자는 "아무것도 나를 방해하지 않는다면 나는 이렇게 하고 싶다" "아무것도 날 방해하지 않는다면 바다를 건너가겠다"라는 식으로 말한다. 이러한 표현이 평범하고 무용해 보일 수도 있지만 스토아주의자가 보기에는 의미심장하다. 일단 여기서 스토아주의적인 '의도'의 진지함이 보인다. 사실 세네카가 예로 든 표현은 다음과 같이 정리된다. "내가 할 수 있다면 하고 싶다." 난관이 생기면 빠르게 체념해버리는 이 '선한 의도'를 비웃으려면 얼마든지 비웃을 수 있다. 하지만 사실 그들의 의도는 '선한 의도'가 아니라 '좋은 의도', 다시 말해 굳건하고 결의에 찬, 모든 장애물을 극복하려는 의도다. 스토아주의자는 오히려 결심을 쉬이 철회하지 않기 때문에 유보조항을—거의 법적인 의미로—둔다. 세네카의 말을 들어보자.

> 현자는 결심을 내렸을 때의 상황이 그대로인 한 결심을 바꾸지 않는다…… 게다가 매사에 '유보조항을 둔다'…… 그의 가장 변함없는 결정에는 불확실한 일에 대한 고려가 있다.[12]

오랫동안 숙고하고 어떤 행동을 하기로 했다면 그 결심은 탄탄하다. 마르쿠스 아우렐리우스 역시 자신의 양부 안토니누스 피우스에게서 그러한 모범을 보았다. "(그분 덕분에 나는) 충분히 검토한 끝에 판단을 내리면 흔들림 없이 고수하게 되었다."(I, 16, 1) '유보조항'이 있다는 것은 이 굳은 결심과 의도가 장애물이 나타나더라도 변치 않음을 의미한다. 장애물은 현자의 예측에 포함되어 있으므로 현자가 하고자 하는 바를 하는 데 방해가 되지 못한다. 세네카의 말대로 "모든 것이 그에게는 성취 가능하며 그가 예상치 못했던 일은 아무것도 일어나지 않는다. 그는 자신이 이루고자 하는 바에 걸림돌이 될 것을 미리 내다보기 때문이다".[13] 스토아주의의 이러한 태도는 "해야 할 일을 하고, 일어날 만한 일을 일어나게 하라"라는 세간의 격언을 연상시킨다. 우리는 계획이 실패할지 모른다고 예측하면서도 선하다고 여겨지는 일을 시도해야 한다. 그렇지만 스토아주의에는 어떤 행동을 하는 것이 그 자체로 목적은 아니라는 생각도 있다.

여기서 중요한 구분이 보인다. 목표$_{skopos}$와 목적$_{telos}$은 다르다. 어떤 행동을 하겠다는 결연한 도덕적 의도를 품은 자는 과녁$_{skopos}$을 향해 활을 겨누는 궁수와 같다. 화살의 명중 여부는 궁수에게만 온전히 달려 있지 않다. 그러므로 '운명이 바란다면'이라는 '유보조항'을 달고 목표$_{skopos}$를 원할 수밖에 없다. 키케로가 말한 대로다.

> 궁수는 과녁$_{skopos}$을 맞히기 위해 최선을 다하지만, 뜻한 바를 이루기 위해 최선을 다하는 바로 이 행위가 궁수가 추구하는 목적$_{telos}$이라고 말할 수 있겠다. 목적은 우리가 삶에서 최고선이라고 부르는 바에 해당한다. 과녁을 명중시키는 것은 우리가 바랄 수 있는 일이지만, 그 자체로 추구할 만한 가치가 있는 일은 아니다.[14]

우리는 언제나 동일한 근본 원칙을 발견한다. 유일한 절대 가치는 도덕적 의도다. 오직 그것만이 전적으로 우리에게 달려 있다. 중요한 것은 우리 아닌 운명에 달린 결과가 아니라, 우리가 그 결과에 다다르고자 노력할 때 갖는 의도다. 에픽테토스도 동일한 주제를 다룬다.

> 어떤 식으로 행동해야 할지 고민하며 결과가 아니라 행위 자체에 마음을 쓰는 인간을 내게 보여다오…… 그는 깊이 숙고하면서도 그 숙

고의 대상을 얻을 생각보다 숙고 자체에 마음을 쓴다.(『담화록』 II, 16, 15)

우리의 활동이 오직 순수하게 선을 행하려는 의도라면, 그 활동은 매 순간 목표에 도달한다. 그리고 완전히 현재에 임하며 미래의 성취와 결과를 기다릴 필요가 없다. 행동의 수련 자체가 목적인 이상 도덕적 행동은 흡사 춤과도 같다. 다만 춤이 중단되면 행동은 미완으로 남는다. 반면에 도덕적 행동은 마르쿠스 아우렐리우스의 말마따나 매 순간 완벽하고 완전하다.

이성적 영혼은 인생의 종말이 어디서 닥치든 본래 목표에 도달한다. 무용이나 연극 같은 예술에서는 어떤 방해가 생기면 전체가 불완전해진다. 이성적 영혼은 그와 달리 인생의 모든 단계에서, 어느 지점에서 중단되더라도 자신 앞에 놓인 과제를 완전하고 흡족하게 수행했기에 "나는 내 몫을 다했다"고 말할 수 있다.(XI, 1, 1-2)

너는 하나하나의 행동으로 네 인생을 구상하되, 그 하나하나의 행동이 나름대로 목적을 달성하면 이에 만족해야 한다. 그렇게 하는 것을 막을 사람은 아무도 없을 것이다.(VIII, 32)

우리는 여기서 스토아주의자의 근본적 태도를 포착할 수 있다. 첫째, 그는 행동을 하나하나 성취하면서, 다시 말해 과거나 미래에 흔들리지 않고 오직 현재에 집중하면서 자기 삶을 '구상하는' 자다. 마르쿠스 아우렐리우스는 "현재는 나에게 언제나 이성적 미덕과 공동체적 미덕이 작용하는 질료다"라고 했다(VII, 68, 3). 둘째, 행동에 집중하면 삶에 질서가 잡히고 문제가 계열별로 분류되며 앞으로 닥칠 어려움을 상상하거나 "인생 전체를 미리 그려보고 낙담하는 일"(VIII, 36, 1)이 없다. 행동에 집중하면 마치 춤을 출 때 우아한 동작이 연결되는 것처럼 삶에 일종의 조화가 생긴다.

> 항상 신을 기억하며 공동체적인 행동에서 또다른 공동체적 행동으로 나아가는 것만을 너의 유일한 낙, 유일한 안식으로 삼아라.(VI, 7)

셋째, 행동 하나하나에 선한 의도와 선한 의지를 집중하면 행동은 그 자체로 완성과 충족을 찾는다. 이 완성과 성취를 방해할 수 있는 사람은 아무도 없다. 세네카가 지적한 역설이 바로 이것이다.[15] 현자는 실패할지라도 성공한다. 철인 황제는 아무도 그의 행동에 완성과 충족을 부여하는 것을 막을 수 없다는 말로 이 역설을 가져온다.

> 그가 성취에 이르는 것을 막을 사람은 아무도 없을 것이다. "그러나 적어도 외부에서 뭔가 방해가 있을 수 있지요!" 그러나 네가 정의롭고 신중하고 현명하게 행동하는 것을 막을 이는 어쨌든 아무도 없다. "하지만 다른 활동이 방해를 받는다면?" 그렇지만 그런 방해를 기꺼이 받아들이고 가능한 다른 일로 담담하게 옮겨가면, 방해받은 활동 대신 우리가 말하는 구상에 적합한 다른 활동이 당장 생길 것이다.(VIII, 32)

아무도, 세상 어떤 권력도 우리가 정의롭고 신중하게 행동하는 것을,

다시 말해 우리가 어떤 행동을 하기로 결심하면서 품은 선한 의도를 실천하는 것을 막을 수 없다. 하지만 아우렐리우스도 그러한 행동의 결과가 실현되지 않으면 그 행동은 실패한 것이라고 본다. 그렇더라도 이성은 그 또한 운명에 동의하는 또다른 덕을 실천할 기회, 상황에 더 잘 맞는 새로운 행동을 선택할 기회라고 대답한다. 새로운 행동은 우리 삶에 아름다움을 부여하는 일련의 행동 속에 자리잡을 것이다.

운명에 평온하게 동의함으로써 우리는 욕망의 규율로 돌아간다. 우리가 원하는 방식으로 행동할 수 없을 때는 헛된 욕망에 흔들리며 불가능한 것을 바라지 말고 운명의 뜻을 기꺼이 따라야 한다. 새로운 여건을 감안해 행동으로, 행동의 규율로 돌아가야 한다. 그러므로 결국 선한 인간의 행동은 외부 요인에 의해 중단되거나 좌절될지라도 언제나 완성되고 충족된다. 그 행동은 매 순간 실행하는 그 자체로 완벽하기 때문이다. 그리고 장애물도 새로운 수련의 질료일 뿐이다. 마르쿠스 아우렐리우스는 이를 '방해 돌려놓기'라고 부른다.

> 몇몇 인간이 나의 고유한 임무를 수행하는 데 방해가 될 수 있다. 그러나 '유보조항'을 단 행동과 '방해 돌려놓기'가 있는 한 내 심오한 의도—hormē와 마음가짐은 방해받지 않는다. 내가 생각dianoia으로 방해를 제거하고 그 '방향을 바꿔놓기' 때문이다. 마음은 자신의 활동을 방해하는 모든 것의 방향을 바꿈으로써 자신의 계획을 촉진한다. 그리하여 활동을 방해하려던 것은 활동에 되레 도움이 되고, 길을 막으려던 것은 길을 열어주게 된다. (V, 20, 2)

마르쿠스 아우렐리우스는 '방해 돌려놓기'를 말하면서 내가 지금 하는 일, 내가 지금 실천하는 수련이 방해를 받더라도 그 방해 자체에서 다른 덕을 행할 기회를 찾을 수 있다고 본다. 가령 공동체를 위해 어떤 일을 하려는 사람이 있다. 그는 정의라는 덕의 수행에 전념하려 했는데 갑자기 병이 나서 그럴 수 없게 되었다. 그러나 이 질병이 운명의 의지에 동의하는 수련의 기회가 된다. 선한 사람은 매 순간 이성적으로 생각해서 이성이 원하는 바를 하려고 하고, 운명의 뜻이 드러나면 순순히 그에 따른다.

> 먼저 사람들을 설득해보라. 그러나 정의의 원칙이 시키면 사람들이 언짢아하더라도 실행에 옮겨라. 하지만 누가 힘으로 너에게 대항하면, 너는 순순히 받아들여 그 때문에 괴로워하지 말고 그 방해를 다른 미덕을 실현하는 데 이용하라. 너는 안 될 일을 바라지 않기에 '유보조항을 두고' 행동하려는 의도를 품지 않았느냐? 그렇다면 무엇을 추구할 것인가? 너는 그 의지, 그 의도 외에는 아무것도 바라선 안 된다. 그것은 이미 이루어졌다.(VI, 50)

따라서 우리는 이성에 부합하려는 이 의지와 근본적 의도로 늘 돌아온다. 그 덕분에 우리 행동의 대상에 대해서 내적으로 완전히 자유로울 수 있다. 어떤 행동이 실패하더라도 그 실패는 행동의 본질, 즉 의도의 완전성을 방해하지 못하기 때문에 우리는 흔들림 없이 평온하다. 그 실패는 더 잘 적응한 새로운 행동의 기회, 혹은 운명의 뜻을 받아들임으로써 욕망을 다스릴 기회를 제공한다. 근본적 의도와 의지는 이렇게 새로운 수련의 질료를 찾는다.

우리 안에서 명령하는 원칙이 자연스러운 상태에 있다면 일어나는 사건에 대하여 가능한 것과 주어진 것에 언제나 쉽게 적응할 채비가 되어 있다. 그것은 특정한 질료를 선호하는 것이 아니라, 사정이 허락하는 범위 안에서 높은 목표를 추구하되 자신에게 맞서는 것을 자신을 위한 대상으로 만들기 때문이다. 이는 불이 자기에게 뛰어드는 것을 제압할 때와도 같다. 작은 불길은 자기에게 던져진 것에 의해 꺼지겠지만, 환한 불길은 그것을 금세 자기에게 동화시켜 집어삼키며 그로 인해 더 높이 솟아오른다.(IV, 1)

자기를 억누르거나 방해물을 만날수록 점점 더 크게 타오르는 불의 역설은 어느 한 가지 질료에 만족하지 않고 모든 대상, 모든 목표를 동화시키는 선한 의지의 역설이다. 그러므로 불과 선한 의지는 사용하는 질료에 대해 완전히 자유롭다. 그 질료는 차이가 없다. 방해물은 불과 선한 의지를 더 크게 키울 뿐이다. 달리 말해 그 무엇도 방해가 되지 않는다.

너는 질료와 수련 주제를 놓치고 있구나! 사실 이 모든 것이 인생의 모든 영역을 자연의 관점에서 정확하게 고찰하는 이성의 수련장이 아니고 무엇이란 말이냐? 그러니 그것을 완전히 습득할 때까지 기다려라. 마치 튼튼한 위가 모든 것을 소화하고, 타오르는 불길이 네가 던진 모든 것을 화염과 불빛으로 바꾸듯이 말이다.(X, 31, 5)

세네카도 다른 은유로 이미 말한 바 있다.

선한 인간은 사건을 자기만의 색으로 물들이고…… 무슨 일이 일어나든 자신에게 이롭게 만든다.[16]

불의 역설은 신성한 이성 혹은 보편 자연의 역설이기도 하다. 스토아주의자는 보편 이성을 정신의 불로 여겼다.

> 보편 자연이 개개의 이성적 존재에게 여타의 능력을 거의 다 주었듯이, 우리는 다음과 같은 능력도 보편 자연에서 받았다. 즉 보편 자연이 자신과 마주치거나 방해하는 것은 무엇이든 다 돌려세워 보편적 운명에 편입시키고 자신의 일부로 만드는 것처럼, 마찬가지로 이성적 존재도 모든 방해물을 자신을 위한 질료로 만들어 자신이 추구하던 목표를 위하여 사용한다.(VIII, 35)

신의 행동과 현자의 행동 사이의 이 비교에서 우리가 취할 것은 모든 질료를 초월하는 유일한 의도라는 관념이다. 세계의 기원에서 신의 유일한 의도는 만물의 선, 그중에서도 특히 그 정상에 있는 이성적 존재의 선이다. 이 목적을 보건대, 신의 선한 의도는 만물을, 심지어 방해와 저항마저도 잘 돌아가게 한다. 현자의 유일한 의도는 자신을 신의 의도와 동일시하고 신의 선의가 원하는 바를 특히 다른 이성적 존재를 위해서 행하는 것이다. 그 의도는 어떤 행동의 실현에 걸림돌이 되는 모든 것을 운명과 보편 자연의 뜻에 동의하기 위해 사용하기만 한다면 선으로 바꿀 수 있다. 그러므로 의지가 선하면 모든 것이 선하다.

6. 행동에 대한 내적 자유: 의도의 순수성과 단순성

고대 철학은 오래전부터 타인에게 선을 행하는 방식을, 특히 선을 행하는 자와 그 수혜자의 관계가 제기하는 심리적 문제를 성찰해왔다. 아카데메이아의 철학자 아르케실라오스에 대해 전해 내려오는 일화가 있다. 그에게는 가난하지만 가난을 숨기고 싶어하는 친구가 있었다. 어느 날 그 친구가 병이 들자 아르케실라오스는 친구가 당장 필요한 것을 구할 수 있도록 그의 베개 밑에 돈주머니를 슬쩍 넣어주었다.[17] 스토아주의자는 자선을 '의무'의 한 부분 혹은 인간 본성에 '적절한 행동'으로 여겼다. 세네카는 스토아주의자 헤카톤의 저작을 읽고서 자신의 책에서 선행은 타인뿐만 아니라 선행을 베푸는 자에게도 수혜를 끼친다고 몇 번이나 강조한다.[18]

마르쿠스 아우렐리우스도 이 주제를 여러 차례 강조한다. 하지만 그는 그 기회에 선행에 영감을 주는 의도의 순수성을 특히 강조한다.

> 네가 선행을 베풀고 남이 그것을 받았으면 그만이지, 어째서 바보같이 제3의 것을 바라느냐? 선행을 남이 알아주거나 선행의 보답을 받는 것 말이다.(VII, 73)

> 도움을 받는 데 지치는 사람은 아무도 없다. 그런데 남에게 도움을 주는 것이 본성에 맞는 행동이다. 그러니 너는 남에게 도움을 줌으로써 도움을 받는 데 지치지 마라.(VII, 74)

> 너는 공동체의 이익을 위하여 무엇을 행한 적이 있는가? 그렇다면 그로 인하여 덕을 본 것은 너다.(XI, 4)

대가를 바라지 않고 타인에게 선을 베풀어야 하는 첫번째 이유는 "전체에 유익한 것이 부분에도 유익하다"라는 원칙에 따라 타인에게 선을 베푸는 것이 자신에게 선을 베푸는 것이기 때문이다.

여기에 덧붙이자면 그러한 행동은 의무를 다했다는 기쁨, 그리고 특히 인간이 다 같은 전체의 부분이 아니라 한 몸의 지체처럼 느껴지는 기쁨을 준다. 자신이 이성적 존재로 이루어진 한 몸의 지체라는 것을 이해하지 못했다면? 마르쿠스 아우렐리우스는 이렇게 말한다.

> 너는 아직도 인간을 진심으로 사랑하는 것이 아니며, 선행은 아직도 그 자체로 너를 기쁘게 하는 것이 아니다. 너는 아직 그것을 단순한 의무로서 행할 뿐, 너 자신에 대한 선행으로서 행하지는 않는 것이다.(VII, 13, 3)

여기까지만 보면 공동체를 위한 행동의 동기가 완전히 순수하지는 않다고 생각할 법도 하다. 자기에게 좋은 일이라서, 사심은 없지만 자신의 행복을 위해서 그렇게 행동한다고 볼 수도 있으니까. 여기에 스토아주의의 고귀한 원칙이 있다. 훗날 스피노자가 말한 대로 "덕은 그 자신의 보상이다"[19)]라는 것이다. 하지만 여전히 '보상'을 말하지 않는가. 자신이 선을 행한다고 의식하면 남들의 눈에도 선행하는 모습으로 비치기 십상이다.

마르쿠스 아우렐리우스는 순수성의 요구를 더 밀고 나간다. 그는 선행에 사심이 없어야 하는 이유로 본성의 작용을 말한다.

> 네가 어떤 사람에게 선행을 베풀었다면 더이상 무엇을 바랄 것인가? 네 본성에 맞는 행동을 한 것으로 만족하지 못하고 그 대가를 바랄 것인가? 그것은 눈이 보는 행위에 대하여 대가를 요구하고, 발이 걷

는 행위에 대하여 대가를 요구하는 것과 같다.(IX, 42, 12)

마르쿠스 아우렐리우스는 선행하는 이가 세 부류로 나뉜다고 말한다. 선행을 베풀고서 마치 채권자처럼 자기가 받을 것을 미리 계산하는 사람, 미리 계산은 하지 않지만 자기가 한 행위를 의식하는 사람, 마지막으로 자기가 한 일을 의식조차 하지 않는 사람이다.

> 그는 일단 제 열매가 맺힌 뒤에는 더이상 아무것도 요구하지 않는 포도송이가 달린 포도나무와도 같다. 주로를 달리는 말이나 사냥감을 찾는 개나 꿀을 모으는 벌과도 같다. 그와 같이 선행을 베푼 사람은 자기가 선을 행한 줄 모른 채[20] 다음 선행으로 넘어간다. 제철이 되면 포도나무에 다시 포도송이가 열리는 것처럼…… 그러므로 우리는 어떤 의미에서는 자기가 하는 일을 의식하지 않아야 한다.(V, 6, 3)

우리는 여기서 '본성에 맞는 행동'이라는 스토아주의의 개념이 새로운 의미를 덧입는 것을 볼 수 있다. 모든 종은 타고난 본능이 있어서 자기 종의 구조와 체질에 걸맞게 행동한다. 포도나무는 포도송이를 맺고, 말은 달리고, 벌은 꿀을 모으게 마련이다. 고로 종은 자기 본성에 맞게 행동한다. 인간의 경우 본능에 해당하는 것은 체질을 규정하는 것, 즉 이성에 따라 행동하려는 의지, 의도, 행동하고픈 충동 $hormē$ 이다. 이성에 따라 행동한다는 것은 공동의 이익, 인류의 이익을 자기 이익보다 중시하는 것이다. 이렇게 이성에 따른 행동이 곧 본성에 맞는 행동이다. 꿀벌과 포도나무가 꿀벌과 포도나무에 고유한 일을 하듯이, 인간은 인간에게 고유한 일을 해야 한다. 선행이 본성에 맞는 행동이기에 선행은 자연스럽게, 거의 의식되지 않을 정도로 순수하게 이루어져야 한다. 동물의 본능은 행동으로 아무리 표출되더라도 고갈되지 않는다. 동물은 하나의 행동이 끝나면 그 행동은 완전히 잊고 다른 행동으로 옮겨가 또 거기에 몰두할 뿐 어느 행동에 스스로 도취하지 않는다. 마찬가지로 도덕적 의도는 자신이 불러일으킨 모든 행동을 초월해 "한 행동에서 다른 행동으로 옮겨갈 뿐" 행위를 목적 자체로 보지 않고, 어떤 속성을 표방하거나 거기서 이익을 구하려 하지 않는다. 그러므로 도덕적 의도는 행동에 대해 완전히 자유롭고, 자연스럽게, 의식되지 않을 만큼 자연발생적으로 행동을 수행한다. 예수도 말하지 않았던가. "구제할 때는 오른손이 한 일을 왼손이 모르게 하라."[21]

"용감한 자가 반드시 자신이 용기라는 덕에 걸맞게 용감하게 행동한다는 사실을 의식하란 법은 없다…… 오히려 의식이 행동을 흐트러뜨리거나 약화하는 것처럼 보이기도 한다. 의식이 수반되지 않은 행동은 순수하고 지극히 강렬하며 생동감 넘친다"고 플로티노스는 말했다.[22] 마르쿠스 아우렐리우스도 같은 방향으로 생각한다. 참으로 선한 행동은 마치 동물의 본능에서 나오는 행동처럼 앞뒤 따지지 않고 자발적으로 나와야 한다. 의식은 행위의 순수성을 해친다. 선행을 한다는 의식은 작위적으로 어떤 행동을 만들어내고, 자기 생각에 취하게 하고, 행동 자체에 모든 기력을 쏟아붓기 힘들게 한다.

의식에 대한 이 비판에는 선의가 자기만족 없이 오로지 타인을 향한, 자신을 돌아보지 않는 전적인 너그러움일 수밖에 없다는 생각이 깔려 있다. 선의는 사심이 없고 자기가 하는 일에 애착을 품는 법도 없으니 내적으로 완벽하게 자유롭다.

그렇지만 마르쿠스 아우렐리우스는 그러한 태도가 자기에 대한 주의력, 자기가 하는 일에 대한 날카로운 의식을 강조하는 스토아주의의 기본 성향과 충돌한다는 것도 알았다. 그래서 반박을 제기하는 자를 상정한다. "자신이 공동체를 위하여 행동한다는 것을 아는 것과 공동체도 그것을 알아주기 바라는 것은 공동체적 인간의 특징이다."(V, 6, 6)

더욱이 철인 황제는 이 반박을 물리치려고 하지 않는다. 그는 그 말이 옳다고, 그러나 상대가 '자신의 말뜻'을 오해하고 있다고 말한다. 그가 '하고 싶은 말'은 도덕적 삶이 상반되는 태도를 조화시키는 기술이라는 것 아닐까. 자기에게 주의를 쏟고 의무를 의식하면서도 완전히 사심 없이 자연스럽게 행동할 수 있는 기술 말이다.

행동에 대한 도덕적 의도의 자유는 행동의 규율이 제기하는 또다른 문제에서도 드러난다. 우리가 앞에서 보았듯이 충분히 숙고하고 내린 결정은 원칙적으로 그 무엇으로도 바뀌지 않아야 한다. 그렇지만 행동하는 자는 그 행동에 대한 결정에 맹목적으로 집착해서도 안 된다. 만약 누군가가 타당한 이유를 제기한다면 자기 의견을 바꿀 수도 있어야 한다.

> 너의 생각을 바꿔 네 잘못을 시정해주는 자를 따르는 것이 의지의 자유와 상충되지 않음을 명심하라. 네 충동과 네 판단과 네 이성에 따라 행하는 행동은 여전히 네 행동이기 때문이다.(VIII, 16)

중요한 것은 특정 행동을 하느냐 마느냐가 아니다. 행동을 마치 소유물처럼 우리 것으로 만드는 것이 아니다. 우리의 의도를 이성에, 이성적 본성에 일치시키는 것이 중요하다. 따라서 조언자가 타당한 근거를 들어 말할 때는 귀담아들어야 한다(IV, 12, 2). 어떤 행동을 혼자 힘으로 해내지 못할 때도 마찬가지다.

자력으로 하는 일이든, 다른 사람과 함께 하는 일이든, 나는 언제나 공동체에 유익하고 공동체와 조화를 이루는 것만을 추구해야 하기 때문이다.(VII, 5, 3)

7. '유보조항'과 난관에 대비하는 수련

지금까지 보았듯이 마르쿠스 아우렐리우스는 행동의 규율을 다루면서 여러 차례 '유보조항'을 언급했다. 특히 세 가지 수련 주제를 규정하는 에픽테토스의 글을 인용하는 다음 대목을 보자.

"우리를 행동으로 이끄는 충동과 관련한 수련 주제에서는 충동이 유보조항에 따라 제어되고, 공동체에 유익하고, 가치에 비례하도록 각별히 주의해야 한다."(XI, 37)

"아무것도 방해하지 않는다면"이라는 표현이 '유보조항'에 해당한다. 그런데 행동의 구현을 방해하는 것은 운명, 다시 말해 보편 이성과 자연의 의지다. 행동의 의도와 충동에 대한 수련 주제가 이렇게 해서 욕망에 대한 수련 주제와 얽히고설킨다. 행동을 방해하는 장애물이 생기면 우리는 더이상 행동할 수 없고, 그래도 행동이 구현되기를 (헛되이) 욕망할 수밖에 없다. 따라서 이때는 전체가 바라는 것, 보편 자연이 바라는 것만이 이루어지기를 바라야 한다. 하지만 이 동의, 마르쿠스 아우렐리우스가 우리에게 요구하는 기쁨의 동의는 결코 쉽지 않다. 그래서 수련하고 준비해야 한다. 어떤 어려움이 있을지 예측하고 어떻게 맞설지 생각해야 한다.

'유보조항을 두고' 행동한다면 이미 그럴 준비가 된 것이다. 세네카는 이렇게 말한다.[23]

> 그가 예상치 못했던 일은 아무것도 일어나지 않는다. 그는 자신이 이루고자 하는 바에 걸림돌이 될 것을 미리 내다보기 때문이다.
>
> 모든 일은 그가 바라는 대로가 아니라 그가 예측한 대로 일어난다. 그리고 그에게 가장 우선한 예측은 언제나 그의 계획에 어긋나는 장애물이 생길 수 있다는 것이다. 그런데 충족되지 않은 욕망에서 비롯된 고통이 미리 내다본 성공이 좌절될 때의 고통보다 가볍다.

특히 마지막 문장에서 우리는 난관에 맞설 준비를 위한 수련의 두 면모를 볼 수 있다. 일단 심리적 면모가 있다. 우연한 타격도 예측했을 때는 아예 생각도 못했을 때보다 덜 아프고 덜 상처가 된다. 그리스인의 지혜에는 예로부터 그러한 통찰력이 있었다.[24] 스토아주의자는 이런 지혜를 그들의 체계 안으로 통합했다. 우리는 알렉산드리아의 필론이 쓴 글에서 그 주제의 반향을 볼 수 있다.

> 그들은 운명의 시련에 꺾이지 않는다. 그 이유는 그러한 타격을 진즉에 내다보았기 때문이다. 우리가 원치 않아도 일어나는 일, 심지어 가장 힘겨운 일조차도 예측이 되면 조금 덜 괴롭다. 그러면 사유는 예상치 못한 그 무엇과 더이상 부딪히지 않고, 지각은 이미 오래되고 겪은 바 있는 것을 대하듯 무뎌진다.[25]

세네카는 루킬리우스에게 보내는 아흔한번째 편지에서 전쟁, 지진, 화재, 산사태, 해일, 화산 분화, 요컨대 일어날 수 있는 온갖 재해를 다소 거창하게 상상한다. 하지만 수사학을 제쳐놓고 본다면, 세네카가 기본적으로 하고 싶은 말은 언제나 모든 일에 준비가 되어 있어야 한다는 것이다.

마르쿠스 아우렐리우스는 온갖 가능한 재앙을 그런 식으로 길게 묘사하지 않는다. 대신 위대한 자연법칙을 쉴새없이 상기시킨다. 만물의 변모, 그 빠른 흐름을. 그는 영원한 변화, 영원한 운동 속에 있는 존재와 사물을 구체적으로 바라보려 애쓴다. 한번은 헬리케, 폼페이, 헤르쿨라네움의 사라진 거리를 상기한다. 무엇보다 자신도 에픽테토스(『담화록』 III, 24, 86)처럼 모든 것에 준비된 스토아주의자의 늘 깨어 있는 자세를 견지하고자 한다. 그는 『명상록』에서 에픽테토스의 말을 다음과 같이 요약한다.

> 제 자식에게 입맞출 때 '내일 이 아이가 죽을지도 모른다'고 마음속으로 생각해야 한다. (XI, 34)

하지만 이런 수련이 쉽지 않다는 것도 인정해야 한다. 일어날 수 있는 일을 이런 식으로 다 상상하면 혼란에 빠지거나 마음이 아파지거나 의기소침해지지 않겠는가? 다음과 같은 글은 이런 수련을 비판한 게 아닐까?

> 네 인생 전체를 미리 그려보고 낙담하는 일은 없도록 하라. 네가 겪었던, 그리고 겪게 될 어려움을 한꺼번에 떠올리지 말고 그때그때 현재의 일과 관련하여 "이 일에서 참을 수 없고 감당할 수 없는 것이 있는가?"라고 자문해보라. (VIII, 36)

마르쿠스 아우렐리우스는 그러기 위해 현재에, 현재의 행동에, 그리고 현재의 난관에 집중하라고 한다. 작게 쪼개 분리할수록 견디기 쉽다. 그런데 현재에 집중하라는 말과 장차 생길 수 있는 난관을 예측하라는 말은 서로 모순되지 않는가?

사실 여기서 철인 황제가 비판하는 것, 그리고 세네카가 여러 편지에서 비판했던 것은 "미래에 대한 불안한 상상",[26] 이성으로 제어되지 않는 상상이다. "미래에 대한 강박관념에 사로잡힌 자는 참으로 불행하니, 그는 불행이 일어나기 전부터 불행하다"라고 세네카는 말한다.[27]

하지만 시련에 대비하는 수련은 불행이 닥쳤을 때 불행하지 않기 위해서만이 아니라 "불행이 일어나기 전부터" 불행하지 않기 위한 것이기도 하다. 여기에는 두 가지 방식이 있다. 첫째, 그러한 수련은 미래의 불행이 단지 가능성에 지나지 않으며 아직 우리에게 불행이 아님을 일깨워준다. 둘째, 그러한 수련은 스토아주의의 원칙에 따르면 (일어날 수도 있는) 나쁜 일이 정말로 나쁜 일은 아님을 상기시킨다.

장차 일어날 나쁜 일은 나쁜 일이 아니다. 마르쿠스 아우렐리우스가 "인생 전체를 미리 그려보고 낙담하지 말라"고 할 때는 현재에 집중하는 수련뿐만 아니라 나쁜 일을 예측하는 수련을 준수해야 하는 방식에 따라 한 것이다. 미래의 불행을 생각하되, 그중 아무것도 주체가 미리 괴로워해야 할 것이 없다고 곧바로 덧붙여 말하지 않는가. 미래의 악은 악이 아니다. "너를 짓누르는 것은 미래도 과거도 아니고 언제나 현재다." 그는 현재에만 집중하면, 시련을 실제로 맞부딪히는 현재의 순간으로 경계를 설정하면 훨씬 더 견디기 쉽다는 것을 알았다. 그러므로 현재에 집중하는 수련과 불행에 대비하는 수련은 긴밀하게 상호 보완적으로 이어져 있다.

우리가 두려워하는 나쁜 일은 스토아철학에서 생각하는 '악'이 아니다.

시련과 난관에 대비하는 수련은 기본적으로 미래를 생각하되 스토아주의의 원칙을 기억하는 것이다. 특히 우리가 불행이라고 믿는 것도 운명이 원한 사건임을 기억해야 한다. 그 일을 전체의 흐름 속에 놓고 '자연학적' 정의대로, 다시 말해 의인주의적 생각에서 바라보지 않고 자연현상으로서 받아들여야 한다.

우리는 "제 자식에게 입맞출 때 '내일 이 아이가 죽을지도 모른다'고 마음속으로 생각해야 한다"는 에픽테토스식의 불행 예측 수련을 이러한 시각에서 해석할 수 있다. 실제로 에픽테토스는 다음과 같은 대화를 상정한다.

"그건 재수 없는 말이야." "재수 없는 말이 아니라 자연의 과정 외에는 그 무엇도 예측하지 않는다는 말이다. 곡식이 결국 베일 것이라는 말도 재수 없는 말인가?"(『담화록』 III, 24, 86-87 ; 『명상록』 XI, 34)

마르쿠스 아우렐리우스는 이 주제로 자주 돌아가며 우리에게 불쾌하거나 괴로워 보이는 것이 자연법칙의 필연적 결과에 불과하다고 지적한다.

마지막으로, 이러한 수련은 우리에게 생길 수 있는 난관, 장애물, 시련, 고통이 우리에게 달려 있지 않기 때문에 도덕성과 무관하다는 스토아주의의 도그마를 기억하는 것이기도 하다.

이처럼 원칙을 상기하는 태도는 극적인 상황에서만이 아니라 일상의 난관에 대처할 때에도 유효하다.

날이 새면 너 자신에게 말하라. "오늘 나는 주제넘은 사람을, 배은망덕한 사람을, 교만한 사람을, 음흉한 사람을, 시기심 많은 사람을, 붙

임성 없는 사람을 만나게 되겠지"라고. 그들이 이 모든 결점을 갖게 된 것은 선과 악을 모르기 때문이다.(II, 1)

그리고 마르쿠스 아우렐리우스는 선악을 규정하는 원칙과 인류 공동체를 규정하는 원칙을 상기한다. 인간은 동일한 지성에 참여하고 신성한 동족이기 때문에 나에게 해를 입힐 수 없고, 나 또한 그들에게 화를 낼 수 없다고 말한다.

여기서 난관에 대비하는 수련, 예측된 의식 감찰은 욕망의 규율, 운명의 의지 수용뿐만 아니라 의지와 행동의 규율과도 관련이 있다. 실제로 이 수련은 타인을 대하는 어떤 유형의 행동에 동기를 제공한다. 마르쿠스 아우렐리우스는 『명상록』에서 몇 번이나 그가 함께 일하는 사람들의 악의나 저항을 예상해야 한다고, 그 자신은 단호한 자세를 취하되 그 대적자들에게 호의, 너그러움, 심지어 애정을 가져야 한다고 말한다.

이성적 예측 수련은 장차 일어날 수 있는 불행에 매인 나머지 "불행이 닥치기 전부터 불행"하지 않게 할 뿐 아니라, 두 가지 심리적 준비 과정에 따라 불행 속에서도 불행하지 않게 해준다. 첫째, 마음으로 준비했기 때문에 정작 그 일이 일어났을 때는 그렇게까지 놀라지 않는다. 둘째, 우리 일상에서 우리 의지와 무관하게 일어나는 일에 대해서 마음을 쓰지 않고 내적 자유를 유지하는 훈련이 된다. 에픽테토스가 말한 대로다.

작은 것부터 시작하라. 화분, 물잔, 그다음에는 겉옷 한 벌에서…… 땅 한 떼기까지. 그리고 너 자신에게로, 네 몸, 네 팔다리, 네 자식, 네 아내, 네 형제에게로 넘어가라…… 너에게 속하지 않은 것은 아무것도 너에게 매이지 않게끔, 너와 합쳐지지 않게끔 너의 판단을 정화하라. 그것이 너에게서 떨어져나가도 아무 고통을 느끼지 않도록…… 이것이 진정한 자유이기 때문이다.(『담화록』 IV, 1, 111-112)

8. 체념?

행동이 방해에 부딪히고 좌절될 때 (마르쿠스 아우렐리우스 같은) 스토아주의자는 이렇게 생각하는 것 같다. '내 의도는 선했고, 그게 중요하다. 그런데 운명이 원하는 바는 다르다. 나는 운명의 뜻을 받아들이고 체념해야 한다. 이제 정의의 덕이 아니라 동의의 덕을 실행할 때다. 나는 행동의 규율 수련에서 욕망의 규율 수련으로 넘어가야 한다.'

실제로 이 지점에서 스토아주의자에게 문제가 제기되었다. 마르쿠스 아우렐리우스는 그 문제를 명시적으로 던지지 않지만, 그에겐 대단히 현실적인 문제였다. 아니, 그에겐 인생의 비극이었는지도 모른다.

보편 자연의 뜻에 동의하기, 내 행동을 방해하는 바로 그것을 바라기가 숙명론적 체념과 무기력으로 변질되지 않으려면 어떻게 해야 하는가? 같이 일하는 사람들이 내 행동을 방해하거나 운명이 역병, 전쟁, 지진, 홍수를 일으켜 제국의 행복을 좌절시킬 때 어떻게 근심하지 않을 수 있으며 분노하지 않을 수 있는가? 운명이 불러일으키는 장애물, 난관, 시련 앞에서 구체적으로 무엇을 어떻게 해야 하는가?

에픽테토스는 『담화록』 중 한 권(II, 5)을 이 문제에 할애했다. "영혼의 도량과 염려가 어떻게 공존할 수 있는가?" 영혼의 도량은 평정심을 의미한다. 염려는 선하게 행동하려는 마음 씀씀이를 말한다. 우리는 바로 이 문제를 살펴보고자 한다.

에픽테토스는 이에 답하기 위해 주사위 놀이의 비유를 든다. 주사위의 어느 면이 나오느냐는 나에게 달려 있지 않다. 마찬가지로 내가 처한 상황, 내 행동을 방해하는 요소가 발생한 상황은 내가 아니라 운명의 소관이다. 나는 이 상황을 평온하게 받아들이고 동의해야 한다. 그렇더라도 나는 주사위 놀이를 하면서 마음을 쓰고, 주의를 쏟고, 기술을 구사할 수 있다. 마찬가지로 삶에서도 나는 운명이 원하는 상황에서 내 행동을 염려하고, 주의를 쏟고, 기술을 구사할 수 있는 것이다.

우리는 마르쿠스 아우렐리우스가 행동을 어떻게 생각했는지—적어도 암묵적으로는—다음 글에서 볼 수 있다. 이 글은 스토아주의자가 행동을 취할 때 처하는 다양한 상황을 요약해준다는 장점이 있다.

> 지금 무엇을 해야 하는지 명확히 보일 때는 망설일 필요가 없다. 그것이 보이거든 뒤돌아보지 말고, 호의를 가지고 그것을 향해 나아가라.(X, 12)

마르쿠스 아우렐리우스가 다른 대목에서도 말하듯, 이 결연하고 흔들림 없고 기운찬 결심이 호의적 성향을 방해해서는 안 된다.

> 인간의 본성이 요구하는 바를 행하라, 네가 접어든 길에서 뒤돌아보지 말고 행하라. 네게 가장 정당해 보이는 것을 말하되 상냥하고 겸손하게, 거짓 없이 말하라.(VIII, 5, 2)

그러나 내가 해야 하는 일에 대해서 의심이 일어날 수 있다.

무엇을 해야 하는지 보이지 않는다면 너의 판단을 멈추고 가장 훌륭한 조언자에게 물어라.(X, 12, 1)

운명의 뜻에 따라 장애물이 나타날 수도 있다.

너의 계획에 예기치 않은 일이 생기거든, 주어진 가능성에 따라 심사숙고하며 계속 앞으로 나아가되 정의라고 생각되는 것에 의지하라.(X, 12, 1)

우리가 상황에서 찾을 수 있는 '가능성'이란 주사위 놀이에서 활용할 줄 알아야 하는 가능성과도 같다. 그러한 가능성을 이성적으로 숙고해서 활용해야 한다. 그렇게 현자의 평정심과 행동하는 인간의 염려를 조화시켜야 한다. 현실을 있는 그대로 받아들이고 극적 상황에 흔들리지 않는 자의 평정심, 그리고 장애물과 난관에도 불구하고 목적으로 삼아야 할 것—인류 공동체에 대한 봉사와 정의—을 늘 염두에 두고 일단 시작한 행동을 상황에 맞게 수정하며 나아가는 자의 염려를 말이다. 효과적인 행동을 가장 확실하게 보증하는 것, 그것은 바로 내적 평온이 아니겠는가?

9. 이타주의

우리가 보았듯이, 행동의 규율은 기본적으로 공동체의 선을 위해 행동하는 것이다. 여기서도 신의 행동은 인간 행동의 모델이다.

우주의 정신은 전체koinōnikos의 공동선에 마음을 쓴다. 그래서 그것은 우월한 것을 위해 열등한 것을 만들어냈고, 우월한 것은 서로 협조하도록 만들어놓았다. 너도 보다시피 우주는 종속시키고, 결합시키고, 각자에게 응분의 몫을 주었고, 탁월한 것은 서로 화목하게 해놓았다.(V, 30)

여기서 우주의 정신은 나라를 잘 보살피는 선한 왕과도 같다. 그런 왕은 백성의 안녕과 그 외 나랏일에 마음을 쓰고 열등한 것(동물, 식물, 무생물 등)이 백성에게 잘 쓰이기를 바란다. 왕은 공동체를 제도화하고 재화의 분배와 정의를 실현함으로써 이성적 존재들을 중재하고 조화시킨다. 그렇지만 세계 국가의 의인주의적이고 '정치적인' 표상 때문에 우주의 정신과 자연 자체에 근거한 정신적 존재 사이의 관계를 망각해서는 안 된다. 세계 국가는 무엇보다 이성적 존재(신과 인간)의 공동 국가로, 그 존재에게 공통적이면서 개별적인 법칙이 지배한다. 그 존재의 본성은 이성적이기 때문에 그 법칙은 이성인 동시에 자연이다. '인간'의 정의 자체가 '이성적 동물' 아닌가.

이성적 동물에게는 자연에 맞는 행위와 이성에 맞는 행위가 동일하다.(VII, 11)

이성적 존재의 목표는 가장 오래된 국가의 이성과 법칙을 준수하는 것이다.(II, 16, 6)

가장 존엄한 국가, 그것은 인간이 시민인 상위의 국가이고 "다른 국가들은 그저 그 국가의 권속에 지나지 않는다"(III, 11, 2). 에픽테토스는 말했다. "인간이 무엇인가? 국가의 일부다. 신과 인간으로 구성된 첫째가는 국가의 일부, 그다음에는 그 국가에 가장 가까이 다가가기 위해 지명된 국가이자 보편적 국가의 축소된 이미지의 일부."(『담화록』 II, 5, 26)

철인 황제는 그의 삶 전체를 재고하게 하는 이 교의에 무감각할 수 없었다. 다음의 사유에는 그가 가진 삶의 수칙, 그의 모토가 어떤 식으로든 나타나 있는 듯하다.

> 나의 나라와 나의 조국은 안토니누스로서의 나에게는 로마다. 나의 나라와 나의 조국은 인간으로서의 나에게는 우주다.
> 이 두 공동체에 유익한 것만이 나에게는 선이다.(VI, 44, 6)

마르쿠스 아우렐리우스는 우리의 지적 능력과 이성과 법의식이 바로 이 세계 국가, 상위의 국가, 이성적 존재의 국가에서 비롯된다고 말한다(IV, 4, 2). 이 등가성은 의미심장하다. 지적 능력과 이성은 이성적 존재에게 공통적이다. 따라서 보편적이다. 즉 이 둘은 공통적이고 보편적이며, 모든 이성적 존재 안에 있다. 개체를 초월하는 보편성에 따라 그것은 개인의 이기적 관점을 벗어나 전체의 보편적 관점을 취하게 한다. 그래서 지적 능력과 이성은 자연스럽게 전체의 선, 전체의 이익을 지향하게 마련이다. logikon('이성적인 것')과 koinōnikon('공동선에 대한 염려')은 서로 떼려야 뗄 수가 없다.

각자는 제 체질에 따라 행해야 한다. 다른 것들은 제 체질에 의해 이성적 존재를 위하여 만들어졌고…… 이성적 존재는 서로를 위하게 끔 만들어졌다. 인간에게 가장 우선하는 체질은 공동선을 위하여 행동하려는 경향이다.(VII, 55, 2)

우리는 스토아주의를 근본적으로 자기애의 철학이라고 생각해왔다. 스토아주의에서 윤리학과 자연학의 출발점이 자기를 보존하려는 경향, 자기 자신과의 정합성과 일관성을 유지하려는 경향이기 때문이다. 하지만 스토아주의의 기본적 분위기는 전체에 대한 사랑이 더 강세다. 자기보존과 자기 정합성은 개인이 전체에 결속해 있을 때만 가능하기 때문이다. 스토아주의자로 산다는 것은 어떤 존재도 혼자가 아니며 우리는 모두 이성적 존재의 합인 전체, 다시 말해 우주에 속해 있음을 의식하는 것이다.

신적 지성이 전체의 공동선에 마음을 쓴다면, 그 이유는 그 지성이 전체 속에서 전개되기 때문이다. 신적 지성은 역동적 동일성에 의해 그 자신인 동시에 만물이다. 신적 지성에 참여하는 존재들이 서로 조화를 이루는 이유는 그 모든 존재가 그것의 일부요, 그 안에서 서로 소통하기 때문이다. 신적 지성은 존재 안에 임하면서 전체의 공동선을 이루려는 의도를 전달한다. 이성적 존재는 신적 지성과 마찬가지로 koinōnikoi, 다시 말해 전체가 잘되기를 자연스럽게 지향하고 전체의 통일성을 보증한다.

마르쿠스 아우렐리우스는 『명상록』의 특히 아름다운 대목에서 만물의 근본적 통일성을 드러내는 주요한 '일체성들'에 대해서 말한다(XII, 30). 벽이 가로막고 있어도 "햇빛은 하나일 뿐이다". "공통된 실체는 개별적 특징을 지닌 무수히 많은 개체로 나뉘지만 하나일 뿐이다." "지성적 영혼"은 비록 나뉜 것처럼 보일지라도 "하나일 뿐이다". 만물에는 무의식적일지라도 통일성을 지향하는 힘이 있지만, 각각의 지성적 영혼은 하나의 지성적 영혼에 참여하고 그 영혼과 일체를 이룬다. "공동체의 정념은 결코 방해받지 않는다." 우리는 개체를 한데 묶는 힘 너머로 어떤 투명한 내면의 우주를 엿볼 수 있다. 그 우주에서 정신은 상호 소통과 친밀성을 통해 서로를 지향한다. 이성적 존재는 그들의 의도가 신적 지성이 바라는 목적과 부합하는 한 일체를 이룬다. 그래서 이 정신적 우주는 서로 일치하는 의지들의 우주이기도 하다. 이러한 관점에서 도덕적 의도는 절대 가치, 모든 개별적 목표를 초월하는 목적 자체가 된다. 그리고 각각의 이성적 존재도 자유로이 그러한 의도를 품는 한, 다른 사람에게나 자기 자신에게나 스스로 목적 자체가 된다. 마르쿠스 아우렐리우스는 거듭 말한다. "보편 자연은 서로를 위하게끔 이성적 존재를 만들었다."(IX, 1) 어떤 의미에서 신적 지성이 한데 규합하는 이 이성적 존재의 공동체는 칸트가 말하는 "목적의 왕국"을 연상시킨다. 칸트는 그 왕국을 각 사람이 스스로 세우고 받아들이는 법으로 연결된 이성적 존재의 공동체로 여겼다. 그 법은 모든 이성적 존재가 자기 안의 도덕적 자유에 힘입어 자기 자신에게나 다른 사람에게나 그 자체로 목적이 된다고 말한다.[28] 이성적 존재가 스스로 도덕적 목적을 법칙으로 세우기 때문에 그 자신이 목적 자체가 되는 것이다. 마르쿠스 아우렐리우스가 말하듯이, 이 목적 자체를 다른 그 무엇보다 선호해야만 한다.

> 이성적 영혼의 속성은 이웃을 사랑하는 것이고…… 그 무엇도 이성적 영혼 자체보다 귀히 여기지 않는다. 이 점은 법의 속성이기도 하다.(XI, 1, 4)

그러나 사람들은 대부분 이 세계 국가와 이성을 알지 못한다. 그들은 세계 국가에나 지상의 국가에나 유해하기만 한 이기심 속에서 살아간다.

> 공동선에 도움이 되는 목적과 직접적으로나 간접적으로 무관한 네 행동은 어떤 것이든 네 삶을 분리시키고, 네 삶의 통일성을 깨뜨린다. 그러한 행동은 마치 민중 사이에서 조화로운 관계를 외면하고 외따로 떨어져 있는 사람처럼 반란의 성격을 띨 것이다.(IX, 23, 2)

이기심은 국가에 해롭고 개인 자신에게도 해롭다. 이기심은 개인을 고립시킨다. 에픽테토스도 말한다. "발만 따로 있으면 더이상 발이 아닌 것처럼, 고립된 인간은 더이상 인간이 아니다. 사실 인간이 무엇인가? 국가의 일부다."(『담화록』 II, 5, 26) 마르쿠스 아우렐리우스도 같은 은유를 들어 말한다.

> 잘려나간 손이나 발이나 머리가 육신의 나머지와 떨어져 있는 것을 본 적이 있는가? 자신의 운명을 거부하고 남과 떨어져 있거나 공동체에 해로운 행동을 하는 자야말로 자신을 그러한 사람으로 만드는 것이다. 그런 경우, 너는 어떤 의미에서 자연에 맞는 통일성에서 너 자신을 떼어낸 것이다. 너는 자연의 일부로 태어났건만 지금은 너 자신을 잘라냈기 때문이다.(VIII, 34)

여기서 욕망의 규율(일어나는 모든 일을 받아들임)과 행동의 규율(공동선을 위한 행동)이 환기된다. 두 규율이 하나의 동일한 태도에 부합함은 너무나 명백하다. 자신이 전체의 일부에 지나지 않음을 의식하면서 사는 태도. 전체에 의해, 전체를 위해서만 살아가는 태도. 다른 존재들이 '자연스럽게' 하는 일을 인간은 '이성적으로' 해야 한다. 결국 인간은 이성적으로 행동하는 것이 '자연스럽게' 행동하는 것이지만 말이다. 그래서 인간에게는 특이한 능력이 있다(VIII, 34, 3-5). 인간은 자신의 의도, 자유, 이성으로 전체에서 떨어져나올 수 있다. 이기적으로 행동한다든가, 자신에게 주어진 일에 동의하지 않는다든가 하는 식으로 말이다. 인간은 그런 식으로 자신을 정신적으로 무력화할 수 있는 기이한 능력을 지녔다. 그렇지만 철인 황제는 인간에게 더욱더 경이로운 능력, 즉 그렇게 떨어져나갔다가도 전체로 돌아올 수 있는 능력이 있다고 말한다. 인간은 회심하고 변화될 수 있다. 이기주의에서 이타주의로 넘어갈 수 있다.

10. 행동과 가치, 정의와 공정

마르쿠스 아우렐리우스가 인용한 행동의 규율(XI, 37)에 관한 정의에서, 에픽테토스는 행동하고픈 충동hormai이 선할 때는 세 가지 특성이 있다고 지적했다. 첫째, 그 행동은 '유보조항'이 달려 있어야 한다. 둘째, 그 행동은 공동선을 돕는 것이 목적이어야 한다. 이 두 조건에 대해서는 우리가 이미 살펴보았다. 셋째, 그 행동은 가치kat' axian와 관련이 있어야 한다. 이 표현이 애매하고 불분명해 보일 수도 있다. 행동이 작용하는 대상의 가치를 말하는 건가? 아니면 행동의 영향을 받는 사람들의 가치? 마르쿠스 아우렐리우스는 이 표현을 자주 쓴다. 사실 이것은 당대 스토아철학의 기술적 용어로, 그 시대의 스토아주의자라면 바로 알아듣겠지만 우리에겐 설명이 필요하다.

스토아주의자는 이미 오래전부터 '가치' 개념에 대한 이론을 전개해왔던 터였다.[29] 단순화해서 요약하자면, 그들의 교의는 가치를 세 단계로 구분한다. 일단 '자연과 조화된 삶'을 구성하는 부분들은 가치가 있다. 요컨대 덕에 해당하는 것, 이를테면 의식의 감찰이나 자기에 대한 주의력 수련처럼 도덕적 삶의 실천에 도움이 되는 것 말이다. 이런 것의 가치는 절대적이다. 그다음으로는 덕의 실천을 부수적으로 돕는 것이다. 그 자체는 선하지도 악하지도 않아서 도덕적 선과 관련해 아무 차이가 없지만 어쨌든 소유하거나 갈고닦음으로써 덕스러운 삶에 도움을 줄 수 있는 것 말이다. 가령 건강은 의무를 다하는 삶에 도움이 되고, 재물이 있으면 이웃을 구제할 수 있다. 이 두번째 등급의 가치는 절대적이지 않다. 절대 가치는 오직 도덕적 선에만 있다. 두번째 등급의 가치는 도덕적 선과의 관계에 따라서 위계가 달라진다. 마지막으로, 어떤 상황에서만 덕에 유용한 것이 있다. 이것은 그 자체로는 아무 가치도 없으나 선을 위해 교환될 수 있다.

그래서 가치를 정확히 알아보는 것이야말로 판단의 규율에서 매우 중요한 부분을 차지하는 수련이다. 마르쿠스 아우렐리우스는 항상 대상은 벌거벗은 실제 그대로 바라보아야 할 뿐 아니라 그것이 우주 안에서 차지하는 위치, "한편으로는 전체에 대하여, 다른 한편으로는 다른 국가들이 권속에 불과한 상위 국가의 시민으로서 인간에 대하여 어떤 가치가 있는지"(III, 11, 1-2) 알고자 노력해야 한다고 말한다.

이러한 판단의 규율은 행동의 규율과 밀접하게 이어져 있다. 일단 사물의 가치를 정확히 알아보면 그에 따라 행동해야만 한다. "나는 만물의 실체를 보고 각각의 사물을 그 가치$_{kat' axian}$에 따라 이용한다."(VIII, 29) 마르쿠스 아우렐리우스는 각 요소와 상황 앞에서 도덕적 삶을 위해 끌어낼 수 있는 결실을 알아보고, 그 결실을 가능한 최고의 방식으로 사용하려고 노력한다는 말을 하고 싶은 것이다.

> 나를 기쁘게 하는 것은 내 안의 지배원리가 건전하여 어떤 사람 혹은 사람들에게 일어나는 어떤 사건에 등돌리지 않고 모든 것을 상냥한 눈으로 보며 받아들여서 그 하나하나를 내재적 가치에 따라 활용하는 것이다.(VIII, 43)

그래서 행동의 규율은 우리에게 사물의 가치를 제대로 알고 그 가치에 걸맞게 행동하게끔 요구한다. 세네카는 행동의 규율을 다음과 같이 정의했다.[30] 일단 해당 사안의 가치를 판단하고, 그다음에 행동하고픈 충동을 그 가치에 걸맞게 배분한다. 마지막으로, 자기 자신과의 조화를 언제나 견지할 수 있도록 행동하고픈 충동과 실제 행동을 조율한다.

이것이 에픽테토스의 표현 '가치kat' axian에 따른 행동'에 부여할 수 있는 첫번째 의미다. 그러나 가치는 개인의 행동 수준뿐만 아니라 사회적 삶의 수준에서도 고려해야 한다.

게다가 이 부분에서 스토아주의자에게 중대한 문제가 불거진다. 사실 스토아주의자의 가치 척도는 다른 사람들의 가치 척도와 동일하지 않다. 스토아주의자에겐 아무 차이도 없는 것, 상대적 가치밖에 가질 수 없는 것에 다른 사람들은 절대 가치를 부여한다. 반면, 스토아주의자가 절대 가치를 부여하는 도덕적 선에 다른 사람들은 대개 관심이 없다. 마르쿠스 아우렐리우스는 우리가 타인에게 건네는 도움을 논하면서 이 갈등을 암시적으로 언급하는 듯 보인다.

> 그들의 생각에 휩쓸리지 말고[31] 그들을 네 능력껏 사리에 맞게 도와

라. 그들이 선악과 무관한 일에 손해를 봤다면, 너는 그것을 큰 손해라고 생각하지 마라. 그것은 나쁜 습관이다.(V, 36)

그들이 그렇게나 중요하게 생각하는 차이가 없는 것의 영역에서도 타인을 도와야 한다. 그렇지만 타인의 판단까지 공유하지는 말고 사물의 가치, 다시 말해 도덕적 목적성을 고려해야 한다. 타인에게 일어난 일이 진짜 불행인 것처럼 연민을 품어서는 안 된다.

이것은 마르쿠스 아우렐리우스가 황제로서 당면한 문제이기도 했다. 그는 자기가 보기에는 아무 차이도 없고 아무 가치도 없는 것의 영역에서도 백성이 행복할 수 있도록 보살펴야 했다. 그는 신의 본보기를 따라 그렇게 했다.

> 신은 꿈을 통하여, 신탁을 통하여 여러 방법으로 그들이 관심을 두고 있는 것을 얻을 수 있도록 도와준다.(IX, 27, 3)

> 신도 인간에게 관용을 베푼다. 신은 건강과 부와 명성 같은 몇 가지 목적을 위해서도 종종 인간을 돕는다.(IX, 11, 2)

신도 이렇게 인간의 바람에 부응해 그 자체로는 상대적 가치밖에 없는 것을 베풀어주기도 한다. 그러니 황제도 마땅히 그래야 한다. 그는 인간에 대한 태도를 규정하면서(인간은 설령 덕을 행하지 않더라도 그의 친족이자 협력자다) 다음과 같이 선언한다.

> 나는 인류 공동체에 근거한 자연법칙에 따라 그들을 우의와 정의로

대한다. 또한 차이가 없는 것에서는 그 가치를 올바르게 평가하려 한다.(III, 11, 5)

호의라는 내적 성향에 더해지는 구체적인 행동이 황제에게 다른 사람들이 가치 있게 생각하는 것도 마음을 쓰게끔 강요한다. 게다가 그런 것도 도덕적 발전에 이바지하는 한에서는 웬만큼 가치가 있다.

이것이 에픽테토스가 행동의 규율을 정의하면서 암시했던 axia(가치)가 지닐 수 있는 두번째 의미다.

그렇지만 '가치'라는 말에는 다른 의미도 있다. 이 말은 사물이 아니라 사람의 가치, 다시 말해 장점을 가리킬 수 있다. 마르쿠스 아우렐리우스에게 정의는 다른 스토아주의자에게도 그렇듯이 각 사람에게 그의 가치 혹은 장점에 걸맞은 것을 주는 것이다.[32] 그러나 이 '가치'의 다른 의미가 에픽테토스가 정의하는 행동의 규율이라는 맥락에 어떻게 통합되는지는 알 수 없다. 희한하게도 아리아노스가 전하는 에픽테토스의 가르침에서 정의라는 덕에 대한 언급이나 규정을 찾아보기 힘들기 때문이다. 반면 마르쿠스 아우렐리우스에게서 정의라는 덕은 너무나 중요하기 때문에 때로는 덕 하나로 행동의 규율을 정의하기에 충분하다. 가령 "지금 같이 있는 사람들을 공정하게 대하는 것"(VII, 54)이라는 표현만 봐도 알 수 있다.

아우렐리우스는 황제로서 책임을 의식했기 때문에 정의를 그토록 중요시했던 걸까? 어쨌든 그는 양부인 안토니누스 피우스에 대해 이야기하면서 이 덕을 정의하는 듯하다. "그분은 단호하게 각자의 공적에 맞춰 나누어주셨다."(I, 16, 5) 이 말은 특히 각 사람의 장점과 가치만 고려해 편파성 없이 그 사람의 능력에 맞는 직위와 책임을 나눠주었다는 뜻이다. 요컨대 공정하게 정의를 실현했다는 뜻이다.

게다가 여기서 말하는 가치 혹은 장점이 꼭 스토아주의의 도덕적 가치를 뜻하지는 않는다. 특정 과업을 수행할 수 있는 능력, 혹은 법적인 유죄 또는 무죄까지 뜻할 수 있다. 역사가 디온 카시오스는 마르쿠스 아우렐리우스가 임무를 맡기면서 완벽을 요구하지 않는 황제였다고 말한다. "누가 일을 잘하면 황제는 그 사람을 칭찬하고 잘하는 일에 등용했으나 나머지 행실은 고려하지 않았다. 그는 사람들을 원하는 대로 만들기는 불가능하고 그들이 쓸모 있는 분야에 활용하는 것이 합당하다고 보았다."[33]

가치 있는 사람은 정치적 삶과 일상에서 양심적으로 '의무'를 다하는 사람이다. 정치적 삶과 일상은 차이가 없는 것의 영역이기도 하다. 가치 있는 사람은 (도덕적 선 외에는 가치 있는 것은 없다는) 스토아주의 정신에서가 아니더라도 자기가 해야 하는 일을 한다.

편파적이지 않고 공정하게 개인의 장점에 따라 재화를 분배하는 정의는 신의 행위를 본받은 것이다. 인간의 도덕적 행동은 이성적 본성에 따른 것이요, 그 본성은 신의 이성적 본성, 즉 자연의 일부이자 발현이라고 마르쿠스 아우렐리우스는 말한다.

> 인간의 본성은 각자에게 제 몫의 시간과 실체와 원인과 활동과 경험을 가치kat' axian에 따라 공평하게 배분하는 한 결코 방해받을 수 없는 이성적이고 정의로운 본성의 일부다.(VIII, 7, 2)

'공평한 배분'이 어떻게 '가치에 따른' 배분이냐고 반박할 수도 있겠다. 하지만 플라톤과 아리스토텔레스 이후로[34] 정치적 평등은 기하학적 평등, 다시 말해 상위의 가치에 더 좋은 것을, 하위의 가치에 덜 좋은 것을 부여하는 평등이었음을 기억해야 한다. 분배는 aretē에 비례한다. aretē는 원래 귀족의 특성을 가리키는 용어였으나, 스토아주의자는 영혼의 고결성 또는 덕이라는 의미로 사용했다. 따라서 스토아주의의 정의는 귀족주의적이다. 정의가 귀족계급에 재물과 권력—차이가 없는 것—을 부여한다는 뜻이 아니라, 정치적이고 개인적인 삶의 모든 결정에 도덕적 책임과 가치에 대한 고려를 개입시킨다는 뜻에서 그렇다. 역사가 헤로디아누스는 마르쿠스 아우렐리우스가 딸들을 혼인시킬 때 세습 귀족이나 부자를 고르지 않고 덕 있는 사내를 골랐다고 말한다. 이 역사가는 철인 황제가 영혼의 부유함을 유일하고 참되며 고유해서 침해할 수 없는 부유함으로 보았다고 평한다.[35]

따라서 신의 행동은 "방해물이 없고" "공정하다". 그 행동은 지극히 이성적인 것, 즉 자기 자신에게 명령한 것이기 때문이다. 무엇보다 이 명령은 개별적 목표를 유일한 목적(전체에 좋은 일을 하려는 의도)에 복속시킨다. 우리가 이미 보았듯이 신의 행동은 개별적 목표들을 통해 단 하나를 지향하고 모든 장애물마저 유일한 목적에 합력시키기 때문이다. 그러나 신의 행동은 또한 어떤 질서를, 개별적 목표 사이의 가치 위계를 불러온다. 식물, 광물, 동물 같은 열등한 것은 이성적 존재를 위해 존재하고, 이성적 존재는 서로가 서로에게 목적이다. 이 가치 위계에서 보면 신의 행동은 시간, 질료, 인과성을 각 사물의 가치에 맞게 분배한다. 그래서 그 행동은 공정하다.

이성적 본성의 정의는 동시에 전체 지성의 정의다(V, 30). 그 지성은 전체에 "종속과 배열"을 도입하고 "각각에 그 가치에 걸맞은 몫"을 주었다. 이것은 "이성적 존재를 서로를 위해 만들고 그들의 가치와 장점에 따라 서로 돕고 살게" 한 전체의 본성의 정의다(IX, 1, 1).

일상의 경험은 이 신적 정의에 의심을 불러일으킬지도 모른다. 사실 그렇게 보인다.

> 보편 자연이 악인과 선인에게 공적par' axian에 맞는 몫을 나눠주지 않는다고 종종 비난하는 자가 있다. 그 이유는 악인은 쾌락 속에서 살고 쾌락을 즐길 수단을 가지고 있는데, 선인은 고통 속에서 살고 고통을 유발할 수 있는 것에 빠져들기 때문이다.(IX, 1, 6)

하지만 이것은 쾌락을 선으로 보고 삶과 죽음, 쾌락과 고통, 영광과 무명無名이 도덕적 선을 추구하는 자에게는 선도 아니고 악도 아님을 모르는 자들의 판단이다. 마르쿠스 아우렐리우스는 오히려 이렇게 말한다.

> 일어나는 모든 일은 정당하게 일어난다. 자세히 관찰해보면 너는 그것이 사실임을 알게 될 것이다. 나는 단지 "그것이 순리에 맞는다"고 하는 것이 아니라 "그것이 정의에 맞는다"고 하는 것이다. 이는 마치 각자에게 공적에 걸맞은 몫을 나눠주는 사람의 행동과도 같다.(IV, 10)

우리는 욕망의 규율에서 보편 자연 혹은 보편 이성의 행위 양태가 제기하는 문제점을 엿보았다. 보편 자연이 근원적 충동 한 번으로 우주의 과정을 발동시키면 그 "필연적 결과"로써 모든 일이 일어나는가? 아니면 그 자연이 개체에게 관심을 두고 "각자에게 공적에 걸맞은 몫"(IV, 10)을 분배하는가? 우리는 이 두 가설이 상호 배타적이지 않다고 보았다. 우주의 일반 법칙이 개체에게 우주에서 감당해야 할 역할을 맡긴다고 할까. 신의 행동은 개별적 경우에 경이롭게 맞아들어가는 유일한 행동이다. 그래서 모든 일이 "마치 각자에게 공적에 걸맞은 몫을 나눠주는 사람의 행동과도 같이" 일어난다. 마르쿠스 아우렐리우스는 열등한 것도 제 몫의 시간과 실체와 인과성을 존재의 위계에서 차지하는 가치에 걸맞게 받는다고 본다(VIII, 7, 2). 그러나 이성적 존재는 더욱더 그렇다. 운명은 각자에게 그 존재와 가치에 걸맞은 것을 나눠준다. 모든 사건은 일어나야 할 사람에게 딱 맞게 일어난다.

> 너 자신에게 일어나는 것과 운명이 너를 위하여 자아놓은 것만 사랑하라. 그보다 더 적절한 일이 어디 있겠는가?(VII, 57)

> 그 사건은 너에게 일어났고, 너에게 맞게 정해졌고, 가장 오래된 원인으로 거슬러올라가는 운명의 실로 너와 이어졌다.(V, 8, 12)

> 네게 어떤 일이 일어났느냐? 잘된 일이다! 너에게 일어나는 모든 것은 운명으로 너와 이어진 것, 처음부터 우주가 너를 위하여 정해놓고 자아놓은 것이다.(IV, 26, 4)

> 너에게 무슨 일이 일어나든, 그것은 태곳적부터 너에게 미리 정해진 것이다. 그리고 원인의 연쇄는 태곳적부터 네 존재와 이 사건의 만남을 한데 엮어놓았던 것이다.(X, 5)

그러므로 일어나는 모든 일은 공정하게 일어난다. 우리에게 일어나는 모든 일은 우리에게 속한 것, 우리에게 와야 했던 것, 한마디로 우리의 개인적 가치에 부합하고 우리의 도덕적 발전에 기여하는 것이기 때문이다.

신적 정의는 교화적이다. 그 정의의 목적은 이성적 존재의 지혜로 확고해지는 우주의 선이다.

스토아주의자인 바빌론의 디오게네스는 정의를 각자의 가치에 맞는 몫을 주는 덕이라고 정의하면서, '가치$_{axia}$'는 '각자에게 굴러들어갈 몫$_{to\ epiballon}$'이라고 했다.[36] 신적 정의의 신비는 이 미묘한 어감 차이에서 드러난다. 실제로 마르쿠스 아우렐리우스는 "만물의 지배자"(X, 25)가 "각자에게 굴러들어갈 몫$_{to\ epiballon}$을 나누어주는$_{nem\^on}$ 법$_{nomos}$"이라고 명시적으로 말했다. "법에 맞게 분배된 것은 모두에게 공평하다."(XII, 36, 1). 따라서 신의 법이 각자에게 가치에 걸맞은 몫을 나눠줄 때 그 몫은 그의 공적(장점), 그의 존재에 따른 것인 동시에 운명이 정해준 것, 마땅히 굴러들어가야 할 것이다. 그 몫은 인간이 도덕적 결정에 따라 선택한 것인 동시에 법이 최초의 결정에 따라 선택한 것이다. 플라톤이 말하는 다이몬(개인의 운명)과 마찬가지다. 각 영혼에 결부된 다이몬은 운명이 정해준 것이자 영혼이 선택한 것이다.[37]

이런 것이 스토아주의가 마르쿠스 아우렐리우스에게 제시한 신적 정의의 이상이었다. 그는 이 이상을 지상에서 실현할 수 있다면 실현하고 싶었을 것이다. 도덕적 가치 외에는 아무것도 고려하지 않는 정의, 인간의 도덕적 발전 외에는 다른 목적이 없는 정의, 도덕적 기여에 상응하는 가치를 제외하면 사물은 "아무 차이가 없다고" 보는 정의를 말이다. 앞으로 보겠지만, 마르쿠스 아우렐리우스는 비꼬듯 언급했던 "플라톤적 국가의 실현" 가능성에 환상을 품지 않았다.

하지만 그 같은 정의의 이상은 전반적인 내적 성향에 영감을 줄 수 있었다. 만물에 동일한 법칙을 부여하는 보편 이성의 무사공평함, 그리고 개별적 경우에 맞춰주듯 개인의 강점과 약점을 고려해 살피는 섭리의 살

뜰한 배려를 동시에 본받게끔 말이다.
 어쩌면 그러한 태도를 L. 라벨의 인용으로 설명할 수 있겠다. 저자는 스토아철학의 교의와 연결하려는 의도가 없었음에도 그 철학에서 말하는 정의의 정신을 꽤 정확하게 기술하고 있다.

> 어떤 성스러운 무관심(무차별)이 있다. 우리가 만나는 존재 사이에 호불호를 두지 않고 온전히 임하며 그것의 부름에 다 같이 충실하게 응하는 무차별. 그런 것은 긍정적인 무관심으로, 우리가 흔히 혼동하기 쉬운 부정적 무관심과 정반대다. 긍정적 무관심은 단지 모든 것에 눈부신 환대를 베풀 것을 요구한다. 모든 것에 대하여 균형을 고르게 유지해야 한다. 어느 쪽으로 기울어지는 편견이나 애호가 우리 안에 있어서는 안 된다. 편견이나 애호가 있으면 우리의 행동에 미묘한 차이가 생긴다. 설령 그렇더라도 우리는 각 사람에게 그가 기대하는 것, 그가 요구하는 것, 그에게 부합하는 것을 주어야 한다. 이 지점에서 가장 완벽한 정의와 가장 순수한 사랑이 하나가 된다. 우리는 그 정의가 선별을 아예 없애는 것인지, 아니면 모든 것을 똑같은 사랑으로 선별하는 것인지 알 수 없다.
>
> 우리는 '차별을 두지 않는 것'이 정의로움과 결국 하나임을 안다. 모두에게 똑같은 규칙을 적용하고 어떤 예외나 특혜도 판단에 개입시키지 않기. 만물을 그저 한눈에 담을 수 있는 신의 시선에 위치하기. 하지만 그 시선은 무감각한 시선이 아니라 개별적 존재에게서 그 존재가 필요로 하는 것, 그 존재를 감동시키는 말, 그 존재에게 마땅한 대우를 알아보는 애정 어린 시선이다.[38]

11. 연민, 다정함, 호의

우리가 판단의 규율에서 보았듯이, 스토아주의자는 인류가 대부분 악에 빠져 있고 그 상태는 본인의 의지에 반한다고 생각했다. 인류는 단지 진정한 선과 진정한 악이 무엇인지 모르기 때문에 그렇게 산다. 이것은 플라톤과 플라톤주의를 거쳐 스토아주의까지 전해 내려오는 소크라테스적 전통이다. "아무도 고의로 악을 저지르지 않는다."[39] 플라톤주의의 이러한 주장은 덕은 '앎'이라는 소크라테스의 사상에 근거한다. 다시 말해 덕은 기본적으로 자신의 온 영혼으로 선이 어디에 있는지, 진정한 선이 무엇인지 아는 것이다. 사실 사람의 영혼은 자연스럽게 선을 원하고, 자발적으로 자신이 좋게 보는 것을 지향한다. 영혼이 악해진다면 그것은 선처럼 보이는 것에 속았기 때문이다. 영혼은 악을 악인 줄 알면서 원하지는 않는다. 스토아주의자는 "모든 것은 판단의 문제"이고 정념 자체도 판단이라고 보기 때문에 이러한 교의를 더 쉽게 받아들인다. 의학자 갈레노스는 『영혼의 과오를 자각함에 대하여』에서 스토아주의의 교의를 이렇게 표현했다. "여러 가지 과오의 원칙은 자신의 삶에 부여되어야 할 목적에 대한 잘못된 판단이다."[40]

플라톤주의와 스토아주의, 나아가 신플라톤주의까지 이어지는 소크라테스적 전통은 인간 본성의 각별한 존엄에 대한 믿음과 결합해 있다. 그 믿음은 모든 인간에게 좋은 점이 있기를 바라는 자연스럽고 무의식적인 욕망에 녹아 있다.

에픽테토스 역시 이 전통에 속하기에 플라톤의 가르침을 명시적으로 언급한다.

누가 과오에 동의한다면 그것이 고의가 아님을 알아야 한다. 플라톤이 말했듯이 "모든 영혼은 자기 의지에 반하여 진리를 빼앗기기" 때문이다. 다만 오류를 진리로 오해했던 것이다.(『담화록』 I, 28, 4-9)

에픽테토스는 행동 영역에서 진리와 오류에 해당하는 것이 의무와 그 반대, 곧 유익한 것과 그 반대라고 말한다. 우리가 의무라고 믿는 것, 유익하다고 믿는 것은 선택하지 않을 수 없다. 그러므로 과오는 영혼에게 오류로 보이지 않았기 때문에 달리 행동할 수 없었던 오류다. 그렇다면 과오에 왜 화를 내겠는가? "오히려 장님이나 절름발이에게 연민을 품듯이, 그러한 기본 능력이 둔해지거나 훼손된 이들에게 연민을 품어야 하지 않을까?" 그래서 에픽테토스는 스토아주의자가 이웃을 대하는 이상적 태도를 이렇게 기술한다.

> 자신과 [삶의 원칙이] 판이한 자를 대할 때는 무지에 빠진 자, 가장 중요한 일에 있어서 목표가 없는 자를 대할 때처럼 인내, 다정함, 섬세함, 너그러움이 있어야 한다. [스토아주의자는] 누구에게도 가혹하게 굴지 않는다. 그는 "모든 영혼은 자기 의지에 반하여 진리를 빼앗긴다"는 플라톤의 말을 완벽히 이해하는 까닭이다.(『담화록』 II, 22, 36)

마르쿠스 아우렐리우스도 에픽테토스처럼 진리와 선을 향한 이 무의식적 욕망, 인간의 이성적 본성에서 깊이 우러나는 이 약동에 크나큰 경의를 느꼈고, 자기가 어렴풋이 욕망하는 바를 자기 의지와 무관하게 빼앗긴 영혼에게 연민을 느꼈다.

"모든 영혼은 자기 의지에 반하여 진리를 빼앗긴다"고 플라톤은 말한다. 정의와 절제와 호의와 그 밖의 미덕도 모두 마찬가지다. 무엇보다 이 점을 명심하라. 그러면 너는 모든 이를 한층 온유하게 대할 수 있다.(VII, 63)

그들이 그렇게 한 것이 옳다면 화를 내서는 안 된다. 옳지 않다면, 마지못해 그렇게 했거나 무지의 소치임이 명백하다. 왜냐하면 영혼은 마지못해 진리를 빼앗기듯이 각자에 대한 적절한 처신도 마지못해 빼앗기기 때문이다.(XI, 18, 4-5)

여기서 에픽테토스의 충실한 제자로서 마르쿠스 아우렐리우스의 면모가 드러난다. 그는 플라톤을 인용하면서 원문을 가져오지 않고 에픽테토스가 변형한 문장을 가져올 뿐 아니라 에픽테토스와 동일한 도덕적 결론을 도출한다.

사실 마르쿠스 아우렐리우스는 진정한 가치에 대한 무지가 "때에 따라서는 가련하기도 하다"(II, 13, 3)고 본다. 그들의 과오를 설명해주는 판단 오류를 이해하려고 노력하면 그러한 감정이 들 만하다(VII, 26, 1). "때에 따라서는 가련하기도 하다"라는 표현은 스토아주의자가 전통적으로 연민을 정념의 하나로 보고 비판했음을 은연중에 드러낸다. 세네카는 "연민은 타인의 비참한 모습을 본 데서 비롯한 영혼의 병, 혹은 타인의 불행이 일으킨 슬픔이다. 그런데 어떤 병도 현자의 영혼에 미칠 수 없으니, 그 영혼은 늘 평안하다"[41)]고 했다. 마르쿠스 아우렐리우스와 에픽테토스는 그들이 말하는 '연민'이 정념이나 영혼의 병이 아니고 오히려 진정한 가치를 모르는 자들에 대한 분노나 증오의 부재 상태로 정의된다는 조건에서 스토아주의에 충실하다고 말할 수 있다. 그러나 사람들에게 연민이나 너그러움을 품는 것으로는 충분치 않다. 무엇보다 그들을 도우려 해야 한다. 그들에게 진정한 가치를 가르침으로써 그들의 오류를 알려줘야 한다.

> 길을 잃고 헤매는 자에게 바른길을 가르쳐주는 것은 너에게 가능한 일이다. 잘못을 저지르는 자는 목표에서 빗나가 길을 잃고 헤매는 것이기에 하는 말이다.(IX, 42, 6)

그러므로 실수하는 자를 이성으로 깨우치려고 노력해야 한다(V, 28, 3; VI, 27, 3; VI, 50, 1; IX, 11). 노력하고도 실패한다면 인내, 너그러움, 호의를 실천할 때다. 마르쿠스 아우렐리우스는 타인에 대한 이 의무를 딜레마 형태로 곧잘 언급한다.

> 인간은 서로를 위해 태어났다. 그러니 가르치든가, 아니면 참아라.(VIII, 59)

> 누가 실수하면 친절하게 가르쳐주고 무엇을 잘못했는지 지적해주라. 그렇게 할 수 없으면 너 자신을 탓하든가, 아니면 너 자신조차 탓하지 마라.(X, 4)

에픽테토스는 친절한 안내자로서 길을 잃고 헤매는 자를 바른길로 인도하고 그를 놀리거나 모욕해서는 안 된다고 했다(『담화록』 II, 12, 4; II, 26, 7). 그렇게 하지 못하더라도 상대를 놀리기보다 우리 자신의 무능을 생각하고 상대보다 우리 자신을 탓해야 한다. 앞의 인용에서 보았듯이,

마르쿠스 아우렐리우스는 한술 더 떠 자신조차 탓하지 말라고 한다. 어떤 사람들은 구제 불능이기 마련이고 "이 세상에는 그런 사람도 있어야 하기 때문이다"(IX, 42, 2).

어쨌든 길 잃은 자, 진정한 가치를 모르는 자를 회심시키고자 애써야 한다. 화를 내지 않으면서(VI, 27, 3; V, 28, 3) 한없이 섬세하게 말이다. 마르쿠스 아우렐리우스는 그러한 눈치라고 할까, 사람들을 대하고 그들의 세계관을 변화시키려 할 때 필요한 정감 어린 태도에 무척 민감했던 것 같다. 내가 타인을 대할 때는,

> 나무라거나 내가 참고 있다는 것을 내비치지 말고, 솔직하되 점잖게 대해야 한다.(XI, 13, 2)

> 빈정대거나 나무라는 말투가 아니라 마음에 상처받지 않은 것처럼 다정하게 지적해주되, 학생을 훈계하듯 하거나 옆에 있는 사람들에게 감탄받으려 하지 말고, 옆에 다른 사람들이 있더라도 둘만 있는 것처럼 행동하라.(XI, 18, 18)

이러한 언급에는 대단히 풍부한 심리학적 관찰과 의도의 놀라운 순수성이 깃들어 있다. 다정함의 역설은 일부러 정답게 대하려고 하면 그때부터 다정함이 아니라는 것이다. 가식, 작위성, 우월감은 다정함을 망가뜨린다. 섬세함은 상대에게 영향을 미치려고 하지 않을 때만, 존재를 한없이 존중할 때만, 일말의 정신적 폭력조차 없을 때만 작용한다. 무엇보다 다정해지기 위해 자신을 힘들게 해서는 안 된다. 다정함에는 자발성과 거의 생리학적인 솔직함이 필요하다. 마르쿠스 아우렐리우스는 "나는 너를

솔직하게 대하기로 결심했어"라고 말하는 자를 조소하면서 인상적인 문장을 남긴다. 그는 그런 말이 무슨 소용이 있느냐고 묻는다.

네가 솔직하다면 그런 것은 얼굴에 드러나게 마련이다. 마치 애인의 눈에서 대번에 모든 것을 알아채듯 목소리의 울림을 들어도 당장 알 수 있고 눈을 보아도 당장 알 수 있다…… 선하고 소박하고 호의적인 사람은 그 모든 특징이 눈에 드러나며, 그런 특징은 숨겨지지 않는다.(XI, 15)

더욱 인상적인 것은 나쁜 냄새가 나는 사람에게 다가가면 악취가 바로 느껴지듯이 선한 사람에게는 다가가기만 해도 선의가 느껴진다는 말이다. 순수한 정, 순수한 섬세함은 의견을 바꾸게 하고, 마음을 돌리게 하고, 진정한 가치를 모르는 사람에게 깨달음을 줄 수 있다.

선의는 꾸민 것이나 위선이 아니고 진실하다면 천하무적이다.(XI, 18, 15)

그러한 선의는 약점이 아니라 오히려 강점이다.

남자다운 것은 분노가 아니라 온유함과 상냥함이며, 이런 태도가 더 인간적일 뿐 아니라 더 남자다우며, 힘과 근육과 용기를 지닌 것은 이런 성격이지 불만스러워하는 성격이 아니라는 생각을 떠올려라.(XI, 18, 21)

선의의 힘은 선의가 사람들 사이의 조화를 추구하는 인간 본성의 깊은 곳에서 솟아난 충동의 표현이기에 나온다. 또한 그 힘은 선의가 이성의 지배에 상응하는 반면, 분노와 불만은 영혼의 병이라는 사실에 기반한다.

L. 라벨은 이렇게 썼다. "다정함은 약함과 거리가 멀다. 오히려 유일하게 진정한 힘을 지닌 것이다…… 모든 의지는 꺾거나 부러뜨리려 하면 뻣뻣해지니, 오직 다정함으로만 의지를 설득할 수 있다. 싸우지 않고 적을 친구로 바꿀 수 있는 것은 다정함뿐이다."[42] 다정함만이 사람들에게 그들이 온 존재로 욕망하면서도 알지 못하는 선을 계시할 수 있다고 할까. 다정함은 설득력과 (이기심과 폭력밖에 접하지 못했던 이에게) 예기치 않은 경험으로 효력을 발휘한다. 또한 대상에 불과했던 사람이 인간으로서 그 자신의 존엄을 발견하게 함으로써 가치 체계를 완전히 전복시킨다. 그들도 자신이 목적으로서 마음 깊이 존중받고 있음을 느낄 수 있기 때문이다. 그와 동시에 다정함은 그들에게 선善의 사심 없는 사랑을 보여준다. 다정함을 불러일으키고 자신을 그들에게 내어주는 사랑을. 그렇지만 타인을 다정하게 대한다고 해서 단호함이 배제되지는 않는다.

> 사람들을 설득해보라. 그러나 정의의 원칙이 시키면 사람들이 언짢아하더라도 실행에 옮겨라. (VI, 50, 1)

여기서 우리는 행동의 규율의 한 측면을 발견한다. 우리는 타인을 정신적으로 돕고, 진정한 가치를 계시하며, 잘못을 알려주고, 잘못된 견해를 고쳐줄 의무가 있다. 마르쿠스 아우렐리우스는 실제로 어느 선까지 이 의무를 다했을까? 우리로서는 알 수 없다. 어쨌든 그가 주위에 스토아적 세계관과 인생관을 펼치려 힘썼으리라 추측할 뿐이다. 다음의 구문에 나오는 이 사유에서 그는 자기가 죽고 누가 이런 말을 할 때 무슨 일이 일어날지 암시한 게 아닐까. "이 스승님이 가셨으니 이제 드디어 우리는 안도의 한숨을 쉴 수 있겠구나. 그는 우리 가운데서 어느 누구도 모질게 대하지 않았지만, 우리는 그가 은근히 우리를 경멸하는 듯한 느낌을 받았으니까."(X, 36, 2)

우리는 지금까지 마르쿠스 아우렐리우스가 제시한 딜레마의 첫 부분만 보았다. "그들을 가르쳐라." 우리는 이 말을 다음과 같이 이해할 수 있다. "그들을 다정하게, 다정함으로 가르쳐라."

하지만 이제 두번째 부분을 완성할 수 있다. "다정하게 참아주어라." 다정함은 회심시키고자 하는 사람만이 아니라 결코 견해를 바꾸지 않을 사람에게도 향해야 한다.

> 가능하면 견해를 바꾸게 하라. 가능하지 않다면 그런 경우를 위하여 관용이 네게 주어졌음을 명심하라. 더욱이 신조차도 그런 자에게 관용을 베푼다.(IX, 11, 1)

> 이 세상에서 진실로 가치 있는 단 한 가지는 평생을 진리와 정의와 더불어 살아가며 거짓말쟁이와 불의한 자를 호의로 대하는 것이다.(VI, 47, 6)

> 네가 올바른 이성의 길을 따라 나아가는 것을 방해하는 자들이 너를 건전한 행동에서 벗어나게 할 수 없듯이, 너는 그들이 너에게서 그들에 대한 호의를 빼앗지 못하게 하라.(XI, 9, 1)

거짓말쟁이, 불의한 자, 과오를 고치지 않고 고집하는 자 또한 적어도 본질적으로는 내면에 이성적 본성과 선을 향한 무의식적 욕망이 새겨져 있다. 따라서 그들을 존중하고 다정하게 대해야 한다.

나는 동족에게 화를 내거나 미워할 수 없다. 우리는 서로 협조하도록 태어났기 때문이다.(II, 1, 3)

그들도 너와 동족이고, 무지하여 본의 아니게 실수를 저지른다는 점을 생각하라.(VII, 22, 2)

그들에게 화를 내는 것은 행동을 포기하고 겁이 나서 굴복하는 것 못지않은 허약함의 표시다. 주눅이 드는 자나 본성적으로 친족이자 친구인 자를 혐오하는 자나 똑같이 탈영자이기 때문이다.(XI, 9, 2)

앞으로 보겠지만, 이성적 존재의 공동체 관념에 기반한 이 태도는 결국 우리에게 잘못을 저지른 자에게도 예외가 아닌 이웃 사랑의 교의로 이어진다.

12. 이웃 사랑

과오를 저지른 자도 사랑하는 것이 인간의 특성이다. 그들도 너와 동족이고, 무지하여 본의 아니게 실수를 저지른다는 점을 생각하면 그런 사랑은 가능하다.(VII, 22, 1-2)

연민이나 너그러움이 아니라 사랑을 통한 정의의 초월을 스토아주의자에게 사유를 촉구하는 문장에서 읽을 수 있다. 이런 문장은 선으로 향하게끔 모든 인간을 밀어붙이는 약동은 결코 파괴될 수 없음을, 그리고 다른 한편으로 모든 이성적 존재를 한데 묶는 친족성, 연대성을 생각하게 한다.

그래서 행동의 규율은 이웃 사랑에서 정점을 찍는다. 인간 행동의 모든 논리는 우리 행동의 뿌리 깊은 원동력이 타인에 대한 사랑이어야 함을 보여준다. 이 사랑은 인간 본성의 깊은 곳에서 솟아난 충동이기 때문이다.

> 이성적 영혼의 또다른 특성은 이웃을 사랑하고 진실과 존중으로 대하는 것이다.(XI, 1, 4)

이성을 따라 사는 인간은 거대한 전체, 즉 이성적 존재의 공동체에 대한 소속감을 민감하게 느낀다. 그가 이 전체의 부분인 이상, 그는 자기 자신인 만큼 타인이기도 하다.

> 각 유기체의 지체처럼 상호 관계에 있는 이성적 존재들은 비록 떨어져 있더라도 본질적으로 하나의 유일한 활동에 협력한다.
> 네가 너 자신에게 "나는 이성적 존재들로 구성된 유기체sustēma의 한 지체melos다"라고 거듭 말한다면, 그 의미를 더 잘 이해하게 될 것이다. 그렇지만 네가 문자 rhō를 써서 너 자신을 한 부분meros이라고 말한다면, 아직 인간을 진심으로 사랑하는 것이 아니며, 선행은 아직 그 자체로 너를 기쁘게 하는 것이 아니다. 너는 아직 단순한 의무를 행할 뿐, 너 자신에 대한 선행을 행하는 것이 아니다. (VII, 13)

이 소속감, 일종의 '신비체'*, 칸트가 목적의 왕국이라고 불렀던 것이 우주라는 전체에 대한 거의 신비적 소속감과 합쳐진다. "이성적 존재들로 구성된 유기체"라는 통일성은 이성, 즉 신의 보편적 임재로써 확고해진다.

그러므로 스토아주의자의 근본적 태도는 매 순간 전체가 임재하며 전체와 긴밀하게 연결되어 있는 실재를 사랑하고, 어떤 면에서 그것과 자신을 동일시하는 것이다.

> 운명이 네게 정해준 사물들과 조화를 이루어라.
> 운명이 네게 정해준 사람들을 사랑하되 진심으로 그리하라.(VI, 39)

그 이유는 실재의 바탕이 사랑이기 때문이다. 앞서 보았듯이 마르쿠스 아우렐리우스는 이러한 생각을 하늘과 대지의 혼인이라는 신비하고 장엄한 이미지로 표현했다.

> 대지는 사랑한다! 대지는 비를 사랑한다! 존엄한 대기도 사랑한다! 세계도 일어나야 할 일을 일으키기를 사랑한다. 나는 세계에 말한다. 나 역시 너와 마찬가지로 사랑한다고. 사람들도 "일어나고 싶어서 일어난 일"이라는 표현을 쓰지 않는가?(X, 21)

여기서 마르쿠스 아우렐리우스는 이 신비한 이미지로 자연의 과정은

---

* '신비로운 한 몸'이라는 개념으로, 특히 그리스도교에서 그리스도는 머리, 신자는 지체로서 서로 결합한다는 관념을 나타낸다.

결국 결합의 과정, 사랑의 과정임을 보여준다는 점에 매혹되었다. 그는 언어 자체가 이러한 비전을 표현한다고 지적한다. 그리스어에서는 일상적으로 일어나는 일, 일어나는 경향이 있는 일을 두고 그렇게 일어나기를 '사랑한다'고 말하지 않는가. 일어나고 싶어서, 일어나기를 사랑해서 일어난 일이라면 우리도 그 일어남을 사랑해야 한다.

신성한 혼인에 대한 고대의 표상은 전체의 부분들이 서로에게 느끼는 보편적 사랑을 장엄하고 신비하게 드러낸다. 존재의 차원으로 고양될수록 이 만유인력은 점점 더 세지고, 존재도 그것을 의식하게 된다(IX, 9). 인간이 지혜의 상태에 가까워질수록 다른 사람, 나아가 모든 존재, 가장 비루한 존재에게까지 느끼는 사랑은 깊어지고 명철해진다.

그러므로 "네 이웃을 네 몸처럼 사랑하라"라는 가르침을 꼭 그리스도교가 만들었다고 말할 수는 없다. 심지어 스토아주의적 사랑의 원동력이 그리스도교적 사랑의 원동력과 같다고 할 수도 있겠다. 양쪽 다 각 사람에게서 로고스를, 만인에게 존재하는 이성을 알아본다. 심지어 스토아주의에도 원수를 사랑하라는 가르침이 있다. "매 맞은 키니코스주의자는 자기를 때린 이들도 사랑해야 한다."(에픽테토스는 키니코스주의자를 영웅적인 스토아주의자의 한 부류로 여겼다.[43]) 그리고 우리는 마르쿠스 아우렐리우스가 과오를 범한 자를 사랑하는 것이 인간의 본성, 즉 본질적 특성이라고 말했음을 기억한다. 하지만 그리스도교적 사랑은 좀더 개인적 정서를 띤다. 이 사랑이 "너희가 내 형제 중에 가장 작은 자에게 한 것이 곧 내게 한 것이다"[44]라는 그리스도의 말씀에 기반을 두기 때문이다. 그리스도교도는 로고스가 그리스도로 강생했고, 그리스도인이라면 자기 이웃에게서 그리스도를 보아야 한다고 생각했다. 이처럼 그리스도를 준거로 삼기에 그리스도교적 사랑은 그토록 힘차게 뻗어나갈 수 있었으리라. 하지만 스토아주의라고 해서 사랑의 교의가 힘이 없지는 않았다. 세네카가 이미 말한 대로다. "이제 어떤 학파에서도 선의와 다정함을 찾아볼 수 없다. 누구도 인간에 대한 사랑과 공동선에 관심이 없다. 학당에서 배움을 쌓는 목적은 유용한 존재가 되어 타인을 돕고 자신뿐만 아니라 전체와 개인 모두에게 마음을 쓰는 것이다."[45]

IX
『명상록』의 스토아주의
―덕과 기쁨

1. 삼덕과 세 가지 규율

『명상록』은 아마도 에픽테토스가 고안하고 발전시켰을 삼원 구조―체계라고도 하는―를 전체적으로 취하고 있다.

이 삼원 구조 혹은 체계에는 내적 필연성이 있다. 이 체계가 담아내는 것이 철학의 세 가지 수련 주제 그 이상도 이하도 아니라는 의미에서. 영혼의 세 가지 행위와 그에 상응하는 세 가지 수련 주제는 실재의 세 형태, 즉 운명, 이성적 존재의 공동체, 개인의 판단과 동의 능력과 관련이 있기 때문이다. 이러한 실재의 세 형태 또한 철학을 구성하는 체계의 세 부분에 해당하는 대상, 즉 자연학, 윤리학, 논리학에 각기 상응한다.

마르쿠스 아우렐리우스에게서 이러한 체계적 구조의 영향뿐만 아니라 또다른 구조도 볼 수 있다는 점은 주목할 만하다. 그 구조 또한 적어도 플라톤 이후로는 전통적이었다고 할 수 있다. 신중, 정의, 힘, 절제라는 네

가지 덕의 이 구조는 마르쿠스 아우렐리우스에게 와서 우리가 앞에서 다룬 세 가지 규율과 각기 짝지어지면서 삼덕이 되었다.

재차 말하지만, 사덕의 도식은 아주 오래된 것이다. 게다가 우리가 흔히 '덕'으로 옮기는 그리스어 aretē는 원래 '덕'과 전혀 다른 의미였다. 이 용어는 옛 그리스의 귀족 윤리로 거슬러올라가는데, 원래는 좋은 습관이나 선한 행동의 원칙과 아무 상관이 없는 그냥 귀족성 자체, 탁월함, 가치, 남다름을 뜻했다. 이 탁월성과 가치의 개념이 철학자의 정신에 여전히 남아 있었던 것 같다. 스토아주의자에게 aretē는 전사의 귀족성이 아니라 의도의 순수성이 나타내는 영혼의 귀족성에 기반한 절대 가치였다.

네 가지 탁월성의 표준 혹은 모델이 일찍이 있었던 듯하다. 기원전 5세기에 아이스킬로스는 비극 「테베를 공격한 일곱 장군」(기원전 610년경)에서 성스러운 암피아라오스*에게 네 가지 근본 가치가 있다고 말한다. 그는 지혜롭고sōphrōn, 정의롭고dikaios, 용감하고agathos, 경건했다eusebēs. 지혜란 사회와 세상에서 신중하게aidōs 자기 자리를 지키는 것, 인간의 한계에 대한 감각을 갖는 것이다. 정의는 사회생활에서 처신을 잘하는 것이다. 용기는 어려운 일에, 특히 전장에서 힘을 내는 것이다. 경건은 예언자이기도 했던 암피아라오스의 경우, 신의 일과 인간의 일을 아는 것이었다.

플라톤의 『국가』 제4권(427e와 그 이하)에서 이 사덕의 나열을 체계화하고 정당화하는 대목이 보인다. 플라톤은 영혼을 '이성' '분노thumoeides' 즉 싸우게끔 하는 부분, '욕망epithumia'이라는 세 부분으로 나눈다. 이 세 부분에 삼덕이 상응하니, 이성과 신중 혹은 지혜, 분노와 용기, 욕망과 절제가 짝을 이룬다. 영혼의 각 부분이 제 기능을 다하게 하는 것은 정의에

---

* 테베를 공략한 일곱 장군 중 한 명이자 그리스의 예언자, 아르고스의 왕이었다.

달렸다. 이성은 신중하고, 분노는 용감하며, 욕망은 절제하게끔 하는 것이 정의다. 더욱이 『국가』에서 영혼의 세 부분은 사회의 세 계급에도 상응한다. 이성은 철학자에게 고유하고, 분노는 경비병에게 고유하며, 욕망은 노동자에게 고유하다. 국가에나 개인에게나 정의는 각 계급 혹은 영혼의 각 부분이 제 기능을 완벽히 다하는 것이다. 정치 모델과 결부된 이 체계화는 정의를 다른 세 덕을 포용하는 덕으로 삼는데, 플라톤의 다른 대화편에는 등장하지 않는다. 다른 대화편은 사덕을 다양한 맥락에서 열거하지만 딱히 이론화하지는 않는다.[1]

스토아주의자는 도덕적 삶을 기술하면서 사덕을 언급하긴 하지만, 종속관계 없이 전부 동일한 층위에 둔다.[2] 사덕은 철학의 분과가 그렇듯 상호 연루되어 있다. 하나를 잘 실천하면 나머지도 다 잘한 것이다. 그렇긴 해도 스토아주의의 교의에서 왜 근본적 덕이 네 가지뿐이어야 하는지 진짜 이유를 파악하기는 힘들다. 사덕에 대한 정의도 아주 다양하다. 몇 가지만 여기서 언급하겠다. 신중은 해야 할 것과 해서는 안 되는 것에 대한 앎이다. 용기는 참아야 할 것과 참아서는 안 되는 것에 대한 앎이다. 절제는 선택해야 할 것과 선택해서는 안 되는 것에 대한 앎이다. 정의는 나누어야 할 것과 나누어서는 안 될 것에 대한 앎이다. 그리고 플라톤이 말한 것처럼 영혼의 각 부분과 특정 덕이 연결되지는 않는 것 같다.

이러한 관점에서 세 가지 규율의 체계가 『명상록』에서 덕의 분류를 변화시켰다는 점은 대단히 흥미롭다. 철인 황제는 몇 번이나 동의의 규율, 욕망의 규율, 행동의 규율을 설명하고, 각각을 어떤 덕의 이름과 연결짓는다. 여기서 동의의 규율은 '진리'라는 덕에, 욕망의 규율은 '절제'라는 덕에, 행동의 규율은 '정의'라는 덕에 연결된다. '신중' 대신 '진리'라는 개념이 등장했다는 점은 놀랍지 않다. 이미 플라톤도 사덕을 '진리' '정의' '용기' '절제'로 부른 바 있으니까(『국가』 487a 5).

그러나 '신중'을 '진리'로 대체한 것은 다음에 길게 인용하는 글에서 볼 수 있듯이 마르쿠스 아우렐리우스의 관점에서 완벽하게 타당하다. 이 글은 각 규율과 덕이 어떻게 상응하는지 보여줄 뿐만 아니라, 우리가 세 가지 수련 주제에 대해 살펴본 내용을 탁월하게 요약한다는 점에서 지면을 할애할 만하다.

정의와 행동의 규율

부정한 짓을 저지르는 자는 불경죄를 짓는 사람이다. 보편 자연은 이성적 동물을 서로를 위하여 만들어 그들이 가치에 따라 서로 돕고 결코 해를 입히지 않도록 했는데, 그런 보편 자연의 뜻을 무시하는 사람은 가장 존경스러운 여신에게 명백히 불경죄를 짓는 것이기 때문이다.

진리와 동의의 규율

거짓말을 하는 자도 똑같은 신에게 불경죄를 짓는 사람이다. 보편 자연은 존재의 본성이며, 존재는 참된 속성[다시 말해 그것에 대해서 참이라고 말하는 것]과 밀접한 관계가 있기 때문이다. 나아가 그 여신은 진리라고도 불리며 모든 참된 것의 제1원인이다. 따라서 고의로 거짓말을 하는 자는 기만에 의하여 부정한 짓을 저질렀으니 불경죄를 지은 것이다. 그리고 본의 아니게 거짓말을 하는 자는 보편 자연과 불화하는 한, 그리고 보편 자연과 싸워 그 질서를 교란하는 한 역시 불경죄를 짓는 것이다. 진리와 반대되는 것에 휩쓸리는 자는 보편 자연과 불화하는 까닭이다. 그는 사실 보편 자연에서 여러 능력을 받았으나 그 능력을 사용하지 않은 탓에 지금은 진리를 허위와 구별할 수 없다.

절제와 욕망의 규율

쾌락을 선인 양 추구하고 고통을 악인 양 피하는 자도 불경죄를 짓는 것이다. 그런 자는 반드시 **보편 자연**이 악인과 선인에게 공적에 맞지 않게 몫을 나눠준다고 종종 비난하기 때문이다. 악인은 쾌락 속에서 살고 쾌락을 즐길 수 있는 수단을 갖고 있는데, 선인은 고통 속에서 살고 고통을 유발할 수 있는 것에 빠져든다. 그리고 고통을 두려워하는 자는 세상에서 일어나야만 하는 일도 언젠가 두려워하게 될 텐데, 이것은 이미 불경죄를 짓는 것이다. 그리고 쾌락을 추구하는 자는 불의를 멀리하지 않을 테니, 이 역시 명백히 불경죄를 짓는 것이다. 그러나 보편 자연과 마찬가지로 사물을 대하는 자는 보편 자연이 동등하게 대하는 것을 자기도 동등하게 대한다(보편 자연이 그런 것을 '동등하게' 대하지 않을 거라면 만들지도 않았을 것이기 때문이다). 따라서 고통과 쾌락, 죽음과 삶, 명예와 불명예 등 보편 자연이 '동등하게' 대하는 것을 스스로 '동등하게' 대하지 않는 자는 누구나 불경죄를 짓는 셈이다.(IX, 1)

우리는 여기서 세 가지 규율을 분명히 알아볼 수 있다. 인간을 서로 협력하게 하는 행동의 규율, 참과 거짓의 구분에 있는 동의의 규율, 보편 자연이 우리에게 정해준 몫을 받아들이는 욕망의 규율. 세 규율에 세 덕이 상응한다. 행동의 규율에서는 사람과 대상의 위계질서를 존중하고 정의에 따라 행동하는 것이 중요하다. 동의의 규율 덕분에 담론은 참일 수 있으므로, 이 규율에 고유한 덕은 진리다. 고의로 거짓말을 하는 자는 그의 담론이 참이 아니기에 동의의 규율을 어기는 동시에 타인에게 불의를 행한 것이므로 행동의 규율도 어기는 셈이다. 본의 아니게 거짓말을 하는 자, 즉 자기도 모르게 실수한 자는 자기 판단을 비판하지 못하고 참과 거짓도 구분하지 못하면서 동의를 한 셈이다. 마지막으로 욕망의 규율에서 보편 자연이 원하는 것 외에는 그 무엇도 바라선 안 된다. 쾌락을 바라서도 안 되고 고통을 피하고 싶어해서도 안 된다. 절제가 이 규율을 특징짓는다.

여기서 자연은 세 가지 면으로 나타난다. 자연은 인간을 서로 협조하고 정의를 실현하게 만드는 인력引力의 원리다. 그러므로 자연은 정의의 근간이다. 또한 진리의 근간이기도 하다. 진리는 담론의 질서를 떠받치고, 존재들과 우리가 그것에 대해 말하는 참다운 속성 사이에 존재하는 필연적 관계를 떠받치는 원리다. 거짓말은 고의든 아니든 세계의 질서가 불화하는 것이다. 마지막으로, 보편 자연은 차이가 없는 것에 차이를 두지 않으므로 절제, 다시 말해 쾌락을 바라지 않고 보편 자연의 의지에 동의하기를 원하는 덕의 근간이다.

마르쿠스 아우렐리우스는 여기서 보편 자연을 가장 오래되고 위엄 있는 여신으로 소개한다. 그러므로 정의, 진리, 절제 중 어느 것을 범하더라도 덕의 원리이자 본보기인 이 여신께 불경죄를 짓는 셈이다. 스토아주의자는 전통적으로 신, 자연, 진리, 운명, 제우스를 동일시했다. 마르쿠스 아우렐리우스 시대에는 자연을 가장 오래된 여신으로 기리는 찬가가 있었다. 가령 다음의 오르페우스 찬가는 그 여신을 이렇게 부른다. "만물의 어머니이신 여신이여, 천상의 어머니여, 지극히 오래된presbeira 어머니여."[3) 기원후 2세기 하드리아누스 황제의 해방노예이자 시인이었던 메소메데스의 찬가도 이렇게 시작한다. "만물의 원리이자 기원, 지극히 오래되신

세계의 어머니, 밤, 빛, 침묵이시여."4)

우리가 길게 인용한 전개부에서 정의를 특히 다른 덕보다 중시하는 경향을 볼 수 있다. 자연에 대한 불경은 타인에게 정의를 행하기를 거부하는 것만이 아니라 거짓말을 하거나 본의 아니게 참과 거짓을 혼동하는 불의에도 있다. 어쨌든 자연의 질서를 깨뜨리는 자는 만물의 조화를 해치는 불협화음이기 때문이다. 마찬가지로 자연이 선인과 악인에게 공평하게 분배하지 않는다고 비난하는 자는 그 자신이 불의를 저지르는 셈이다. 다음에서 비슷한 생각을 볼 수 있다.

> 우리가 차이가 없는 것을 중요시하거나 그것에 쉬이 속거나 너무 빨리 동의하거나 너무 빨리 판단을 바꾸면 정의는 유지되지 못할 것이다.(XI, 10, 4)

차이가 없는 것을 중요시하는 것은 욕망의 규율에 어긋나므로 절제에 역행한다. 판단을 내리면서 쉬이 속거나 성급하게 굴거나 변덕을 부리면 동의의 규율에 어긋나므로 진리에 역행한다.
진리, 정의, 절제는 다음과 같이 세 가지 규율을 가리킨다.

> 등불은 꺼질 때까지 빛을 내뿜는다. 그렇거늘 네 안의 진리와 정의와 절제는 때가 되기도 전에 먼저 꺼지겠느냐?(XII, 15)

혹은 자기에게 낯선 모든 것에서 해방될 때 영혼의 지배원리라고나 할까.

옳은 것을 행하고 일어나는 일을 원하라고 진리는 말한다.(XII, 3, 3)

그 무엇도 우리가 "정의와 절제와 신중을 좇아" 행동하는 것을 막지 못한다(VIII, 32, 2).

이 마지막 예와 다음에 나올 예처럼 덕의 이름은 조금씩 달라지기도 하나 삼원 구조는 유지된다. "판단을 서두르지 않음, 다른 사람들에 대한 애정, 신들에 대한 복종."(III, 9, 2)

이 세 가지 덕 옆에 전통적으로 네번째 요소였으나 삼원 구조에 맞게 변용된 덕이 때때로 보이기도 한다.

네가 인간의 삶에서 정의와 진리와 절제와 용기보다 더 나은 것을 발견한다면……(III, 6, 1)

사실 이어지는 글은 네 가지 덕을 욕망의 규율과 행동의 규율로 요약하고 있다.

사유가 자기 자신(올바른 이성에 따라 **행동할** 수 있는 것의 영역)에게 만족하고 운명(우리의 의지와 상관없이 우리 몫으로 할당된 것의 영역)에 만족한다면……(III, 6, 1)

요컨대 덕은 영혼의 기능과 연관이 있다. 진리와 지성적 덕은 이성, 정의는 행동하고픈 충동, 절제는 욕망과 관련이 있다. 용기는 어디서 제자리를 찾아야 할까? 용기는 맞서는 힘이라는 면에서는 절제에, 행동하는 힘이라는 면에서는 정의에 양분된다.

아리아노스가 정리한 에픽테토스의 『담화록』에서는 덕에 대한 이론이 보이지 않는다. 하지만 이 사실이 그러한 이론이 존재하지 않았다는 증거는 되지 않는다. 앞에서 말했듯이 아리아노스는 에픽테토스의 가르침을 전부 기록으로 남길 수 없었고, 그가 받아 적은 담화가 에픽테토스 철학의 체계적 해설도 아니다.

어쨌든 우리는 에픽테토스가 이 교의의 밑그림을 그렸다는 것은 알 수 있다. 키케로의 『의무론』 첫 권은 파나이티오스의 가르침을 전하는데, 여기서 신중이라는 옛 덕은 '진리에 대한 앎'이 된다.[5] 정의는 인간 사이의 사회적 관계에 근거하고, 힘은 우리에게 달려 있지 않은 것을 멸시하는 영혼의 위대함이 되며, 절제는 욕망을 이성에 복종시킨다. 이리하여 어떤 의미에서는 파나이티오스의 힘과 절제가 마르쿠스 아우렐리우스가 말하는 욕망의 규율에 상응하게 된다. 이 비교는 두드러지지 않지만, 덕에 대한 스토아주의 교의가 마르쿠스 아우렐리우스에게서 보이는 종합으로 귀결되었음을 짐작게 한다.

2. 기쁨

마르쿠스 아우렐리우스는 세 가지 규율과 세 가지 덕이 이 세상에 유일하게 존재하는 진정한 기쁨을 가져다준다고 보았다. 그것이 영혼에 유일하게 필요한 것, 유일한 절대 가치를 소유하게 하기 때문이다.

살아 있는 존재는 자기 소임을 다할 때, 자기 본성에 따라 행동할 때 실제로 기쁨을 느낀다. 인간은 인간의 소임을 다한다. 자기 본성과 보편 자연을 따르면서, 운명으로 정해진 우주의 질서와 세계 국가의 질서와 인간의 질서에 동의함으로써 말이다. 인간의 질서란 이성적 존재가 서로에게 느끼는 끌림, 결국 인간의 본성에 근거한다고 할 수 있다. 또한 담론의 질서는 자연이 실체와 속성 사이에 수립한 관계, 특히 사건의 필연적 연쇄를 재현한다. 그러므로 인간은 세 가지 규율을 실천하면서 자연을 따르고 기쁨을 느낀다.

> 철학은 네 본성이 원하는 것만을 원한다는 사실을 명심하라. 한데 너는 자연에 맞지 않는 다른 것을 원했구나. "그도 그럴 것이, 그보다 더 즐거운 일이 어디 있겠어요?" 그래서 쾌락이 우리를 흔들어놓는 것 아니겠는가?[6] 하지만 고매함, 마음의 자유, 소박함, 남에 대한 배려, 경건함이 더 즐거운 것이 아닌지 고찰해보라. 지혜보다 더 즐거운 것이 어디 있겠는가?(V, 9, 3-5)

> 네가 네 본성에 맞게 행할 수 있는 것은 모두 향락으로 간주되어야 하기에 하는 말이다. 그리고 본성에 맞게 행동하는 것은 어디서나 가능하다.(X, 33, 2)

매 순간 이성적 본성에 맞게 살고, 행동하고, 원하고, 욕망하고자 힘쓰는 인간에게 삶은 끝없이 새로워지는 행복이다. 세네카는 진즉에 이렇게 말했다. "지혜의 결과는 연속되는 기쁨이다…… 오직 강한 자, 정의로운 자, 절제하는 자만이 기쁨을 소유할 수 있다."[7] 마르쿠스 아우렐리우스는 자주 이 주제로 돌아간다.

> 온 마음으로 옳은 것을 행하고 진실을 말하는가? 조그마한 틈도 남

지 않을 만큼 선행에 선행을 이어나가는 것 말고 인생에 다른 즐거움이 무엇이 있겠는가?(XII, 29, 3)

항상 신을 기억하며 공동체적인 행동에서 또다른 공동체적 행동으로 나아가는 것만을 너의 유일한 낙, 유일한 안식으로 삼아라.(VI, 7)

인간의 낙은 인간다운 일을 하는 것이다. 인간다운 일이란 동족을 호의로 대하고, 예민한 감정을 무시하고, 그럴듯한 표상을 비판하고, 보편 자연과 그 의지에 따라 일어나는 것을 고찰하는 것이다.(VIII, 26)

따라서 기쁨은 행동의 완벽함을 나타내는 신호다. 사람들을 마음 깊이 사랑할 때만, 단지 의무감에서만이 아니라 하나의 유기체, 이성적 존재로 이루어진 한 몸에 속해 있다는 생각으로 사람들에게 선을 행할 때만(VII, 13, 3) 기쁨을 느낄 수 있다.

에피쿠로스주의의 쾌락과 달리 스토아주의의 기쁨은 도덕적 행동의 동기이자 목적이 아니다. 왜냐하면 덕은 자기 자신의 보상이기 때문이다. 덕은 자기를 넘어서는 그 무엇을 추구하지 않는다. 그러나 스토아주의자는 기쁨이―아리스토텔레스가 말한 쾌락처럼―본성에 걸맞은 행동에 절로 더해진다고 생각한다. "한창 청춘인 이들에게 아름다움이 절로 더해지듯이."[8] 세네카가 말한 대로다. "쾌락은 덕의 보상이 아니고, 동기도 아니며, 저절로 더해지는 그 무엇이다. 덕은 기쁨을 주기 때문에 선택하는 것이 아니고, 덕을 선택하면 기쁨이 생기는 것이다."[9] "즐거움과 평안이…… 지고의 선에서 유래할 뿐 그 선을 구성하는 것은 아니듯, 기쁨은 덕에서 유래한다."[10] 게다가 이 기쁨은 이성에 걸맞으므로 비이성적인 정념이 아니다. 스토아철학에 따르면 이 기쁨은 '좋은 감정' '좋은 정서 eupatheia'다.[11]

자연에 맞는 행동이 주는 기쁨은 자연이 자기가 낳은 우주에 베푸는 사랑, 그리고 전체의 부분들이 서로 느끼는 사랑에 대한 참여다.

인간에게 행복이란 불가피한 움직임에 참여하며 느끼는 기분이다. 그 기분은 시원적 이성이 전체의 선을 실현하기 위해 전체에 불러일으키는 충동에서 비롯한다. 그리스인은 우리가 '자연'이라 옮기는 physis라는 단어에서 성장, 전개, 그리고 스토아주의자가 곧잘 말하는 '팽창emphysēsis'의 움직임을 감지했다.[12] 행복이란 이 팽창의 움직임과 결합하는 것, 즉 자연과 같은 방향으로 나아가고, 자신의 창조적 움직임에서 스스로 기쁨을 느끼는 것이다.

이 때문에 마르쿠스 아우렐리우스는 기쁨을 묘사하면서 옳은 길로, 올바른 방향으로 자연의 길과 욕망, 의지, 사유를 조화시키며 나아간다는 이미지를 끌어온다. "이성적 본성은 자기에게 고유한 길을 따라간다." (VIII, 7, 1) 게다가 스토아주의자는 행복을 euroia biou, 즉 '삶의 좋은 흐름'으로 정의했다.[13] 마르쿠스 아우렐리우스는 이 이미지(II, 5, 3; V, 9, 5; X, 6, 6)를 "좋은 방향으로 나아감", 즉 자연의 방향(V, 34, 1)으로 나아가는 것과 즐겨 연결했다. 물질적 요소는 위로 향하거나 아래로 내려가거나 원을 그리며 돌아가지만, "미덕의 움직임은 그 자연학적 움직임 중 어느 것도 아니다. 그것은 신성한 무엇이며, 신비로운 길로 순조롭게 앞으로 나아간다"(VI, 17).

좋은 길은 "곧은 길" "올바른 길"이다. 언제나 앞으로 나아가는 자연의 길이요(X, 11, 4) 짧고 똑바른 길이다(IV, 51).

너 자신의 본성과 보편 자연에 따라 곧장 걸어가라. 이 둘의 길은 하나이기 때문이다.(V, 3, 2)

마르쿠스 아우렐리우스는 여기서 플라톤이 환기한 이미지를 가져온다. "옛 전통이 원하는 대로 신은 모든 존재의 처음과 끝과 중간을 차지하고, 자연의 질서에 따라 직선으로 궤적의 끝에 도달한다."[14] 플라톤에게서 이미 자연의 질서는 자신의 강직한 결심과 의도에서 어긋남 없이 반드시 목적에 도달하고 마는 움직임으로 나타났다. 마르쿠스 아우렐리우스는 영혼의 지도하는 부분의 움직임, 지성의 움직임 역시 직선이라고 본다. 태양은 자기를 가로막는 장애물을 비추고, 어떤 의미에서는 그것조차 자신에게 동화시킨다(VIII, 57). 스토아주의자에게 모든 도덕적 행동은 저만의 목적을 가진 한, 자신의 활동 자체에서 완벽함을 찾는 한, 직선으로 목표에 도달하기 때문이다. 마르쿠스 아우렐리우스는 스토아주의자가 그러한 행동을 가리키기 위해 쓰는 말, 즉 katorthōseis라는 기술적 표현을 환기한다. 이 표현은 그들이 곧은 길을 따른다는 뜻이다(V, 14).

기쁨은 자신을 존재하게 하는 것을 사랑하는 살아 있는 존재의 뿌리 깊은 경향에 근거한다. 이것은 자신의 구조와 통일성뿐만 아니라 자신이 속한 전체를 존재하게 하는 것을 두고 하는 말이다. 그 전체가 없으면 개별적 존재는 아무것도 아니다. 존재는 자연과 그 저항할 수 없는 움직임의 미세한 순간에 불과하지만, 자신의 도덕적 의지로 그 전체와 하나가 된다.

결과적으로, 무엇보다도 기쁨은 인간 세계에서 유일하게 필연적으로 존재할 수 있는 것의 유일한 가치, 즉 도덕적 의도의 순수성에 대한 인식에 근거한다. 우리는 "인간의 삶에서 정의와 진리와 절제와 용기보다 나은 것"(III, 6, 1)을 발견할 수 없다. 그러므로 이것이 우리가 즐거이 여겨야 할 선이다.

이 세상에서 진실로 가치 있는 단 한 가지는 평생을 진리와 정의와 더불어 살아가며 거짓말쟁이와 불의한 자를 호의로 대하는 것이다.(VI, 47, 6)

X
『명상록』을 통해 본 아우렐리우스

1. 저자와 작품

고대 문헌, 특히 마르쿠스 아우렐리우스의 『명상록』 해석에서는 두 가지 오류를 삼가야 한다. 두 오류는 완전히 상반되지만 똑같이 시대착오적이다. 낭만주의의 영향을 받았으되 지금 이 시대에도 횡행하는 첫번째 오류는 저자가 작품에서 자기를 완전히 적절하게 표현한다고 믿는 것이다. 이 오류에서는 작품이 창작자의 이미지에 충실하고 창작자와 흡사하다고 본다. 그리고 현재 유행하는 두번째 오류는 저자의 개념이 무효가 되었고 작품은 자율적으로 자체적 삶을 산다는 이유로 저자가 무슨 말을 하려고 했는지 알려 하지 않는 것이다.

사실 고대 저자는 자신이 선택하지 않은 엄격한 규칙을 따랐다. 어떤 규칙은 글쓰기의 형식을 지배했다. 수사학에 의해 정의된 문학 장르의 규칙이 있었기 때문이다. 규칙은 구성, 문체, 다양한 사유의 형태, 화법을 미리 지정한다. 또다른 규칙은 소재 자체를, 저자가 다루어야 하는 주제나 끌어다 쓸 수 있는 주제를 지정한다. 가령 극작에서는 신비주의 전통 혹은 역사적 전통에 따라 그러한 주제가 정해졌다. 철학자도 자신이 속한 학파의 전통에 따라 의문이나 문제 목록을 다룸에 있어 순서, 꼼꼼하게 적용해야 하는 논증 방법, 인정해야 하는 원칙이 있었다.

우리가 보았듯이 마르쿠스 아우렐리우스의 경우에도 그가 글로 작성한 정신 수련은 스토아주의 전통, 특히 에픽테토스가 정의한 모양새의 스토아주의가 규정한 것이었다. 초안, 주제, 논증, 이미지는 애초에 그에게 주어진 것이었다. 그에게는 글을 구상하고 짓는 것보다 자기 자신에게 영향을 미치는 것, 자기 안에서 어떤 효과를 일으키는 것이 중요했다. 하지만 효과란 한때 맹렬했다가도 금세 힘을 잃으니, 다시 수련에 들어가 삶의 원칙과 규칙의 인상적 표현에서 다시 확신을 얻어야 했다.

그러한 상황은 역사심리학의 시도를 다시 생각해보게 한다. 그러한 시도는 『명상록』에 근거해 마르쿠스 아우렐리우스 '사례', 그의 위장병과 아편중독에 대한 결론을 끌어낼 수 있노라 주장한다.

하지만 『명상록』에 인간 마르쿠스 아우렐리우스가 전혀 없다거나, 그 어떤 스토아주의자라도 아우렐리우스와 같은 상황에 있었다면 거의 비슷한 텍스트를 썼을 거라는 얘기는 아니다. 『명상록』이 개인적 관점을 제거하고 몰인격적이고 보편적인 이성의 수준에 위치하려 한다는 말도 어떤 면에서는 맞는다. 그렇지만 이성의 원칙을 자기 것으로 삼으려는—다시 말해 그 원칙을 자신의 개별적 경우에 적용하려는—부단한 노력, 언제나 미완일 수밖에 없는 노력이 인간 마르쿠스 아우렐리우스에게서 엿보이지 않는 것은 아니다. 개인의 관점을 떠난 듯 보이는 이 저작은 결국 매우 개인적인 것이 되었다. 마르쿠스 아우렐리우스는 자기 문제가 있었고, 황제로서 할 일을 하다보니 특히 좋아하는 주제, 때때로 드러나는 강박, 괴로운 걱정거리가 있었다. 그리고 우리는 그가 이 저작을 쓰면서 무엇을 원했는지 잘 안다. 그는 자기 자신을 다잡아 어떤 정신 상태에 있고자 했고, 일상의 다양한 상황이 제기하는 구체적인 문제에 대응하고자 했다.

2. 역사심리학의 한계

마르쿠스 아우렐리우스 사례

우리가 일반적으로 고대 저작, 그리고 마르쿠스 아우렐리우스의 정신 수련이 지닌 '몰인격적' 성격에 대해 말한 바가 있기에, 우리는 철인 황제의 심리를 재구성하고자 할 때 극도로 신중해야 한다. 내가 알기로는 에르네스트 르낭이 처음으로 마르쿠스 아우렐리우스의 인물 묘사를 시도했다. 게다가 그가 결국 그려낸 것은 전반적으로 일관성 없는 인물상이었다. 르낭은 때때로 황제의 환멸 어린 평정심을 지나치게 강조한다.

> 가장 확고한 선의는 완벽한 권태에, 이 세상이 하는 일은 전부 경박하고 아무런 실체가 없다는 명철한 시각에 뿌리를 둔 선의다…… 회의주의자의 선은 단연 확고하고, 경건한 황제는 회의주의자라는 말로는 부족하다. 그 영혼의 삶은 관 속의 공기가 내는 미세한 소리만큼 은근하게 움직인다. 그는 부처의 열반, 그리스도의 평화에 이르렀다. 예수, 석가모니, 소크라테스, 아시시의 성 프란체스코, 그 외 서너 명의 현자처럼 그 또한 죽음을 완전히 이겼다. 그는 죽음에 미소를 지을 수 있었다. 죽음이 그에게 아무 의미가 없었으므로.[1)]

하지만 때로는 정반대로 철인 황제에게서 고뇌에 시달리는 영혼을 알아본다.

> 그의 철학에서 본질을 이루는 절망적 노력, 때때로 궤변 수준까지 치닫는 그 열광적인 체념은 기실 거대한 상처를 은폐한다. 그렇게 지독해지기 위해 행복에 안녕을 고해야 했다는 사실을! 이 가엾게 말라버린 심장이 겪은 고통은 결코 다 알 수 없으리라. 언제나 차분하고 거의 미소 짓는 듯한 그 창백한 얼굴이 얼마나 많은 쓰라림을 감추고 있는지는.[2]

르낭의 마르쿠스 아우렐리우스는 부처의 열반, 그리스도의 평화에 이르기는커녕 속병에 '말라죽어가는' 듯 보인다.

> 그 이상한 병, 그 불안한 자기 연구, 죽도록 괴로운 그 양심, 그 열광적인 완벽주의는 장점이라기보다 남다른 본성의 표시다.[3]

> 그가 태어날 때 부족했던 것은 요정의 입맞춤이었다. 그런 것도 나름대로 매우 철학적인 것이다. 본성에 양보하는 기술, abstine et sustine(참고 절제하라)가 전부가 아니고 인생이 '미소 짓고 즐겨라'로 요약될 수도 있음을 배우는 쾌활함이 부족했다는 얘기다.[4]

르낭이 그린 철인 황제의 초상은 이른바 환멸에 찌든 염세주의자 마르쿠스 아우렐리우스의 끈질기고 굳건한 신화를 낳았다. 심리학과 정신분석학과 의심의 시대였던 20세기에 르낭이 상상한 철인 황제의 모습은 상당한 반향을 불러일으켰다. P. 벤트란트는 마르쿠스 아우렐리우스의 "음울한 체념"을 언급했다.[5] 좀더 최근에는 J. 리스트가 철인 황제의 "극단적 회의주의"와 "의심하는 경향"을 운운했다.[6] 폴 프티는 "다분히 부정적인 절망"이라는 표현을 썼다.[7] 내 생각에 이러한 주장들은 『명상록』에서 제기되는 이른바 염세주의에 대해 내가 이미 다룬 내용으로 충분히 반박할 수 있다.

고전학자 E. R. 도즈는 철인 황제가 인간의 활동을 중요시하지 않았을 뿐더러 어떤 면에서는 거의 비현실처럼 여겼다고 보았다.[8] 그러한 해석은 마르쿠스 아우렐리우스가 행동의 규율에 대해서 말한 바와 양립하기 어려울 성싶다. 도즈는 아우렐리우스의 끊임없는 자기비판을, '다른 사람'이고 싶었던 욕구를 강조했다. 그리고 이러한 경향을, 디온 카시오스와 『히스토리아 아우구스타』에 따르면 아우렐리우스가 열일곱 살에 안토니누스 황제의 양자가 된 날 밤에 꾸었다는 꿈과 연결지었다. 꿈속에서 그의 어깨는 상아로 되어 있었다. 도즈는 이러한 내용을 근거로 마르쿠스 아우렐리우스가 현대 심리학자들이 말하는 소위 정체성의 위기를 심각하게 겪었으리라 보았다. 하지만 이것은 역사심리학의 위험을 보여주는 전형적인 예다. 사실 도즈는 "자기 아닌 다른 사람이길 원하는 욕망"의 의미를 잘못 해석했다. 마르쿠스 아우렐리우스가 다른 사람이었으면 좋겠다고, 다른 삶을 시작할 수 있었으면 좋겠다고 생각한 것은 사실이다(X, 8, 3). 하지만 글의 맥락을 보면 알 수 있듯이, 그는 진리, 신중, 영혼의 고매함을 얻고 싶다는 뜻으로 그런 말을 했다(X, 8, 1). 나는 모든 평범한 사람도 그런 의미에서는 자기 아닌 다른 사람이 되고 싶어한다고 생각한다. 그런 걸 정체성의 위기라고 하면 모두가 정체성의 위기에 처한 것이다. 그리고 도즈는 "양심의 가책"이 "병적 측면"이라고 주장하는데, 어째서 그렇다는 건지 모르겠다.[9] 더욱이 이 주제에 대해서 도즈는 이런 표현을 썼다. "한 인간에게 자기 자신을 참아내기란 너무 어려운 일이다." 이 말은 마르쿠스 아우렐리우스가 그렇다는 뜻일 수도 있고, 인간 본성 자체가 자기 자신을 참아내기 어렵다는 뜻일 수도 있다. 사실 도즈는 마르쿠스 아우렐리우스가 쓴 텍스트(도즈는 V, 10, 1이라고 표기했으나 실제로는 V, 10, 4)의 의미를 완전히 왜곡했다. 원문의 내용은 다음과 같다.

> 너와 더불어 사는 사람들의 삶의 방식으로 눈길을 돌려보라. 사람들이 자기 자신을 간신히 참고 견디는 것은 말할 나위도 없고, 그들 가운데 가장 상냥한 사람조차도 참고 견디기 어려울 때가 있지 않은가.

그러니까 여기서 다룬 것은 마르쿠스 아우렐리우스와 그 자신의 관계가 아니라 완전히 다른 문제다. 이 문제에 대해서는 다시 언급하겠다. 그리고 이것은 마르쿠스 아우렐리우스의 개인적 경험이 아니라 스토아주의와 다른 철학 학파들에서 전통적으로 볼 수 있는, 철학자가 아닌 보통 사람의 불행에 대한 기술일 뿐이다. 철학을 하지 않는 자는 도덕적 선이라는 유일한 가치에 전념하지 않고, 그래서 늘 자기모순, 자기 자신과의 싸움 속에 살아간다. 철학적으로 산다는 것, 즉 '본성에 따라' 사는 것은 자기 정합적으로 산다는 것이다. 이러한 내용 어디서 마르쿠스 아우렐리우스의 정체성 위기를 볼 수 있단 말인가.

게다가 도즈는 마르쿠스 아우렐리우스의 꿈을 언급하면서 고대 역사가들의 기술을 온전히 참조하지도 않았다. 『히스토리아 아우구스타』에서는 젊은 마르쿠스가 자기 어깨가 상아로 된 꿈을 꾸었다는 기술에 그치지 않고, 그가 상아 어깨는 무거운 짐을 감당할 수 있을까 궁금했는데 과연 튼튼하다는 것을 알게 되었다고 말한다.[10] 마르쿠스 아우렐리우스가 사망한 지 얼마 안 되어 작성한 디온 카시오스의 글에도, 꿈속에서 마르쿠스는 신체의 다른 어느 부위보다 그 어깨를 편하게 쓸 수 있었다고 명시되어 있다.[11] 문제는 그런 꿈이 현대인에게 어떤 의미인지가 아니라 고대인에게 어떤 의미인지를 아는 것이다. 역사심리학 일각의 과오는 우리 현대인의 생각을 과거에 투사한 것이다. 우리에게 '다른' 어깨는 '다른' 사람과 상응하는 것이다. 정말로 이해하고자 애써야 할 것은 그러한 꿈으로 나타난 이미지가 고대인의 집단의식에서 무엇을 나타냈는가다. P. 그리말이 잘 보여주었듯이[12] 고대인은 상아 어깨 하면 즉각적으로 펠롭스 이야기를 떠올렸을 것이다. 탄탈로스는 자기 아들 펠롭스를 죽이고 그 시신을 조각내 요리해서 신들의 식탁에 올렸다. 자기 딸의 죽음으로 제정신이 아니었던 데메테르만 그 사실을 알지 못하고 음식을 입에 댔다. 운명의 여신 클로토는 펠롭스의 사지를 모아 다시 살려냈는데 데메테르가 먹어버린 어깨 부위만 상아로 대체했다. 마르쿠스 아우렐리우스 사후 수십 년 후에 『상상』을 쓴 필로스트라토스는 포세이돈이 그 상아 어깨에 반해서 펠롭스를 사랑했다고 말한다. "대지를 밤이 뒤덮었음에도 어둠 속의 저녁 별처럼 빛나는 어깨가 그 젊은이를 밝혀주었다."[13] 그러니까 상아 어깨를 갖는다는 것은 신의 은총과 배려의 대상이 된다는 뜻, 클로토라는 여신으로 화한 운명의 가호를 입는다는 뜻이다. 황제의 양자로서 책임감이 막중한 상황에서 상아 어깨는 마르쿠스가 과업을 감당할 수 있도록 더 강하게 만들어주는 신과 운명의 도움을 뜻한다. 이것이야말로 고대인에게 마르쿠스 아우렐리우스의 꿈이 갖는 진정한 의미다.

    정신신체의학자 R. 데일리와 H. 반 에펜테르는 공동연구를 통해 소위 '마르쿠스 아우렐리우스 사례'에 진단을 내리고자 했다.[14] 특히 그들은 철인 황제가 본인의 원칙과 모순되게 신뢰할 수 없는 인물들에 둘러싸여 살았던 이유를 알아내려 했다. 황제는 양아우 루키우스 베루스와의 공동 통치를 선택했고, 동방 속주 전체를 (훗날 반란을 일으키는) 아비디우스 카시우스에게 맡겼으며, 황위를 (훗날 네로에 버금가는 폭군이 되는) 콤모두스에게 물려주었다. 두 저자는 "이 세 명의 잘생긴 남성은 군중에게 확실한 영향력을 발휘할 수 있었는데, 그런 유의 무의식적 매혹을 마르쿠스 아우렐리우스에게도 행사한 것은 아닌지 생각해볼 수 있다"고 썼다. 그래서 논문의 첫 부분부터 두 저자가 옹호하고자 하는 주제가 나온다. 철인 황제는 남성성이 부족하고 연약한 사람이었기 때문에 자신의 의심과 망설임을 보상하기 위해 강인하고 자신감이 넘치는 남성들을 주위에 두었다는 것이다. 여기서 우리는 이런 유의 심리학적 설명에 작용하는 기제를 엿볼 수 있다. 전형적인 징후를 찾았다고 생각하지만 사실은 그 어떤 것의 징후도 아니고, 아예 징후조차 아니다. 마르쿠스 아우렐리우스가 이 세 인물을 남성적 힘 때문에 가까이 두었다는 증거는 하나도 없기 때문이다. 루키우스 베루스, 아비디우스 카시우스, 콤모두스는 역사가들이 익히 잘 분석해주었던 복잡한 정치적 이유에서 선택되었다. 그리고 그 "잘생긴 남성들"이―정말로 그렇게 잘생기긴 했을까?―자신만만한 성품이었다는 증거도 없다. 하지만 이 책의 주제는 『명상록』이므로 역사의 영역까지 파고들지는 않겠다. 나는 단지 『명상록』이 그 내용으로 보나 목적으로 보나 마르쿠스 아우렐리우스가 연약한 사람이었다든가 남성성이 부족했다든가 위궤양이 있었다든가 하는 주장의 근거가 되지는 않는다고 말하고 싶을 뿐이다. 이 저자들은 역사가 디온 카시오스의 글에 의거해 그러한 주장을 폈다.

〔도나우 전장에서〕 그는 신체적으로 몹시 쇠약해져 처음에는 추위

를 견디지 못했다. 병사들에게 소집 명령을 내려놓고 무슨 말을 하기도 전에 자리를 떠야 했을 정도였다. 그는 거의 아무것도 먹지 않았고 늘 밤에 식사를 했다. 사실 그는 테리아카라 불리는 약을 제외하면 낮에 뭔가를 먹는 습관이 들지 않았다. 그는 뭔가 두려워서가 아니라 위장과 가슴이 편치 않아서 그 약을 먹었다. 그나마 그가 약을 먹어서 그러한 병과 그 밖의 다른 병을 견딜 수 있었던 거라고들 했다.[15]

이 글은 고질병이 아니라 도나우 전장에서의 몸 상태를 다룬 것이다. 게다가 디온 카시오스는 철인 황제도 젊었을 때는 대단히 기력이 왕성했고 사냥처럼 격렬한 운동을 즐겼다고 증언한다.[16] 이 역사가에 따르면 황제는 막중한 소임과 금욕 생활 때문에 몸이 약해졌다. 어쨌든 두 공동 저자는 위궤양 진단을 내리고 그 병과 관계있는 심리적 특징으로 넘어간다. "위궤양 환자는…… 본질적으로 내향적이고 불안하며 걱정이 많다…… 일종의 자아비대증 때문에 그는 측근들을 보지 못한다. 그가 다른 사람에게서 찾는 것은 결국 자기 자신이다…… 성실하다못해 꼼꼼함이 지나친 그는 인간관계보다 기술적으로 완벽한 행정에 더 관심이 많았다. 실상은 인간관계를 잘 다스리는 것이 행정의 전부였을 텐데 말이다. 그는 사유하는 사람이었으나 고위직 구성에 있어서, 그리고 스토아주의나 바리새파의 태도를 취함에 있어서 정당한 이유를 찾으려 하는 경향이 있었던 듯하다. 도덕적인 면에서 그는 노력으로 덕을 쌓고, 열심으로 선해졌으며, 의지로 신앙을 얻었다."[17]

나는 저자들의 '가스트로패스'*에 대한 심리묘사의 학문적 가치를 논할 자격이 없다. 어쩌면 저자들이 이 음울한 초상에서 그들 자신을 본 것은 아닌지 생각해보는 것도 흥미롭겠다. 내가 『명상록』에서 마르쿠스 아우렐리우스에 대한 이 심리묘사를 확인하거나 파기할 수 있는 단서를 일절 찾을 수 없다는 것만은 확실하다. 저자들은 그들의 진단을 정당화하기 위해 『명상록』이 "황제 자신이 납득할 만한 정당화"이자 "사전에 선택된 길을 꾸준히 걸어가라는 기나긴 일련의 권고"라고 주장하는데, 그건 이 저작의 성격을 단단히 잘못 안 것이다. 우리가 보았듯이 『명상록』은 마르쿠스 아우렐리우스에게 고유한 어떤 예외적 현상이 아니다. 스토아학파의 스승들은 글쓰기를 통한 명상을 열성적으로 권장했고, 오늘날에도 위궤양 따위는 없지만 인간답게 살아보려고 이런 유의 수련을 하는 사람은 많다. 그리고 이것은 자기 정당화가 아니라 자기비판과 스스로를 변화시키려는 노력이다. 에픽테토스가 제공한 주제들에 대한 변주는 결코 황제의 위궤양에 대한 정보를 줄 수 없으며, 마르쿠스 아우렐리우스 '사례'에 대해 결정적으로 알려주는 바도 없다. 단지 역사심리학을 고대 문헌에 적용할 때 생기는 위험의 좋은 예를 얻을 뿐이다. 텍스트 해석을 제시하기 전에 우선 전통적인 요소 가운데 사전에 만들어져 있던 것과 저자가 그것으로 하고자 했던 것을 구분해야 한다. 이 구분이 없으면 징후적이지 않은 표현이나 태도를 징후적이라고 오해하고 만다. 그런 표현이나 태도는 저자의 개성에서 나온 것이 아니라 전통이 그에게 부여한 것이기 때문이다. 저자가 하고 싶었던 말을 찾아야 하고, 그가 할 수 있는 말과 할 수 없는 말, 해야 하는 말과 해서는 안 되는 말을 그에게 주어진 상황과 전통에 따라 찾아야 한다.

---

* '위장의(gastro)'라는 단어와 '이상, 결핍(path)'을 뜻하는 접미어(사이코패스, 소시오패스 등에 쓰이는 접미어)를 합쳐서 만든 말.

X. 『명상록』을 통해 본 아우렐리우스

아편중독자 마르쿠스 아우렐리우스?

T. W. 아프리카는 바로 그러한 검토를 『명상록』에서 마르쿠스 아우렐리우스의 아편중독 징후를 발견했노라 주장하기 전에 했어야 했다.

그는 세 가지 증거를 들어 그 주장을 뒷받침했다. 일단 앞에서 보았던 디온 카시오스의 글이다. 디온 카시오스는 도나우 전장에서 겨울을 보내던 황제의 건강 상태를 기술하면서, 그가 낮에는 소위 '테리아카'라는 해독제 외에는 아무것도 먹지 않았다고 말한다. 해독제를 장복한 이유는 독이 두려워서가 아니라 위장과 가슴을 진정시키기 위해서였다. 더욱이 저자는 테리아카의 다양한 조제법을 기술한 갈레노스의 『해독제에 대하여』라는 논문, 그 약의 효용, 마르쿠스 아우렐리우스가 그 약을 복용한 방식도 언급했다. 그는 『명상록』에서 아편 과용이 일으킨 환각과 특유의 정신 상태를 발견했노라 믿었다.

저자가 마르쿠스 아우렐리우스의 테리아카 음용에 대한 갈레노스의 증언을 어떤 식으로 요약했는지 보자.

> 그 약이 낮에 용무를 보는 동안 졸음을 유발한다는 것을 알고 [혼합액에서] 양귀비즙을 빼게 했다…… 그러자 밤에 잠을 이룰 수가 없었다…… 그래서 다시 양귀비즙이 든 혼합액에 의지할 수밖에 없었다. 그는 이제 거기에 익숙해졌기 때문이다.[18]

하지만 갈레노스의 글을 끝까지 읽어보면, 이 유명한 의사가 T. W. 아프리카가 읽어내고자 했던 바와 정반대로 말했음을 알 수 있다.[19] 갈레노스가 이어지는 대목에서 두 가지를 명시했기 때문이다. 첫째, 마르쿠스 아우렐리우스가 양귀비즙이 든 혼합액을 다시 복용하기 시작했을 때 황제의 주치의 데메트리오스는 최면 효과가 없는 묵은 양귀비즙만 썼다. 둘째, 데메트리오스가 죽고 나서는 갈레노스 본인이 황제의 테리아카 조제를 맡았는데 그는 황실의 전통 조제법에 따른 그 약에 마르쿠스 아우렐리우스가 몹시 흡족해했다고 자랑스럽게 말한다. 따라서 갈레노스에 따르면 황제의 졸음은 도나우 전장에서 일시적으로 일어난 증상이었을 뿐, 묵은 양귀비즙을 썼을 때는, 특히 갈레노스가 조제를 맡은 후로는 전혀 문제가 되지 않았다. 이것이 갈레노스의 기록이 정확히 전달하는 바다.

게다가 이 문제는 대단히 복잡하고, 우리는 황제가 음용한 테리아카에 들어간 아편액의 정확한 양이나 질을 알 도리가 없다. 한편 주치의들은 아편액을 오래 묵히거나 효과를 약하게 하는 조치를 취했다. 그리고 갈레노스는 마르쿠스 아우렐리우스를 위해 세 종류의 해독제를 만들었다고 말한다. 갈렌(안드로마코스가 만든 해독제)에는 양귀비즙을 포함한 예순네 가지 재료가 들어간다. 헤라의 테리아카는 양귀비즙을 빼는 대신 아라비아콩Bituminaria bituminosa, 아리스토로키아 로툰다Aristolochia rotunda, 운향Ruta chalepensis, 비터베치콩Vicia ervilia을 같은 비율로 넣는다. 마지막으로 백 가지 재료와 극소량의 양귀비즙을 넣는 해독제가 있었는데 양귀비즙의 양은 그때그때 달라졌다.[20]

갈레노스는 이러한 황제의 습관을 지혜의 증거로 보았다.

> 어떤 사람들은 몸을 생각해서 이 약을 매일 복용했다. 개인적으로는 법을 존중하며 통치를 펼쳤던 신성한 마르쿠스의 경우에서 그 점을 알았다. 그는 자신에 대한 의식이 뛰어났고, 자기 체질에 대단히 주의를 기울였다. 그는 이 약을 거의 끼니를 대신할 정도로 많이 마셨다. 황제 덕분에 테리아카는 유명해지기 시작했고, 그 놀라운 효능이

사람들에게 알려졌다. 실제로 테리아카를 마시고 황제의 건강이 좋아졌기 때문에 이 약의 효용에 대한 사람들의 신뢰가 높아졌다.[21]

이렇듯 디온 카시오스와 갈레노스의 증언 전체에서 마르쿠스 아우렐리우스가 아편중독이었다고 추론할 만한 근거는 전혀 없다.

더욱이 이것은 T. W. 아프리카가 자기 논문의 주석에서 도달한 결론이기도 하다. "아편의 양이 그때그때 달라졌고, 소_小안드로마코스의 조제법이 기반이라고 치면 쿠아모스_{kyamos}* 한 알 분량(마르쿠스 아우렐리우스의 하루 치 복용량)에 들어가는 아편은 0.033그램 정도로 아편중독을 일으킬 만한 양이 못 된다."[22]

그런데도 아편중독 운운할 수 있을까? T. W. 아프리카는 그렇다고 말한다. 그 이유는 마르쿠스가 두 가지 징후를 보였기 때문이다. "가정의 현실에 대한 이상한 초연함"과 『명상록』에서 볼 수 있는 "기이한 환각"이 그러한 징후라나. T. W. 아프리카가 말하는 이상한 초연함이란 아마도—그가 명시적으로 밝히지 않았으므로—역사가들이 철인 황제를 두고 늘 흠잡는 가정사, 즉 황후 파우스티나의 부정_{不貞}, 루키우스 베루스의 기행, 후계자로 선택한 콤모두스의 방종에 대한 마르쿠스 아우렐리우스의 무관심을 가리키는 것이리라. 하지만 우리가 이미 엿보았듯이 루키우스 베루스나 콤모두스와 관련해서는 일이 그렇게 단순하지 않았고, 마르쿠스 아우렐리우스의 태도에는 정치적 이유가 크게 작용했을 것으로 보인다. 황제의 아이를 열세 명이나 낳은 파우스티나에 대해서는 『명상록』 1권에 아주 짧게, 그러나 대단히 감회 어린 언급이 있다. 황후가 궁신들의 험담에

---

* 그리스 콩. 병아리콩처럼 크기가 다소 굵다.

피해를 입었을 것으로 짐작된다. 어쨌든 마르쿠스 아우렐리우스의 그러한 태도가 어째서 T. W. 아프리카가 주장하는 아편중독의 징후인지는 R. 데일리와 H. 반 에펜테르가 주장하는 위궤양의 경우와 마찬가지로 도무지 이해할 수 없다.

이제 "기이한 환각"이 남는다. 나쁜 역사심리학의 극치 중 하나가 여기에 있다. 나쁜 역사심리학 선집에 들어가도 될 정도다. T. W. 아프리카를 인용하겠다.

> 모든 것을 그의 앞에 끌고 와 미래의 심연 속에 처박아버리는 성난 강물 같은 시간의 환영은 스토아주의가 제안하는 삶의 전형적인 교의가 아니라, 아편이 열어준 시공간의 확장된 전망을 나타냈다. 시간적 공간적 차원이 가속화되어 유럽 전체가 작은 반점에 불과해지고, 현재는 한 점이 되고, 인간은 흙더미를 기어다니는 곤충만해진 것이다. 역사는 더이상 과거와의 관계가 아니라 현재 눈앞에 펼쳐지는 과거의 광경이다. 마르쿠스 아우렐리우스는 다른 아편쟁이 작가 드퀸시와 마찬가지로 한층 격렬해진 감각을 느꼈던 것이다. 드퀸시는 이렇게 썼다.[23] "공간의 개념이, 결국은 시간의 개념도 심하게 영향을 받았다. 건축물이나 풍경 따위가 신체의 눈으로 담을 수 없을 만큼 광대한 차원에 펼쳐졌다. 공간이 팽창하고 확장되어 뭐라 말할 수 없이 무한한 느낌으로 뻗어나갔다. 그렇지만 나는 시간적 지속의 엄청난 증가에 훨씬 더 혼란스러웠다. 때때로 내가 하룻밤 사이에 일흔 살, 백 살을 더 먹은 기분이 들곤 했다. 무슨 말이냐고? 짧은 시간에 천년, 아니 어쨌든 인간 경험의 한계를 넘는 시간에나 가능할 법한 감각을 경험할 때가 있었다는 얘기다."[24]

이제 T. W. 아프리카가 참조한 마르쿠스 아우렐리우스의 글을 읽어보자.

> 시간은 생성되는 만물로 이루어진 강, 아니 급류다. 무엇이든 눈에 띄자마자 휩쓸어가고, 다른 것이 떠내려오면 그것도 곧 휩쓸어갈 것이기 때문이다.(IV, 43)

> 존재하는 것과 생성되는 것이 얼마나 빨리 우리 앞을 지나 시야에서 사라지는지 가끔 떠올려보라. 사물의 실체는 쉴새없이 흐르는 강과 같고, 활동은 지속적으로 변하며, 원인은 한없이 다양하고, 정지해 있는 것은 거의 아무것도 없기 때문이다. 그리고 그 안에서는 늘 모든 것이 사라져버리는 과거의 무한한 시간과 입을 쩍 벌린 미래의 심연이 바로 우리 곁에 있음을 생각하라.(V, 23)

T. W. 아프리카에게는 안된 말이지만, 이 주제는 스토아주의에 잘 나타나 있다. 일례로 세네카를 인용해보겠다.

> 너는 시간의 바닥 없이 깊은 구렁을 상상하고 propone 우주를 포용하라. 그리고 우리가 인생이라고 부르는 것을 이 무한과 비교해보라.

> 시간은 한없이 빠르게 흐른다…… 모든 것이 그 심연의 바닥으로 떨어진다…… 우리네 인생은 한 점, 아니 그보다 더 작다. 그러나 자연은 이 미미한 것을 나누어 그것을 훨씬 더 길어 보이게 한다.[25]

게다가 이 이미지는 아주 오래된 것으로, 타렌툼의 레오니다스에게서도 찾아볼 수 있다. "오 인간이여, 네가 새벽에 이를 때까지 시간은 무한하도다. 하데스에서 너를 기다리는 시간은 무한하도다. 인생이 그저 한 점, 아니 그보다도 못하다면 인생의 어떤 부분이 남을꼬?"[26] 그리고 마르쿠스 아우렐리우스가 말하는 강은 분명히 스토아주의에서 말하는 "쉴새없이 흐르는"[27] 실체의 강이지만, 결과적으로 헤라클레이토스의 강이기도 하다. 플라톤은 이를 두고 존재들을 강의 흐름에 비유한 것이라고 말했다.[28] 이 강은 플루타르코스가 언급한 바 있는 플라톤주의자의 강이기도 하다. "행동이든 말이든 기분이든, 모든 것이 한순간 나타나고 사라진다. 시간은 마치 강물처럼 모든 것을 휩쓸어간다."[29] 그리고 오비디우스에게서도 찾아볼 수 있다. "시간은 물살이 물살을 밀어내며 흐르는 강처럼 영원한 움직임 속에 있다."[30]

세네카가 '네가 상상해보라' 혹은 '네 눈앞에 바닥이 없는 시간의 구렁을 가져오라'라는 뜻으로 propone라는 표현을 썼을 때, 이것은 스토아주의자가 해야 하는 상상력 수련을 두고 한 말이다. 마르쿠스 아우렐리우스의 『명상록』에서 찾아볼 수 있는 것과 같은 종류의 수련, 상상력으로 우주를 포용하고, 지상의 사물을 아주 높은 곳에서 내려다보고, 그것의 진정한 가치를 알아보는 수련 말이다.

> 네가 그것의 가장 작은 일부분에 지나지 않는 전全 실체를 생각하고, 그중 짧고 순간에 불과한 기간만이 너에게 주어진 모든 시간이라고 생각하라. 너는 그것의 얼마나 작은 부분인가.(V, 24)

네가 갑자기 공중으로 들어올려져 인간사와 그 변화무쌍함을 내려다보게 된다면, 그와 동시에 대기와 하늘에 사는 얼마나 많은 무리가 네 주위를 에워싸고 있는지 보게 된다면, 너는 인간사를 경멸하게 되리라는 점을 생각하라.(XII, 24, 3)

너를 괴롭히는 수많은 불필요한 것에서 너는 벗어날 수 있다. 그것은 네 가치판단에만 존재하기 때문이다. 네 마음으로 온 우주를 안고, 영원한 시간과 개별 사물의 재빠른 변화를 생각하라. 생성과 소멸 사이의 시간은 짧아도 생성 이전의 시간은 무한하고 소멸 이후의 시간도 끝이 없음을 생각한다면, 너 자신에게 더 큰 자유의 장이 열릴 것이다.(IX, 32)

영혼은 온 우주와 그것을 둘러싼 진공을 두루 거닐며 우주의 형태를 규명하고 무한한 시간 속으로 뻗어나가 만물의 주기적 재생을 파악하고 고찰한다.(XI, 1, 3)

아시아나 유럽은 우주의 구석이다. 바다 전체는 우주의 한 점 물방울이며, 아토스산은 지구의 한 줌 흙덩이고, 모든 현재의 시간은 영원 속의 한 점이다. 만물은 미소하고 쉬이 변하고 금세 사라진다.(VI, 36, 1)

이 글들과 작가 토머스 드퀸시의 글이 어떻게 다른지 당장 보일 것이다. 드퀸시에게 시간의 지속과 공간의 팽창은 아편중독에서 비롯된 기분으로, 그 자신은 수동적으로 그런 기분을 느끼는 입장이었다. 반면 전체를 "상상하라" "생각하라"라는 조언의 반복에서 알 수 있듯이, 마르쿠스 아우렐리우스는 적극적으로 무한한 시간과 공간을 머릿속에 떠올린다. 이것은 상상력이라는 기능을 사용하는 전통적인 정신 수련이다. 그리고 토머스 드퀸시는 순간의 걷잡을 수 없는 확장을 말하지만, 마르쿠스 아우렐리우스는 반대로 무한과 전체를 먼저 보고 그후에 극도로 미세한 부분에 지나지 않는 순간이나 장소를 상상하고자 한다. 이 의도적 상상력 수련은 마르쿠스 아우렐리우스에게 스토아적 우주의 전통적 표상이 있음을 전제한다. 그 우주는 무한한 진공 속에 있고 무한한 시간 속에서 지속된다. 그 안에서 세계는 주기적으로 영원한 재생을 반복한다. 이 수련은 인간사를 보편 자연의 시각에서 다시 바라보기 위한 것이다. 이 과정이 철학의 정수精髓 자체다. 고대의 모든 철학 사조에서 명칭은 다르지만 동일한 과정을 찾아볼 수 있을 만큼. 플라톤은 철학의 성격을 시간과 존재 전체를 관조함으로써 인간사를 무겁게 생각하지 않는 것으로 보았다.[31] 같은 주제가 알렉산드리아의 필론[32] 혹은 티레의 막시무스[33] 같은 플라톤주의자, 신피타고라스학파,[34] 스토아학파,[35] 에피쿠로스학파에게서도 나타난다. 에피쿠로스학파였던 메트로도로스는 이렇게 말했다. "필멸자로 태어나 유한한 생을 사는 네가 자연에 대한 논의를 통하여 사물의 무한과 영원에 이르러 미래와 과거도 보았음을 기억하라."[36] 저 유명한 『스키피오의 꿈』[37]에서 스키피오 아프리카누스의 손자는 은하수에서 지구를 내려다보며 로마제국이 거의 알아볼 수도 없을 만큼 작고, 인간이 거주하는 세상은 대양에 떠 있는 작은 섬 같고, 인생은 한낱 점보다 작다는 것을 알았다. 이 주제는 서구 전통 전체에 살아 있다. 우리 모두는 파스칼의 "두 개의 무한"을 기억한다. "이 별이 그리는 거대한 원에 비하면 지구는 한 점에 불과해 보인다."[38] 그렇다면 파스칼도 아편중독이었나?

마르쿠스 아우렐리우스는 위에서 내려다보는 시선을 기꺼이 과거로도 옮긴다.

> 지금 일어나고 있는 것과 같은 일들은 전에도 일어났다는 것을 늘 명심하라. 그리고 앞으로도 일어날 것임을 명심하라. 네가 경험을 통해 알거나 역사에서 배운 비슷비슷한 연극과 무대를 떠올려보라. 예컨대 하드리아누스의 궁전 전체, 안토니누스의 궁전 전체, 필리포스, 알렉산드로스, 크로이소스의 궁전 전체를. 그 연극도 지금 우리가 보는 것과 같고 배우만 다르기에 하는 말이다.(X, 27)

T. W. 아프리카는 드퀸시를 읽었다. 드퀸시는 몽상 속에서 눈부신 광경, 즉 찰스 1세 궁정의 귀부인이나 로마 군대를 이끄는 백인 대장에게 둘러싸인 아이밀리우스 파울루스를 보았다. 그러니 마르쿠스 아우렐리우스의 상상도 비슷한 현상이겠거니 생각했을 수 있다.[39] 하지만 여기서도 아우렐리우스의 글을 주의깊게 읽기만 하면 확연한 차이가 보인다. 드퀸시의 묘사는 완전히 몽환적이다. 그 꿈은 자기 자신에게도 낯설고 경이로운 장면처럼 묘사된다. 마르쿠스 아우렐리우스에게 이 상상은 꿈이 아니다. 황제는 자기 자신에게 상상력을 발휘해 시간의 흐름을 머릿속에 그려보라고 요구한다. 파울 라보우가 잘 보여주었듯이[40] 어떤 장면이나 상황을 표현해야 할 때는 그러한 연습도 수사학이 정한 규칙에 따라야 했다. 게다가 그림은 그 자체로 존재하지 않고, 단지 그러한 수련을 익히는 이에게 인간사는 덧없고 보잘것없다는 금욕적 확신을 심어주기 위해 존재했다.

과거를, 그토록 많은 왕조의 변천을 눈앞에 떠올려보라. 그러면 미래도 내다볼 수 있을 것이다. 미래는 과거와 같은 성질의 것이고, 현재의 리듬에서 벗어날 수 없기 때문이다. 따라서 인간의 삶을 사십 년 동안 관찰하든 만 년 동안 관찰하든 다를 게 없다. 더 볼 것이 뭐가 있겠는가?(VII, 49)

내 생각에 특정 유형의 역사심리학적 기제는 충분히 살펴본 것 같다. 역사심리학은 일반적으로 고대 저자의 사고방식이나 글쓰기 방식에 대한 무지에 근거한다. 이 학문은 현대의 사유를 시대착오적으로 고대 문헌에 투사한다. 게다가 일부 역사심리학자의 심리야말로 관심을 두고 살펴볼 만하다. 그들은 두 가지 경향을 보이는 것 같다. 하나는 선량한 이들이 단순하게 존경하는 마르쿠스 아우렐리우스나 플로티노스 같은 인물을 무너뜨리고자 하는 성상파괴적 경향이다. 또하나는 영혼과 사유의 고양, 도덕적 영웅심 혹은 세계를 바라보는 위대한 시선을 죄다 병적이고 비정상적인 것으로 일축하려는 경향이다. 모든 것을 섹스 아니면 약물로 설명하려는 경향이라고 할까.

3. 문체 연구

지금까지 다룬 내용에서 우리는 마르쿠스 아우렐리우스가 『명상록』에 존재하지 않는다는 결론을 내서는 안 될 것이다. 오히려 그는 자신의 저작 속에서 다채롭게 살아 숨쉬며, 『명상록』은 제한적이지만 실질적으로 자서전적 성격을 띤다고 볼 수 있다.

일단 마르쿠스 아우렐리우스는 특유의 문체로 작품 속에 살아 있다. 우리가 이미 엿보았듯이, 황제는 대체로 지극히 공을 들여 글을 썼다. 틀림없이 잘 정련된 문장의 심리적 위력을 알았기 때문이리라. J. 달펜,[41] 모니크 알렉상드르,[42] R. B. 러더퍼드[43])는 아우렐리우스의 작법과 거기서 나온 복된 표현들을 잘 분석해주었다. 모니크 알렉상드르가 보여주었듯이, 철인 황제는 과연 프론토의 제자였다. 프론토는 제자에게 매일 한 문장 gnōmē을 쓰고 그 문장의 내용을 여러 형태로 표현해보게 했다. "네가 어떤 역설적인 생각을 품을 때마다 그 생각을 너 자신에게 돌려 다양한 문체와 뉘앙스로 표현하고, 여러모로 시도하고, 눈부신 단어로 꾸며보라"고 프론토는 썼다.[44] 우리는 『명상록』을 읽으면서 마르쿠스 아우렐리우스가 하나의 주제에 대해 전개한 다양한 변주에 감탄할 수 있었다. 또한 프론토는 그에게 자기 자신을 위해 문장을 모아두라고 권했다.[45]

마르쿠스 아우렐리우스의 문체에 대한 이 빼어난 연구에 뭔가를 더 보태기란 어렵다. 그렇지만 텍스트 곳곳에서 나타나는 문학적 연구의 예를 몇 가지 들어보는 것도 쓸데없는 일은 아니지 싶다.

가령 간명함을 추구함으로써 놀라운 기력, 그리고 다소 수수께끼 같은 성격이 더해지는 경우가 꽤 있다.

똑바로 서라. 똑바로 세워지지 말고!(VII, 12)

처음부터 함께 자란 나뭇가지는 한번 베였다가 접목된 나뭇가지와 같지 않다!(XI, 8, 6; homothamnein과 homodogmatein의 대조)

비극배우나 창녀처럼 행동하지 마라!(V, 28, 4)

위로 던져진 돌은 아래로 떨어지는 것도 악이 아니고, 위로 오르는 것도 선이 아니다.(IX, 17)

겸손히 받고 흔쾌히 내주라.(VIII, 33)

인간은 서로를 위해 태어났다. 그러니 가르치든가, 아니면 참아라.(VIII, 59)

남의 과오는 있던 자리에 그대로 내버려두라.(IX, 20)

오이가 쓴가? 던져버려라! 길에 가시덤불이 있는가? 비켜 가라!(VIII, 50)

인생에 도덕적 가치가 없으면 얼마나 추한가를 표현하는 거칠고 충격적인 문장도 여럿 볼 수 있다.

익살극$_{mimos}$과 피비린내 나는 전쟁$_{polemos}$, 공포$_{ptoia}$와 무기력$_{narka}$, 매일매일의 굴종$_{douleia}$!(X, 9)

이 텍스트에서 단어의 운이 얼마나 잘 맞는지 알아본다면, 마르쿠스 아우렐리우스가 문학적 효과를 노렸음을 이해할 수 있다.

잠시 뒤에 너는 재나 유골이 될 것이다! 이름만! 아니, 이름조차 남지 않을 것이다. 이름은 공허한 소리나 메아리에 불과하다!

살아 있는 동안 높이 평가받던 것도 공허하고, 썩고, 하찮다. 서로
물어뜯는 강아지나 저희끼리 싸우면서 금방 웃다가 우는 아이들과
무에 다르랴. 그러나 성실과 염치와 정의와 진리는 대지의 넓은 길을
따라 올림포스로 가게 될 것이다.(V, 33)

가장 인상적인 문장들은 짧은 삶, 죽음, 명성의 허무를 환기한다.

머지않아 너는 모든 것을 잊게 될 것이고, 머지않아 모두가 너를 잊
게 될 것이다.(VII, 21)

기억하는 것도, 기억되는 것도 모두 잠시 잠깐이다.(IV, 35)

잠시 후면 너는 눈을 감을 것이고 너를 운구했던 사람을 위하여 곧
다른 사람이 곡을 하리라.(X, 34, 6)

어제는 한 방울의 진액이었다가 내일은 미라나 재가 된다.(IV, 48, 3)

마르쿠스 아우렐리우스는 간명한 문장으로 깊은 인상을 남기는 기술이
있었을 뿐 아니라 사물의 아름다움을 몇 마디로 표현할 줄도 알았다. 가
령 우리가 인용한 『명상록』 III, 2에서 그는 갈라지는 빵 껍질과 농익은 무
화과를 이야기한다. 부패가 벌써 시작된 듯한 성숙은 올리브에 특유의 색
상을, 나이든 남성과 여성에게 원숙미를 부여하고, 잘 익은 이삭이 고개
를 숙이게 한다. "사자의 주름진 이마" "멧돼지의 주둥이에서 흘러내리는
거품" "맹수의 쩍 벌린 입"에도 야생의 아름다움이 있다.

더욱이 프론토는 아우렐리우스에게 문장과 담론에 이미지와 비유를 집어넣으라고 가르쳤다. 제자는 스승의 가르침을 받들었다.

> 향의 무수한 재가 같은 제단 위에 떨어진다. 어떤 것은 먼저 떨어지고 어떤 것은 나중에 떨어진다. 그것이 무슨 차이가 있겠는가?(IV, 15)

> 네 안을 들여다보라. 네 안에는 선의 샘이 있고, 그 샘은 늘 파내어야 늘 솟아오를 수 있다.(VII, 59)

> 거미는 파리를 잡으면 자랑스러워한다. 어떤 자는 산토끼를, 어떤 자는 그물로 정어리를, 어떤 자는 멧돼지를, 어떤 자는 곰을, 어떤 자는 사르마트족을 잡으면 자랑스러워한다. 이들의 원칙을 검토해보자면 다들 날강도 아닌가?(X, 10)

> 잘려나간 손이나 발이나 머리가 육신의 나머지와 떨어져 있는 것을 본 적이 있는가? 자신의 운명을 거부하고 남과 떨어져 있거나 공동체에 해로운 행동을 하는 자야말로 자신을 그러한 사람으로 만드는 것이다.(VIII, 34)

우리는 또한 어떤 사유에서 리듬을, 문장들의 조화로운 균형을 추구한 흔적을 볼 수 있다. 가령 세계에 바치는 이 기도를 보자.

> 오 우주여, 너와 조화를 이루는 것은 나와도 조화를 이룬다! 너에게

시의적절한 것은 나에게도 너무 이르거나 너무 늦지 않다. 오 자연이여, 너의 계절이 가져다주는 것은 나에게도 결실이다.(IV, 23)

또한 사유가 다음 글에서와 같이 나란히 상승하며 전개되기도 한다. 첫 부분만 인용해보겠다.

햇빛은 벽과 산과 무수한 다른 것들에 막힐 수 있지만 하나일 뿐이다.
공통된 실체는 개별적 특징을 지닌 무수히 많은 개체로 나뉘지만 하나일 뿐이다.
지성적 영혼은 무수히 많은 성장의 힘과 개별적 차이로 나뉘지만 하나일 뿐이다.
사유하는 영혼은 나뉜 것처럼 보여도 하나일 뿐이다.(XII, 30)

아우렐리우스가 온통 주의를 기울인 이 다양한 문체 연습에서 그라는 사람의 두 가지 특징이 보이는 것 같다. 바로 상당한 미학적 감수성과 완벽의 추구다.

게다가 마르쿠스 아우렐리우스 헌법의 문체, 요컨대 그가 작성한 법조문의 문체에 대해서 W. 윌리엄스가 분석한 연구가 있음을 알려두는 것이 좋겠다.[46] 윌리엄스는 그 글에서 대단히 치밀한 꼼꼼함과 명백한 것까지 설명하려는 다소 지나친 고집을 볼 수 있다고 말한다. 그러한 태도는 백성의 정신적 도덕적 자질을 믿지 못하는 것처럼 보인다. 또한 그가 그리스어와 라틴어 사용에서 순수성을 추구했고, 가장 공평하고 인간적이며 정의로운 해결책을 찾기 위해 꼼꼼하게 주의를 기울였음을 알 수 있다.

4. 시대적 지표

문학작품 독자는 늘 저자가 생애의 어느 시기에 어떤 분위기에서 해당 작품을 썼는지 알고 싶어한다. 『명상록』에는 시간을 초월한 면이 있고, 특정 텍스트를 특정 상황과 연결하려 했던 몇몇 역사가의 시도가 대체로 실망스러웠다는 점은 인정해야 한다. 그 이유는 앞서 보았듯이 『명상록』이 스토아주의 전통에 따른 밑바탕이 이미 그려져 있던 정신 수련이어서 지엽적 요소가 끼어들 여지가 없었기 때문이다. 집필 날짜를 제시하기 위해 두 가지 객관적 자료만 살펴보자. 초간본editio princeps에는 현재의 1권과 2권 사이에 "그라누아 강변, 콰디족의 땅에서 쓰다, I"이라는 문장이 있었다. 그리고 현재의 2권과 3권 사이에 "카르눈툼에서 쓰다, II"가 있었다. 황제가 직접 자신의 메모를 분류하고 이렇게 명시해두었을지도 모른다.

카르눈툼은 기원후 1세기 초부터 로마인이 도나우에 수립한 군사기지였다. 빈에서 멀지 않은 이 기지에는 수천 명에 달하는 병사가 주둔했다. 병영 옆에 소도시가 만들어졌고, 2세기에는 원형극장도 지었다. 콰디족과 마르코만니족을 상대로 싸우던 170~173년에 마르쿠스 아우렐리우스는 이곳에 군사령부를 두었다.

그라누아강은 여전히 이 이름으로 불리거나 흐론강으로 불린다. 이 강은 슬로바키아를 북에서 남으로 가로질러 헝가리의 도나우강으로 흘러들어간다. 이 강의 언급은 매우 중요하다. 철인 황제가 군사 원정을 요새화된 카르눈툼 진지에서만 이끌지 않고 도나우강을 건너 콰디족의 땅을 100킬로미터 이상 깊숙이 치고 들어갔음을 알려주기 때문이다. 콰디족은 마르코만니족과 더불어 169년에 로마제국을 침략했던 게르만족이다.

『명상록』에서 어느 권이 이 두 개의 지표와 관련이 있을까? 콰디족에 대한 언급은 1권과 2권 사이, 카르눈툼에 대한 언급은 2권과 3권 사이다. 고대 문헌은 이런 유의 지표가 첫머리에 오기도 하고 맨 끝에 오기도 했다. 첫머리에 오는 지표였다면 두 지표는 각각 2권과 3권에 해당한다. 역사가들은 저마다 의견을 내놓긴 했지만 결정적 증거를 대지는 못했다. 나는 개인적으로 G. 브라이트하우프트[47]와 W. 테일러[48]의 주장대로 2권과 3권에 해당한다고 보는 입장에 더 끌린다.

『명상록』의 적어도 일부가 170~173년 도나우 원정 당시 비교적 평온한 진지의 사령부에서만이 아니라 불편하기 짝이 없었을 콰디족의 땅에서 쓰였다고 생각하면 흥미롭고 감동적이기까지 하다. 나중에 다시 얘기하겠지만, 2권과 3권이 다른 권들과 인상이 다른 것도 그러한 상황으로 설명된다. 이 두 권에는 죽음이라는 주제가 깊이 들어와 있다. 더이상 책을 읽을 시간이 없다. 방황을 할 때가 아니다. 전쟁의 분위기가 철인 황제에게 그가 평생 살고 싶었고 살아야만 했던 철학적 삶에 도움이 되었던 정신 수련을 2권에 응축하게 했는지도 모른다.

나는 초간본이 참고한 필사본에 이런 유의 지표가 더 있었지만 편집자에 의해 누락되지 않았을까 싶다. 물론 이 의심을 입증할 방도는 없다. 그래서 나머지 권은 어디서 작성되었는지 모른다. 브라이트하우프트의 주장대로[49] 황궁 관련 내용, 원로원에서 했던 연설 등은 마르쿠스가 로마로 돌아온 후, 그러니까 176년 11월부터 178년 8월 사이에 작성되었을까? 하지만 마르쿠스는 이미 카르눈툼에서 황제로서 자기 삶의 방식에 대해 깊이 성찰했다. 4권부터 12권까지는 173년부터 황제가 사망한 180년 사이에 쓰였을 확률이 높다.

1권과 2권 사이의 지표로 돌아가자. "그라누아 강변, 콰디족의 땅에서 쓰다, I." 이 지표가 2권에 해당한다면 I이라는 로마 숫자는 어떻게 설명할 것인가? 황제가 인간과 신에게 받은 것을 나열하는 현재의 1권은 본래 『명상록』(2~12권)과 문체가 확연히 다르고, 그 자체로 통일성을 지닌 별도의 권으로 보인다. 그러므로 저자 본인, 아니면 편집자가 맨 앞으로 빼놓았을 공산이 크다. 따라서 지금의 2권이 원래 『명상록』의 1권이었을 것이다.[50] 그렇게 보면 "콰디족의 땅에서 쓰다" 다음에 I이 붙은 이유도 설명이 된다. 이 숫자는 아마도 편집자가, 아니면 마르쿠스 아우렐리우스의 메모 분류에 번호를 매기던 비서가 넣었을 것이다.

게다가 현재의 1권이 황제의 생애 후반에 집필되었을 거라는 추측은 타당성이 있다. 사실 이 1권은 고인에 대한 이야기만 하는 듯한 인상을 준다. 여기서[51] 언급되는 황후 파우스티나는 176년에 죽었다. 그러므로 이 책은 176년부터 180년 사이에, 아마도 로마에서 집필되었을 것이다. 176년부터 178년 사이는 마르쿠스 아우렐리우스가 아비디우스 카시우스의 반란 이후 동방 원정에서 돌아왔을 때다. 그리고 게르만족과의 전쟁이 다시 발발했을 때 마르쿠스 아우렐리우스는 178년부터 180년까지 시르미움에 사령부를 두었고, 180년 3월 17일에 그 도시에서 죽었다. 상당한 통일성을 띠는 현재의 1권은 문체로 보나 전반적인 구조로 보나 『명상록』 나머지 부분(2~12권)의 문학적 프로젝트와 이질적이다. 지금은 일종의 도입부처럼 보이지만, 실은 병렬적인 작품이 『명상록』에 부속된 것 같다고 할까.[52] 물론 『명상록』 전체와 관련은 있지만(가령 VI, 30에 처음으로 안토니누스 피우스 황제에 대한 언급이 나온다) 전혀 다른 정신적 성향에 부응하는 작품처럼 보인다. 다시 다루겠지만 1권은 신에게 바치는 감사다. 2~12권은 스토아주의적 삶의 규칙과 도그마에 대한 성찰이다. 이 부분은 그날그날 쓰였고 어떤 사유가 별다른 연관 없이 앞의 사유에 추가되었지만, 1권은 어느 특정 시점에 뚜렷한 계획에 따라 집필되었다.

5. 2~12권

앞에서 제기한 의문대로 우리가 현재 구분해놓은 열두 권이 사유의 열두 뭉치에 해당한다면, 각 권은 저자가 보기에 하나 혹은 그 이상의 지배적 주제로 정의되는 그 나름의 통일성이 있을 것이다. 그렇다면 거기서 마르쿠스 아우렐리우스의 개인적 관심이나 당시 읽던 글을 엿볼 수 있을 것이다. 아니면 열두 권은 순전히 우발적으로 쓰인, 가령 글쓰기 재료의 크기나 형태에 따른 것일까? 1권이 특별한 의도에 따라 다른 열한 권과 독립적으로 집필된 자체 완결본임은 분명하다. 하지만 2권부터 12권까지는 어떠한가?

얼핏 이 사유의 뭉치는 순전히 임의로 구분된 것처럼 보인다. 동일한 주제, 동일한 표현이 전체적으로 반복된다. 앞에서 보았던 규율들의 삼원 구조는 작품의 문학적 형식에 아무런 영향도 미치지 않는다. 삼원 구조는 다양한 형태로 반복될 뿐이다. 어느 권에서도 계획적 구상은 엿보이지 않는다. 단, 재차 말하겠지만 3권만은 선한 인간이라는 주제에 관한 일련의 에세이처럼 보이기도 한다.

그렇지만 텍스트를 주의깊게 살펴보면 각 권에 고유한 어떤 특성이 보인다. 선호하는 주제, 특별한 어휘, 사용하는 문학적 형식―가령 문장이라든가 짧은 논설―의 빈도가 눈에 들어온다. 마르쿠스 아우렐리우스가 『명상록』을 주로 생애 말년에 그날그날 썼지만, 어떤 정신적 관심사 혹은 읽었던 어떤 글은 집필 시기에 따라 다르게 영향을 미쳤으리라 추측하는 것도 일리가 있다.

　더구나 특정한 권에서 선호한 주제는 주로 '엮인 구성'이라는 방식으로 나타난다. 마르쿠스 아우렐리우스는 같은 주제를 다루는 사유를 차례차례 모으지 않는다. 그날그날 전혀 다른 이야기를 하는 다른 사유와 한데 엮었다. 달리 말하자면, 짧게 끊었다가 다시 일정한 주기를 두고 관심을 쏟는 주제로 돌아가는 식이다. 그래서 어느 한 권 안에서 간헐적으로 하나 혹은 그 이상의 특정 주제가 붉은 실처럼 도드라져 보인다.

　2권과 3권은 상당히 비슷하다. 죽음이 임박한 것 같은 인상이다(II, 2; II, 5; II, 6; II, 11; II, 12; II, 14; II, 17). 더이상 책을 읽을 시간이 없다(II, 2, 3). 마르쿠스 아우렐리우스는 도덕적 삶으로의 변화와 스토아주의 교의 성찰에 도움이 되는 것 외에는 아무것도 쓰지 않기로 결심했다(III, 14). 신에게서 유예를 얻은 자로서 당장 삶을 변화시켜야 한다(II, 4). 중요한 것은 오직 하나, 철학이다(II, 17, 3). 철학은 세 가지 규율로 이루어진다. 영혼의 지배원리를 지켜야 한다 hēgemonikon(II, 2, 4). 혹은 달리 표현하자면 거짓된 생각의 굴레에서 벗어난(II, 2, 4) 영혼(II, 6) 혹은 내면의 다이몬(II, 17, 4; II, 13, 2)을 지켜야 한다. 이것이 사유 혹은 판단의 규율이다. 운명이 정해준 몫을 받아들임으로써 일어나는 사건들에 대한 거부감에서 벗어나야 한다(II, 2, 4; II, 16, 1-2; II, 17, 4). 이것이 욕망의 규율이다. 마지막으로, 이기적이거나 목적 없는 경솔한 행동을 버려야 한다(II, 2, 4; II, 17, 4). 이것이 행동의 규율이다. 그러기 위해서는 세 가지 규율의 실천을 돕는 도그마와 원칙을 언어로 표현해야 한다(II, 1; II, 14; II, 16; II, 17). 3권도 정확히 동일한 주제를 취한다. 비슷한 분위기, 임박한 죽음, 도덕적 삶을 위한 정신 수련에 전념하겠다는 결심이 보인다. "이제 더는 헤매지 마라. 너는 네 작은 비망록도 읽을 시간이 없을 것이다."(III,

14) 유일하게 필요한 것, 당장 중요한 유일한 것에 대한 설명도 볼 수 있다. 사유, 욕망, 행동의 영역에서 자신의 다이몬 혹은 지배원리를 지킬 것. 하지만 3권이 2권의 주제를 좀더 폭넓게 전개한다는 점은 흥미롭다. 3권은 주제는 같지만 짧은 논설로 구성되어 있다. 삶의 이상으로 묘사된 '선한 인간', 그 같은 이상을 실현하게 해주는 가르침(III, 9-11). 첫번째 시도가 III, 4(약 40행)에서 보인다. III, 5(약 10행)에서 간략한 재시도가 있고, 마지막으로 III, 6-8(약 40행)에서 풍부하게 다시 다루어진다. 어떤 상황에서나 자기 내면의 다이몬을 중시하는 '선한 인간'은 올바른 이성에 따라 행동하는 인간으로서 지복에 이른다(III, 7, 2). 여기서 다이몬은 그의 사제인 동시에 하수인과도 같다.

4~12권은 2, 3권과 자못 다르다. 일단 3권에서 보았던 것과 같은 짧은 논설이 가끔 보이긴 해도(특히 5, 10, 11권) 사유는 대체로 짧고 인상적인 문장으로 표현된다. 마르쿠스 아우렐리우스 본인이 "자기 안의 정신적 은신처"가 모든 근심과 불만을 쫓아주는 "짧고 근본적인" 원칙에 집중하는 것이라고 한 걸 보면(IV, 3, 1-3) 이런 유의 글에서 자신의 지론을 정립했던 것 같다.

2, 3권의 주제 중 일부는 4권에도 남아 있다. 가령 임박한 죽음과 '선한 인간'의 이상이 그러한 주제다(IV, 17 ; IV, 25, 37 참조).

> 너는 천년만년 살 것처럼 행동하지 마라. 죽음이 지척에 있다. 살아 있는 동안, 할 수 있는 동안 선한 자가 돼라.(IV, 17)

2권과 3권에서처럼 이 긴박함은 더이상 타인의 말이나 행동에 신경쓸 시간을 허락지 않는다(IV, 18). 목표 지점까지 최단 거리로 가야만 한다

(II, 5; IV, 18, 51).

하지만 '다이몬' 개념은 자취를 감춘다. 이 개념은 나머지 권에서도 아주 드물게만 눈에 띈다(V, 10, 6; V, 27; VIII, 45, 1; X, 13, 2; XII, 3, 4). 반대로 새로 등장한 주제들은 나머지 권에서 자주 등장하고 서로 만난다. 가령 앞에서 다루었던 "섭리인가, 원자인가"라는 딜레마가 그렇다(IV, 3, 6).

5권에 가면 2, 3권을 지배했던 주제는 결정적으로 사라지거나 흐릿해진다. 특히 완벽으로 나아가는 노력을 위협할 가능성이 있는 것처럼 얘기되던 죽음이 도리어 인내와 믿음으로 기다려야 할 해방처럼 제시된다. 죽음은 인간계에서 우리를 풀어줄 것이다. 이 세계에서 유일하게 중요한 가치인 도덕적 삶은 좌절된다(V, 10, 6; V, 33, 5).

또하나의 새로운 주제는 자기 양심을 살피라는 권고다.

> 지금 나는 내 영혼을 어떤 목적에 쓰고 있는가? 매사에 너는 그렇게 자문해보고 너 자신을 검토해보라.(V, 11)

그래서 그는 신, 가족, 스승, 벗, 노예를 자신이 어떻게 대했는지 자문해본다(V, 31). 여기서 '의무$_{kath\bar{e}konta}$'의 영역, 즉 행동의 규율의 대상을 알아볼 수 있다. 마르쿠스 아우렐리우스는 일종의 인생 결산으로 나아간다. V, 10, 6과 V, 33, 5에서 엿볼 수 있듯이, 그는 인생에서 기대할 수 있는 모든 것을 받았으므로 평온하게 죽음을 기다릴 수 있다.

특히 이 5권에서는 II, 9에서 짧게 언급만 되었던 개념이 폭넓고 풍부하게 전개된다. 그 개념은 바로 보편 자연과 '나의' 고유한 본성의 구분이다. 이미 보았듯이 이 구분은 욕망의 규율과 행동의 규율의 대립을 떠받친다. 욕망의 규율은 보편 자연이 하는 일을 내가 '감수하기로' 동의하는 것이고, 행동의 규율은 나 자신의 이성적 본성에 따라 '행동'하는 것이다(V, 3, 2; V, 10, 6; V, 25, 2; V, 27).

나는 지금 보편 자연이 내가 갖기를 원하는 바를 갖고 있으며, 내 본성이 지금 내가 행하기를 원하는 바를 행하고 있다.(V, 25, 2)

마르쿠스 아우렐리우스가 말한 대로 두 자연이 걸어가는 길은 사실상 하나의 길, 가장 곧고 가장 빠른 길이다(V, 3, 2). 더구나 여기서 다이몬 개념이 잠깐 재등장한다. 보편 자연 혹은 보편 이성이라는 '외부의' 신과 '내부의' 신인 다이몬, 즉 지배원리 hēgemonikon가 있고, 외부의 신에서 내부의 신이 유래했다고 보는 이 대조와 동일시는 참으로 흥미롭다.

보편 자연에 맞지 않는 일은 어떤 것도 내게 일어나지 않을 것이고, 나의 신과 나의 다이몬을 거역하는 일은 아무것도 하지 않을 수 있다.(V, 10, 6)

이것이 도덕적 삶을 "신과 더불어 사는 삶"으로 정의할 수 있는 이유다.

자신의 영혼이 주어진 몫에 만족하고, 제우스[보편 자연]가 자신의 분신으로서 각자에게 인도자이자 길라잡이로 나누어준 다이몬이 원하는 바를 행하고 있음을 신에게 늘 보여주는 자는 신과 더불어 사는 것이다. 그 다이몬은 다름 아닌 각자의 정신과 이성이다.(V, 27)

이 두 자연이라는 주제는 다른 권에서도 나오지만(VI, 58; VII, 55, 1; XI, 13, 4; XII, 32, 3) 5권만큼 자주 등장하지는 않는다.

다른 주제도 5권에서 특징적이다. 우리는 여기서 마르쿠스 아우렐리우스가 드물게 언급하는 스토아철학의 우주론, 바로 영원회귀의 교의에 대한 두 가지 암시를 찾아볼 수 있다. 마르쿠스 아우렐리우스는 습관적으로 사물의 변모와 이 세계의 '주기' 속에 있는 영혼의 운명을 상상한다. 우리는 이 주기의 영원회귀를 신경쓰지 않고 이 세계에서 현재를 살아간다. 더구나 그는 V, 13에서 일단 우주의 각 부분이 태어나고 죽으면서 우주의 다른 부분으로 변한다고 주장한다. 하지만 이러한 부연이 있다. "비록 우주가 정해진 주기에 따라 다스려진다 해도 이렇게 말하는 것을 가로막을 것은 아무것도 없다." 여기서 그는 우주의 모든 부분이 각 주기의 끝에서 시원의 불-이성 속으로 다시 흡수되고 다음 주기에 바로 그 불에서 다시 태어난다고 말하는 것이다. 게다가 V, 32에서 '아는' 영혼, 다시 말해 스토아주의 교의를 받아들인 영혼 앞에 펼쳐지는 광대한 장을 엿볼 수 있다.

> 시작과 끝과 전 존재에 가득차 있고 정해진 주기에 따라 영원토록 전체를 관장하는 이성을 아는 영혼이다.(V, 32)

이 영원회귀에 대한 암시는 XI, 1, 3에서만 다시 찾아볼 수 있다.

마지막으로, 5권에서 중요한 자서전적 주제가 나타나는 것을 볼 수 있다. 그것은 마르쿠스 아우렐리우스가 의무적으로 살아야 하는 궁정과 그가 전념하고 싶은 철학의 대립이다(V, 16, 2). 이 대립이 그에게는 중대한 개인적 문제였다. 이 주제는 VI, 12, 2와 VIII, 9에 다시 나타난다.

6권의 첫 부분에 나타나는 사유는 '엮인 구성'의 좋은 예다. 1장은 어떤 변화에든 순응하는 세계의 질료와 "그것을 지도하는 이성"의 대립으로 실재의 구성을 설명한다. 그 이성에는 악이 설 자리가 없다. 이 문제와 상관없는 세 개의 짧은 사유 다음에 마르쿠스 아우렐리우스는 처음의 주제, 다시 말해 "지도하는 이성"이 질료에 미치는 작용으로 돌아간다(VI, 5). VI, 1과 VI, 5의 "지도하는/지배하는 이성$_{dioikōn\ logos}$"이라는 표현은 IV, 46, 3의 헤라클레이토스 인용을 제외하면 『명상록』의 다른 어느 곳에도 나오지 않는다. 이 6권의 첫 부분은 질료를 지배하는 이성의 선의라는 주제와 관련된 독서에서 영감을 얻은 것 같다.

개인적 특성 몇 가지도 6권에 나타난다. 마르쿠스 아우렐리우스는 여기서 안토니누스 피우스 황제에게서 받은 본인의 이름 안토니누스를 언급한다. 이로써 그는 자기 안에서 로마라는 국가의 황제 '안토니누스'와 세계라는 국가의 '인간'을 구분한다(VI, 44, 6). 황제와 인간의 구분은 VI, 30에서도 나타나는데 그는 자기 자신에게 "황제 티를 내지 말 것", 궁정 생활에 물들지 말 것을 권고한다. 그리고 양부 안토니누스 피우스를 본보기로 삼는다. "매사를 안토니누스의 제자답게 처리하라." 그는 양부에게서 경탄했던 몇 가지 품성, 자신의 삶과 통치에 도움이 될 법한 품성을 기술한다.

7권은 '엮인 구성'의 예를 6권보다 더 많이 보여준다. 마르쿠스 아우렐리우스는 어떤 주제를 특히 반복해서 다루기 좋아하는데, 그 주제는 다른 권에도 나오지만 유독 7권에서 처음부터 끝까지―전혀 다른 주제를 다룬 하나 혹은 그 이상의 사유를 중간에 넣어가며―규칙적으로 등장한다. 그래서 우리가 사물에 대해서 내리는 가치판단을 비판하거나 수정할 역량이 있다든가(VII, 2, 2; VII, 14; VII, 16; VII, 17, 2; VII, 68, 3) 사물이 보편적이고 빠른 변모에 종속되어 있다든가(VII, 10; VII, 18; VII, 19; VII,

23; VII, 25) 명성과 영광의 추구가 헛되다든가(VII, 6; VII, 10; VII, 21; VII, 62) 하는 이야기를 거듭하고, 또한 누군가가 우리에게 잘못을 저질렀을 때 지켜야 할 수칙과 기억해야 할 원칙(VII, 22; VII, 26), 마지막으로 다른 모든 자질보다 도덕적 삶(세 가지 규율을 지키는 삶)의 탁월성과 우위(VII, 52; VII, 66-67; VII, 72)를 언급한다.

31~51장은 마르쿠스 아우렐리우스가 구성했던 비망록의 흔적을 간직하고 있다는 점에서 대단히 흥미롭다. 데모크리토스(VII, 31, 4), 플라톤(VII, 35; VII, 44-46), 안티스테네스(VII, 36), 에우리피데스(VII, 38-42; VII, 50-51) 같은 다양한 인용은 아마 간접인용일 것이다. 일례로 안티스테네스의 "좋은 일을 하고도 욕을 먹는 것이 군왕답다"를 철인 황제는 아리아노스가 정리한 에픽테토스의 『담화록』 IV, 6, 20에서 읽었을 것이다. 게다가 이 문장은 황제로서 자기 경험을 요약한다 해도 과언이 아니니 더욱 그의 관심을 끌었을 법하다. 에우리피데스의 인용문은 격언집 등에 자주 등장했다. 마르쿠스 아우렐리우스는 다른 권(XI, 6)에서 비극, 고古희극, 신新희극을 차례로 언급하면서 극예술의 짧은 역사를 설명한다. 그리고 비극작가들이 도덕적으로 유익한 교훈을 준다고 말하면서 에우리피데스의 텍스트 세 개를 인용하는데, 전부 이 7권(38, 40, 41장)에 그대로 있다. 스토아주의자가 능히 자기네 교의를 알아본 그 텍스트들은 다음과 같다. "나와 내 아들들이 신에게 버림받았다면, 그럴 만한 이유가 있다." "일어나는 일에 대해 화를 내서는 안 된다." "삶은 익은 곡식처럼 거둬들여야 한다. 어떤 사람은 태어나고, 어떤 사람은 가야 한다."

'엮인 구성'은 8권에도 매우 풍부하게 사용되었다. 예는 특징적인 것으로 하나만 들겠다. 8권에서 우리가 이미 만났던 주제, 즉 본성에 고유한 가장 짧고 곧은 길이라는 주제가 다시 등장한다. 인간의 이성적 본성은 세 가지 규율을 실천하면 제 길을 따라 목표까지 똑바로 나아간다(VIII, 7). 하지만 이 주제가 여기서는 달리 찾아볼 수 없는 뉘앙스를 띤다. 실제로 마르쿠스 아우렐리우스는 8권에서 본성뿐만 아니라 정신도 곧게 나아간다고 말한다. 그리고 정신의 움직임을 하나의 전개부로만 설명하지 않고, 다른 주제를 다루는 사유를 중간에 끼고 따로따로 떨어진 장들로 세 번이나 되돌아온다. 일단 54장에서 주위를 둘러싼 대기만 호흡할 게 아니라 만물을 둘러싼 정신을 호흡하라고 권한다. 정신의 힘은 존재가 호흡하는 공기처럼 사방으로 퍼지기 때문이다. 그다음에 55장과 56장은 이 주제와 상관이 없다. 57장에서 정신의 움직임은 이제 공기가 아니라 햇빛에 비유된다. 마르쿠스 아우렐리우스는 여기서 다시 한번 햇빛이 사방으로 퍼지고 자신을 가로막은 장애물을 비추거나 어떤 면에서는 동화시키며 직선으로 확장된다고 말한다. 그다음에 58장과 59장에서는 또 딴 얘기를 하고 60장에서 같은 주제로 돌아온다. 이제 정신의 움직임은 화살의 움직임에 비유된다. 화살처럼 정신도 조심할 때나 면밀히 검토할 때나 목표를 향해 직선으로 이동한다. 54장은 우리가 참여하는 신성한 정신만 다루는 반면, 57장과 60장은 신적 지성을 닮은 인간 지성의 움직임을 기술한다. 마르쿠스 아우렐리우스가 어떤 글을 읽고 영향을 받았거나, 적어도 당시 특별한 관심을 갖지 않고서야 세 번이나 이렇게 특수한 주제로 돌아왔을 리 없다. 어쨌든 54, 57, 60장은 전체가 긴밀하게 연결되어 있다.

8권에서 보편적 변모라는 주제는 매우 특수한 형태를 띤다. 자연은 생명 활동에서 비롯한 폐기물을 사용해 새로운 존재를 창조하는 능력이 있는 것으로 나타난다(VIII, 50). 자연은 자기 바깥에 그러한 폐기물을 던져버릴 장소가 없기 때문에 안에서 변화시켜 새로운 다른 것의 소재로 삼는다(VIII, 18). 이성 혹은 지성의 본성은 자기 활동의 방해물을 수련의 소재로 삼는다. 자기에게 저항하는 것을 이용해 목표에 다다르는 것이다(VIII, 7, 2; VIII, 32; VIII, 35; VIII, 41; VIII, 47; VIII, 54; VIII, 57).

자서전적 암시도 눈여겨볼 만하다. 궁정 생활(VIII, 9), 원로원에서의 연설(VIII, 30) 등이 보인다. 황제의 지인으로, 고인이 된 그의 어머니(VIII, 25)와 양아우(VIII, 37)도 떠올린다. 자기 양심을 살피라는 5권에서의 권고가 임박한 죽음(VIII, 1; VIII, 8; VIII, 22, 2)과 관련해 여러 번 재등장한다(VIII, 1-2).

9권은 4, 6, 7, 8권처럼 주로 짧은 문장으로 이루어져 있지만 5행 정도의 전개, 길게는 30~40행에 달하는 전개도 포함한다는 점에서 다른 권과 자못 다르다. IX, 1에서 마르쿠스 아우렐리우스는 행동, 사유, 욕망의 세 규율에서 저지른 과오가 가장 우러러보아야 할 신성인 자연에 대한 불경죄이자 불의라는 것을 엄격하게 따지고 보여준다. IX, 3에서는 죽음에 대한 사유가 전개된다. 육신의 소멸은 필경 일어나고 말 일일 뿐 아니라, 10권에서 말했듯이 일종의 해방이다. 마르쿠스 아우렐리우스가 공동생활의 불화가 일으키는 피로감을 은연중에 비치고(IX, 3, 8) 죽음이 빨리 오길 기도하는 모습은 자서전적 요소로 볼 수도 있다. IX, 9에서는 존재의 위계에서 높이 위치할수록 상호 인력이 강해진다는 추론이 성립된다. IX, 40은 기도의 문제를 고찰한다. 마지막으로 IX, 42에는 분노의 유혹을 다스리기 위해 생각해야 할 사항을 한데 모아놓았다.

자서전적 요소를 몇 가지 더 볼 수 있을지도 모른다. 어린 시절에 대한 짧은 언급(IX, 21), 제국을 쓸고 간 역병에 대한 언급으로 볼 만한 구절(IX, 2, 4), 무엇보다 통치 방법에 대한 진중한 고찰(IX, 29)이 그렇다.

9권에는 특유의 어휘가 있다. 예를 들어 마르쿠스 아우렐리우스는 오직 여기에서만 운명과 보편 자연의 인과성을 ektos aitia('외부 원인')라는 표현으로 지칭한다(IX, 6; IX, 31).

　타인과의 관계라는 또다른 맥락에서 9권은 유일하게 신의 모델을 환기한다는 점이 주목할 만하다. 인간의 과오에도 불구하고 신은 호의를 버리지 않고, 스토아주의자가 보기에 도덕적 가치가 없으므로 아무 차이가 없는 것 ─ 예를 들어 건강이나 영예 ─ 의 영역에서까지 인간을 돕는다(IX, 11; IX, 27). 그러므로 황제 역시 철학에 부합하지 않는 인간의 욕망에도 마음을 써야 한다.

　9권은 타인의 행동 방식이나 행동의 동기를 이해하고 그들을 용서하기 위해 "타인의 영혼의 지배원리를 통찰해야" 한다고 거듭 말한다(IX, 18; IX, 22; IX, 27; IX, 34).

　10권에서는 5~30행을 할애한 전개가 눈에 띄게 늘어난 반면, '엮인 구성'의 예는 줄어든다. 그래도 다른 사람들의 현실적 시각이라는 주제는 회귀한다(X, 13; X, 19). 그들의 진정한 가치를 판단하기 위해서 그들을 관찰하며 그들이 먹을 때, 잠잘 때, 교접할 때, 배설할 때를 상상해야 한다.

　임종을 지키면서 수군대는 자들을 언급할 때(X, 36) 우리는 황제가 자기 속내를 털어놓는 듯한 인상을 받는다. 그들은 말한다. "이 스승님이 가셨으니 이제 드디어 우리는 안도의 한숨을 쉴 수 있겠구나."

　10권은 thēorētikon이라는 단어가 유일하게 등장하는 권이다. X, 9, 2에서 행동의 이론적 근거가 중요하다고 주장할 때, 그리고 X, 11, 1에서 만물의 보편적 변모를 알아보는 정신 수련의 이론적 방법을 습득하라고 자기 자신에게 권고할 때 이 단어가 나온다. 수련은 완전히 자기 것으로 만든 탄탄한 도그마에 바탕을 두어야 한다는 뜻이다. 그리고 10권은 모든 사건을 도덕적 삶의 양식으로 삼는 이성과 정신을 어떤 음식이든 거뜬히 소화하는 튼튼한 위장에 비유한 유일한 권이기도 하다(X, 31, 6; X, 35.

3).

11권은 두 부분으로 나누어 앞의 스물한 장과 뒤의 열여덟 장을 따로 볼 수 있다. 뒷부분은 7권에서 보았던 것과 같은 유의 인용문, 독서 메모 모음이다. 왜 이런 부분이 이 위치에 들어왔을까? 그건 알 수 없다. 인용된 텍스트 중에서 적어도 여덟 개는 아리아노스가 정리한 에픽테토스의 『담화록』이 출처다. 나머지는 호메로스, 헤시오도스, 그리고 비극 시인들의 조각난 문장, 옛날에 읽었던 글에 대한 기억이다.

11권 앞부분에는 장문의 전개(14)가 단문(7)보다 많다. '엮인 구성'은 거의 보이지 않고 반복되는 주제도 거의 없다. 단, 사건과 사물에 대한 판단을 유예하거나 비판할 자유라는 주제는 예외다. 이 주제는 거의 동일한 형태로 XI, 11과 XI, 16, 2에 나온다.

> 사물은 우리에게 다가오지 않고 외부에 가만히 머문다.

장문의 전개 중에는 나머지 권에서 비교 대상을 찾기 어려운 것이 여럿 있다. 가령 이성적 영혼의 속성에 대한 자세한 기술(XI, 1), 대상과 사건의 구분 방법(XI, 2), 또 앞에서 언급한 바 있는 비극과 희극의 역사(XI, 6), 영혼의 빛나는 구(球)에 대한 묘사(XI, 12), 사람의 악취처럼 당장 알아채지 않을 수 없는 진정한 솔직함(XI, 15), 분노를 극복하는 데 도움이 되는 도그마의 나열(XI, 18)이 그렇다. 11권은 내용으로 보나 형식으로 보나 나머지 권과 상당히 다르다.

12권 역시 특징적인 표현이 있다. 이를테면 "거죽을 벗다$_{\text{gumna tōn phloiōn}}$"라는 표현이 두 번 나온다. 신은 영혼의 지배원리를 볼 때 "거죽을 벗은 상태로 본다"(XII, 2)와 사물의 원인을 볼 때 "거죽을 벗기고 보라"

(XII, 8), 즉 영혼의 지배원리를 보라는 대목이 그렇다. 모든 껍데기와 분리된 영혼의 중심이라는 주제는 12권의 중요한 주제 중 하나이기도 하다. 첫 장부터 영혼의 지배원리 hēgemonikon만을 알아볼 것을 촉구하고, 2장에서는 신이 오직 그것만을 바라본다고 말하며, 3장에서는 지성, 사유 능력, 영혼의 지배원리만을 다른 이질적인 것과 분리하라는 식으로 논지를 전개한다. 8장에서 거죽을 벗기고 사물에서 원인으로서 가치를 지닌 것, 즉 영혼의 지배원리를 보라는 말이 다시 나온다. 19장에 이르러 우리 안의 귀하고 신적인 것을 의식하라고 하며, 마지막으로 33장에 가면 영혼의 지도하는 부분의 효용에 대한 황제의 자문자답이 나온다. "모든 것이 거기에 달려 있다."

우리는 방금 원인으로서 가치를 지닌 요소 aitiōdēs라는 개념을 보았다. 마르쿠스 아우렐리우스는 이 개념을 물질적 요소 hulikon 개념과 대립시켜 생각했다. 이것은 스토아주의 자연학에서 아주 근본적인 대립이다. 하지만 12권에서 반복해 볼 수 있듯이, 아우렐리우스는 특히 이 대립을 영혼의 지도하는 부분인 정신이 스스로 원인임을, 결정하고 지도하는 요소임을 자각하고 자기 자신을 물질적 요소와 구분하는 수련을 표현하기 위해 사용했다. 여기서 물질적 요소란 비단 신체뿐만 아니라 우리에게 달려 있지 않은 모든 것이다(XII, 3 참조). 이 때문에 '원인이 되는 것'과 '물질적인 것'의 대립은 12권에 시종일관 반복해서 등장한다(XII, 8; XII, 10; XII, 18; XII, 29).

이 간략한 분석은 다소 지루하긴 해도 독자에게 거의 모든 권에 특징적인 어휘가 있고 거듭 등장하는 주제가 있으므로 각 권이 비교적 자율적인 통일성을 띠고 있음을 알려준다. 앞에서 말했듯이 『명상록』은 전체를 통틀어 반복이 많지만, 그럼에도 각 권에 고유한 특성을 충분히 관찰할 수 있다.

12권의 마지막 세 장, 나아가 『명상록』 전체의 마지막 세 장은 죽음을 다룬다. 특히 대화 형식으로 자주 제시되는 마지막 장은 특별한 감흥을 불러일으킨다.

> 오 인간이여, 너는 이 거대한 국가의 시민 역할을 연기했다! 오 년을 연기했든 백 년을 연기했든, 그게 너와 무슨 상관이냐? 법에 맞게 분배받은 것은 모두에게 공평하다. 그렇다면 폭군이나 불의한 판관이 아니라 너를 그 국가에 보낸 자연이 다시 그 국가에서 내보내기로서니 뭐가 가혹한 일이란 말인가? 관리가 배우를 고용했다가 그만 내보내는 것과 마찬가지거늘.
> "하지만 나는 다섯 막이 아니라 세 막만 연기했습니다!"
> 네 말이 옳다. 그러나 인생에서 3막으로 극이 완결됐다. 연극을 완결짓는 것은 전에는 너의 구성에, 지금은 너의 소멸에 원인이 되었던 자의 몫이기 때문이다. 너는 어느 쪽의 원인도 아니다. 그러니 평온히 떠나거라. 너를 소멸하는 자도 평온하기 때문이다.(XII, 36)

'평온'이 의도적으로 『명상록』의 마지막 단어 자리를 차지했다는 의견이 있다.[53] 그럴지도 모른다. 하지만 누가 이 단어를 이 자리에 배치했을까? 죽음이 임박했음을 내다본 마르쿠스 아우렐리우스? 아니면 그의 명상을 편집한 사람이 이 단어를 일부러 여기로 옮겨놓았을까? 더욱이 이 마지막 문장은 2권의 첫 부분과 호응을 이룬다. "네가 불평하면서 죽지 않고 정말로 평온하게 마음 깊이 신에게 감사하는 마음으로 죽으려면." (II, 3, 3)

그날그날 썼을 법한 2~12권 사이에서 어떤 가설적 순서를, 어쩌면 의도적으로 호응시킨 듯한 몇몇 대목을 볼 수 있을지도 모르겠다. 죽음에 대한 사유가 중요한 역할을 한 저작이라면, 의도적 구성이 아니어도 첫 부분에서든 마지막 부분에서든 죽음 이야기가 나오는 것은 놀랍지 않다. 하지만 어째서 3, 8, 10, 12권의 앞부분에 저자 혹은 편집자가 의도적으로 도입부를 마련하기라도 한 것처럼 임박한 죽음이 불러일으키는 의식의 감찰이라는 주제가 엄선된 자리에 놓이는지 의문을 품을 수도 있다. 마르쿠스 아우렐리우스는 여기서 전격적 전향을 권고한다. 그는 죽음이 오기도 전에 지적 능력이 쇠하여 도덕적 삶을 살지 못하게 될까봐 두려워한다. 철학자가 되려면 아직 멀었고, 결국 가장 두려운 것은 생의 마감이 아니라 참된 삶을 시작하지 못한 것이다(XII, 1, 5). 여기서 10권 첫 부분의 우수 어린 물음이 나온다.

> 내 영혼이여! 너는 이제 드디어 허울을 벗어 선하고 단순하고 하나인 자신을 너를 둘러싸고 있는 육신보다 더 또렷이 드러내려 하는가? 충만하고 자족하여 어떤 쾌락을 충족하기 위해 무엇을 바라는 일 없이…… 현재 너에게 일어나는 일에 드디어 기쁨을 느끼려 하는가?

일반적으로 각 권 첫머리에 단문이 오는 경우는 없다. 2~12권은 전부 비교적 긴 전개(5~35행)로 시작된다. 2권과 5권은 아침에 수행해야 하는 수련으로 시작한다. "날이 새면……" "아침에 일어나기 싫으면……" 이성적 영혼(XI, 1)과 자연에 대한 불경죄(IX, 1)를 다룬 비교적 긴 논설은 주제의 중요성 때문에 맨 앞에 위치한 것으로 보인다.

『명상록』에서 볼 수 있는 잦은 반복은 이 저작이 그날그날 쓰였음을 짐작하게 한다. 그렇지만 지금까지 나열한 희미한 단서들은 마르쿠스 아우렐리우스에게 특정한 글쓰기 습관이 있었음을, 이를테면 새로운 권을 시작할 때는 권고 유형의 글을 쓴다든가 하는 패턴이 있었음을 보여준다. 어쨌든 좀더 심화된 연구를 촉구한다는 점에서 이러한 디테일을 짚고 넘어갈 가치는 있다고 생각한다.

6. 고인을 추억하다

『명상록』에는 시종일관 죽음에 대한 생각이 감돈다. 죽음은 이 저작에서 마르쿠스 아우렐리우스가 철학적 삶에 도달하는 것을 방해하는 요소로, 혹은 그다지 특별한 것 없는 자연현상으로, 혹은 도덕적 선과 덕이라는 유일한 가치를 모르는 인간 세상에서 벗어나게 해줄 해방으로서 수시로 환기된다.

『명상록』은 또한 처음부터 끝까지 죽음에 대비하는 수련이기도 하다. 이 수련에는 과거의 유명인에 대한 환기도 포함된다. 그들은 권력, 지식, 명성을 가졌으나 여느 사람과 다를 바 없이 모두 죽었다. 마르쿠스 아우렐리우스는 프랑수아 비용의 「그 옛날 영주들의 발라드」와 같은 글을 썼을 것이다. "용맹스러운 샤를마뉴는 어디로 갔나?"라고 하지만 않았지, 알렉산드로스와 그의 노새지기, 아르키메데스, 아우구스투스, 카이사르. 크리시포스, 크로이소스, 데모크리토스, 에픽테토스, 에우독소스, 헤라클레이토스, 히파르코스, 히포크라테스, 메니포스, 필리포스, 폼페이우스, 피타고라스, 소크라테스, 티베리우스, 트라야누스와 그 외에 이제 전설에 지나지 않는 모든 이름(VIII, 25, 3)을 거론하고, 그만큼 많이 회자되지는 않는 카이소, 볼레수스, 덴타투스, 스키피오, 카토도 거론한다(IV, 33, 1). 그는 또한 고귀한 태생은 아니지만 명성을 얻었던 풍자희극작가 필리스티온, 포이보스, 오리가니온도 떠올린다(VI, 47, 1). 그 밖에도 익명의 집단, 곧 지난날의 의사, 점성술사, 철학자, 황족, 폭군을, 폼페이 시민을(IV, 48, 1; VIII, 31, 2), 헤르쿨라네움 주민을, 베스파시아누스나 트라야누스 치세에 살았던 자들을 떠올린다. 그들은 모두 저세상 사람이 되었다.

그는 자기가 사는 동안 알았던 자들도 떠올린다. 공동 황제로 세웠던 양아우 루키우스 베루스는 비교적 젊은 나이에 죽었다. 그는 아우렐리우스의 딸 루킬라와 결혼했다. 하지만 결혼 전 안티오크에서 지낼 때 스미르나 출신 여자 판테이아를 애인으로 두었다. 루키아노스는 163~164년경에 『상&』과 『상&을 옹호하며』에 이 인물을 등장시켰다. 그녀는 정말 그렇게 예쁘고, 교양 있고, 착하고, 소박하고, 정 많고, 너그러웠을까? 루키아노스는 무엇을 말하고 싶었을까? 여기에 답하기는 어렵다. 그렇지만 루키아노스는 판테이아를 조롱하는 기색 없이 그녀가 키타라를 연주하면서 이오니아 그리스어로 노래를 부르는 장면을 넣었고, 여기서 그녀는 다가오는 이들을 겸손하고 소박한 태도로 대하고 루키아노스의 찬사에 웃을 줄 아는 모습으로 나온다. 루키우스 베루스가 루킬라와 결혼한 후 판테이아는 어떻게 됐을까? 여전히 루키우스의 주위에 남았을까? 『히스토리아 아우구스타』에 기록된 뒷말에 따르면, 루키우스는 자신의 향락에 봉사하던 해방노예 한 무리를 안티오크에서 로마로 데려오는 것도 전혀 거리끼지 않았다고 하니 말이다.[54]

어쨌든 『명상록』에서 만나는 이 판테이아라는 인물은 감흥을 불러일으킬 만하다. 그리고 그녀는 루키우스 베루스가 죽을 때까지 주위에 머물렀고, 그가 죽고 나서 몇 년 후에 죽었으리라는 짐작이 가능하다.

판테이아와 페르가모스〔아마도 루키우스 베루스가 총애했던 해방노예?〕는 지금도 자기 주인의 무덤가에 앉아 있을까?

카브리아스나 디오티모스는 하드리아누스의 무덤가에 앉아 있을까?

가소로운 생각이다!〔그들 역시 죽었을 것이므로.〕

지금까지 그곳에 앉아 있다면, 고인이 그걸 알기나 할까? 고인이 안다면, 기뻐하기나 할까? 고인이 기뻐한다면, 조문객이 불사의 존재가 되는가? 조문객도 노파나 노인이 되었다가 결국은 죽을 운명 아닌가? 고인은 그의 유해 옆에 앉아 있던 조문객마저 죽는다면 결국 무엇이 되겠는가?(VIII, 37)

같은 8권에서 비슷한 상황이 또 나온다. 산 자들은 고인을 위해 울지만 머지않아 누군가가 그들을 위해 울 것이다(VIII, 25). 마르쿠스 아우렐리우스의 어머니 루킬라는 남편 안니우스 베루스와 사별했으나 그녀도 결국 죽어서 묻혔다. 세쿤다는 남편 막시무스를 묻었으나 그녀 역시 죽어서 묻혔다. 여기서 막시무스는 아우렐리우스의 벗이자 스승이었다. 철인 황제의 양부 안토니누스는 파우스티나를 묻었으나 결국 그 역시 저세상 사람이 되었다. 마르쿠스 아우렐리우스는 자신의 수사학 스승이었던 카니니우스 켈레로도 떠올린다.[55] 켈레르는 하드리아누스 황제의 비서관이기도 했다. 황제 추도사도 아마 그가 발표했을 것이다. 그 역시 아우렐리우스가 이 글을 쓸 당시에는 저세상 사람이었다. 우리는 또한 이 맥락에서 디오티모스라는 이름을 발견한다. 앞의 인용(VIII, 37)에서 아우렐리우스는 이 인물을 하드리아누스 황제의 무덤가에 앉아 있는 모습으로 상상하는데, 아마도 하드리아누스의 해방노예였을 것이다.

다른 곳에서도 마르쿠스 아우렐리우스는 자기가 알았던 다양한 인물을 소환하지만 우리로서는 그들이 누구인지 알기 어렵다.

하지만 그에게 각별했던 사람들, 즉 부모와 스승, 양부 안토니누스 피우스와 양아우 루키우스 베루스, 황후 파우스티나에 대한 회고는 특히 1권에서 두드러진다. 여기서 그리움은 느껴지지 않고, 자신이 좋아했던 이들의 덕성만 언급한다. 그렇지만 황제가 그들과 차례차례 사별하고 완전히 혼자가 되었으니만큼 그 그리움이 오죽할까 싶다.

7. 마르쿠스 아우렐리우스의 '고백록'

1권은 어떤 면에서 마르쿠스 아우렐리우스의 '고백록'이라고 할 수 있다. 장자크 루소처럼 다소 추잡하고 부끄러운 일을 털어놓는다는 의미가 아니라, 성 아우구스티누스의 『고백록』처럼 신과 인간에게 받은 바에 감사하는 행위라는 의미로 말이다.[56] 1권은 "이 모든 것에 신의 도움과 행운이 필요하다"라는 말로 끝난다. 이는 특히 17장에 열거된 모든 특별한 은총을 두고 하는 말이지만 책 전체에 해당하기도 한다. 마르쿠스 아우렐리우스는 "신의 도움과 행운" 덕분에 자신의 부모, 스승, 벗을 만날 수 있었다고 생각하기 때문이다.

1권은 자못 특수한 구조를 취한다. 길이가 들쭉날쭉한 열여섯 장에서 황제는 운명이 보내준 열여섯 명을 떠올리는데, 그들 한 사람 한 사람은 그에게—전반적 품행으로나 특정 상황에서—어떤 덕의 본보기가 되었거나 그에게 깊은 영향을 미친 조언을 남겼다. 그리고 17장에서는 신이 어떤 사람이나 사건을 만나게 함으로써 그의 생애에 베푼 은혜를 나열한다. 앞의 열여섯 장과 마지막 17장은 곧잘 이렇게 서로 호응한다.

앞부분은 일종의 인생 이야기이자 정신적 여정이다. 처음에는 그의 보호자, 즉 조부 안니우스 베루스, 일찍 세상을 떠난 부친, 어머니, 외증조부 카틸리우스 세베루스, 개인 교사, 그리고 디오그네투스라는 인물이 언급된다.

그다음에 그는 유니우스 루스티쿠스와 아폴로니오스와 섹스투스를 만나면서 철학을 발견했다. 이 발견이 너무 중요하기 때문에 아우렐리우스는 시간적 순서를 무시하고 그전에 만났던 스승들(문법을 가르친 코티아이움의 알렉산드로스, 수사학을 가르친 프론토)보다 철학 스승을 먼저 언급한다. 그후에 언급되는 벗이나 측근도 그에게 철학 스승이나 본보기가 되어주었던 이들이다. 플라톤주의자 알렉산드로스는 황제의 그리스어 서신 담당 비서관이었고, 킨나 카툴루스는 스토아주의자였으며, 클라우디우스 세베루스는 로마공화정의 영웅들에 대한 이야기로 그에게 가르침을 주었고, 클라우디우스 막시무스는 공직자이자 스토아주의자였다. 16장에서는 안토니누스 피우스의 초상을 그린다. 마르쿠스 아우렐리우스는 열일곱 살 때부터 마흔에 황위에 오르기까지 이십삼 년을 함께 살면서 양아버지를 깊이 관찰하고 그에게서 상당한 영향을 받았다.

17장에서는 신에게 받은 은총을 열거하면서 몇몇 인물을 다시 언급한다. 안토니누스 피우스, 친족, 어머니, 그리고 벗이자 철학자였던 세 사람 아폴로니오스, 루스티쿠스, 막시무스. 또한 그는 조부의 애첩, 두 '유혹자'(베네딕타와 테오도투스), 양아우 루키우스 베루스, 자신의 아내 파우스티나 황후도 떠올린다.

마르쿠스 아우렐리우스의 생애에서 그 밖의 인물들도 중요한 역할을 했다. 이를테면 아테네에서 권세가 대단했던 "고대의 갑부"[57) 헤로데스 아티쿠스는 수사학자로도 이름을 날리고 마르쿠스 아우렐리우스에게 수사학을 가르치기도 했지만 이 책에서 이름이 언급되지 않는다. 이 침묵에는 두 가지 이유가 있을 수 있다. 우선 이 인물은 석연치 않은 데가 있었다. 마르쿠스 아우렐리우스는 그를 좋아했고, 그가 연루된 두 번의 송사를 잘 처리해주었다. 특히 174년에 아테네인의 고발로 헤로데스가 황제의 사령부가 소재한 시르미움으로 출두해야 했을 때 그러했다.[58] 그렇지만 철인 황제는 헤로데스를 진정한 철학적 삶의 귀감으로 인정할 수 없었다! 이 침묵에는 다른 이유도 있었을 법하다. 1권에서 황제는 고인만을 추억한다. 그런데 헤로데스는 179년에 죽었다. 우리는 1권이 176년부터 179년 사이에, 특히 177년이나 178년에 로마에서 집필되었을 것으로 추정한다.

마르쿠스 아우렐리우스가 1권을 쓴 방식을 이해하려면 라틴어 수사학 스승 프론토를 어떤 식으로 회상하는지 살펴보기만 해도 충분하다. 사실 프론토와 마르쿠스 아우렐리우스가 주고받은 편지는 시도 때도 없이 서로 생각과 조언과 도움을 주고받는 긴밀한 관계를 보여준다. 그러니 『명상록』 1권에서도 존경하는 스승에 대한 이야기가 장문으로 나올 법하다. 하지만 황제는 루스티쿠스에게 진 빚을 장황하게 쓰면서 이 스승에게는 달랑 세 줄만 할애했다. 그는 프론토와 그토록 가까이 지내고 오랫동안 공부하면서 무엇을 알게 되었을까? 수사학과는 아무 관계도 없는 다음의 두 가지다.

> 악의와 변덕과 위선이 폭군의 특징이라는 것, 우리 사이에서 '귀족'이라 불리는 자들은 대체로 인정머리가 없다는 것을 알게 되었다.(I, 11)

세습 귀족에 대한 지적은 실제로 프론토와 주고받은 서신에서도 확인된다. 그래서 우리는 마르쿠스 아우렐리우스가 짧게 적어놓은 글 하나하나의 이면에서 어떤 특정한 사실을 엿볼 수 있다. 가령 프론토는 공동 황제 루키우스 베루스에게 자기 제자 가비우스 클라루스를 천거하면서 그의 양심, 겸손, 신중함, 관대함, 소박함, 절도, 진실성, 로마인다운 강직함을 칭찬하는 글을 쓴 바 있다.

> 그의 다정함philostorgia이 로마인다운 것인지는 모르겠습니다. 로마에 사는 동안 정말로 정이 많은 사내만큼 만나기 어려운 사람도 없었으니 말입니다. 로마에는 정이 많은 사람이 아무도 없기 때문에 그러한 덕을 가리키는 라틴어 단어도 없는 것이라고 해도 나는 기꺼이 믿을 겁니다.[59]

집정관 롤리아누스 아비투스에게 루키니우스 몬타누스를 천거할 때도 프론토는 "그는 검소하고, 정직하고, 정이 많습니다philostorgus"라고 비슷한 칭찬을 늘어놓으며 라틴어에 그에 해당하는 단어가 없음을 부연한다.[60] 마르쿠스 아우렐리우스도 이 스승에게 라틴어로 편지를 쓰면서 philostorge anthrōpe라는 말은 그리스어로 썼는데, 이 그리스어에 해당하는 라틴어가 없어서였을 것이다.[61] 우리는 이 지적에서 homo novus, 다시 말해 시골 출신으로 가문에서 처음 로마의 지배층에 합류한 프론토가 로마의 오랜 귀족 가문 출신들에게 앙심을 품지 않았을까 의문을 품어본다. 어쨌든 마르쿠스 아우렐리우스가 프론토의 지적에 깊은 인상을 받고 자신도 로마의 지배계급을 인정머리 없는 족속으로 여기게 되었을 수 있다. 『명상록』에서 그는 여러 차례 상냥함을 권고하고(VI, 30, 2; II, 5, 1;

XI, 18, 18) 1권에서 자기 스승 섹스투스의 philostorgia를 주지시킨다.

프론토가 쓴 글 중에서 자신의 향락을 위해 권력을 사용하는 폭군, 즉 군주정의 타락을 딱히 암시하는 대목은 없다. 이 주제로 스승과 대화를 나누었거나 이 주제를 다룬 라틴어 텍스트를 함께 공부하지 않았을까. 황제는 권력의 이기적 사용이 악의, 변덕, 위선으로 이어진다고 배웠다. R. B. 러더퍼드가 정확히 지적했듯이[62] 아우렐리우스는 자기가 실제로 황제이기 때문에 쉽사리 폭군이 될 수도 있다는 생각에, 자신이 '잠재적 폭군'이라는 생각에 마음이 많이 쓰였을 것이다. 『명상록』에서 그는 여러 차례 자신에게 폭군의 영혼이 있지 않은지 묻는다. 특히 IV, 28은 폭군의 성격을 묘사한 것으로 볼 수 있다.

> 음험하고, 남자답지 못하고, 완고하고, 야수 같고, 가축 같고, 어린애 같고, 나태하고, 거짓되고, 야비하고, 장사꾼 같고, 폭군 같은 성격.

다른 곳에서 팔라리스나 네로 같은 폭군은 들짐승이나 양성구유자처럼 충동의 줄에 조종당하는 사람이라고 말한다(III, 16).

요컨대 마르쿠스 아우렐리우스는 프론토와의 오랜 교유에서 도덕적 가르침은 두 가지만 취하길 원했거나 그럴 수밖에 없었던 것이다. 그 밖에 달리 언급할 만한 성격적 특징이나 덕성을 발견하지 못했던 모양이다.

그러므로 1권은 황제가 자신이 알았던 이들을 있는 그대로 추억하는 글이 아니라, 자기 인생에 어떤 역할을 했던 이들에게 정확히 무엇을 얻었는지 결산하는 글이라고 봐야 한다. 이 1권 자체가 일종의 유산 목록 혹은 채무 인정서 같은 형태를 취하고 있다.[63] 각 장 처음에 일종의 라벨이 붙어 있다. "나의 할아버지 베루스에게서는……" "나의 어머니로부터……" "섹스투스에게서는……" "프론토에게서……" 그다음에는 그들의 존경스러운 특징, 그들에게 받은 가르침, 본보기가 된 행동 등이 나열된다. 문법적으로 이 내용은 명사화된 중성 형용사 혹은 동사원형절로 표현된다. 인칭 변화한 동사는 거의 없다. 마르쿠스 아우렐리우스는 '나는 할아버지에게서 ~를 존경했다, ~를 얻었다, ~를 배웠다'라고 하지 않고 '나의 할아버지 베루스에게서는 좋은 성격과 화내지 않는 태도'라고만 쓴다.

그러므로 이 결산표는 마르쿠스 아우렐리우스가 볼 수 있었던 덕의 실천, 그가 들은 조언, 그에게 인상적이었던 행적과 중요한 본보기, 마지막으로 그가 입었던 은혜에 대한 것이다.

여기서 언급한 이들 중 일부는 그들이 황제에게 주었던 조언에 완전히 가려져 인물로서의 존재감이 없다. 그는 개인 교사, 디오그네투스, 루스티쿠스, 프론토의 특정한 덕을 언급하지 않는다. 그들이 도덕적으로 훌륭하지 않아서가 아니라 황제가 그런 쪽으로 영향을 받지 않았기 때문이다. 마르쿠스 아우렐리우스를 '만든' 것은, 이를테면 루스티쿠스가 그의 성격을 두고 했던 조언과 에픽테토스의 『담화록』을 전해주었다는 사실이다.

한편 다른 인물들에 대해서는 그들의 덕만 콕 짚어 언급한다. 가령,

> 나의 어머니로부터 경건, 너그러운 기질, 나쁜 짓뿐만 아니라 나쁜 생각도 삼가는 마음을 받았다. 나아가 부자의 생활 방식을 멀리하는 검소한 생활 태도도.(I, 3)

클라우디우스 막시무스에 대해서도 마찬가지다. 그의 온전한 사람됨은 철인 황제에게 귀감이 되었다. 자제력, 상황에 굴하지 않는 평정심, 상냥

함과 위엄, 일을 숙고해 실행하는 능력, 말과 행동과 양심의 일치, 어떤 일에도 놀라지 않고 어떤 것도 두려워하지 않으며 언제나 한결같은 태도, 선행, 너그러움, 진실됨, 행동의 자발성, 풍부한 유머까지도.

그다음에는 세베루스처럼 황제에게 가르침을 주는 동시에 덕성으로 영향을 주었던 이들이 있다. 세베루스는 선을 행하고 자유로우면서도 솔직하게 말하는 사람이었던 동시에, 마르쿠스 아우렐리우스에게 폭정에 저항하는 철학의 전통을 가르쳐주었다.

이러한 덕과 가르침의 목록을 통해 마르쿠스 아우렐리우스의 삶 자체의 윤곽이 드러난다. 그는 외증조부 덕분에 집에서 좋은 교육을 받았고, 개인 교사 덕분에 전차 경주에서나 검투 시합에서나—녹색 편이니 청색 편이니—편을 들며 흥분하지 않는 법을 배웠다. 디오그네투스는 그가 쓸데없는 일, 미신, 메추라기 싸움에서 손을 떼게 하고 스파르타식 삶에 취미를 붙이게 해주었다. 루스티쿠스는 그의 성격을 고칠 필요를 깨닫게 해주었다. 또한 철학을 가르쳐 순전한 이론이나 설교의 집필에 빠지지 않되 가식적인 고행도 집어치우게 했다. 루스티쿠스로 인해 철인 황제는 수사학과 시학을 버렸고, 루스티쿠스가 황제의 어머니에게 쓴 편지는 단순한 문체의 모범이 되었다. 이 스승은 황제에게 철학책, 특히 에픽테토스의 강의를 정리한 필사본을 읽게 해주었다. 아우렐리우스는 아폴로니오스와 섹스투스 같은 철학 스승에게서는 특정한 가르침보다 삶의 모범을 더 많이 발견했다.

문법 스승 알렉산드로스에게서는 기분 나쁘지 않게 잘못을 일깨워주는 기술, 간접적으로 과오를 깨닫게 하는 기술을 배웠다. 일명 '플라톤주의자' 알렉산드로스는 그리스어 서신 담당 비서였는데, 그에게서 황제는 편지에 답장할 시간이 없다는 핑계로 타인에 대한 의무를 소홀히 해서는 안

된다는 것을 배웠다. 벗으로는 카툴루스, 세베루스, 막시무스가 특히 본받을 만한 덕이 있었는데, 특히 세베루스에게는 온전한 정치적 태도까지 배울 수 있었다. 그 태도란, 재차 말하겠지만, 백성의 자유를 존중하는 군주정을 가리킨다.

마지막으로, 안토니누스와의 만남이 있었다. 선대 황제는 자신의 품행으로써 장차의 황제에게 이상적 군주의 특징이 무엇인지 알려주었다.

신이 베푼 은혜를 기리는 17장에서 마르쿠스 아우렐리우스는 다시 한 번 자기 삶의 여정을 되돌아본다.

어릴 적 그는 부친이 죽고 나서 한동안 할아버지 안니우스 베루스의 집에서 살았다. 그 시기에 그에게는 유혹이 많았던 모양이다. 그래서 그는 신에게 이렇게 감사한다.

> 내가 할아버지의 애첩 곁에서 더 오래 양육되지 않고 청춘의 꽃을 고이 간직하며 때 이르게 사내 노릇을 하지 않고 되레 그 시기를 늦춘 것은 신 덕분이다.(I, 17, 3)

그후 청년이 되어 안토니누스 피우스 황제의 양아들로 들어갔다. 그가 열일곱 살 때의 일이다(138년). 그때도 마르쿠스 아우렐리우스에게는 소박함의 발견이 중요했다.

> 궁정에 살면서도 호위대나 화려한 의복이나 횃불 드는 자나 입상立像 같은 허식 없이 지낼 수 있고, 거의 사사로운 사람 수준으로 자신을 제한해도 그 때문에 국가의 수장으로서 직무에 위엄과 권능이 줄어들지 않는다는 점을 깨우쳐주셨다.(I, 17, 5)

양자가 되면서 그에게는 양아우도 생겼다. 그는 신에게 루키우스 베루스를 만나게 해준 것에 감사한다.

> 또한 내게 자신의 성품으로 나 자신을 감시하도록 일깨워주면서도 존경심과 애정으로 나를 즐겁게 해주는 아우가 있었다.(I, 17, 6)

그후 얼마 지나지 않아 파우스티나와 혼인(145년)을 했다. 마르쿠스 아우렐리우스는 황후를 뒤에서 언급한다. 일단은 자식들이 "멍청하지 않고 불구가 아니었던" 점에 감사한다.

이 시기는 프론토와 헤로데스 아티쿠스에게 수사학을 배우던 때이기도 하다. 철인 황제는 여기서 그 스승들의 이름을 거론하지 않는다. 만약 그가 수사학에 더 큰 재능을 보였다면 철학의 길에서 멀어졌을 것이다. 그러나 여기에도 신의 보살핌이 있었다.

> 내가 수사학과 시학과 다른 학문에서 더이상 진척을 보이지 못한 것도 신의 은총이다. 거기서 큰 재능을 보였더라면 거기에 매달렸을 것이기 때문이다.(I, 17, 8)

어쨌든 그가 최선을 다해 스승들에게 보상을 할 수 있었던 것도 신의 은총이다.

> 내가 서둘러 나의 스승들을 그들이 원하는 듯 보이는 자리에 앉히고, 그들이 아직 젊으니 나중에 그렇게 할 것이라는 희망으로 그들을 기다리게 하지 않은 것도 신 덕분이다.(I, 17, 9)

그다음에는 가장 중요한 것, 즉 철학과 실천이 나온다.

> 아폴로니오스와 루스티쿠스와 막시무스를 알게 된 것도 신 덕분이다. '자연에 맞는 삶'이라는 것이 무엇을 의미하는지 자주 머릿속으로 분명히 그려보았던 것도 그렇다. 그리하여 신의 축복과 영감에 관한 한 내가 당장 자연에 맞는 삶을 사는 것을 방해하는 것은 아무것도 없었으며, 내가 아직은 그런 이상에 미치지 못했어도 그것은 내가 신의 암시에, 아니 가르침에 주의를 기울이지 않은 탓이다.(I, 17, 10)

신의 은총은 그가 철학을 실천할 뿐 아니라 황제로서의 삶에 따르는 육욕과 분노의 유혹, 그리고 피로를 이겨낼 수 있도록 도와주었다.

> 이런 생활을 하는데도 내 몸이 그토록 오래 견뎌준 것은……(I, 17, 12)

이 짧은 구절에서 도나우 전장에서의 고생이 짐작된다.

> 베네딕타와 테오도투스를 건드리지 않았지만 나중에 연정에 빠졌다가 회복할 수 있었던 것도……(I, 17, 12)

마르쿠스 아우렐리우스는 우리가 상상하는 것처럼 냉정하고 초연하기만 한 스토아주의자가 아니었다. 우리에게 알려진 바는 없지만, 아마도 조부의 집에 기거할 때 알고 지낸 듯한 두 사람, 베네딕타와 테오도투스에게 젊은 날의 유혹을 느끼기도 했다. 또한 나이가 들어서도 정념에 빠진 적이 있으나 거기서 빠져나왔다. 또한 파우스티나 황후가 죽은 후 철인 황제가 생애 마지막 삼 년 동안 후궁을 두었다는 사실도 기억해두자.[64]

> 가끔 루스티쿠스에게 화가 났지만, 거기서 나아가 나중에 후회할 짓을 하지 않은 것도.(I, 17, 12)

요컨대 의식의 스승과 제자 사이는 불같은 데가 있었다. 황제는 철학을 배우던 젊은 시절에만 그랬는지, 황위에 오르고 루스티쿠스가 그에게 큰 신임을 받는 자문 역할을 하던 시절까지 그랬는지 정확히 말하지 않는다.

젊은 나이에 죽은 모친이 생애 마지막 몇 년이라도 그와 함께 안토니누스의 궁정에서 살았던 것도 신의 은총이요, 곤궁하거나 그 밖의 도움을 필요로 하는 사람들을 돕고 싶을 때 능히 그럴 힘이 있었던 것도 신의 은총이며, 파우스티나 황후처럼 "고분고분하고 곰살맞고 허식 없는" 아내를 만나고 자식들에게 좋은 교육을 제공할 수 있었던 것도 신의 은총이다.

이어서 마르쿠스 아우렐리우스는 꿈에서 각혈과 현기증 치유법에 대한 조언을 신에게 받았노라 말한다.

마지막으로 그는 루스티쿠스를 추억하면서 했던 말로 돌아가, 논리학이든 자연학이든 추상적인 철학 담론의 길에 빠지지 않고 철학적으로 사는 법을 배웠다는 점을 신에게 감사한다.

"이 모든 것에 신의 도움과 행운이 필요하다"라는 말로 마르쿠스 아우렐리우스는 끝을 맺는다. "이 모든 것"은 사실『명상록』전체, 가르침과 본보기를 제시했던 모든 친족, 스승, 벗과 그의 신체적 정신적 삶에 늘 함께했던 신의 영감을 가리킨다. 우리는 섭리에 대한 스토아주의의 두 가지 시각을 다루면서, 개별적 존재와 상관없는 우주의 일반 법칙과 개인에 대한 신의 특별한 작용이 상호 배제적이지 않다고 했다. 『명상록』 1권은 분명 이 특별한 섭리, 이 후자의 시각에 위치한다. 마르쿠스 아우렐리우스는 그러한 시각에서 자신의 온 생애가 신의 따뜻한 배려 속에 지나왔다고 본다.

독자는 광대한 제국을 다스리며 근심 걱정에 시달렸던 『명상록』의 저자, 그러면서도 드넓은 시공간을 한눈에 아우르는 관점을 취하는 수련을 했던 이 인물이 이토록 지상적인 일을 두고 신에게 고마워한다는 사실이 놀라울지 모른다. 수사학에서 크게 재능을 보이지 못한 점에 감사하는 것도 그렇고, 자식을 잘 키웠네, 건강하게 살았네, 좋은 부모를 만났네, 싹싹한 아내를 만났네 하는 것도 평범한 인간의 소망을 벗어나지 않는 수준 아닌가.

어쩌면 여기서 마르쿠스 아우렐리우스의 심리적 특수성을 볼 수 있는지도 모른다. 그는 에픽테토스와 그 외 스토아주의자의 가르침을 읽은 덕분에 고차원적인 주제에 대해서 주목할 만한 방식으로 깊이 성찰할 수 있었다. 하지만 그는 모친이나 루스티쿠스, 안토니누스에게 궁정에서도 보통 사람처럼 사는 법을 배웠다. 프론토와의 서신에서 알 수 있듯이, 그는 포도밭 일꾼과 어울려 포도 수확을 하기도 했다. 요컨대 그는 '위대한 감정', 거시적이고 지정학적인 시각을 귀족적으로 혹은 수사학적으로 추구하기보다 일상의 현실에 특별한 주의를 기울이고자 했다. 더욱이 이것이야말로 에픽테토스의 가르침이었다. 에픽테토스는 철학자임을 보여주고 싶다면 "인간답게 먹고, 인간답게 마시고, 결혼하고, 아이를 낳아라"(『담화록』 III, 21, 4-6)라고 하지 않았던가. 이처럼 어떤 순진함이랄까 무구함이랄까, 어떤 단순함 때문에 아우렐리우스는 인정머리 없는 로마 귀족 사회에서 소박한 인간관계를 통해 느낄 수 있는 인정人情, 상냥함, 따뜻한 감정, 진실성을 추구하게 되었을 것이다.

『명상록』의 다른 권에서는 자서전적 단서를 거의 찾아볼 수 없다. 그의 이름과 황제라는 입장에 대한 암시, 1권에 나오는 양부 안토니누스 피우스 초상의 밑그림처럼 보이는 짧은 대목(VI, 30), 자신의 노년에 대한 언급(II, 2, 4; II, 6), 아침 기상의 어려움(V, 1; VIII, 12), 궁정 생활(VIII, 9) 과 원형극장에서의 여흥(VI, 46)에 대한 반감 정도가 전부다.

1권과 나머지 권에서 똑같이 주목할 만한 것이라면, 그 자신이 과오를 범할 가능성에 대한 의식이다.[65] 그래서 이 '고백록'은 자신의 과오에 대한 고백이기도 하다. 이는 분명히 스토아주의적인 태도다.

> 철학의 출발점은 가장 필요한 것의 영역에서 우리가 지닌 약점과 무능을 깨닫는 것부터다.(『담화록』II, 11, 1)

하지만 이러한 태도는 마르쿠스 아우렐리우스에게 아주 자연스러운 것이기도 했다. 일단 그는 지금껏 자신이 아직 철학자로서의 삶에 진정으로 도달하지 못했고(VIII, 1) 자신의 영혼이 아직 마땅한 사랑과 평정의 상태에 있지 못함을(X, 1) 인정한다. 신의 경고와 유예가 있었으나, 그는 자신의 잘못으로 아직 "자연에 맞는 삶", 즉 이성에 맞는 삶에는 이르지 못했다(I, 17, 11). 게다가 그는 자기 안에서 오류를 범하기 쉬운 성향을 간파했고(I, 17, 2; XI, 18, 7) 그가 어떤 특정한 잘못을 저지르지 않은 이유는 단지 비겁하거나 겁이 많아서였을 뿐, 실상은 그 자신도 그가 비판하는 자들과 다르지 않다(XI, 18, 7). 그는 또한 자기가 실수할 수 있음을 인정한다. 다른 사람이 자기 잘못을 정정하는 것도 받아들인다(VI, 21; VIII,

16). 그는 오류가 아닌 것을 오류로 잘못 볼 가능성도 인정한다(IX, 38; XII, 16). 마지막으로, 그는 자신도 혼자 성벽을 기어오를 수 없는 절름발이 병사처럼 기꺼이 도움을 받아야 할 때가 있음을 인정한다(VII, 5; VII, 7).

게다가 마르쿠스 아우렐리우스는 자기 지성의 한계를 완전히 의식한다.

> 너는 날카로운 기지로 사람들의 감탄을 자아낼 수 없다. 그렇다. 그래도 너에게는 "나는 타고나지 못했다니까요"라고 말할 수 없는 다른 자질도 많다. 그렇다면 전적으로 네 손아귀에 있는 그 자질을 보여주도록 하라. 정직, 위엄…… 마음의 자유……(V, 5, 1)

마르쿠스 아우렐리우스에게는 성 아우구스티누스처럼 인간 본성의 '선험적' 타락을 확신하는 자기비판은 확실히 없다. 그렇지만 그가 날카로운 자의식을, 자기비판 능력을, 혹은 자신의 장점과 과오를 모두 인정하는 객관적 자기 감찰의 역량을 타고난 것은 사실인 듯하다. 이 주제에 대한 짧은 언급은 주목할 만하다.

> 내가 나 자신을 괴롭히는 것은 옳지 못할 것이다. 나는 타인도 의도적으로 괴롭힌 적이 없기 때문이다.(VIII, 42)

혹은 죽음의 문턱에서 완전히 긍정적으로 자신 있게 이와 같은 결산을 내리는 것을 보자.

> 네가 얼마나 많은 것을 겪었으며 얼마나 많은 것을 참고 견뎠는지 기

억하라. 네 인생의 역사는 이미 다 쓰였으며, 네 복무는 끝났다는 것
도. 또한 네가 아름다운 것을 얼마나 많이 보았으며, 얼마나 많은 쾌
락과 고통을 무시했으며, 야망을 이룰 수 있는 얼마나 많은 기회를
외면했으며, 얼마나 많은 불친절한 사람들을 친절히 대해주었는지
도.(V, 31, 2)

르낭은 마르쿠스 아우렐리우스의 이 '고백록', 특히 1권에 나타난 내용을 비판했다. "그는 인간의 저열함을 보았으면서도 스스로 그 사실을 인정하지 않았다. 이처럼 기꺼이 자기 눈을 가리는 것이야말로 엘리트 정신의 과오다. 엘리트는 세상이 자기가 원하는 모습이 아닌데도 그러한 모습을 보기 위해서 자기에게 거짓말을 한다. 여기서 어떤 판단의 진부함이 비롯된다. 마르쿠스 아우렐리우스에게서 보이는 이런 진부함이 우리를 때때로 짜증나게 한다. 우리가 그를 믿으려면 그의 스승들은 예외 없이 우월하기 그지없는 인간이어야 하는데, 사실 그중 일부는 보잘것없는 이들이었다."[66]

이 판단은 부적당하다. 일단 마르쿠스 아우렐리우스는 각 사람에게 어떤 은혜를 입었는지 정확히 인정하려 했을 뿐, 결코 그 이상으로 나아가지 않았다. 프론토의 경우에서 우리도 보지 않았는가. 양아우 루키우스 베루스에 대해서도 마찬가지다. 우리는 이 인물의 성격이 실제로 어떠했는지 알 수 없지만 마르쿠스 아우렐리우스와는 딴판이었다는 것만은 말할 수 있다. 아우렐리우스는 베루스가 완벽했다고 말하지 않는다. 오히려 베루스의 생활 태도라는 면에서는 그를 본받지 않으려고 노력한 듯 보인다. 결국 베루스의 나쁜 본보기조차 신의 은총이었다. 마르쿠스는 단지 양아우가 자신에게 존경과 애정을 보여주었다는 말만 덧붙인다. 마치 누

구를 언급해야 하고, 누구는 자신에게 이바지한 바가 없으니 언급을 피해야 하는지 신중하게 엄선하기라도 한 것처럼 말이다.

1권은 감사의 표현이자 고백, 신의 작용과 그에 대한 자신의 저항을 정리한 결산표다. 그러한 작용은 그에게 유일하게 중요한 현실의 영역, 즉 도덕적 가치와 덕의 영역에서 이루어졌다. 그는 황제로 길러졌다든가 게르만족과 싸워 승리했음을 신에게 감사하지 않는다. 신의 섭리로 만날 수 있었던 사람들을 통해 철학적 삶으로 인도받았음을 감사할 따름이다.

8. 베루스 혹은 픽투스: '진실한' 혹은 '꾸며낸'

『히스토리아 아우구스타』의 「마르쿠스 아우렐리우스의 생애」에는 황제의 동시대인들이 황제의 진짜 성격이 어떠했는가를 궁금해했다는 대목이 나온다.

> 어떤 이들은 그의 성격이 꾸며낸fictus 것 같고, 실은 보기만큼 혹은 안토니누스 피우스와 베루스가 그랬던 것처럼 소박하지simplex 않다고 아쉬워하기도 했다.[67]

여기에는 말장난이 약간 깔려 있다. 마르쿠스 아우렐리우스의 원래 이름은 안니우스 베루스였는데 여기서 '베루스Verus'라는 단어가 '진실성'을 환기하기 때문이다. 심지어 어린 시절의 아우렐리우스를 알았던 하드리아누스 황제는 그를 '베리시무스Verissimus(매우 진실한 자)'라고 부르기까지 했다. 그래서 그를 중상하는 이들은 더러 그의 이름을 '베루스(진실한)'가 아니라 '픽투스Fictus(꾸며낸)'로 불러야 한다고 수군거렸다. 이 비판은 역사학자 마리우스 막시무스에게서 왔을 가능성이 있다.[68] 이 인물은 마르쿠스 아우렐리우스 치세 말년에 정치 이력을 시작해 황실을 둘러싼 온갖 험담을 끌어다 썼는데, 『히스토리아 아우구스타』에도 그 영향이 곧잘 보인다.

마리우스 막시무스와 거의 동시대를 살았던 다른 역사가 디온 카시오스는 정반대 입장을 지지한다.

> 그는 어떤 일도 꾸며서 하지 않고 온전히 덕으로써 하였다⋯⋯ 그는 매사에 한결같고 어떤 면에서도 변함이 없었으니, 과연 어떤 것에도 휘둘리지 않는 선한 인간이었다.[69]

그에게 꾸며낸 태도가 있다는 비난은 사실 그가 철학을 업으로 삼은 것에 대한 비난이었다. 그가 영위하는 철학적 삶이 여느 사람들과는 다른 기이한 태도, 남들이 보기에는 '꾸며낸 듯한' 태도를 취하게 했기 때문이다.

일례로 디온 카시오스는 황제의 진실성을 인정하면서도 그가 아비디우스 카시우스의 반란에 베푼 이례적 관용에 놀랐다. "그 무엇도 그의 고유한 행동 방식에 이질적인 일을 하게끔 강요할 수 없었다. 본때를 보여야 한다는 생각도, 죄가 무겁다는 사실도 말이다."[70]

하지만 거기서 더 나아가야 한다. 도덕적 삶의 현실적 어려움을 인정해야 한다. 자기 자신을 다스리고, 정신을 수련하고, 자기를 변화시키고, 숙고하고 양심적으로 행동하고자 하는 자는 자연스러움이 부족하고 계산과 생각이 많은 인상을 주기 마련이다. 우리는 여기서 도덕적 노력과 자기 자신에 대한 작업의 영원한 문제와 맞닥뜨린다. 가령 우리는 마르쿠스 아우렐리우스가 자기 행동을 교정하기 위해 세간에 나도는 자기에 대한 말을 조사토록 하고, 그 비판이 정당할 때는 자기 행동을 고치려고 노력했다는 것을 안다.[71]

황제는 어쩌면 극복할 수 없을 이 위험을 완벽하게 의식하고 있었다. 1권에서 그는 클라우디우스 막시무스가 자신을 바르게 교정하고 "똑바로 세워진" 사람이 아니라 "자연스럽게" 올바른 사람이기 때문에 존경한다고 말한다(I, 15, 8). 동일한 주제가 『명상록』 곳곳에 나온다. "너는 똑바로 서라, 똑바로 세워지지 말고."(III, 5, 4; VII, 12) 그리고 솔직함을 찬양하면서(XI, 15) "나는 너를 솔직하게 대하기로 했어"라고 말문을 열지만 실은 전혀 솔직하지 않은 사람들을 비판한다. 진정한 솔직함은 얼굴에 드러나고, 목소리에서 울리고, 눈에서 빛난다. 애인의 눈에서 사랑을 단박에 알 수 있듯이 솔직함은 즉각적으로 알 수 있다. 선한 사람, 소박한 사람, 호의적인 사람은 눈에 다 드러난다. 그런 것은 숨겨지지 않는다. 마르쿠스 아우렐리우스는 도덕적 행동이 의식하지 않은 것처럼, 자기에게 돌아올 바를 생각지 않는 것처럼 완전히 자연스럽기를 요구한다.

그가 1권 마지막에서 감사를 올리는 신은 그에게 지고의 편안함과 아름다움이라는 의미에서 궁극의 은총은 베풀지 않았는지도 모른다. 선을 자연스럽게 행하는 인상을 남들에게 심어줄 수 있는 은총 말이다. 그렇지만 나는 그 누구도 선하게 행동하려 노력하지 않고는 선한 의지와 견실한 양심을 입증할 수 없다고 생각한다. 그런 면에서 마르쿠스 아우렐리우스는 참으로 진실한 사람이었다.

9. 황제의 고독과 철학자의 고독

플라톤은 『테아이테토스』(174e)에서 저 유명한 철학자의 초상을 그리면서 철학자가 왕이나 폭군에 대해 가져야 할 생각까지도 빼놓지 않고 짚고 넘어갔다. 왕이란 무엇인가? 폭군이란 무엇인가? 자기가 모는 가축떼에서 젖을 많이 짜내면 그저 행복한 목자인가? 하지만 왕이 보기만큼 행복하기는 할까? 왕이 풀을 뜯게 하고 젖을 짜야 하는 가축은 일개 목자의 가축보다 고약하고 까다롭고 음험하고 배신을 잘하니 말이다. 게다가 왕은 인간이라는 이 고약한 족속을 다스리느라 걱정 근심에 빠져 정신의 자유를 누릴 수도 없고 "일단 산중에 우리를 짓고 그의 가축과 함께 갇혀 지내기 시작하면" 진짜 목자처럼 교양 없고 상스러워진다.

철학자 마르쿠스 아우렐리우스가 황제 마르쿠스 아우렐리우스에게 하는 말이 바로 이것이다. 그는 어디를 가든 권력의 감옥에 홀로 갇혀 플라톤이 말하는 음험한 가축떼를 상대해야 한다.

> 시골도 마찬가지이며, 이곳의 모든 사정도 산꼭대기나 바닷가나 그 밖에 네가 원하는 곳에서의 사정과 같다는 것을 늘 명심하라. "산중에 우리를 짓고 그 안에서 양떼의 젖을 짜는 사람"이라는 플라톤의 말이 정곡을 찌른다는 것을 발견할 것이다.(X, 23)

마르쿠스 아우렐리우스는 네가 어디를 가든 권력의 감옥을, 인간의 목자라는 입장이 너를 가둬놓는 고독을 발견할 수밖에 없다고 말하고 싶은 것이다. 그렇지만 네가 어디로 가든 너를 그 감옥에서 풀어줄 전원, 바다, 산을 네 안에서, 오직 네 안에서 찾을 수 있다(IV, 3, 1 참조). 다시 말해 황제가 플라톤이 말하는 왕처럼 우리에 갇혀 사느냐, 아니면 자기가 원하는 대로 산이나 바다에서 긴장을 풀고 여유를 만끽하느냐는 전적으로 그의 마음먹기에 달렸다. 장소는 중요하지 않다. 어디서든 예속 혹은 자유를 발견할 수 있다.

그러므로 여기서 산은 두 가지 의미를 갖는다. 산은 왕 혹은 폭군이 자기가 건사하는 가축과 함께 갇혀 사는 우리의 상징이자 자기 안으로 물러남, 원하기만 하면 어디서든 찾을 수 있는 내적 자유의 상징이다.

> 산에서처럼 살아라. 어디서나 세계의 시민으로 산다면 여기에 사나 저기에 사나 아무 차이도 없기 때문이다.(X, 15, 2)

그렇지만 철학자의 내적 물러남, 다시 말해 스토아주의에 부합하는 철학적 삶은 또다른 염려를 낳는다. 가축과 목자 사이의 단절, 즉 백성과 군주의 심각한 가치관 차이가 생길 수 있기 때문이다.

이 불편함이 마르쿠스 아우렐리우스가 궁정 생활에 느낀 반감을 설명해준다. 그는 이 생활을 계모에 비유하고(VI, 12) 자신의 친모는 철학이라고, 철학 덕분에 궁정에서 사는 사람들을 견뎌낼 수 있다고 말한다. 하지만 그러면서도 자신의 태도를 비판한다.

> 앞으로 아무도 네가 궁정 생활에 대하여 불평하는 소리를 듣지 못하게 하라. 아니, 너 자신도 네 말을 듣지 못하게 하라!(VIII, 9)

우리는 여기서 산으로의 은거라고 부를 수 있는 주제를 발견한다. 사람은 살 수 있는 그 어느 곳에서라도 잘살 수 있다. 다시 말해 어디서든 철학적으로 살 수 있다. 그런데 궁정에서 산다? 그래도 잘살 수 있다(V, 16, 2). 마르쿠스 아우렐리우스는 이 추론을 영혼이 어떤 표상에 깊이 잠길 수 있는 방식의 한 예로 제시한다.

그렇지만 그가 궁정 생활에 느끼는 반감은 단순히 피상적인 거슬림이 아니다. 아무렴, 이 부조화는 골이 깊다. '산속의 삶', 다시 말해 세계 국가에서의 삶이라는 주제로 계속 전개되는 사유에서 우리는 이 단절, 이 부조화가 어디까지 미치는지 엿볼 수 있다.

> 사람들이 너에게서 자연에 맞게 사는 진실한 인간을 보고 발견케 하라. 그들이 그런 너를 참지 못하면 너를 죽이게 하라. 그들이 사는 것처럼 사느니 그게 더 낫기 때문이다.(X, 15, 3)

이 갈등은 삶의 원칙이 근본적으로 다르기 때문에 빚어지는 것이다. 마르쿠스 아우렐리우스는 이 갈등을 homothamnein과 homodogmatein이라는 두 그리스어 단어를 대립시켜 간략한 공식으로 요약한다.

> 같은 가지에서 자라더라도 같은 원칙을 말하지는 마라.(XI, 8, 6)

조화시키기 어려운 두 의무가 있다. 우리와 한 몸을 이루는 사람들을 사랑해야 한다는 의무, 그리고 그들의 거짓된 가치관과 삶의 신조까지 취해선 안 된다는 의무.

이것이 마르쿠스 아우렐리우스의 삶의 비극이었다. 그는 인간을 사랑하고 사랑하기를 원했으나, 그들이 사랑하는 것은 혐오했다. 그에게는 덕을, 순수한 도덕적 의도를 추구하는 것만이 중요했다. 이 유일한 가치가 빠져 있는 인간 세계는 그에게 강렬한 비난을, 뿌리 깊은 권태를 불러일으켰다. 그렇지만 자신을 다잡고 자기 안에 다정함과 너그러움을 되살려 보려 애썼다.

이 권태, 이 혐오는 차라리 죽음을 바라는 마음을 불러일으켰지만 그는 그런 생각이 잘못됐다는 것을 알았다. 우리는 『명상록』에서 '구원' 혹은 죽음에 대비하는 논증이 어떤 역할을 하는지 안다. 완벽하게 철학적인 사람들, 가령 우리에게 죽음을 보편적 변모의 특유한 경우처럼, 자연의 신비처럼 여기라고 가르치는 사람들이 있다(II, 12, 3; IV, 5; IX, 3, 1–4). 하지만 자기 일은 잘하면서도 철학적이지는 않은, 거친idiōtika 보통 사람들도 있다. 죽기 싫다고 필사적으로 생에 매달리지만 그래도 죽고 마는 사람들(IV, 50). 마르쿠스 아우렐리우스는 이와 비슷한 유의 사유, 즉 철학적이지는 않지만idiōtikon 마음에 와닿는 또다른 사유를 인정한다. 바로 어차피 그리 많은 것을 두고 떠나는 것도 아니라는 생각이다.

> 네가 떠나게 될 사물들과 네 영혼이 더이상 섞이지 않게 될 인간들을 살펴보라. 그러면 너는 죽음과 완전히 화해하게 될 것이다. 너는 그들을 못마땅해하지 말고 보살펴주고 상냥하게 대해야 하지만, 너와 같은 원칙을 가진 사람들 곁을 떠나는 것이 아님을 명심해야 하기 때문이다. 너와 같은 원칙을 가진 사람들과 함께 사는 것이 허용된다면, 오직 이것만이—그럴 수 있다면 말이지만—너를 다른 방향으로 데려가 인생에 잡아맬 것이다.
> 그렇지만 보다시피 지금은 사람들과 함께 살면서 불화에 지쳐 "오 죽음이여, 속히 오라, 내가 나 자신마저 잊을까봐 두렵구나!"라고 외치게 될 것이다.(IX, 3, 5)

우리는 여기서 보들레르의 외침을 떠올린다. "오 죽음이여, 늙은 선장이여…… 우리는 이 고장이 지겹다, 오 죽음이여, 떠날 채비를 하자!" 시인은 지상의 삶에 대한 권태와 무한을 향한 열망을 노래했다. 하지만 마르쿠스 아우렐리우스가 죽음이 속히 오기를 바라는 이유는 권태보다 자기 자신을 잊고 무분별 속에서 사는 자들처럼 될지 모른다는 두려움 때문이다.

철인 황제가 자신의 주위 환경을 이토록 혐오했다는 사실은 놀라울 법도 하다. 그의 주위에는 벗이나 자문역이 많지 않았나? 그중에는 그에게 각별했던 루스티쿠스 같은 철학자가 많지 않았나? 갈레노스의 증언에서도 그러한 사실을 엿볼 수 있다.[72] 하지만 황제의 말년에 그들은 모두 고인이 되었기에 더욱 그리웠는지도 모른다. 디온 카시오스[73]가 전하는 바에 따르면, 아우렐리우스는 아무도 완벽할 수 없다는 것을 인정했다.

> 그는 사람들을 원하는 대로 만들기는 불가능하고 그들이 쓸모 있는 분야에 활용하는 것이 합당하다고 보았다.

> 누가 일을 잘하면 황제는 그 사람을 칭찬하고 잘하는 일에 등용했으나 나머지 행실은 고려하지 않았다.

황제는 나이가 들면서 성격이 완고해졌던 걸까? 아니면 그가 콤모두스의 성품을 지켜보면서 느꼈을 실망을 행간에서 읽어야 하나? 르낭은 그렇게 생각했다. 특히 인상적인 또다른 글에서 권태와 실망의 표현을 보고서 말이다.

둘러서서 임종을 지키는 무리 가운데 그에게 죽음이 다가오는 것을 기뻐하는 사람이 한 명도 없을 만큼 유복한 자는 아무도 없다. 그가 탁월하고 현명한 사람이었다 해도 결국 누군가는 마음속으로 이렇게 말할 것이다. "이 스승님이 가셨으니 이제 드디어 우리는 안도의 한숨을 쉴 수 있겠구나. 그는 우리 가운데서 어느 누구도 모질게 대하지 않았지만 우리는 그가 은근히 우리를 경멸하는 듯한 느낌을 받았으니까."(X, 36)

마르쿠스 아우렐리우스는 뒤에서 선한 인간의 경우와 자신의 경우를 대비시킨다. 그렇지만 어떤 면에서 그는 선한 인간을 이야기하면서 이미 자기를 염두에 둔다. 그는 주위 사람뿐만 아니라 제국 전체가 그가 철학자가 되려 하는 것을 안다는 사실을 알았다. 『히스토리아 아우구스타』에서는 루키우스 베루스가 황제에게 보냈다는 진위를 알 수 없는 서신을 언급하는데, 여기에 마르쿠스 아우렐리우스 치세에 널리 퍼져 있던 평판이 반영되어 있는지도 모른다. 그 서신은 장차 반란을 일으키는 인물 아비디우스 카시우스가 황제를 "철학자 행세를 하는 늙은 여자"라고 떠들고 다닌다며 경고한다.[74] 많은 사람이 황제에 대해 비슷한 생각을 했을 것이다. 어쩌면 그를 '선생'이라는 별명으로 불렀을지도? 어쨌든 마르쿠스 아우렐리우스는 선한 사람의 임종에 대한 묘사를 한층 더 강력한 논증으로 사용했다. 어떤 사람이 이 같은 죽음을 맞이한다면 무엇보다도 그 자신의 죽음에 대해서 비슷한 반응을 기대할 수 있지 않겠는가.

이것은 어디까지나 선한 사람의 경우다. 하지만 나의 경우에는 수많은 이들이 내게서 벗어나고 싶어할 다른 이유가 얼마나 많겠는가. 임종할 때 그런 생각을 하게 될 텐데, 이렇게 생각하면 더 수월하게 세상을 떠날 수 있을 것이다. 내가 그토록 애써주고 기도해주고 배려해주었던 동료들koinōnoi조차 내가 죽으면 좀더 편안해질까 하며 내가 떠나기를 바라는 그런 세상을 나는 떠나는 것이다.(X, 36)

이 동료들koinōnoi이란 누구인가? 아마 황제의 조언자, 황실 자문단의 일원이었을 것이다. 가령 황제의 동시대인이자 집권 세력의 일원이었던 아일리우스 아리스티데스라든가. 하지만 "내가 그토록 애써주고 기도해주었다"는 표현은 황제와 그 동료들의 관계가 매우 각별했음을 전제한다. 르낭처럼 아우렐리우스의 어린 아들 콤모두스를 생각하지 않을 수 없긴 하다.[75] 황제는 사망하기 삼 년 전인 177년부터 콤모두스를 자신의 동료, 즉 공동 황제로 앉히지 않았던가. 콤모두스 치세에 더욱 두드러질 악행은 이미 그때부터 조짐을 보였을지도?

어쨌든 마르쿠스 아우렐리우스는 타인의 배은망덕에 대한 사유를 죽음에 대한 대비로 바꾸어놓는다. 우리가 조금 전 지적했듯이 이 대비는 다른 사람들을 사랑하라는 행동의 규율에 어긋나기 때문에 철학적이라고 할 수 없지만, 죽음이 불러일으키는 고통과 불안을 줄여준다는 점에서는 충분히 효과가 크다.

더 오래 이곳에 머무르려고 용을 쓸 까닭이 어디 있단 말인가?

하지만 그는 금세 스스로를 바로잡는다.

그렇다고 하여 그들에게 호의를 덜 보이며 떠나지는 말고, 네 본래

성격대로 우정과 호의와 온유함을 보이도록 하라.(X, 36, 6)

이러한 상태에 늘 머물러야 한다. 하지만 때로는 권태와 실망이 이긴다. 마르쿠스 아우렐리우스는 암묵적으로 그런 것은 철학적이지 않고 약점이라는 것을, 나아가 정념에 불과하다는 것을 인정한다. 이 복잡한 감정에는 주요한 구성 요소만 해도 여러 가지가 있는 듯하다. 우선 인간의 약점을 아무 환상 없이 바라보는 시선이 있다. 마르쿠스 아우렐리우스는 본인과 타인의 약점을 현실적으로 날카롭게 바라보고, 때로는 그러한 약점을 교정 불가능한 것으로 여긴다.

네가 화가 나 폭발하더라도, 사람들은 여전히 같은 일을 하고 있을 것이다!(VIII, 4)

W. 윌리엄스가 잘 보여주었듯이, 이것이 황제가 항상 자신의 결정을 표명하는 공식 문서에서 i 위에 점을 공들여 찍었던 이유다. 그는 백성이 자기 명령을 잘 이해하지 못하거나 자신이 원하는 대로 집행하지 않을까 봐 걱정했던 것 같다. 가령 유언에 따라 노예를 해방할 때, 마르쿠스 아우렐리우스는 항상 그러한 해방, 즉 '자유의 대의'가 쉽게 실현되게끔 유언 작성자가 남긴 재산은 국고로 환수된다든가 하는 다른 동기를 환기하면서 그러한 결정이 사문死文으로 남게 해서는 안 된다고 굳이 명시했다. "우리의 이익을 책임지는 자들은 자유의 대의가 금전적 이득보다 우세해야만 한다는 점을 알아야 한다"고 황제는 썼다.[76] 우리는 여기서 마르쿠스 아우렐리우스가 인간적이고 도덕적인 관점을 중시하는 한편, 백성의 지적 도덕적 자질을 믿지 못했음을 감지한다. 게다가 주변 사람들을 대할

때의 어려움은 황제 자신도 숨기지 않는 내적 분노 성향 때문에 더욱 골치 아파진다. 그는 화를 잘 내는 것이 자신의 약점이라고 인정한다(XI, 9, 2).

하지만 권태의 중대한 원인은 도덕적 선에 대한 열정적 사랑이다. 이 절대 가치가 인정받지 못하는 세상은 그에게 텅 빈 세상 같고 거기서 사는 것은 의미가 없다. 그리고 그는 나이가 들어가면서 광대한 제국에서, 그를 에워싸고 환호하는 군중 속에서, 도나우에서의 잔혹한 전쟁에서나 로마에서의 개선 행렬에서나 주위가 텅 빈 듯한 외로움을 느꼈다. 유일하게 필요한 것을 다른 이들과 함께 추구하고 싶다는 이상을 실현할 수 없었기 때문이다(IX, 3, 7).

10. 정치적 모델

마르쿠스 아우렐리우스는 『명상록』에서 상세한 통치 프로그램을 제안하지 않지만, 그 사실에 놀라선 안 된다. 그는 무엇을 해야 하느냐보다 어떻게 해야 하느냐에 더 마음을 쓰는 사람이다.

그렇지만 1권은 정치적 실천에 대한 언급을 다소 담고 있다. 마르쿠스 아우렐리우스는 클라우디우스 세베루스를 통해 트라세아, 헬비디우스, 카토, 디온, 브루투스를 알게 되었다고 말한다(I, 14). 이 명단은 아주 특정한 의미를 띤다.[77]

트라세아 파이투스는 네로 치세인 66년에 황제를 거역했다는 이유로 자살을 강요당한 원로원 의원이다. 헬비디우스 프리스쿠스는 트라세아의 사위로 베스파시아누스 황제 치세, 아마도 75년에 암살당했다. 두 사람

모두 황제에게 맞서 일어났는데, 그러한 태도는 어떤 면에서 여자 문제와 결부된 가문의 전통이었다. 이러한 대귀족 가문에서는 정치적 순교자의 초상화를 간직하거나 그들의 생애를 글로 남겼다. 하지만 황위에 누가 앉아 있느냐에 따라 그런 글을 쓰는 것도 위험할 수 있었다. 타키투스는 『아그리콜라의 생애』 도입부에서 네르바 황제가 군주정과 자유를 조화시킨 체제를 로마에 수립해 행복을 불러왔다고 말한다. 선대 황제 도미티아누스 치세에서는 반체제인사의 전기 집필이 금지되었다.

> 아룰레누스 루스티쿠스는 트라세아 파이투스를 찬양하는 글을 썼기 때문에, 그리고 헤렌니우스 세네키온은 헬비디우스 프리스쿠스를 기리는 글을 썼기 때문에 목숨으로 대가를 치러야 했다…… 그때는 로마인의 목소리를, 원로원의 자유로운 발언libertas을, 인류의 양심을 짓누를 수 있다고 생각했다.

마르쿠스 아우렐리우스가 클라우디우스 세베루스를 통해 이 반대파의 전통을 발견한 것이 이때로부터 약 오십 년 후다. 하지만 이 제국의 반체제인사들은 그들보다 더 선대, 카이사르 시절이나 공화정 말기의 정치적 순교자를 숭배했다. 타키투스의 동시대인 유베날리스는 『풍자시집』(V, 36)에서 어느 술의 품질을 논하며 그 술이 트라세아 파이투스와 헬비디우스 프리스쿠스가 브루투스와 카시우스의 카이사르 암살 기념일에 마셨던 술과 흡사하다고 했다.

마르쿠스 아우렐리우스에 따르면, 클라우디우스 세베루스는 기원전 1세기(85-42)에 살았던 브루투스와 카토, 그리고 물론 카이사르의 반대파로서, 카이사르의 군대가 다가오자 자살한 소小카토(95-46)의 모습에 대해서도 들려주었다.

클라우디우스 세베루스가 마르쿠스 아우렐리우스에게 트라세아, 헬비디우스, 브루투스, 카토의 전기를 공수해주었을까? 실제로 트라세아는 카토의 전기를 썼고, 헬비디우스는 트라세아의 전기를 썼으며, 헤렌니우스 세네키온은 헬비디우스의 전기를 썼다. 그는 황제에게 플루타르코스가 쓴 브루투스의 생애나 시라쿠사의 디온의 생애를 보여주었을까? 게다가 플루타르코스는 포키온의 생애나 소小카토의 생애도 쓰지 않았던가? 어쨌든 클라우디우스 세베루스가 열거한 이름 가운데 기원전 409년에 태어나 354년에 사망한 그리스인 디온이 있다는 점도 놀랍다. 디온은 시라쿠사의 참주 디오니시우스를 추방했으나 결국 살해당한 인물이다.[78] 이 디온이 도미티아누스 치세에서 추방당했다가 황제의 총애를 되찾은 수사학자이자 철학자 디온 크리소스토모스와 동일인일 확률은 매우 낮다. 명단에 올라 있는 다른 사람들은 전부 공직자인데, 디온 크리소스토모스는 그렇지 않을뿐더러 제국에 맞섰던 '순교자'도 아니기 때문이다.

클라우디우스 세베루스는 이 인물들에 대해 이야기하면서 그들의 공통점을 잘 지적해주었을 것이다. 특정한 정치관과 철학 사이의 관계, 달리 말하자면 폭정에 대한 증오를. 플루타르코스에 따르면 디온은 플라톤의 제자로 언변의 진실성, 영혼의 위대함, 진중함, 적에 대한 관용 같은 철학적 덕을 실천했다고 한다.[79] 디온은 디오니시우스를 무너뜨림으로써 시라쿠사에 자유를 되찾아오고 참주정을 폐지했다. 하지만 그는 참주정과 민주정의 중도, 즉 법으로 통치하는 군주정을 지지했다. 이러한 군주정의 통치 계획은 플라톤의 「여덟번째 편지」에 나타나 있다.

로마인 브루투스도 플라톤주의자였다. 그는 자기 시대에 유행했던 아스칼론의 안티오코스의 가르침, 곧 스토아주의가 깊게 배어 있는 가르침을 좇았다. 브루투스는 「의무에 대하여」「인내에 대하여」「덕에 대하여」 같은 글도 썼다. 그는 카이사르를 암살하고 그후의 내전에서 패한 뒤 스스로 목숨을 끊었다. 요컨대 디온과 같은 폭정의 반대자로서 공적 자유를 위해 싸웠던 것이다.

카토로 말하자면, 세네카는 그를 스토아적 현자의 이상을 구현한 극소수의 인간 중 한 명으로 보았다.[80] 카토는 스스로 목숨을 끊기 전에 '오직 현자만이 자유롭다'는 스토아주의의 역설을 논했다. 그리고 나서 플라톤의 「파이돈」을 읽었다.[81] 그의 삶은 오롯이 철학자의 삶이라 할 만한 것이었다. 더구나 그는 옛 로마인의 엄격한 삶을 부활시키려 애썼다. 지구력을 단련하고, 먼 길을 걸어다녔으며, 유행을 거스르고, 돈을 멸시하고, 로마의 권세가라면 누구나 저지르는 권력남용 눈감아주기나 자기만족을 거부했다.

브루투스와 카토는 공화주의자였다. 그들이 생각한 자유는 무엇보다 원로원의 자유, 한 사람의 자의적 폭정에 맞서는 지도자 계급의 통치 권리였다. 게다가 카토는 원로원이 도덕적 혹은 철학적 엄격성까지 지니기를 바랐다.

트라세아와 헬비디우스는 제국이 옛 로마공화정의 제도로 돌아가기를, 다시 말해 원로원이 정치적 권위를 되찾기를 바랐다. 둘 다 스토아주의자였고, 특히 에픽테토스에 의해[82] 스토아철학의 전통에 참을성과 결단력과 차이가 없는 것에 대한 무관심의 본보기로 남았다. 에픽테토스는 그의 스승 무소니우스 루푸스가 트라세아와 매우 가까운 사이였기 때문에 이 황권 반대파의 내력을 잘 알고 있었다.

이 모든 기억이 도미티아누스 치세의 박해를 계기로 깨어났다. 소小플리니우스의 편지에서 이 어두운 시절에 대한 언급을 찾아볼 수 있다. 그러다 네르바 황제의 등장으로 반전된 분위기가 트라야누스, 하드리아누스, 안토니누스까지 이어지자 원로원과 철학자들은 로마제국이 공화주의와 스토아주의 지지자들의 정신과 어느 정도 조화를 이루었다고 생각했다. 클라우디우스 세베루스는 분명히 이러한 뜻으로 폭정과의 투쟁에 목숨을 바친 정치적 순교자에 대해서 말했을 것이다.[83]

클라우디우스 세베루스는 거의 전설적인 이 인물들을 거론함으로써 정치적 운영의 원칙을 깨닫게 했다. 마르쿠스 아우렐리우스는 그에게서 다음과 같은 것을 얻었다.

> 만인에게 동등한 법률이 적용되고 평등권과 발언의 자유에 기초한 국가politeia와 특히 피지배자의 자유를 존중하는 군주정의 개념을……(I, 14, 2)

만인에게 동등한 법률이라는 관념은 플라톤의 「여덟번째 편지」에도 이미 나타나 있다. 사실 이 평등은 각자의 가치와 장점에 맞게 역할을 분배하는 기하학적 평등이다. 아리스토텔레스주의와 스토아주의가 규정하는 정의도 바로 이것이다. 공적에 비례해 혜택을 베푸는 것이 정의다.

고대 그리스 민주정 이래로 법적 권리의 평등, 발언권의 평등, 자유 같은 개념은 서로 긴밀하게 이어져 있었다. 하지만 타키투스가 네르바의 즉위로 군주정과 자유의 화해가 이루어졌다고 보았던 제국 시대에는 자유라는 관념이 이미 그 내용을 상당 부분 상실했다. 자유는 더이상 시민이 아무 구속 없이 정치에 참여할 수 있는 가능성을 의미하지 않았다. 그보다는 개인의 보호와 안전 개념이라든가 표현의 권리, 이동의 권리 같은 개인적 자유, 그리고 도시국가가 전통과 어느 정도의 자치를 유지할 수 있는 가능성, 무엇보다 원로원이 황제의 결정에 실질적으로 행사할 수 있는 영향력이라는 의미가 들어와 있었다.

클라우디우스 세베루스는 미래의 군주에게 군주정도 법과 백성을 존중하는 체제라면 자유와 양립할 수 있다고 가르쳤다. 사실 안토니누스 피우스 황제 곁에서 이런 유의 온건한 권력 행사를 줄곧 지켜본 마르쿠스 아우렐리우스로서는 그러한 통치 방식을 모를 수가 없었다. 그러므로 세베루스는 그러한 군주정 개념을 발견하게 했다기보다 그 개념의 역사적 뿌리―폭정에 맞선 정치적 순교자와 철학자―를 알려준 셈이다.

이로써 양식 있는 군주를 이끄는 원칙, 즉 법의 존중, 원로원의 권리 인정, 원로원 회의 참석과 의사결정의 참여, 군주의 자문역이나 원로원뿐만 아니라 일개 시민도 황제에게 의견을 고할 수 있는 발언권의 인정을 자각할 수 있었다.

고대 역사가들은 아우렐리우스가 이런 원칙을 적용한 사례를 더러 언급한다. 가령 그는 도나우 원정 비용의 지급을 국고에 요청하는 수고를 감행했다. 디온 카시오스가 지적한 대로 아우렐리우스는 국고를 황제의 재량으로 쓸 수 없어서가 아니라 그 돈이 원로원과 로마인의 것임을 인정하고자 그리했던 것이다.[84] 황제는 원로원에서 "우리 소유는 아무것도 없고 여러분의 집에서 우리가 사는 것입니다"라고 했다. 『히스토리아 아우구스타』에는 황제가 전시에나 평시에나 무슨 일을 하기 전에 항상 자문관과 상의해서 결정했다고 나온다.[85] 그 이유는 황제의 모토가 "나의 친애하는 벗의 조언을 따르는 것이 그 각양각색의 벗이 전부 내 뜻을 따르는 것보다 옳다"였기 때문이다. 그는 원로원의 의견을 대단히 신경써서 고려했다. 무언극 작가들이 대놓고 황제를 비판해도 묵인했다. 역사가 헤로디아누스는 마르쿠스 아우렐리우스가 모든 요청을 받아들였고 호위대에 자신에게 오는 이들을 쫓아내지 말라 지시했다고 명시했다.[86] 『히스토리아 아우구스타』는 이러한 태도를 다음과 같이 요약했다. "그는 백성에 대하여 마치 자유로운 국가에서 하는 것처럼 행동했다."[87]

마르쿠스 아우렐리우스가 1권에서 그린 안토니누스 피우스의 초상은 이러한 통치 원칙을 부분적으로 보여주고, 어떤 면에서는 아우렐리우스가 자신이 되고 싶었던 이상적 군주의 특징을 제시했다. 『명상록』(VI, 30)에서 그는 자기 자신에게 "황제 노릇"을 하지 말라고 권할 뿐 아니라 궁정의 분위기에 물들지 말고 안토니누스의 제자답게 행동하라고 말한다. 특히 선대 황제의 통치에서 드러났던 도덕적 자질을 묘사하고 그를 모방할 것을 자신에게 제안한다. 안토니누스는 충분히 숙고해 내린 결정은 단호하게 밀고 나갔다. 그는 어떤 상황에서나 한결같았다. 어떤 사안을 철저히 따지지 않고 손에서 놓아버리는 법이 없었다. 또한 잘못된 비판도 감내했다. 서두르는 법이 없었고, 험담에 귀 기울이지 않았고, 사람들의 풍속과 행동을 예리하게 통찰했다. 그는 모욕을 주려 하지 않았고, 그 누구도 두려워하거나 멸시하지 않았다. 그리고 그는 소피스트가 아니었다. 소박하게 살면서 자신의 거처, 의복, 음식, 하인에 만족했다. 그는 근면하고 끈기가 있었다. 그는 벗에게 신의가 있고 한결같았다. 그는 누군가가 아주 솔직하게 자기 의견에 반대해도 참고 들었으며, 상대가 더 좋은 해결책을 제시하면 기뻐했다. 그는 신심이 깊고 미신을 좇지 않았다.

1권에 부분적으로 나타나는 이 이상적 군주의 초상 가운데 마르쿠스 아우렐리우스가 『명상록』 곳곳에서 자신에게 권고하는 실천 사항을 알아볼 수 있다. 가령 자문역이 그와 다른 의견을 내놓더라도 더 좋은 의견이면 따르라든가(IV, 12; VIII, 16), 모욕을 주지 말라든가(XI, 13, 2; XI, 18, 18), 일생을 한결같이 살라든가(X1, 21).

이렇게 『명상록』 중간에 불쑥 끼어드는 안토니누스의 초상은 흡사 표석漂石과도 같다. 마르쿠스 아우렐리우스가 다른 곳에서 자기 자신에게 하는 권고들과 동떨어진 듯 보이는 이 초상에 이토록 시간과 지면을 할애한 것이 놀라울 수도 있다. 그러나 이 초상은 우리가 이미 이 저작을 읽으면서 받았던 인상을 굳혀준다. 『명상록』은 인간 마르쿠스에게만이 아니라 황제의 직무를 맡은 인간 마르쿠스에게 하는 말이다. 그러므로 안토니누스라는 모델은 중요할 수밖에 없다.

1권(16장)에서 묘사된 안토니누스의 특징은 더 상세하고 다양하다. 이는 추억의 회고이자, 예로부터 내려온 전통에 따라 철학적 성찰이 정립하고자 했던 이상적 군주의 표준에 자주 부합하는 예시다.[88]

양부의 도덕적 자질에 대한 아우렐리우스의 언급은 한쪽으로 제쳐두고, 이 초상에서 특징적인 정치적 태도에 주목해보자.

일단 군주와 백성의 관계에서 선동을 삼가는 태도가 있다. 백성에게 호감이나 인정을 받으려 하지 않고, 헛된 영광을 추구하지도 않으며, 환호를 거부한다. 그는 고삐를 죄어야 할 때와 풀어주어야 할 때를 알았다. 그는 "단호하게 공적에 맞는 몫을 나누어줌으로써" 엄격하게 정의를 행사했다.

전반적으로 안토니누스는 제국 전체에 필요한 것을 늘 신경쓰고 공공지출을 아꼈던 것 같다. 이 문제로 황제를 조롱하는 이들도 있었으나, 그는 자신에 대한 비판에 너그러웠다. 특히 대중을 위한 여흥을 베풀거나, 큰 건물을 짓거나, 하사를 하는 일은 신중하게 생각해보고 결정했다. 옳은 일을 하는 것이 우선이었고, 그로써 영광을 취하려 하지는 않았다. 그는 또한 조상의 풍습에 충실하고자 노력하되 허식은 없었다.

그는 통치 방식에서 상당히 정을 드러냈다. 모질고 가차없고 폭력적인 면이 전혀 없었다. 그는 사소한 일도 분명히 하고 미리 대비하기 위해 꼼꼼히 주의를 기울였다. 일단 결정을 내리면 흔들림 없이 밀고 나갔다. 그는 비밀이 별로 없었다. 전통적으로 황제의 '벗'이라고 부르는 자들의 의견을 경청하고 그들에게 자유를 허용하되 더불어 시간을 보내기를 즐겼다.

우리는 이 초상에서 안토니누스의 전임자, 특히 하드리아누스에 대한 비판을 감지한다.[89] 철인 황제는 양부가 "소년에 대한 사랑"을 억제했다고 일부러 지적하는데, 이는 트라야누스와 하드리아누스의 황궁에서 그런 일이 성행했음을 암시한다. 안토니누스가 같은 장소에서 지내기 좋아했다는 언급은 하드리아누스가 제국을 두루 돌아다니며 지냈음을 염두에 둔 것이다. 또한 하드리아누스의 낭비벽과 아름다운 건축물에 대한 애착을 생각하면서, 안토니누스는 축제를 베풀거나 건물을 지을 때 신중하고 절도가 있었다고 말하는 것이리라. 마지막으로, 마르쿠스 아우렐리우스는 하드리아누스의 개혁에 조상의 풍습, 즉 로마의 오랜 전통을 지키는 안토니누스의 보수주의를 대립시키는 듯 보인다.

마르쿠스 아우렐리우스는 안토니누스에게서 있는 대로 즐기고 없으면 삼갈 줄도 아는 소크라테스 같은 진정한 철학자의 면모를 보았다(I, 16, 30). 안토니누스는 완벽한 불굴의 영혼을 가졌으며(I, 16, 31) 임종이 닥쳤을 때도 양심이 떳떳했노라 말한다(VI, 30, 15). 우리는 안토니누스가 스스로 철학자라고 생각했는지 알 수 없으나, 어쨌든 그가 사망 당시 황제의 근위대장에게 남긴 암호가 Aequanimitas(평온)였다는 점에서 철학적 태도를 엿볼 수 있다.[90] 어쨌든 마르쿠스 아우렐리우스는 양부의 초상을 그리면서 주요한 특징을 모으는 데 만족하지 않고 결단력 있는 통치, 즉 안토니누스의 통치에 대한 신의를 표현한 셈이다.『히스토리아 아우구스타』는 이 연속성을 잘 요약해주었다. "마르쿠스 아우렐리우스와 루키우스 베루스는 통치 초기부터 누구도 안토니누스의 다정함을 그리워하지 않게끔 시민을 환대하고 가까이하는civiliter 태도를 취했다."[91]

11. "플라톤의 국가를 바라지 마라"

> 정치에 관여하며 거기서 철학자연하는 저 사람들은 얼마나 보잘것없는가? 모두가 코흘리개다. 인간이여, 무엇을 하려는 것인가? 자연이 지금 너에게 요구하는 것을 행하라. 할 수 있는 한 행하고 누가 보아줄까 주위를 둘러보지 마라. 플라톤의 국가를 바라지 마라! 조금이라도 진척이 있으면 만족하고, 그 결과를 하찮게 여기지 마라!
>
> 누가 사람들의 신념을 바꿀 수 있겠는가? 그리고 신념을 바꾸지 못하면 신음하며 복종하는 척하는 자들의 부역 말고 무엇을 기대할 수 있겠는가?
>
> 자, 이제 알렉산드로스와 필리포스와 데메트리오스에 관하여 말해다오! 그들이 보편 자연의 뜻을 깨닫고 자신을 그리로 인도했다면 나는 그들을 따를 것이다. 그러나 그들이 연극을 한 것에 불과하다면, 누구도 내가 그들을 모방하게 만들 수 없다. 철학이 하는 일은 소박하고 겸손하다! 나를 잘난 체하는 허영심으로 잘못 인도하지 마라.(IX, 29)

이 "보잘것없는" 자, 이 "코흘리개"는 누구인가? 알기 어렵다. 어쩌면 철학을 안다고 자부하며 마르쿠스 아우렐리우스가 '위대한 정치'를 하지 않는다고 비판하는 자들일지도. 뒷부분을 읽어보면 그가 두 가지 면에서 비판을 받았으리라 짐작된다. 일단 플라톤의 이상국가를 실현하지 않는다는 비판이 있다. 철인 황제라면 철학의 원칙에 따라 국가를 완전히 쇄신해야 하는 것 아닌가? 다른 한편으로, 알렉산드로스나 필리포스나 데메트리오스 폴리오르케테스처럼 '성을 공략하는 자'로서 황제 자신과 제국의 영광을 위해 정복 정책을 펴야 하는 것 아닌가?[92]

마르쿠스 아우렐리우스는 그렇지 않다고 대꾸한다. 중요한 것은 현재의 정치적 도덕적 행동이 아무리 사소할지라도 거기에 집중하는 것이다. 허망한 유토피아를 바라보거나 "플라톤의 국가"를 믿지 말고 자연(곧 이성)이 지금 이 순간 너에게 요구하는 것을 하라.

"플라톤의 국가"는 매우 명확한 의미를 지닌 유명한 표현이다. 이 표현은 위대한 철학자의 대화편에 나타난 정치 계획을 가리키는 것이 아니라 모든 시민이 철학자가 되어 완전해진, 좀더 전반적인 의미에서의 국가를 가리킨다. 키케로는 스토아주의자 무키우스 스카이볼라가 루틸리우스 루푸스를 위해 "플라톤의 국가에서나 가능할 법하게" 변론을 했다고 했는데[93] 이는 철학자에게 말을 건네듯 변론을 펼쳤다는 뜻이다. 키케로는 다른 곳에서도 소小카토가 로물루스의 진흙탕이 아니라 플라톤의 국가에서 사는 것처럼 행동했다고 말한다.[94] 마르쿠스 아우렐리우스는 바로 이런 뜻에서 플라톤의 국가 운운한 것이다. 대중을 변화시키기란, 그들을 매혹하는 가치관이나 그들을 행동하게 하는 견해를 바꿔놓기란 극도로 어렵다. 대중을 철학자로 만들기는 힘들다. 그들의 시각을 바꿀 수 없다면, 개인의 도덕적 삶을 완전히 변화시킬 수 없다면, 그들의 동의 없이 강요된 개혁은 그들을 "신음하며 복종하는 척하는 자들"의 노예살이에 잡아놓을 뿐이다. 이것이 인류 전반의, 특히 정치의 영원한 비극이다. 인류를 완전히 바꿀 수 없다면, 정치는 악과의 어정쩡한 타협밖에 될 수 없다.

마르쿠스 아우렐리우스는 명철한 현실주의자이고자 했다. 그는 인류 전체의 전향이라든가, 사람들에게 이상국가를 실현해 보일 가능성에 환상을 품지 않았다! 하지만 아무것도 할 수 없다는 뜻은 아니다. 스토아철학자가 결코 현자가 될 수 없음을 알면서도 그 이상에 조금씩 다가가고자 정진하듯, 정치가는 인류가 결코 완전할 수 없음을 알면서도 이따금 작은 진보를 이뤄내면 기뻐해야 한다. 아주 작은 진보라도 정말로 작은 것은 아니기 때문이다. 그러한 진보는 막대한 노력이 필요하거니와, 아주 작은 도덕적 진보도 대단한 가치가 있다. 도덕적 진보는 무엇 하나 작지 않다.

어쩌면 우리는 마르쿠스 아우렐리우스가 검투 시합을 대하는 태도에서 그러한 정치적 실천의 예를 발견할 수 있을지도 모른다. 스토아주의자는 이런 유의 구경거리가 검투사의 인권에 어긋나기 때문에 좋게 보지 않는다. 세네카는 검투 시합을 "상처를 주고받는 법을 배우는 신성모독"이라고 썼다. "인간은 인간에게 신성한 존재임에도 오늘날 놀이와 여흥 삼아 인간의 목을 벤다."[95] 말이 나온 김에, 검투가 관객에게 모멸감을 주기 때문이 아니라 스토아철학자가 희생자의 비극을 완전히 무시했기 때문에 그러한 구경거리에 굳이 적대적이지 않았다는 G. 빌[96]의 주장은 거짓이다. 우리는 여기서 다시 한번 스토아철학이 대변하는 가치관의 전복을 중요하지 않게 보려는 일부 역사가의 입장을 확인한다. 그들에겐 안됐지만 텍스트가 엄연히 남아 있고, 우리는 그 텍스트를 피해갈 수 없다. 세네카는 분명히 "Homo sacra res homini(인간에 대하여 신성한 인간)"이라고 썼다.

그래도 민중의 삶에서 중요하다고 볼 수 있는 그런 놀이를 폐지한다는 것은 유토피아적 발상이다. 마르쿠스 아우렐리우스가 도나우 전장에서 싸울 검투사를 징집했을 때도 로마인은 황제가 그들의 즐거움을 빼앗고 철학으로 전향시키려 한다고 떠들어대지 않았던가.⁹⁷⁾ 하지만 마르쿠스 아우렐리우스는 역사가 디온 카시오스가 전한 바대로 어쨌든 무시할 수 없는 작은 진보로 볼 만한 것을 이뤄냈다.

> 마르쿠스 아우렐리우스는 피를 흘리는 것을 극도로 혐오하여 로마의 검투 시합도 목숨을 잃을 위험이 없는 경기에 한해서만 관람하였다. 그는 날카로운 무기 지급을 절대로 허용하지 않고 날을 무디게 만든 검 끝에 가죽 뭉치를 대고서만 시합에 나서게 했다.⁹⁸⁾

요컨대 유토피아를 꿈꾸지 않고 인간 본성의 한계와 가능성을 현실적으로 바라보며 정확하고 한정된 목표만을 추구한 것이다. 게다가 철인 황제는 특권 정치를 거부했다. 이성이 "바로 지금 이 순간" 하라고 명하는 것을 하고 "누가 보아줄까 주위를 둘러보지 말아야" 한다(IX, 29, 4).

마르쿠스 아우렐리우스가 알렉산드로스, 필리포스, 데메트리오스 폴리오르케테스('성을 공략하는 자')와 자신을 비교하는 말에 시달렸음은 너무나도 명백하다. 그들은 분명히 위대한 정복자였으나, 마르쿠스 아우렐리우스가 보기에는 정념에 지배당한 인물이었을 수도 있다. 스토아주의 전통은, 가령 에픽테토스는 그들의 우악스럽고 물질적인 힘과 디오게네스처럼 그런 이들에게 거리낌없이 말할 수 있는 철학자의 정신적이고 도덕적인 힘을 대립시킨다(『담화록』II, 13, 24). 비슷한 생각을 드러낸 마르쿠스 아우렐리우스의 한 사유에서도 그러한 의미를 읽어낼 수 있다.

> 알렉산드로스, 카이사르, 폼페이우스도 디오게네스, 헤라클레이토스, 소크라테스에 견주면 무엇이란 말인가? 후자는 실재와 원인과 질료

를 보았고, 그들 영혼의 지배원리는 그들 자신의 것이었다. 그러나 전자는! 얼마나 많은 약탈, 얼마나 많은 노예살이를 낳았던가!(VIII, 3)

알렉산드로스, 필리포스, 데메트리오스는 위대한 정복자였다. 그들도 자연이, 다시 말해 보편 이성이 원하는 바를 알았을까? 그들은 세계의 지배자일 뿐만 아니라 자기 자신의 지배자였을까? 그들은 그저 '비극배우'에 지나지 않았을까? 다시 말해 정복 전쟁으로 비극을 엮어낼 만한 끔찍한 사건을 초래한 자들이자 엄숙한 척 포즈를 취하는 배우들이었을까? 마르쿠스 아우렐리우스가 "코흘리개"라고 부르는 자들이 뭐라고 떠들든 그 무엇도 그가 그들을 흉내내게 할 수 없다. 그는 계속해서 진정한 철학자로서, 다시 말해 매 순간 이성과 자연을 따라서 황제의 소임을 다할 것이다. 꾸며낸 기색 없이, 엄숙한 척하지 않고, 그저 소탈하게.

그러므로 철학은 마르쿠스 아우렐리우스에게 정치 계획 같은 것을 제안하지 않았다. 그러나 그는 자신이 행하는 정신 수련을 통해 어떤 정신과 스타일로 정치를 이끌어나갈 것인가에 대해 철학이 자신을 양성하고 준비시키기를 기대했다. 중요한 것은 무엇을 하느냐보다 어떤 방식으로 하느냐였다. 결국 진정한 정치학은 윤리학일 수밖에 없다. 정치는 무엇보다 우리가 분석했던 행동의 규율에 있고, 본질적으로 인류 공동체에 대한 봉사, 타인에 대한 헌신, 정의의 정신을 의미한다. 더구나 정치는 행동의 규율로서 우주와 인간에 대한 거시적 전망과 떼려야 뗄 수 없다. 우리가 이성과 자연의 초월적 보편성을 인정할 때 그러한 전망이 우리에게 열린다. 그 초월적 보편성은 자기 자신과의 합의를 통해 인간의 상호적인 사랑과 그들이 속한 전체에 대한 사랑의 토대를 마련한다. 여기서 바츨라프 하벨이 최근에 쓴 글에서 언급한 "도덕적 국가" 혹은 "정신적 국가"를 어찌 떠올리지 않을 수 있으랴.

진정한 정치, 정치라는 이름이 붙을 만한 유일한 정치, 나아가 내가 행하고픈 정치는 이웃을 섬기는 정치입니다. 공동체를 섬기는 정치입니다…… 그 정치의 토대는 윤리학입니다. 모든 이의, 모든 이에 대한 책임의 실현이라는 점에서 말입니다…… [그 정치는] 의식적이거나 무의식적인 확신을 자양분으로 삼습니다. 모든 것이 영원히 새겨져 있다, 어디선가 모든 것을 보고 있다, '우리 위'의 어디에선가는, 내가 '존재의 기억'이라고 부르는 것에서는 말입니다. 우주, 자연, 생과 분리되지 않는 그 부분을 신자는 신이라 부르지요. 모든 것이 그 신의 판단하에 있습니다…… 어떤 상황에서든 정중하고 공정하고 너그럽고 이해심을 발휘하되 부패하거나 잘못을 저지르지 않으려고 노력합니다. 요컨대 나의 양심과 더 나은 자아를 따라 살고자 애쓴다는 말입니다.[99]

결론

이 책의 도입부에서 우리는 『명상록』이 16세기에 출판된 이후 수세기에 걸쳐 놀라운 성공을 거두었다고 했다. 이 현상을 어떻게 설명할 수 있을까? 어째서 이 저작은 오늘날에도 이 같은 매혹을 발휘하는가? 어쩌면 아포리즘을 조탁하는 황제의 절묘한 기술이 그 비법인지도 모른다. 니체도 말하지 않았던가. "좋은 문장은 시대의 치아가 씹기에 너무 질겨서 언제나 훌륭한 영양소인데도 오랜 세월이 소화해내지 못한다. 그것이 문학의 크나큰 역설이다. 그런 글은 변하는 것 속에서도 멸절하지 않는 것, 소금처럼 항상 요긴하고 소금처럼 맛이 없어지지 않는 식품이다."[1]

하지만 이미 살펴보았듯이 우리가 이 저작에서 발견한 영양소는 에픽테토스가 제시한 스토아주의의 체계다. 이 체계가 우리 현대인에게도 정신적 양식이 될 수 있을까?

역사가 르낭은 그렇게 생각하지 않았다. 그는 『명상록』이 에픽테토스, 스토아주의, 그리고 규정된 교의 전체를 뛰어넘는다고 보았다.

다행히도 그라누아 강변에서 적은 생각을 보관한 작은 상자와 카르논트(카르눈툼)의 철학은 보존되었다. 거기서 에픽테토스를 뛰어넘은 이 비견할 데 없는 책이 나왔다. 체념적 삶의 교과서, 초자연을 믿지 않는 자들의 복음서인 이 책은 우리 시대에 이르러서야 제대로 이해받을 수 있었다. 진정으로 영원한 복음서『명상록』은 결코 늙지 않으리라. 왜냐하면 이 저작이 어떤 도그마도 주장하지 않기 때문이다. 복음서는 어떤 면에서는 부분적으로 늙어버렸다. 과학은 복음서의 기반이 되는 초자연 개념을 더는 허용하지 않는다. 그런데『명상록』에서 초자연은 아주 미미한 점에 불과하기 때문에 그 바탕에 깔린 경이로운 아름다움을 해치지 않는다. 과학은 신과 영혼을 파괴할 수 있었으나『명상록』은 그 생명력과 진실로 인하여 여전히 젊다. 마르쿠스 아우렐리우스의 종교는 예수의 종교와 마찬가지로 절대적 종교였다. 고도의 도덕적 양심으로 우주 앞에 선다는 사실 하나만으로도 그렇다. 이 절대적 종교는 어느 족속, 어느 국가의 것이 아니다. 어떤 혁명, 진보, 발견으로도 그 종교는 바뀌지 않는다.[2]

이 글은 마르쿠스 아우렐리우스의 독자가 느낄 수 있는 인상을 절묘하게 묘사한다. 그렇지만 짚고 넘어가야 할 부분이 많다. 사실 르낭은 자기 이후의 여러 역사가와 마찬가지로 저 유명한 딜레마('자연인가, 원자인가')가 마르쿠스 아우렐리우스에게 지니는 의미를 잘못 파악했다. 그는 그것이 마르쿠스 아우렐리우스가 스토아주의 도그마(자연)나 에피쿠로스주의 교의(원자)에 전혀 관심을 두지 않았다는 뜻이라고 생각했다. "마치 아우렐리우스가 칸트의『실천이성비판』을 읽기라도 한 것처럼"[3] 도덕적 양심은 세계에 대한 이론이나 규정된 도그마와 무관함을 발견했을 거라고, 그게 바로 『명상록』이 영원히 젊을 수 있는 비결이라고.

　우리가 이미 살펴보았듯이 사실 이 논증의 의미는 그런 것이 아니다. 일단 이 논증은 마르쿠스 아우렐리우스 스스로 전개한 것이 아니고 스토아학파 안에서 전통적으로 다뤄지던 것이다. 그리고 스토아주의자는 설령 에피쿠로스주의가 참이라 해도(이 가설은 완전히 배제되었지만), 설령 우리 주위의 모든 것이 혼돈과 우연에 지나지 않을지라도 스토아주의자로서 이성을 따라 도덕적 선을 유일한 선으로 여기며 살아야 한다는 것을 반박할 수 없게 입증하려고 이 추론을 수립했다. 이러한 입장에는 일말의 회의주의도 없다. 하지만 스토아주의자가 이 같은 논증을 수립했다는 사실 자체는 꽤 흥미롭다. 스토아주의 자연학 이론이 거짓일 수도 있지만, 그럼에도 스토아주의자로서 살아야 한다고 생각했다면 그게 그들의 체계에서 절대적으로 중요했기 때문이다. 스토아주의자를 정의하는 것은 그 무엇보다도 삶의 선택, 즉 오직 보편 이성의 법칙에 따라 사유하고 욕망하고 행동하겠다는 결심이다. 세계에 질서가 있든 없든, 자기 자신에게 합리적으로 일관된 삶을 사는 것은 자기에게 달려 있다. 스토아주의의 모든 도그마는 사실 이 실존적 선택에서 비롯한다. 인간의 이성이 어떤 식으로든 우주에 존재하지 않았다면, 우주는 인간의 이성을 낳을 수 없었을 것이다. 그러므로 스토아주의의 본질은 도덕적 양심의 절대성과 의도의 순수성에 대한 경험이다. 더욱이 도덕적 양심은 순수할 때만, 개인 혹은 국가의 이익을 노리지 않고 보편 이성에 기반해 그 자신을 목적으로 여길 때만 도덕적이라고 할 수 있다. 그러니 마르쿠스 아우렐리우스뿐만 아니라 스토아주의자라면 누구나 칸트가 주장한 정언명령의 두 공식에 동의할 것이다.

항상 네 의지의 준칙이 동시에 보편적 법칙 수립의 원리로 타당할 수 있도록 행동하라.

항상 네 행위의 준칙이 너의 의지를 통하여 자연의 보편적 법칙이 되어야 하는 것처럼 행동하라.[4]

그러므로 마르쿠스 아우렐리우스가 칸트의 『실천이성비판』을 읽은 것처럼 글을 썼다고 할 게 아니라, 칸트가 스토아주의자의 글을 읽었기 때문에 그 공식들을 수립했을 거라고 보아야 한다.

이렇게 짚고 넘어간다면, 르낭이 『명상록』에서 도덕적 양심의 절대 가치에 대한 긍정을 보았다고 하더라도 아무 문제가 없다. 여기서 종교를 운운할 수 있을까? 나는 그렇게 생각하지 않는다. '철학'이라는 단어만으로 이 태도의 순수성을 설명하기에 충분하다. 철학에 종교 개념이 끌고 들어오는 온갖 불분명하고 모호한 의미, 사회적이고 신비주의적인 의미를 섞지 말아야 한다.

영원한 복음서? 르낭은 그리스도교 복음서는 부분적으로 늙어버린 반면 『명상록』은 영원히 젊다고 했다. 그렇지만 마르쿠스 아우렐리우스가 쓴 글—종교적인 글—도 우리와는 영 동떨어져 있지 않은가? 그냥 모든 복음서는 당대 유행에 맞기 때문에, 다시 말해 그것이 쓰인 시대 혹은 환경의 신화와 집단적 표상을 반영하기 때문에 늙게 마련이라고 말하는 편이 낫지 않나? 그렇지만 언제나 인류가 목을 축일 수 있는 새로운 원천 같은 작품이 있고, 그 안에 복음서도 『명상록』도 있는 것이다. 우리가 그런 작품의 필멸적인 면을 초월할 수 있다면 거기에서 우리에게 삶의 선택, 자기 변화, 인간과 세계를 대하는 태도의 전면적 개정을 촉구하는 결코 소멸되지 않는 정신을 예감할 수 있을 것이다.

이 책에서 살펴보았듯이 『명상록』은 우리에게 스토아적인 삶의 선택을 호소한다. 물론 이 책이 스토아주의 도그마와 실천으로의 전격적 전향을 이끌 수 있다는 말은 아니다. 그렇지만 우리가 우리 삶에 의미를 부여하려고 노력하는 한, 스토아주의 정신에 해당하는 어떤 가치를 구현한다면 삶에 어떤 변화가 일어나는지 발견하게 해준다.

게다가 인류에게는 어떤 보편적 스토아주의가 있다고 말할 수 있을지도 모른다. 내 말은, 우리가 '스토아적'이라고 말하는 태도가 지혜를 추구하는 인간의 삶에서 근본적이고 항구적인 가능성 중 하나라는 뜻이다. 일례로 J. 제르네는 중국 사상의 어떤 면이 우리가 말하는 스토아주의와 상당히 흡사하다는 것을 보여주었다.[5] 그러한 사상은 그리스-라틴 스토아주의가 어떤 영향도 미칠 수 없는 상황에서 자체적으로 발전했다. 특히 17세기 중국 철학자 왕부지는 "일반적 지식(보고 들은 바에 한정되는 지식)은 자기를 중심으로 수립되고 '대공大公'(지적인 동시에 도덕적인 의미를 갖는 용어)과는 거리가 멀다"고 했다.[6] 여기서 '대공'이 마르쿠스 아우렐리우스의 자연학적 정의 방법과 비슷하다는 것을 볼 수 있다. 자연학적 정의 방법 역시 자기중심적 시각에서 벗어나 보편 자연의 관점을 취하는 것이니 말이다. J. 제르네는 이렇게 부연한다. "도덕과 이성은 하나일 뿐이다. 현자는 자기 정신을 우주 차원으로 키우고—'대심大心'은 '영혼의 위대함'을 뜻하는 megalopsychia에 완벽하게 대응하는 말이다—자기라는 사람을 세계의 한 대상으로 삼아 '대변화'의 정신을 이해한다." 이 대변화란 세계에 리듬을 부여하는 보편적 교환의 삶이다. 현자의 '대공'은 정신을 보편 이성 차원으로 확장한 것이라 할 수 있는데, 스토아주의의 도덕적 태도에 영감을 준다. 왕부지의 다음 글을 보자.

선한 인간은 운명이 자기에게 정해준 바를 기다리고 죽음을 슬퍼하지 않는다. 그는 자신의 특수한 능력을 쓸 수 있는 데까지 쓰고 타고난[하늘의 순리를 반영하는] 좋은 기질을 계발하여 법도에 어긋남이 없게 한다.[7]

왕부지와 같은 시대를 살았던 또다른 중국 사상가로, 역시 J. 제르네가 번역해 소개한 당견에게서도 마르쿠스 아우렐리우스가 다루었던 주제를 볼 수 있다. 우주에서 인간은 지극히 작지만 도덕적 양심의 초월성은 우주와 맞먹을 만큼 크다는 주제가 바로 그것이다.

우주의 광대한 시공간 속에서 인간은 바람에 쓸려가는 티끌 혹은 미세한 섬광과 비슷하다. 그러나 인간을 우주에 맞먹게 하는 것은 근본적 선의의 완벽성, 그리고 도덕적 노력의 고귀함이다.[8]

인간이 우주에 대해 취할 수 있는 다양한 태도 중에 그리스-라틴 세계에서는 '스토아주의'라 불렸으나 얼마든지 다른 이름으로도 불릴 수 있는 하나의 태도가 있고, 그 태도에는 몇 가지 특징적 경향이 있는 것이다.

첫째, 보편적 의미에서 '스토아주의자'는 어떤 존재도 혼자가 아니라 전체의 일부임을 의식한다. 그 전체는 인간의 총체, 또한 우주의 총체로 이루어져 있다. 스토아주의자는 언제나 그 전체를 염두에 둔다.

우리는 또한 스토아주의자는 도덕적 악 외에 다른 악은 없고 중요한 것은 오직 양심의 순수성뿐임을 의식하는 한 평온하고 자유로우며 해를 입지 않는다고 말할 수 있다.

마지막으로, 스토아주의자는 인간의 절대 가치를 믿는다. 아무리 여러 번 말해도 지나치지 않지만 너무 쉽게 잊는바, 근대적 '인권' 개념의 기원에 스토아주의가 있다. 앞에서 우리는 이 주제와 관련해 세네카의 명문장을 인용했다. "인간은 인간에게 신성한 존재다." 하지만 에픽테토스가 서투른 노예를 어떻게 참아줄 수 있느냐는 질문에 했던 대답을 어떻게 빼놓을 수 있겠는가.

> "너 자신이 노예다! 신을 아버지로 두고 너와 같은 씨에서 태어나 너와 마찬가지로 하늘에서 내려온 네 형제도 못 참아주는가? (……) 네가 누구에게 명령을 내리는지 기억 못하느냐? 타고나기로는 너의 친족, 너의 형제이자 신의 아들이다."
> "하지만 나는 돈을 주고 사들였으니 그들에 대한 권리가 있는 반면, 그들은 나에 대한 권리가 없습니다."
> "네가 어디를 보고 있는지 아느냐? 너는 땅밖에, 이 죽음의 구렁밖에 보지 않는구나. 너는 비참한 법, 곧 죽은 자들의 법만 아는구나. 신의 법은 보지 못하느냐?"(『담화록』 I, 13, 3)

에픽테토스는 신에게서 나온 모든 인간은 혈연관계라는 신화적이고 상상적인 표상을 사용한다. 이 표상이 현대인에게는 케케묵은 것처럼 보일 수도 있다. 그러나 에픽테토스가 말하는 신은—우리가 보았듯이 마르쿠스 아우렐리우스의 경우도 마찬가지지만—무엇보다 이성이다. 쉽게 말해 그는 노예도 너와 같은 생명체요, 너와 마찬가지로 이성을 타고난 인간이라고 말하는 것이다. 인간의 법이 노예가 평등한 인간임을 인정하지 않는다 해도 신의 법, 이성의 법은 그 절대 가치를 인정한다. 우리 현대인은 그 죽은 자들의 법을 폐지했다고 생각하지만, 실상은 여전히 그 법이 세상을 지배한다.

골트슈미트가 주목했듯이[9] '영원한 스토아주의'라고 부를 수 있는 것의 또다른 측면은 현재의 순간에 집중하는 수련이다. 이 수련은 마치 세상을 처음이자 마지막으로 보는 것처럼 사는 한편, 지금 이 순간에 온전히 임함으로써 시간과 세계 전체를 접한다는 자각을 갖는 것이다.

독자는 충분히 이렇게 말할 수 있다. '스토아적'이라고 하는 특정한 태도에 그렇게 보편적이고 영속적인 특징이 있으니 시대적으로 멀리 떨어져 있어도 우리가 『명상록』을 여전히 이해하고 거기서 사유와 행동의 규칙을 발견할 수 있는 것 아니냐고 말이다. 하지만 그렇게 보더라도 이 저작이 우리에게 행사하는 독특한 매력은 설명되지 않는다. 그러한 매력은 우리가 이 저작을 읽으면서 마르쿠스 아우렐리우스가 꾸준히 참조하는 스토아주의 체계가 아니라 한 인간을 만나기 때문에 느낄 수 있는 것이라고 해도 좋을까? 자기비판에 주저함이 없고, 자기 자신을 살피며, 끊임없이 자기에게 권고하고, 자기를 설득하고, 무엇보다 살아가기 위해, 선하게 살기 위해 도움이 될 법한 말을 찾아나가는 선한 의지의 인간 말이다. 이것은 물론 특정한 방법에 따른 정신 수련이다. 그러나 우리는 이 책에서 그러한 수련을 실시간으로 현장에서 포착한 셈이다.

세계문학에는 설교하는 자, 교훈을 주는 자, 검열하는 자가 많다. 자기도취, 빈정거림, 냉소, 신랄함으로 꾸지람하는 자도 많다. 그러나 스스로 인간답게 살고 생각하기 위해 자기를 끊임없이 다잡는 인간을 만나기는 하늘의 별 따기다.

아침에 일어나기 싫으면 '나는 인간으로서 일하기 위해 일어난다'고

생각하라.(V, 1)

  스토아철학과 에픽테토스가 미리 상세하게 그려놓은 도안을 따라가기만 하는 이 수련에 주저함, 탐색, 연구는 거의 없는지도 모른다. 개인의 노력은 오히려 같은 주제의 반복과 다채로운 변주에 있다. 또한 인상적이고 효과적인 문장을 구사하려는 문체상의 노력이 있다. 그렇더라도 우리는 정신적 친밀감을 맺을 때, 어느 한 영혼의 비밀에 들어갈 때 가질 법한 특별한 감흥을 느낀다. 그로써 한 인간이 유일하게 필요한 것, 즉 도덕적 선의 절대 가치에 사로잡혀 어떻게든 해보려는 그 노력에 우리도 직접적으로 연결된다. 결국 그게 우리 모두가 하고 있는 일이다. 충만한 의식과 명철함으로 순간순간을 온전히 살아내고 인생에 의미를 부여하는 것. 마르쿠스 아우렐리우스는 자기 자신에게 말하지만, 우리에겐 그 말이 우리 한 사람 한 사람을 향한 것만 같다.

주석

서지의 약어에 대해서는 참고 문헌을 보라.

I. 철인 황제

1) 벽돌 공장에 대해서는 H. Bloch, *I bolli laterzi e la storia edilizia romana*, Rome, 1947(2ᵉ éd. 1968), 특히 p.204-210, 331; Margareta Steinby, *Ziegelstempel von Rom und Umgebung*, dans *Paulys Realencyclopädie*, Supplem., XV, 1978, col.1489-1591을 보라.

2) 이 출산과 통화 발행, 황제 선전 정책 사이의 관계에 대해서는 K. Fittschen, *Die Bildnistypen der Faustina Minor und die Fecunditas Augustae*, Göttingen, 1982를 참조하라.

3) E. Champlin, *Fronto and the Antonine Rome*, Harvard University Press, 1980, p.139-142.

4) James F. Gilliam, "The Plague under Marcus Aurelius", *American Journal of Philology*, t.82, 1961, p.225-251.

5) Cassius Dion, LXXII, 36, 3, p.66.

6) F. Lot, *La Fin du monde antique et le début du Moyen Âge*, Paris, 1951, p.198-199.

7) E. Renan, A. R. Birley와 P. Grimal의 저작을 참조하라.

8) 고대 철학의 이러한 면모에 대해서는 P. Hadot, *Exercices spirituels et philosophie antique*, 3ᵉ éd., Paris, 1992와 같은 저자의 la préface à R. Goulet, *Dictionnaire des philosophes antiques*, t.I, Paris, 1989, p.11-16을 보라.

9) J. M. Rist, "Are You a Stoic? The Case of Marcus Aurelius", dans *Jewish and Christian Self-Definition*, III, éd. B. F. Meyer et E. P. Sanders, Londres, 1983, p.23.

10) 실제로 마르쿠스 아우렐리우스와 동시대에 살았던 그리스도교 철학자 유스티누스(cf. André Wartelle, *Saint Justin, Apologies*, Paris, 1987, p.31-32)는 『변증론』 첫 장에서 아우렐리우스와 베루스를 모두 '철학자'로 칭한다. 또다른 변증론자 사르디스의 멜리톤(cf. Eusèbe de Césarée, *Histoire ecclésiastique*, IV, 26, 7)도 콤모두스와 그의 부친 마르쿠스 아우렐리우스의 철학자로서의 명성을 연관 지어 말한다. 두 경우 모두 아우렐리우스와의 관계 덕분에 그렇게 인정받은 것이 명백하다. 로마제국 시대의 '철학자' 개념에 대해서는 대단히 훌륭한 책인 J. Hahn, *Der Philosoph und die Gesellschaft*, Stuttgart, 1989를 보라.

11) Fronton, *Ad Antonin. Imper., De eloquentia*, 2, 15, p.143, 19 Van den Hout; t.II, p.70 Haines.

12) *Histoire Auguste, MA*, II, 1, p.134: "Fuit a prima infantia gravis."

13) Fronton, *Ad Marc. Caes.*, II, 16, p.34, 2 Van den Hout; t.I, 150 Haines.

14) *Histoire Auguste, MA*, IV, 9(t.I, p.142)에 따르면, 디오그네투스는 미술 선생이었다.

15) J. Taillardat, *Les Images d'Aristophane*, Paris, 1962, p.268, §474, et n.2.

16) *Histoire Auguste. MA*, II, 6, p.136.

17) Sénèque, *Lettres à Lucilius*, 18, 5-7; 20, 9; Pline le Jeune, *Lettres*, 1, 22, 4; Musonius, 20, dans *Deux prédicateurs de l'Antiquité, Télès et Musonius*, trad. par A.-J. Festugière, Paris, 1978, p.123-124.

18) 가령 Strabon, *Géographie*, V, 47을 보라.

19) Polybe, *Hist.*, I, 32, 1; Plutarque, *Agésilas*, 2 et *Cléomène*, II, 3-4; Denys d'Halicarnasse, *Antiquitates Romanae*, 2, 23, 2, 1.

20) Plutarque, *Lycurgue*, 16, 12.

21) F. Ollier, *Le Mirage spartiate*, t.I et II, Paris, 1933-1943. E. N. Tigerstedt, *The Legend of Sparta in Classical Antiquity*, t.I-II, Stockholm, 1965-1973.

22) Musonius, 1, p.52 et 22, p.124.

23) Platon, *Banquet*, 219b; Xénophon, *Mémorables*, I, 6, 2를 참조하라.

24) *Histoire Auguste. MA*, III, 3, p.138.

25) Cassius Dion, LXXII, 35, 1, p.64.

26) Thémistius, *Orationes quae supersunt*, éd. G. Downey, A. F. Norman, Leipzig(Teubner), 1969-1974, t.I(orat. 17), p.307, 28; t.II(orat. 34), p.218, 6, et p.226, 9.

27) I. Hadot, *Seneca und die griechisch-römische Tradition der Seelenleitung*, Berlin, 1969, p.167-168.

28) Arrien, *Entretiens d'Épictète*, IV, 8, 12.

29) Fronton, *Ad Antonin. Imper.*, I, 2, 3, p.88, 4 Van den Hout; t.II, p.36, Haines.

30) Fronton, *Ad Marc. Caesar.*, IV, 13, p.67-68 Van den Hout; t.I, p.214 Haines. '전향'의 개념에 대해서는 A. D. Nock, *Conversion, The Old and the New in Religion from Alexander the Great to Augustine of Hippo*, Oxford, 1933; P. Hadot, *Exercices...*, p. 175-182를 참조하라.
31) 황위 계승자인 아우렐리우스가 아우피디우스의 보좌역을 했을 가능성은 희박하다.
32) E. Champlin, "The Chronology of Fronto", *Journal of Roman Studies*, t.64, 1974, p.144 ss.
33) 주 17을 보라.
34) R. B. Rutherford, *The Meditations of Marcus Aurelius. A Study*, Oxford, 1989, p.106, n.41; H. Görgemanns, "Der Bekehrungsbrief Marc Aurels", *Rheinisches Museum für Philologie*, t.134, 1991, p.96-109; P. Hadot, dans *École pratique des Hautes Études, Ve Section. Annuaire*, t. XCII, 1983-1984, p.331-336.
35) H. 괴르게만스(주 34의 책, p.102-108)는 이 표현이 『일리아스』에서 첫번째 노래에 나오는 아킬레우스의 분노를 암시한다고 지적했다. 젊은 마르쿠스 아우렐리우스는 점점 더 철학에 끌리는 자신의 마음을 스승이 알아차리고 상처받을 것을 알았기에 일부러 자신을 비꼬았을 것이다.
36) "전쟁중에는 법도 침묵한다(Silent leges inter arma)"라는 표현을 참조하라(A. Otto, *Die Sprichwörter...*, Hildesheim, 1962, p.192). Plutarque, *Agésilas*, 30, 4도 함께 참조하라.
37) *Les Stoïciens*, textes traduits par É. Bréhier, édités sous la direction de P. M. Schuhl, collection de la Pléiade, Paris, 1964, p.68(§163). 이 텍스트들은 『스토아주의자들』이라는 제목으로 본문에 인용될 것이다. 철학자 키오스의 아리스톤에 대해서는 A. Ioppolo, *Aristone di Chio e lo stoicismo antico*, Naples, 1981을 참조하라.
38) Cf. *SVF*, t.I, §§383-403.
39) Sénèque, *Lettres à Lucilius*, 94, 2; Cicéron, *Des termes extrêmes des biens et des maux*, III, 50, IV, 43 et 79.
40) P. Hadot, *Exercices...*, p.130과 주 34에서 인용한 연구에 포함된 번역을 가리킨다. 더 자세한 내용은 본서 104-10dmc6쪽을 보라.
41) *Histoire Auguste, Antoninus Pius*, X, 4, p.124.
42) 같은 책, X, 5, p.124.
43) 같은 책, *MA*, III, 2, p.136.
44) *Suidae Lexikon*, éd. A. Adler, t.IV, 2e éd., Stuttgart, 1971, §235, p.341.
45) Philostrate, *Vie des sophistes*, II, 557, dans *Philostratus and Eunapius, The Lives of Sophists*, éd. W. C. Wright, Londres(Loeb Classical Library, n.134), 1968, p.163. 여기에 등장하는 루키우스는 P. 그리말이 생각했던 것처럼 황제의 양아우 루키우스 베루스가 아니라 필로스트라토스가 같은 맥락에서 다른 일화들을 소개한 바 있는 철학자다. 우리는 여기서 마르쿠스 아우렐리우스가 직설적인 말도 관용으로 대하는 것을 볼 수 있다. 이러한 면에 대해서는 R. B. Rutherford, *Meditations...*, p.89를 참조하라.

46) Fronton, *Ad Antonin. Imper., De eloquentia*, I, 4, p.135, 3 Van den Hout; t.II, p.50 Haines.
47) 같은 책, 2, 17, p.144, 2 et 5, 4, p.151, 22 Van den Hout; t.II, p.66 et 83 Haines.
48) Cf. G. W. Bowersock, *Greek Sophists in the Roman Empire*, Oxford, 1969, p.53-54; Philostrate, *Vie des sophistes*, II, 5, 571, p.192 Wright(주 45에서 인용).
49) *Histoire Auguste, MA*, III, 2, p.136 et III, 3, p.138.
50) Galien, *De praecognitione* = Galen, *On Prognosis*, éd., trad. anglaise et commentaire par V. Nutton, Berlin(*Corpus Medicorum Graecorum*, V, 8, 1), 1979, p.82, 6. O. 머리는 R. MacMullen, *Enemies of Roman Order,* dans *Journal of Roman Studies*, t.59, 1969, p.265(Additional Note)에 대한 보고서에서 마르쿠스 아우렐리우스가 언급한 스승이자 벗이 갈레노스가 말하는 클라우디우스 세베루스, 다름 아닌 황제의 사위라고 주장한다.
51) 이 해부 실습에 대해서는 P. Moraux, *Galien de Pergame. Souvenirs d'un médecin*, Paris, 1985, p.83, 101을 보라.
52) Fronton, *Ad Amicos*, I, 14, p.180, 2 Van den Hout; t.II, p.98 Haines.
53) Fronton, *Ad Antonin. Imper., De eloquentia*, 2, 11, p.140, 6 Van den Hout; t.II, p.62 Haines.
54) Fronton, *De feriis Alsiensibus*, 3, 6, p.230, 14 Van den Hout; t.II, p.10 Haines.
55) 주 9를 보라.
56) Fronton, *Ad Marc. Caesar.*, V, 24, p.73, 7 Van den Hout; t.I, p.196 Haines.
57) Fronton, *Ad Antonin. Imper.*, I, 3, p.91, 21 Van den Hout; t.II, p.120 Haines.
58) *Histoire Auguste, MA*, XXIII, 5, p.190.
59) 주 10을 보라.
60) 갈레노스의 증언에 대해서는 주 50을 다시 보라. 이 인물들의 이력에 대해서는 G. Alföldy, *Konsulat und Senatorenstand unter den Antoninen*, Bonn, 1977을 보라. G. W. Bowersock(주 48에서 인용), p.82도 함께 보라.
61) Perse, *Satires*, III, vers 54.
62) Galien, *In Hippocrat. Epidem.*, VI, éd. Wenkebach et Pfaff, Berlin, 2e éd., 1956, p.206; XVII B, p.150 Kühn. 이 텍스트에서 끌어낸 결론(Daillyvan Effenterre, "Le cas Marc-Aurèle", *Revue des études anciennes*, t.56, 1954, p.365)은 결코 무모하지 않다. 유행한 머리 모양에 대한 지적은 J. Marquardt, *Das Privatleben der Römer*, 1886, rééd., Darmstadt, t.II, 1980, p.602를 보라.
63) Cassius Dion, LXXII, 35, 2, p.64.

II. 『명상록』 개괄

1) Cassius Dion, LXXII, 24, 1, p.41 ss.; A. S. L. Farquharson, *The Meditations of the Emperor Marcus Antoninus*, Oxford, 1968, t.I, p.XIV.
2) Thémistius, *Oratio 6(Philadelphoi)*, 81c.
3) Aurelius Victor, *Livre des Césars*, 16, 9; *Histoire Auguste, Avidius Cassius*, III, 6-7, p.238.
4) Nicéphore Calliste Xanthopoulos, *Histoire ecclésiastique*, III, 31, *Patrologia Graeca*, t.145, col.960.
5) *Suidae Lexikon*, éd. A. Adler, t.III, Stuttgart, 2ᵉ éd. 1967, §214, p.328, 24.
6) *Arethae Scripta Minora*, éd. L. G. Westerink, t.I, Leipzig(Teubner), 1968, p.305.
7) 같은 책, t.II, p.105, 5(=*Pensées*, I, 7, 7); *Scholia in Lucianum*, éd. H. Rabe, Leipzig(Teubner), 1906, p.189 et 207(=*Pensées*, VIII, 25 et 37).
8) Ph. Meyer, "Des Joseph Bryennios Schriften, Leben und Bildung", *Byzantinische Zeitschrift*, t.V, 1896, p.110은 15세기에 살았던 저자가 마르쿠스 아우렐리우스를 다수 인용했음을 지적한다는 점에서 참조할 만하다.
9) Ioannis Reuchlin, *De arte cabalistica libri tres*, Hagenau, 1517, p.XXXV verso(IV, 36, "*in libro ad se ipsum* tertio", VII, 23) et XLVIII verso[IV, 28, 2, 여기서 동사 'haploun'은 '단순화되다'가 아니라 '떨쳐내다' '해방되다'의 의미(explicare se)로 이해되었다]. 로이힐린이 사용한 필사본에 대해서는 L. Bergson, "Fragment einer Marc-Aurel-Handschrift", *Rheinisches Museum*, t.129, 1986, p.157-169를 보라.
10) *Marci Antonini Imperatoris de rebus suis, sive de eis quae ad se pertinere censebat libri XII*, commentario perpetuo explicati atque illustrati studio Thomae Gatakeri, Cambridge, 1652.
11) P. Hadot, Préface au *Dictionnaire des philosophes antiques*, publié sous la direction de R. Goulet, t.I, Paris, 1989, p.10을 참조하라.
12) P. Moraux, *Galien de Pergame. Souvenirs d'un médecin*, Paris, 1985, p.153; L. Brisson, M.-O. Goulet-Cazé, *Porphyre, Vie de Plotin*, t.I, Paris, 1982, p.283.
13) *Arethae Scripta Minora*(주 6에서 인용), p.305.
14) *Anthologie palatine*, liv.XV, §23, dans *Anthologie grecque*, t.XII, p.135: "슬픔을 극복하고 싶다면 이 복된 책을 펼치고 주의깊게 읽어보라. 이 책과 더불어 어렵지 않게 이 풍요로운 생각을 납득하게 될 것이다. 과거, 현재, 미래의 쾌락과 고통은 한줄기 연기에 지나지 않는다는 것을."
15) 주 7을 보라.
16) *Suidae Lexicon*, éd. A. Adler, t.III, 2ᵉ éd., Stuttgart, 1967, §214, p.328, 24.
17) Meric Casaubon, dans son édition de Marc Aurèle: *Marci Antonini Imperatoris De seipso et ad seipsum libri XII*, Londres, 1643, dans ses *Prolegomena*, p.12-14, citant la seconde édition de

l'editio princeps(1568).

18) 같은 책.

19) 같은 책, p.2-3.

20) Gataker, *Praeloquium*, p.24.

21) Caspar Barthius, *Adversariorum Commentariorum Libri LX*, Francfort, 1624, liv.I, chap.2, p.22-24.

22) J.-P. de Joly, *Pensées de l'empereur Marc Aurèle*, 2ᵉ éd., Paris, 1773, p.XXXIV-XLIII.

23) Farquharson, p.LXIV-LXVII.

24) Renan, p.157-158.

25) G. Misch, *Geschichte der Autobiographie*, I, 2, Berne, 2ᵉ éd. 1951, p.449.

26) P. A. Brunt, "Marcus Aurelius in his Meditations", *The Journal of Roman Studies*, t.64, 1974, p.1.

27) 본서 225~244쪽과 330~347쪽을 보라.

28) Fronton, *Ad Marc. Caesar.*, II, 8, 3, p.29, 2 Van den Hout; t.I, p.138 Haines.

29) P. A. Brunt, "Marcus Aurelius...", p.3, n.12; R. B. Rutherford, *Meditations...*, p.29 et n.90.

30) Photius, *Bibliothèque*, t.II, codex n.175, p.170-171 Henry를 참조하라.

31) Aulu-Gelle, préface, §2.

32) Plutarque, *De la tranquillité de l'âme*, I, 464F.

33) Augustin, *Soliloques*, éd. et trad. par P. de Labriolle, dans *Œuvres de saint Augustin*, Iʳᵉ série, V, *Dialogues philosophiques*, II, *Dieu et l'Âme*, Paris, 1939, p.25.

34) Porphyre, *Vie de Plotin*, chap.8, 4.

35) E. Arns, *La Technique du livre d'après saint Jérôme*, Paris, 1953, p.47-48(citant *Patrologia latina*, t.25, 1118A)를 참조하라.

36) P. A. Brunt, "Marcus Aurelius...", p.1, citant Cassius Dion, LXXII, 36, 2, p.67.

37) T. Dorandi, "Den Autoren über die Schulter geschaut. Arbeitsweise und Autographie bei den antiken Schriftstellern", *Zeitschrift für Papyrologie und Epigraphik*, t.87, 1991, p.11-33, 특히 p.29-33.

38) 이 말의 의미에 대해서는 주 35에서 인용한 E. Arns, p.18-22를 보라.

39) J.-P. de Joly(주 22에서 인용), p.XXXIV-XLIII.

40) P. A. Brunt, "Marcus Aurelius...", p.1-15. G. Cortassa, *Il Filosofo, i libri, la memoria. Poeti e filosofi nei Pensieri di Marco Aurelio*, Turin, 1989, p.60. 특히 주 11에는 이 주제와 관련한 참고문헌이 소개되어 있다.

III. 정신 수련으로서의 『명상록』

1) Arrien, *Entretiens d'Épictète*, I, 3, 1; I, 18, 20; II, 16(titre); III, 10, 1.
2) V. Hugo, *Quatre-vingt-treize*, III, 2, 7.
3) *Stoïciens*, p.48(§§100-101) et 271; *SVF*, t.III, §§29-48; Arrien, *Entretiens d'Épictète*, IV, 1, 133.
4) 케팔라이아에 대해서는 J. Dalfen, *Formgeschichtliche Untersuchungen*, p.234; R. B. Rutherford, *Meditations*..., p.33, 131을 참조하라.
5) 테일러가 제안한 텍스트 구분을 따랐으나, 'mimos'라는 단어에 대한 해석은 달펜을 따랐다.
6) *Stoïciens*, p.97; *SVF*, t.III, §68.
7) Cicéron, *Des lois*, I, 7, 23 et I, 12, 33. 공통의 법 개념에서 이성적 존재들의 공동체 개념이 동일한 추론으로 연결된다.
8) Lucrèce, *De la nature des choses*, III, 1024-1052; F. Villon, *Ballade des dames du temps jadis*, dans Villon, *Poésies complètes*, Paris(Livre de poche, Lettres gothiques), 1991, p.117. G. B. Conte, "Il trionfo della Morte e la galleria dei grandi trapassati in Lucrezio III, 1024-1053", *Studi italiani di filologia classica*, NS, vol.37, 1965, p.114-132, 특히 p.131, n.1을 참조하라.
9) *Stoïciens*, p.58(§134); *SVF*, t.II, §§299-305.
10) 로마에서의 그리스어 사용에 대해서는 Quintilien, *Institut.*, I, 1, 12; I. Hadot, *Arts libéraux et philosophie dans la pensée antique*, Paris, 1984, p.248을 참조하라.
11) 앞에서 인용한 논문. J. Rist, chap. I, n.9.
12) Aulu-Gelle, *Nuits attiques*, VII, 1, 7; VII, 2, 1.

IV. 철인 노예와 철인 황제—에픽테토스와 『명상록』

1) 마르쿠스 아우렐리우스의 인용에 대해서는 빼어난 연구인 G. Cortassa, *Il Filosofo...*를 참조하라.
2) A. A. Long, "Heraclitus and Stoicism", *Philosophia*, 5-6, 1975-1976, p.133-153을 참조하라.
3) M. Conche, *Héraclite, Fragments*, Paris, 1986, p.68-69(fr.11 Conche; 73 Diels-Kranz). G. Cortassa, *Il Filosofo...*, p.41-54를 보라(fr.12 Conche; 75 Diels-Kranz).
4) M. Conche, p.333 (fr.96 Conche; 71 Diels-Kranz).
5) 같은 책, p.71. (fr.12 Conche; 75 Diels-Kranz).
6) 같은 책, p.65. (fr.10 Conche; 72 Diels-Kranz).

7) 같은 책.
8) 같은 책, p.297(fr.85 Conche; 76 Diels-Kranz).
9) 우주의 계절 또한 헤라클레이토스가 즐겨 다룬 주제다(IV, 23; IX, 3; IX, 10). M. Conche, p.198 (fr.51, 100 Diels-Kranz)을 보라.
10) G. Cortassa, *Il Filosofo*..., p.65-70; Empédocle, fr.27, 28 Diels-Kranz. 호라티우스가 『풍자시』(II, 7, 86)에서 현자에 대해 썼던 유명한 표현을 보라 [*"Et in se ipso totus, teres atque rotundus*(둥글고 구체와 같은 그는 빛에서 모든 것을 찾는다)."]
11) G. Cortassa , *Il Filosofo*..., p.107-113; Démocrite, fr.3 Diels-Kranz. 이와 같은 비판으로는 Sénèque, *De la tranquillité de l'âme*, 13, 1; *De la colère*, III, 6, 3; Plutarque, *De la tranquillité de l'âme*, 465c를 보라.
12) Démocrite, fr.115 Diels-Kranz. G. Cortassa, *Il Filosofo*..., p.115-117.
13) Démocrite, testim.49 Diels-Kranz=Galien, *De elementis ex Hippocrate, libri II*, éd. G. Helmreich, Erlangen, 1878, I, 2, p.3, 20(=éd. Kühn, t.I, p.417). 갈레노스는 nomos를 nomisti와 같은 것으로 보면서 fr.125를 인용한다.
14) G. Cortassa, *Il Filosofo*..., p.109-113의 해석.
15) 테일러 번역본의 해석.
16) Diogène Laërce, VI, 83. L. Paquet, *Les Cyniques*, Presses de l'Université d'Ottawa, 1988, p.101의 번역 "인간의 모든 시도는 한낱 연기다"는 마르쿠스 아우렐리우스가 이해한 바와 맞지 않는다.
17) 마르쿠스 아우렐리우스가 정확히 어떤 일화를 두고 하는 말인지는 알 수 없다. G. Cortassa, *Il Filosofo*..., p.57.
18) 본서 237-241쪽을 참조하라.
19) G. Cortassa, *Il Filosofo*..., p.129-139.
20) 같은 책, p.141-145.
21) 정신적 진보의 가능성에 대해서는 I. Hadot, *Seneca*, p.76-77을 참조하라. 잘못의 경중 차이에 대해서는 같은 책 p.144-152를 보라. Sénèque, *De la clémence*, IV, 3; *"Peccavimus omnes, alii gravia, alii leviora*(우리는 모두 죄를 짓는다, 어떤 이는 무거운 죄를 짓고 어떤 이는 가벼운 죄를 짓는다)."
22) G. Cortassa, *Il Filosofo*..., p.125-128.
23) 같은 책, p.147-162.
24) P. Hadot, "'Le présent seul est notre bonheur.' La valeur de l'instant présent chez Goethe et dans la philosophie antique", *Diogène*, n° 133, 1986, p.62-75.
25) Aulu-Gelle, I, 2, 1-13; II, 18, 11; XV, 11, 5; XVII, 19, 1; XIX, 1, 14.
26) Lucien, *Le bibliophile ignorant*, §13, t.III(coll. Loeb, n° 130), p.192.
27) Galien, *De libris propriis*, dans *Opera omnia*, t.XIX, p.44, 10 Kühn.

28) Origène, *Contre Celse*, III, 54, 23; VI, 2, 15; VII, 53, 13 et 54, 24.
29) Simplicius, *In Epict. Enchir.*, p.45, 35 et 116, 48 Dübner.
30) Lucien, *Demonax*, §55, t.I(coll. Loeb, n° 14), p.168.
31) S. Follet, "Arrien de Nicomédie", dans R. Goulet, *Dictionnaire des philosophes*, t.I, Paris, 1989, p.597-604. Ph. A. Stadter, *Arrian of Nicomedia*, The University of North Carolina Press, 1980. A. G. Roos et G. Wirth, *Flavii Arriani quae extant omnia*, II: *Scripta minora et fragmenta*, Leipzig(Teubner), 1968.
32) Ph. A. Stadter, *Arrian*, p.14; J. H. Oliver, "Arrian in two Roles", *Hesperia*, Suppl.XIX, *Studies in Attic Epigraphy History and Topography presented to Eugene Vanderpool*, Princeton, 1982, p.122-129.
33) S. Follet, p.597; *Suidae Lexikon*, t.II, p.117 Adler.
34) É. Bréhier, J. Pépin et V. Goldschmidt, *Stoïciens*, p.1107-1132.
35) S. Follet, p.602.
36) 같은 책, p.599.
37) Thémistius, *Oratio* 34.
38) 다양한 입장에 대한 요약과 참고 문헌은 S. Follet, p.602를 보라.
39) J. Souilhé, *Épictète, Entretiens*, t.I, Introduction, p.XXIX.
40) Aulu-Gelle, *Nuits attiques*, I, 26, 1-11. Cf. J. Souilhé, p.XXIX.
41) Photius, *Bibliothèque*, codex 250, 111, t.VII, p.189.
42) 이러한 비판이 널리 퍼져 있었으나 I. Hadot, art. "Epictète", dans *Encyclopaedia Universalis*, p.36에서 잘 반박해주었다.
43) Aulu-Gelle, XIX, 1, 14.
44) 본서의 다음 꼭지를 보라.
45) Aulu-Gelle, I, 2, 6.
46) Farquharson, t.II, p.446.
47) 『명상록』의 에픽테토스 인용에 대해서는 G. Breithaupt, *De Marci Aurelii Antonini commentariis quaestiones selectae*, Göttingen, 1913, p.45-64를 보라.
48) H. Fränkel, "Ein Epiktetfragment", *Philologus*, t.80, 1925, p.221.
49) 본서 68-72쪽을 보라.
50) 본서 118-119쪽과 178쪽을 보라.
51) 본서 27-31쪽을 보라.
52) P. Hadot, "La physique comme exercice spirituel, ou pessimisme et optimisme chez Marc Aurèle", *Revue de théologie et de philosophie*, 1972, p.225-239.
53) Philon d'Alexandrie, *De specialibus legibus*, II, §46.
54) *SVF*, t.I, §360; Clément d'Alexandrie, *Strom.*, II, 21, 129, 5.

55) I, 12; III, 1, 2; III, 16, 2; VI, 22; VI, 26, 3.
56) *SVF*, t.I, §§351-357; *Stoïciens*, p.68.
57) H. Görgemanns, "Die Bekehrungsbrief Marc Aurels", *Rheinisches Museum für Philologie*, t.134, 1991, p.108. 여기서 저자는 (달변으로 유명했고 그 때문에 '세이렌'이라는 별명까지 얻었던) 아리스톤의 이름이 마르쿠스 아우렐리우스가 프론토에게 보낸 편지에만 등장하는 이유를 프론토가 라이벌인 유니우스 루스티쿠스, 그리고 프론토의 문학적 취향에는 맞지 않았던 에픽테토스의 『담화록』이 언급되는 것을 좋아하지 않았기 때문일 것으로 추측한다.

V. 에픽테토스의 스토아주의

1) É. Bréhier, *Histoire de la philosophie*, I, Paris, rééd. 1991, p.266.
2) Sénèque, *Lettres à Lucilius*, 20, 2-5.
3) *SVF*, t.I, §179(=Jean Stobée, *Anthol.*, II, 7, 6, t.II, p.75, 11 Wachsmuth). 생명체가 조화를 이루는 대상에 비해 자기 조화가 갖는 초월성에 대해서는 V. Goldschmidt, *Le Système stoïcien et l'idée de temps*, Paris, 1977, p.129를 참조하라.
4) *SVF*, t.II, §625 et §§596-632.
5) P. Hadot, "La figure du sage dans l'Antiquité gréco-latine", dans *Les Sagesses du monde*, sous la direction de G. Gadoffre, Paris, 1991, p.11-18을 참조하라.
6) O. Luschnat, "Das Problem des ethischen Fortschritts in der alten Stoa", *Philologus*, t.102, 1958, p.178-214; I. Hadot, *Seneca*, p.72-78. 특히 p.72-73은 선과 악의 정도라는 문제를 다룬다.
7) 본서 244쪽을 보라.
8) P. Hadot, "La division des parties de la philosophie dans l'Antiquité", *Museum Helveticum*, t.36, 1979, p.201-223.
9) 주 1을 참조하라.
10) Cicéron, *Des termes extrêmes des biens et des maux*, III, 21, 72-73.
11) Plutarque, *Des contradictions des stoïciens*, 9, 1035a; *SVF*, t.II, §42; *Stoïciens*, p.96-97.
12) *SVF*, t.II, §41: *Stoïciens*, p.30(§40).
13) *SVF*, t.II, §38; Sextus Empiricus, *Adversus Mathematicos*, VII(=*Against the Logicians*, I), §19 (coll. Loeb, n° 291), p.10-11.
14) *Stoïciens*, p.97; *SVF*, t.II, §53, p.20.
15) *Stoïciens*, p.30(§41), p.29(§39) *la doctrine philosophique*(철학이 아니라 철학적 교의다). P. Hadot, "Philosophie, discours philosophique et divisions de la philosophie chez les stoïciens", *Revue internationale de philosophie*, 1991, p.205-219도 함께 참조하라.

16) *Stoïciens*, p.96-97.
17) É. Bréhier, Préface à A. Virieux-Reymond, *La logique et l'épistémologie des stoïciens*, Chambéry, s.d., p.V.
18) A. Bonhöffer, *Die Ethik des Stoikers Epietet*, Stuttgart, 1894(2ᵉ éd. 1968), p.III-VI; *Epictet und die Stoa*, Stuttgart, 1890(2ᵉ éd. 1968), p.V.
19) Arrien, *Entretiens d'Epictète*, II, 17, 40; II, 19, 9; III, 2, 13-16, 21, 7.
20) Arrien, *Manuel*, I, 1.
21) Platon, *République*, IV, 436b et ss.
22) Plutarque, *De la vertu morale*, 3, 441c.
23) Arrien, *Entretiens*, I, 4, 12; 예를 든다면 III, 2, 1.
24) *Stoïciens*, p.30(§39).
25) H. Throm, *Die Thesis*, Paderborn, 1932, p.88, 118. P. Hadot, "Philosophie, dialectique, rhétorique dans l'Antiquité", *Studia philosophica*, t.39, 1980, p.147.
26) A.-J. Voelke, *L'Idée de volonté dans le stoïcisme*, Paris, 1973, p.97.
27) 나는 D. Pesce, *Il Platane di Tubinga*, Brescia, 1990, p.55 ss에서 제기된 반박에 이로써 답을 했다고 본다.
28) *SVF*, t.III, §68; *Stoïciens*, p.97.
29) 이러한 추론에 대해서는 *Stoïciens*, p.824의 주석을 참조하라.
30) 개괄(c.1), 욕망의 규율(c.2-29), 행동의 규율(c.30-51), 그리고 짧게 환기되는 동의의 규율(c.52), 항상 수중에 두고 기억해야 할 문장으로 이루어진 결론(c.53)으로 구성되어 있다. M. Pohlenz, *Die Stoa*, t.II, Göttingen, 1955, p.162를 참조하라.
31) 이 시도에 대해서는 P. Hadot, *Exercices*..., p.150-153을 보라.

VI. 『명상록』의 스토아주의—내면의 성채 혹은 동의의 규율

1) *Stoïciens*, p.32(§49).
2) 같은 책, p.33(§51 ss).
3) Aulu-Gelle, XIX, 1, 15-20.
4) 본서 120-124쪽을 보라.
5) *Stoïciens*, p.489(=Cicéron, *Du destin*, XIX, §43).
6) *SVF*, t.II, §91(=Sextus Empiricus, *Adversus Mathematicos* VIII(=*Against the Logicians*, II), §397)(coll. Loeb, n° 291, p.446-447).
7) Plutarque, *De la vertu morale*, 3, 441c.
8) 본서 127-128쪽을 보라.

9) *SVF*, t.II, §846(=Damascius, *In Phaedonem*, n° 276, p.167 Westerink).
10) V. Goldschmidt, *Système stoïcien...*, p.120-121.
11) Sextus Empiricus, *Adversus Mathematicos* VII(=*Against the Logicians*, I), §234(coll. Loeb, n° 291, p.127).
12) Sénèque, *Lettres à Lucilius*, 78, §14.
13) Sénèque, *De la constance du sage*, X, 4.
14) Sénèque, *De la colère*, II, 4, 1.
15) 같은 책, I, 16, 7을 참조하라.
16) 본서 103-104쪽과 118-128쪽을 보라.
17) 본서 127쪽을 보라.
18) *Stoïciens*, p.44(§88); *SVF*, t.III, §4.
19) Aristote, *Ethique à Nicomaque*, X, 7, 1177b 26.
20) P. Claudel, *Vers d'exil*, VII.
21) Plotin, *Enn.*, I, 1, 13, 7.
22) Pascal, *Pensées*, §460, p.544 Brunschvicg(Classiques Hachette).
23) 같은 책, §793, p.695.
24) *SVF*, t.III, §171; *Stoïciens*, p.133; A.-J. Voelke, *Volonté...*, p.50-55.
25) *SVF*, t.III, §265; *Stoïciens*, p.45(§92).
26) R. Schaerer, *La Question platonicienne*, Paris-Neuchâtel, 1969, p.100.
27) É. Bréhier, Préface à A. Virieux-Reymond, *La Logique et l'épistémologie des stoïciens*, Chambéry, s.d., p.V.

VII. 『명상록』의 스토아주의 — 욕망의 규율 혹은 운명애

1) A.-J. Voelke, *Volonté...*, p.131-133을 참조하라.
2) *Stoïciens*, p.44(§87-89); *SVF*, t.III, §4.
3) 자연(본성)을 따르는 삶과 로고스를 따르는 삶의 동일성에 대해서는(『명상록』 VII, 11) *Stoïciens*, p.44(§86); *SVF*, t.III, §178을 참조하라.
4) Anatole France, *Le Livre de mon ami*, XI, dans *Œuvres*, t.I, Paris(La Pléiade), p.515.
5) *SVF*, t.II, §509. 이 문제에 대해서는 J.-J. Duhot, *La Conception stoïcienne de la causalité*, Paris, 1989, p.95-100을 참조하라.
6) H. Bergson, *La Pensée et le mouvant*, p.168-169.
7) Simplicius, *In Aristotel. Categ.*, p.407, 3 Kalbfleisch: "Pour eux, le futur est déterminé(그들에게 미래는 결정된 것이었다)."

8) 현재, 과거, 미래에 대한 이러한 해석에 대해서는 É. Bréhier, *La Théorie des incorporels dans l'ancien stoïcisme*, Paris, 3ᵉ éd., 1962, p.58-59를 참조하라.

9) V. Goldschmidt, *Système stoïcien...*, p.195.

10) 이 해석은 E.-R. Dodds, *Païens et chrétiens dans un âge d'angoisse*, Paris, 1979, p.21에 반한다. J. Rist, "Are you a Stoic", p.38-39를 참조하라.

11) Homère, *Iliade*, XX, 127; XXIV, 209; XXIV, 525; *Odyssée*, VII, 197.

12) P. Boyancé, "Remarques sur le Papyrus de Derveni", *Revue des Études Grecques*, t.87, 1974, p.95를 참조하라.

13) Platon, *République*, 617b ss.

14) *SVF*, t.II, §913.

15) *SVF*, t.II, §914.

16) 이 이론은 É. Bréhier, *Chrysippe*, Paris, 1951, p.114-127; S. Sambursky, *Physics of the Stoics*, Londres, 1959, p.11-17에 잘 요약되어 있다. *Stoïciens*, p.167-169(Plutarque, *Des notions communes...*, 37, 1077-1078)도 참조하라.

17) *Stoïciens*, p.169.

18) H. Reeves, *Patience dans l'azur*, Paris, 1988, p.259.

19) F. Thompson, *The Mistress of Vision*.

20) Euripide, *Tragoediae*, t.III, éd. Nauck, Leipzig, 1912, fr.890, p.249.

21) F. Nietzsche, *Ecce Homo, Pourquoi je suis si avisé*, 10(NRF, t.VIII, p.275).

22) F. Nietzsche, *Nietzsche contre Wagner, Épilogue*, I(NRF, t.VIII, p.370).

23) F. Nietzsche, *Fragments posthumes*, fin 1886- printemps 1887, 7[38](NRF, t.XII, p.298).

24) 같은 책, printemps-été 1888, 16[32](NRF, t.XIV, p.244).

25) W. Blake, *Auguries of Innocence*.

26) Sénèque, *Des bienfaits*, VII, 3, 3.

27) *Stoïciens*, p.140(Plutarque, *Des notions communes...*, 8, 1062a).

28) Sénèque, *Lettres à Lucilius*, 74, 27.

29) 이러한 개념에 대해서는 P. Hadot, "Le présent...", p.63-75를 보라.

30) L. Wittgenstein, *Tractatus logico-philosophicus*, 6, 4311.

31) Sénèque, *Lettres à Lucilius*, 16, 4.

32) E. 르낭부터 J. 리스트까지, "Are you a Stoic", p.29.

33) 이 부분의 해석은 W. 테일러 판을 따른 것이다.

34) Aristote, *Protreptique*, fr.2, p.27-28 Ross.

35) Sénèque, *Lettres à Lucilius*, 16, 4. 여기서 마르쿠스 아우렐리우스의 가설이 다수 확인된다. 몰인격적 섭리(도식에서 4), 인격적 섭리(5), 우연(1)이라는 서로 다른 가설에 대해서는 W. Theiler, "Tacitus und die antike Schicksalslehre", *Phyllobolia für Peter von der Mühl*, Bâle, 1945,

p.35-90을 참조하라.

36) M. Frede, *Die stoische Logik*, Göttingen, 1974, p.98-100. Aulu-Gelle, *Nuits attiques*, XVI, 8, 14.

37) Aulu-Gelle, *Nuits attiques*, VII, 1, 7-13.

38) Cicéron, *De la nature des dieux*, III, 35, 86; cf. II, 66, 167(신은 위대한 것에 마음을 쓰고 작은 것은 무시한다). Philon d'Alexandrie, *De providentia*, II, §102(원소의 자연적 변화가 낳은 재앙은 근본적으로 자연스러운 과정의 부수적 결과에 지나지 않는다).

39) 마르쿠스 아우렐리우스가 'toioutos(이러저러한)'라는 표현을 사용한 예로는 V, 8, 4; IV, 33, 3을 보라.

40) Pascal, *Pensées*, §77, p.361 Brunschvicg.

41) *Stoïciens*, p.59 (§§135-136); *SVF*, t.II, §1027.

42) Sénèque, *Questions naturelles*, I, Préf.3.

43) 같은 책, 같은 부분.

44) Cléanthe, *Hymne à Zeus*, trad. Festugière dans A.-J. Festugière, *La Révélation d'Hermès Trismégiste*, t.II, Paris, 1949, p.313; *Stoïciens*, p.8.

45) Sénèque, *Questions naturelles*, II, 45, 1.

46) 같은 책, II, 45, 2-3.

47) 같은 책, II, 46.

48) Arrien, *Entretiens d'Épictète*, I, 12, 8; I, 20, 15; Marc Aurèle, III, 16, 3; X, 11, 4; XII, 27, 2; XII, 31, 2(이성을 따르는 것과 신을 따르는 것의 동일성).

49) P. Hadot, Introduction à *Plotin, Traité 50*, Paris, 1990, p.68.

50) 본서 180-181쪽을 보라.

51) Origène, *Contre Celse*, IV, 74; *SVF*, t.II, §§1156-1157.

52) H. Bergson, *Les Deux Sources de la morale et de la religion*, p.343.

53) Cicéron, *De la nature des dieux*, II, 66, 165-166.

54) 본서 192-193쪽을 보라.

55) 마르쿠스 아우렐리우스의 이 말에 대해서는 이제 고인이 된 앙드레 장 보엘케의 훌륭한 논문을 참조하기 바란다. "Santé du monde et santé de l'individu, Marc Aurèle V, 8", *Revue internationale de philosophie*, 1991, p.322-335. 그가 죽음이 임박했음을 알고서 쓴 글이어서 더욱 감동적이다.

56) *Kaiser Marc Aurel und seine Zeit*, herausgegeben von Klaus Stemmer, Berlin, 1988, p.XII.

57) R. B. Rutherford, *Meditations...*, p.243.

58) Sénèque, *Lettres à Lucilius*, 107, 2.

59) Plotin, *Traité* 38(VI, 7), 22, 31 (p.145 Hadot).

60) *Journal de l'abbé Mugnier*, Paris(Mercure de France), 1985, p.221.

61) 앞에 나왔던 니체의 인용문에서 '위에서 내려다보다'라는 표현을 주목하라. 이 '내려다보는 시선'이라는 주제에 대해서는 R. B. Rutherford, *Meditations*, p.155-161, 251-252; P. Hadot, "La terre vue d'en haut et le voyage cosmique", *Frontières et conquêtes spatiales*, éd. J. Schneider, M. Léger-Orine, Dordrecht, 1988, p.31-39를 참조하라.

62) Sénèque, *Lettres à Lucilius*, 102, 21.

63) 이 대화편은 영역본(t.II = coll. Loeb, n° 54)이 있다.

64) Lucien, *Dialogues of the Dead*, 20, t.VII(coll. Loeb, n° 431), p.102.

65) Arrien, *Entretiens d'Épictète*, III, 22, 24.; E. Norden, *Beiträge zur Geschichte der griechischen Philosophie*, dans *Jahrbücher für classische Philologie*, 19. Supplementband, Leipzig, 1893, p.375-385를 참조하라.

66) A. Schopenhauer, *Le Monde comme volonté et comme représentation*, Supplément au IIIe livre, chap.XXXVIII(trad. fr. A. Burdeau, t.III, Paris[PUF], p.255).

67) Lucrèce, *De la nature des choses*, III, 944.

68) Arrien, *Manuel d'Épictète*, c.17("너는 우주의 극에서 연출가가 네가 맡기를 바라는 역할을 연기한다"). V. Goldschmidt, *Système stoïcien*..., p.180 ss도 참조하라.

69) Kant, *Critique de la raison pratique*, trad. J. Gibelin, Paris, 1983, p.175(고딕체는 저자).

VIII. 『명상록』의 스토아주의—행동의 규율 혹은 인간을 위한 행동

1) Fronton, *De feriis Alsiensibus*, 3, 7, p.231, 5 Van den Hout; t.II, p.12 Haines; "Si quempiam condemnas, parum cavisse videtur."

2) 이 번역은 I. G. Kidd, "Posidonius on Emotions", *Problems in Stoicism*, éd. A. A. Long, Londres, 1971, p.201에서 가져왔다. 같은 책에 포함된 논문 "Stoic Intermediates and the End for Man"도 보라. 이 주제에 대해서는 I. Hadot, *Seneca*, p.72-78; V. D'Agostino, *Studi sul Neostoicismo*, chap. "I doveri dell'etica sociale in Marco Aurelio", p.120-140; V. Goldschmidt, *Système stoïcien*..., p.145-168도 보라.

3) *Stoïciens*, p.50("Le convenable").

4) Cicéron, *Des termes extrêmes des biens et des maux*, III, 5, 16과 그 이하를 골트슈미트의 빼어난 주석과 함께 보라(V. Goldschmidt, *Système stoïcien*..., p.126-132).

5) Sénèque, *Des bienfaits*, IV, 33, 2.

6) Cicéron, *Des devoirs*, III, 13, 55 ss. 결의론에 대해서는 I. Hadot, "Tradition stoïcienne et idées politiques au temps des Gracques", *Revue des études latines*, t.48, 1970, p.161-178을 참조하라.

7) 같은 책, III, 12, 51-53.

8) 본서 118-119쪽을 보라.
9) A.-J. Voelke, *Volonté*..., p.73-75를 참조하라.
10) Marc Aurèle, IV, 1, 2; V, 20, 2; VI, 50, 2; Arrien, *Manuel d'Épictète*, §2, 2, 그리고 마르쿠스 아우렐리우스가 인용한 에픽테토스의 말(XI, 37, 1); Sénèque, *De la tranquillité de l'âme*, XIII, 2-3.
11) Sénèque, *De la tranquillité de l'âme*, XIII, 2-3.
12) Sénèque, *Des bienfaits*, IV, 34, 4-5.
13) 같은 책, 같은 부분.
14) Cicéron, *Des termes extrêmes des biens et des maux*, III, 6, 22.
15) 주 12와 13을 참조하라.
16) Sénèque, *De la providence*, II, 1 et 4.
17) Sénèque, *Des bienfaits*, II, 10, 1.
18) 같은 책, II, 10, 3.
19) *SVF*, t.III, §45; Sénèque, *De la VIe heureuse*, IX, 4: *(virtus) ipsa pretium sui*; Spinoza, *Éthique*, V, propos.XLII.
20) 파커슨의 해석.
21) 「마태복음」 6장 3절.
22) Plotin, *Enn.*, I, 4, 10, 26 ss.
23) Sénèque, *Des bienfaits*, IV, 34, 4; *De la tranquillité de l'âme*, XIII, 3.
24) 이러한 수련의 역사는 Cicéron, *Tusculanes*, III, 13, 28 ss에서 볼 수 있다. I. Hadot, *Seneca...*, p.60-61을 참조하라.
25) Philon d'Alexandrie, *Des lois spéciales*, II, §46.
26) 이 표현은 Mireille Armisen-Marchetti, "Imagination et méditation chez Sénèque. L'exemple de la *praemeditatio*", *Revue des études latines*, t.64, 1986, p.185-195에서 따왔다.
27) Sénèque, *Lettres à Lucilius*, 98, 6.
28) Kant, *Fondements de la métaphysique des mœurs*, IIe section, trad. Delbos-Philonenko, Paris, 1987, p.111-112.
29) *Stoïciens*, p.49("La valeur et les préférables"). É. Bréhier, *Études de philosophie antique*, Paris, 1955, p.135-138을 참조하라.
30) Sénèque, *Lettres à Lucilius*, 89, 14.
31) '다른 사람들의 표상에 휩쓸리지 말라'는 뜻. 에픽테토스의 『엥케이리디온』 §16과 텍스트의 맥락을 고려해 의미를 명시해둔다.
32) *SVF*, t.III, §262; Philon d'Alexandrie, *Allégorie des Lois*, I, §87; Marc Aurèle, I, 16, 5.
33) Cassius Dion, LXXII, 34, 4, p.62.
34) Platon, *Lois*, VI, 756e-758a; Aristote, *Éthique à Nicomaque*, V, 6, 1131a-b.

35) Hérodien, *Histoire de l'Empire*, I, 2, 2. 여기서 헤로디아누스는 루키우스 베루스 황제와 사별한 루킬라와 클라우디우스 폼페이아누스의 재혼을 특히 염두에 두고 말한다. 루킬라 본인과 모친 파우스티나는 이 혼인을 흡족히 여기지 않았다.

36) *SVF*, t.III, §125.

37) Platon, *République*, 617e 1; 620d 8; *Phédon*, 107d 7.

38) L. Lavelle, *L'Erreur de Narcisse*, Paris, 1939, p.111.

39) Aristote, *Éthique à Nicomaque*, VII, 3, 1145b 21-27; Platon, *Protagoras*, 345d; *Gorgias*, 509e; *Timée*, 86d.

40) Galien, *De peccatorum dignotione*, 4, 1, *Corpus medicorum graecorum*, V, 4, 1, 1, Berlin, 1937, p.53 De Boer; t.V, p.77, Kühn.

41) Sénèque, *De la clémence*, II, 5, 4(= III, 4).

42) L. Lavelle, *L'Erreur de Narcisse*, p.196. J. de Romilly, *La douceur dans la pensée grecque*, Paris, 1979를 참조하라.

43) Arrien, *Entretiens d'Épictète*, III, 22, 54.

44) 「마태복음」 25장 40절.

45) Sénèque, *De la clémence*, II, 5, 3(=III, 3).

IX. 『명상록』의 스토아주의—덕과 기쁨

1) *Protagoras*, 325a et 329c; *République*, 487a 5; *Phédon*, 69b 2; *Lois*, XII, 963 et I, 630-631.

2) *Stoïciens*, p.44-46; p.56-58; *SVF*, t.III, §262 et ss., §295 et ss.

3) *Orphei Hymni*, éd. G. Quandt, Berlin, 1955, p.10을 참조하라.

4) K. Smolak, "Der Hymnus des Mesomedes an die Natur", *Wiener Humanistische Blätter*, Heft 29, 1987, p.1-13.

5) Cicéron, *Des devoirs*, I, 4, 13-14; I, 5, 15. 제1권에서 지면을 크게 차지하는 개념이다.

6) 이 대목에 대해서는 Cicéron, *Des Lois*, I, 31을 참조하라.

7) Sénèque, *Lettres à Lucilius*, 59, 16-17.

8) Aristote, *Éthique à Nicomaque*, X, 4, 1174b 33.

9) Sénèque, *De la vie heureuse*, IX, 2; *Stoïciens*, p.46(§94).

10) 같은 책, XV, 2.

11) *Stoïciens*, p.53(§116).

12) 같은 책, p.166(Plutarque, *Des notions communes*..., 35, 1077b).

13) 같은 책, p.44(§88).

14) *Lois*, IV, 716a 1.

X. 『명상록』을 통해 본 아우렐리우스

1) E. Renan, p.273.
2) 같은 책, p.267.
3) 같은 책, p.30.
4) 같은 책, p.34.
5) P. Wendland, *Die hellenistisch-römische Kultur in ihren Beziehungen zu Judentum und Christentum*, Tübingen, 4ᵉ éd., 1972, p.238.
6) J. Rist, *Stoic Philosophy*, Cambridge, 1969, p.286.
7) P. Petit, *La Paix romaine*, 3ᵉ éd., 1982, p.194. "마르쿠스 아우렐리우스는 생애 말년에 다분히 부정적인 절망의 흔적에도 불구하고 합리적이기보다는 미신적인 유형의 스토아철학자였다……"
8) E. R. Dodds, *Païens et chrétiens...*, p.22; p.43, n.2.
9) 같은 책, p.43, n.2.
10) *Histoire Auguste, MA*, V, 2, p.142.
11) Cassius Dion, LXXII, 36, 1, p.66.
12) P. Grimal, p.53.
13) Philostrate, *La Galerie de tableaux*, trad. Bougot, révisé par F. Lissarague, Paris, 1991, p.59-60.
14) R. Dailly-H. van Effenterre, "Le cas Marc Aurèle", p.349-350.
15) Cassius Dion, LXXII, 6, 4, p.22.
16) 같은 책, LXXII, 36, 2, p.66.
17) R. Dailly-H. van Effenterre, p.354.
18) T. W. Africa, "The Opium Addiction of Marcus Aurelius", *Journal of History of Ideas*, 1961, p.98-99. 이 논문에 대한 나의 반박으로는 "Marc Aurèle était-il opiomane?", *Mémorial André-Jean Festugière*, Genève(Cramer), 1984, p.33-50을 보라.
19) Galien, *De antidotis*, I, 1 ss., *Opera omnia*, t.XIV, p.2 et ss. Kühn.
20) 같은 책, I, 7, p.42; II, 17, p.201; II, 9, p.155. P. Hadot(1984), p.38을 참조하라.
21) Galien, *Ad Pisonem de theriaca*, 2, t.XIV, p.216-217 Kühn.
22) T. W. Africa, p.102, n.78.
23) Th. De Quincey, *Confessions of an English Opium Eater*, Paris, 1964, p.249(trad. Moreux).
24) T. W. Africa, p.101.
25) Sénèque, *Lettres à Lucilius*, 99, 10; 49, 3.
26) *Anthologie Palatine*, livre VII, 472, dans *Anthologie grecque*, t.V, p.56.
27) *SVF*, t.II, §762; *Stoïciens*, p.178.

28) Platon, *Cratyle*, 402a. A. A. Long, "Heraclitus and Stoicism", *Philosophia*, Académie d'Athènes, 1975-1976, 5-6, p.153을 참조하라.
29) Plutarque, *Sur la disparition des oracles*, 39, 432a.
30) Ovide, *Métamorphoses*, XV, 179.
31) Platon, *République*, 486a(『명상록』 VII, 35에서 재인용).
32) Philon d'Alexandrie, *Des lois spéciales*, III, 1-2.
33) Maxime de Tyr, XXII, 6, p.91 Dübner.
34) Ovide, *Métamorphoses*, XV, 147.
35) 예를 들자면 Sénèque, *Questions naturelles*, I, praef.7-13을 보라.
36) *Metrodori Epicurei Fragmenta*, fr.37, éd. A. Körte, dans *Neue Jahrbücher fur classische Philologie, Supplementband*, XVII, 1890, p.557.
37) Cicéron, *Songe de Scipion*, 3, 16. A.-J. Festugière, *La Révélation d'Hermès Trismégiste*, t.II, Paris, 1949, p.441과 그 이하도 참조하라.
38) Pascal, *Pensées*, section II, §72, p.347 Brunschvicg.
39) Th. De Quincey, p.253, Moreux.
40) P. Rabbow, *Seelenführung. Methodik der Exerzitien in der Antike*, Munich, 1954, p.85.
41) J. Dalfen, *Formgeschichtliche Untersuchungen zu den Selbstbetrachtungen Marc Aurels*, Munich(Inaugural Dissertation, Université de Munich), 1967.
42) M. Alexandre, "Le travail de la sentence chez Marc Aurèle: philosophie et rhétorique", *La Licorne, Publications de la Faculté des lettres et des langues de l'université de Poitiers*, 1979/3, p.125-158.
43) R. B. Rutherford, *The Méditations...*, p.126 et ss.
44) Fronton, *Ad Antonin. Imper., De eloquentia*, 4, 8, p.140, 8, Van den Hout; t.II, p.79 Haines.
45) Fronton, *Ad Antonin. Imper.*, IV, 1, p.105, 4-6, Van den Hout; t.I, p.305 Haines.
46) W. Williams, "Individuality in the Imperial Constitutions: Hadrian and the Antonines", *The Journal of Roman Studies*, t.66, 1976, p.78-82.
47) G. Breithaupt, p.15-16에서는 『오디세이아』 3권의 제목 '필로스에서 일어난 일(Ta en Puloi)'과 4권의 제목 '라케다이몬에서 일어난 일(Ta en Lakedaimoni)'의 유사성을 예로 든다. 마르쿠스 아우렐리우스가 쓴 글에서는 '카르눈툼에서 쓰다'가 여기에 해당한다.
48) W. Theiler, p.307.
49) G. Breithaupt, p.39.
50) W. Theiler, p.307. 또한 1517년에 로이힐린이 4권에 속한 글을 3권의 발췌라고 인용했던 사실에 중요성을 부여해야 할까?
51) 문법상의 문제에 대해서는 W. Theiler, p.307을 보라.

52) R. B. Rutherford, *Meditations*..., p.46.
53) W. Theiler, p.347.
54) *Histoire Auguste, Lucius Verus*, VIII, 7-11, p.224.
55) 이 인물에 대해서는 G. W. Bowersock, *Greek Sophists in the Roman Empire*, Oxford, 1969, p.53(cf. *Histoire Auguste, MA*, II, 4, p.136; Philostrate, *Vie des sophistes*, II, §524, p.94)을 참조하라. 여기서 마르쿠스 아우렐리우스가 언급하는 하드리아누스가 달펜(p.69)의 주장처럼 수사학자였던 티레의 하드리아누스일 리는 없다. 그 이유는 수사학자 하드리아누스는 카니니우스 켈레르보다 한참 뒤에 사망했고, 마르쿠스 아우렐리우스가 『명상록』을 쓸 무렵 버젓이 살아 있었기 때문이다(cf. Philostrate, *Vie des Sophistes*, II, §590, p.232).
56) P. Courcelle, *Recherches sur les Confessions de saint Augustin*, Paris, 1968, p.12-29를 보라.
57) P. Graindor, *Un milliardaire antique: Hérode Atticus et sa famille*, Le Caire, 1930; W. Ameling, *Herodes Atticus*, 2 vol., Hildesheim, 1983을 보라.
58) 이 송사에 대해서는 J. H. Oliver, *Marcus Aurelius, Aspects of Civil and Cultural Policy in the East*, dans *Hesperia*, Supplem. XIII, 1970. Trad. française des documents par S. Follet, "Lettre de Marc Aurèle aux Athéniens(EM 13366): nouvelles lectures et interprétations", *Revue de philologie*, LIII, 1979, p.29-43를 참조하라. 첫번째 송사에 대해서는 Fronton, *Ad Marc. Caesar*, III, 3 ss. p.37, 5 ss., Van den Hout; t.I, p.59 ss. Haines를 보라. 또한 마르쿠스 아우렐리우스와 헤로데스 아티쿠스의 관계에 대해서는 G. W. Bowersock, *Greek Sophists*, p.49와 p.94-100을 보라.
59) Fronton, *Ad Verum Imper.*, I, 6, p.111, 17, Van den Hout; t.II, p.154 Haines.
60) Fronton, *Ad Amicos*, I, 3, p.173, 28, Van den Hout; t.I, p.280 Haines.
61) Fronton, *De feriis Alsiensibus*, 4, p.234, 13, Van den Hout; t.II, p.18 Haines.
62) R. B. Rutherford, *Meditations*..., p.229.
63) 『명상록』 1권에 대해서는 빼어난 저작 F. Martinazzolli, *La "Successio" di Marco Aurelio*, Bari, 1951을 참조하기 바란다.
64) *Histoire Auguste, MA*, XXIX, 10, p.204.
65) R. B. Rutherford, *Meditations*..., p.132를 참조하라.
66) E. Renan, p.36.
67) *Histoire Auguste, MA*, XXIX, 6, p.204.
68) 마리우스 막시무스에 대해서는 R. Syme, *Emperors and Biography*, Oxford, 1971, p.113-114를 보라.
69) Cassius Dion, LXXII, 34, 4-5, p.62.
70) 같은 책, LXXII, 30, 2, p.52.
71) *Histoire Auguste, MA*, XX, 5, p.182.
72) 본서 38쪽을 보라.

73) Cassius Dion, LXXII, 34, 4, p.62.
74) *Histoire Auguste, Avidius Cassius*, I, 8, p.234.
75) E. Renan, p.272.
76) *Institut. Justin.*, III, 11, 1(Williams, p.80에서 재인용-); G. Cortassa(1984), p.574도 보라.
77) 이 인물들에 대해서는 R. MacMullen, *Enemies of the Roman Order*, Cambridge(Massach.), 1966, p.1-94를 참조하라.
78) 율리아누스 황제는 시라쿠사의 디온과 카토의 불행한 운명을 비교한 바 있다(*A Thémistius*, 3, 256a).
79) Plutarque, *Dion*, 5, 8, 960b; 7, 1, 960e; 8, 1, 961b; 17, 6, 965a; 47, 1-9, 978-979; 52, 1-3, 980-981.
80) Sénèque, *De la constance du sage*, VII, 1; *De la providence*, II, 9 ss.
81) Plutarque, *Caton le Jeune*, 67-68, 792-793.
82) Arrien, *Entretiens d'Épictète*, I, 2, 19; IV, 1, 123.
83) 이 문제에 대해서는 P. A. Brunt, *The Stoicism and the Principat, Papers of the British School at Rome*, vol.43, 1975, p.7-35; R. B. Rutherford, *Meditations...*, p.59-80(스토아주의자와 로마제국에 대한 탁월한 연구)을 참조하라.
84) Cassius Dion, LXXII, 33, 2, p.56.
85) *Histoire Auguste, MA*, XXII, 3, p.186; VIII, 1, p.150.
86) Hérodien, *Histoire de l'Empire*, I, 2, 4; F. Millar, *The Emperor in the Roman World*, Londres, 1977, p.271-272도 참조하라. 또한 로엡 출판사 판본 서문(n° 454, p.LXXX)에서 C. R. 휘태커는 헤로디아누스의 이데올로기와 클라우디우스 세베루스에게서 비롯된 전통의 관계를 잘 강조해주었다.
87) *Histoire Auguste, MA*, XII, 1, p.162.
88) P. Hadot, art. "Fürstenspiegel", *Reallexikon für Antike und Christentum*, t.VIII, fasc.60, 1970, p.555-632를 참조하라.
89) R. B. Rutherford, *Meditations...*, p.108.
90) *Histoire Auguste, Antonin le Pieux*, XII, 6, p.130.
91) *Histoire Auguste, MA*, VIII, 1, p.150.
92) 알렉산드로스와 필리포스는 마케도니아의 위대한 정복자였으므로, 이 맥락에서 언급된 데메트리오스는 공직자이자 아리스토텔레스주의자였던 팔레론의 데메트리오스가 아니라 '성을 공략하는 자' 데메트리오스, 즉 데메트리오스 폴리오르케테스로 봐야 한다. A와 T 필사본이 입증하는 '팔레론의 데메트리오스' 설은 주석이 본문으로 들어간 경우가 아닌지 의심스럽다(H. Schenkl; G. Cortassa).
93) Cicéron, *De l'orateur*, I, 230.
94) Cicéron, *Lettres à Atticus*, 2, 1, 8; Plutarque, *Phocion*, 3, 2, 742f.

95) Sénèque, *Lettres à Lucilius*, 95, 33.
96) G. Ville, *La Gladiature en Occident des origines à la mort de Domitien*, Rome, 1982, p.462 et p.482.
97) *Histoire Auguste, MA*, XXIII, 5, p.190.
98) Cassius Dion, LXXII, 29, 3, p.50.
99) Vaclav Havel, *Méditations d'été*, Paris, 1992, p.137.

결론

1) Nietzsche, *Humain, trop humain*, t.II, *Fragments posthumes*, §168(NRF, t.III, 2, p.74).
2) E. Renan, p.166.
3) 같은 책, p.162.
4) Kant, *Fondements de la métaphysique des mœurs*, 2e section, trad. Delbos-Philonenko, Paris, 1987, p.94-95.
5) J. Gernet, *Chine et christianisme*, Paris, 2e éd., 1991, p.193.
6) J. Gernet, "La sagesse chez Wang-Fou-tche, philosophe chinois du XVIIe siècle", *Les Sagesses du monde*, colloque sous la direction de G. Gadoffre, Paris, 1991, p.103.
7) J. Gernet, "La sagesse...", p.103.
8) Tang Zhen, *Écrits d'un sage encore inconnu*, trad. J. Gernet, Paris, 1991, p.97.
9) V. Goldschmidt, *Système stoïcien*..., p.216-218.

참고 문헌

이 참고 문헌은 마르쿠스 아우렐리우스에 대한 문헌을 한데 정리하려는 목적으로 작성한 것이 아니다(그러한 목적으로는 J. 달펜이나 P. 그리말을 참조하라). 이 목록은 단지 내가 주석에서 언급한 저작의 서지書誌일 뿐이다.

AFRICA (T.W.) = T.W. Africa, "The Opium Addiction of Marcus Aurelius", *Journal of History of Ideas*, 1961, p.97-102.

ARISTOTE, *Ethique à Nicomaque*, trad. J. Tricot, Paris, Vrin, 1959 (nombreuses rééditions); texte grec: Aristotelis *Ethica Nicomachea*, par J. Bywater, Oxford, 1894 (nombreuses rééditions).

ARISTOTE, *Protreptique* = Aristotelis *Fragmenta Selecta*, éd. W. D. Ross, Oxford, 1955 (texte grec seul).

ARRIEN, *Entretiens d'Épictète* (cité parfois Épictète, ou *Propos d'Épictète*) = Epictète, *Entretiens*, texte établi et traduit par J. Souilhé, Paris, Les Belles Lettres, "Collection des Universités de France", 1969 (nombreuses rééditions). *Stoïciens*, p.801-1105 (trad. É. Bréhier et P. Aubenque).

ARRIEN, *Manuel d'Epictète*, trad. fr. et notes par É. Bréhier, J. Pépin et V. Goldschmidt, dans *Stoïciens*, p.1107-1132; texte grec dans Epictetus, *The Discourses as reported by Arrian, the Manual and Fragments*, with an English Translation by W. A. Oldfather in two volumes, t. II, Londres (Loeb Classical Library, n° 218), 1928 (nombreuses rééditions).

AULU-GELLE = *Auli Gellii Noctium atticarum*, libri XX, rec. Mart. Hertz, Leipzig, Teubner, 1883 (pour les livres XVI-XX, texte latin ; pour les livres I-XV, voir dans la "Collection des Universités de France").

BIRLEY (A. R.) = A. R. Birley, *Marcus Aurelius*, Londres, 1966 ; 2ᵉ éd., 1987.

BRÉHIER (É.), PÉPIN (J.), GOLDSCHMIDT (V.), traduction annotée de Marc Aurèle, *Pensées*, voir *Stoïciens*.

BREITHAUPT (G.) = G. Breithaupt, *De M. Aurelii Antonini commentariis quaestiones selectae*, Göttingen, 1913.

BRUNT (P. A.), "Marcus Aurelius" = P. A. Brunt, "Marcus Aurelius in his *Meditations*", *Journal of Roman Studies*, t. 64, 1974, p. 1-20.

CASAUBON (M.) = *Marci Antonini Imperatoris De Seipso et Ad Seipsum* libri XII, Guil. Xylander... Graece et Latine primus edidit, nunc vero... notas et emendationes adjecit Mericus Casaubonus, Londres, 1643. Texte grec et latin.

CASSIUS DION = *Dio's Roman History*, t. IX : Books LXXI-LXXX, par E. Cary et H. B. Foster, Londres (Loeb Classical Library, n° 177), 1925 (nombreuses rééditions).

CORTASSA (G.) = *Scritti di Marco Aurelio*, ...a cura di Guido Cortassa, Turin, 1984. Textes grecs et latins, trad. italienne. Contient tous les écrits (*Pensées, Lettres à Fronton, Textes juridiques*) de Marc Aurèle.

—, *Il Filosofo* = G. Cortassa, *Il Filosofo, i libri, la memoria. Poeti e filosofi nei Pensieri di Marco Aurelio*, Turin, 1989.

DAILLY (R.), EFFENTERRE (H. VAN) = R. Dailly et H. van Effenterre, "Le cas Marc Aurèle. Essai de psychosomatique historique", *Revue des études anciennes*, t. 56, 1954, p. 347-365.

DALFEN (J.) = *M. Aurelii Antonini ad Se Ipsum Libri XII*, éd. J. Dalfen, Leipzig, Teubner, 1979, rééd. 1987. Texte grec seul ; nouvelle édition critique, avec un excellent index du vocabulaire. 하지만 J. 달펜은 너무 많은 구절을 가필로 잘못 생각한 듯하다.

—, *Formgeschichtliche Untersuchungen* = J. Dalfen, *Formgeschichtliche Untersuchungen zu den Selbstbetrachtungen Marc Aurels*, Dissertation, Munich, 1967.

DAMASCIUS, *In Phaedonem* = *The Greek Commentaries on Plato's Phaedo*, vol. II, *Damascius*, L. G. Westerink, Amsterdam, 1977.

DIELS-KRANZ = *Die Fragmente der Vorsokratiker*, griechisch und deutsch von Hermann Diels, herausgegeben von Walther Kranz, 3 vol., Berlin, 1954 (nombreuses rééditions). Contient texte grec et traduction allemande des philosophes présocratiques, notamment Héraclite, Démocrite et Empédocle.

ÉPICTETE, voir ARRIEN.

EUSÈBE DE CÉSARÉE, *Histoire ecclésiastique*, éd. et trad. G. Bardy, 4 tomes, Paris, Sources chrétiennes, 1952-1960.

FARQUHARSON = *The Meditations of the Emperor M. Antoninus*, ed. with transl. and comm. by A. S. L. Farquharson, Oxford, 1944. Texte grec et traduction anglaise. Riche commentaire.

FRONTON = 다음의 두 책에서 동시 인용: M. Cornelius Fronto, *Epistulae*, schedis tam editis quam ineditis Edm. Hauleri usus, iterum ed. M. P. J. van den Hout, Leipzig, Teubner, 1988; *The Correspondence of Marcus Cornelius Fronto, with Marcus Aurelius Antoninus, Lucius Verus, Antoninus and Various Friends*, ed. and transl. by C. R. Haines, in two volumes, Londres(Loeb Classical Library, n° 112), 1919(nombreuses rééditions).

GALIEN, éd. Kühn = Claudii Galeni *Opera omnia*, éd. C. G. Kühn, 20 volumes, Leipzig, 1821-1833(texte grec et traduction latine). 어떤 작품들은 다양한 편집자가 출간했고, 주석으로 표기되기도 했다.

GATAKER = *Marci Antonini Imperatoris de rebus suis, sive de eis quae ad se pertinere censebat libri XII commentario perpetuo explicati atque illustrati, studio... Thomae Gatakeri*, Cambridge, 1652. Texte grec et latin. 라틴어 주석이 매우 풍부하지만 때로는 약간 장황하다.

GOLDSCHMIDT (V.), *Système stoïcien* = V. Goldschmidt, *Le Système stoïcien et l'idée de temps*, Paris, 3ᵉ éd., 1977.

GRIMAL (P.) = P. Grimal, *Marc Aurèle*, Paris, Fayard, 1991.

HADOT (I.), *Seneca* = I. Hadot, *Seneca und die griechisch-römische Tradition der Seelenleitung*, Berlin, 1969.

HADOT (P.), "Le présent..." = P. Hadot, "'Le présent seul est notre bonheur.' La valeur de l'instant présent chez Goethe et dans la philosophie antique", *Diogène*, n° 133, 1986, p.58-81.

— (1984) = P. Hadot, "Marc Aurèle était-il opiomane?", *Mémorial André-Jean Festugière. Les Cahiers d'orientalisme*, t.X, Genève, 1984, p.33-50.

—, *Exercices* = P. Hadot, *Exercices spirituels et philosophie antique*, Paris, 3ᵉ éd., 1992.

HÉRODIEN, *Histoire de l'Empire* = Herodian, t.I, Books I-IV, with an English Translation by C. R. Whittaker, Londres(Loeb Classical Library, n° 454), 1969.

Histoire Auguste, MA = *Histoire Auguste, Vie de Marc Aurèle*, éd. et trad. par A. Chastagnol, Paris, 1994.

LUCIEN = *Lucian* with an English Translation, by A. M. Harmon, K. Kilburn et M. D. MacLeod, 8 vol., Londres(Loeb Classical Library nᵒˢ 14, 54, 130, 162, 302, 430, 431, 432). Texte grec et traduction anglaise. Traduction française par É. Chambry, Paris(Garnier), 3 vol., 1933-1934.

MARC AURÈLE, textes grecs ou traduction des *Pensées*, voir Bréhier, Casaubon, Cortassa(1984), Dalfen(1987), Gataker, Theiler, Trannoy.

MARTINAZZOLI (P.) = P. Martinazzoli, *La "Successio" di Marco Aurelio. Struttura e spirito del primo libro dei Pensieri*, Bari, 1951.

NIETZSCHE, *Œuvres philosophiques complètes*, 14 tomes, Paris, NRF, 1974 et ss.

ORIGÈNE, *Contre Celse*, éd. et trad. M. Borret, 5 vol., Paris, Sources chrétiennes, 1967-1976.

PLUTARQUE, *Des contradictions des stoïciens, des notions communes contre les stoïciens*, trad. fr. dans *Stoïciens*; texte grec et trad. angl. dans *Plutarch's Moralia*, XIII, part II, with an English Translation by H. Cherniss, Londres(Loeb Classical Library, n° 470), 1976.

RENAN (E.) = E. Renan, *Marc Aurèle et la fin du monde antique*, Paris, 1882(nombreuses rééditions, 우리가 주로 인용하는 책은 "Le livre de poche", "Biblio/Essais", n° 4015).

RIST (J.), "Are you a Stoic" = J. Rist, "Are you a Stoic, The Case of Marcus Aurelius", *Jewish and Christian Self-Definition*, éd. par B. F. Meyer et E. P. Sanders, Londres, 1983, p.23-45.

RUTHERFORD (R. B.), *Meditations* = R. B. Rutherford, *The Meditations of Marcus Aurelius. A Study*, Oxford, 1989.

SEXTUS EMPIRICUS, *Against the Logicians* = *Sextus Empiricus*, with an English Translation by R. G. Bury in four volumes, t.II, *Against the Logicians*, Londres(Loeb Classical Library, n° 291), 1935(nombreuses rééditions). Contient le texte grec et la traduction anglaise de Sextus Empiricus, *Adversus Logicos*, I-II, *Adversus Mathematicos*.

SIMPLICIUS, *Commentaire sur le* Manuel *d'Épictète*, introd. et édition critique du texte grec par Ilsetraut Hadot, Leyde(Brill) 1996.

STOBÉE (J.), *Anthol.* = *Ioannis Stobaei Anthologium* recens. K. Wachsmuth et O. Hense, 5 vol., Berlin, 1884(plusieurs rééditions).

Stoïciens = *Les Stoïciens*, textes traduits par É. Bréhier, édités sous la direction de P. M. Schuhl, Paris, NRF, "Bibliothèque de la Pléiade", 1962. Textes de Cléanthe, Diogène Laërce, Plutarque, Cicéron, Sénèque, Épictète et Marc Aurèle.

SVF = *Stoicorum Veterum Fragmenta*, coll. H. von Arnim, 4 vol., Leipzig, 1905-1924(rééd. Wm. C. Brown, Iowa). Texte grec seul.

THEILER = *Kaiser Marc Aurel, Wege zu sich selbst*, éd. W. Theiler, Zurich, 1951(nombreuses rééditions). 현재까지 최고의 그리스어 텍스트 출간본이자 최고의 (독일어) 번역본.

TRANNOY = *Marc Aurèle, Pensées*, texte établi et traduit par A.-I. Trannoy, Paris, Les Belles Lettres, "Collection des Universités de France", 1925(nombreuses rééditions). Texte grec et traduction française(뛰어나진 않다). 나는 이 컬렉션을 위해 『명상록』 새로운 고증본과 번역

본을 준비중이다.

VOELKE (A.-J.), *Volonté* = A.-J. Voelke, *L'Idée de volonté dans le stoïcisime*, Paris, 1973.

WILLIAMS (W.), "Individuality in the Imperial Constitutions: Hadrian and the Antonines", *Journal of the Roman Studies*, t.66, 1976, p.67-83.

XÉNOPHON, *Les Mémorables*, dans Xénophon, *Œuvres complètes*, t.III, Paris, Garnier-Flammarion, 1967.

찾아보기

ㄱ

갈레노스 35, 37-38, 42, 79, 84, 90, 93, 301, 338-340, 396
개터커, 토머스 41, 43, 45-46
골트슈미트, 빅토르 154-156, 189, 422
괴르게만스, H. 29
길리엄, J. F. 16

ㄴ

네로 황제 53, 90, 335, 378, 400
네르바 황제 401, 404
니체 199-201, 234, 415

ㄷ

다이몬 111, 158, 167, 169, 171-173, 181, 219-220, 299, 357-360
달펜, J. 348
당견 420
데메트리오스 22, 40, 339, 409, 412-413

데모크리토스 74, 84-86, 255, 363, 371
데일리, R. 334, 341
도그마 28-29, 36, 58-68, 71-74, 76-78, 100, 102, 107, 118, 123, 138, 142, 145, 151-152, 280, 355, 357, 366-367, 416-419
도그마타 dogmata 33, 52, 58
도란디, T. 55
도즈, E. R. 332-333
드 졸리, 장 피에르 46, 55
드퀸시, 토머스 341, 344-346
디오게네스 23, 412
디오게네스 라에르티오스 143
디오그네투스 19, 21, 23, 25, 34, 375, 379, 380

ㄹ

라벨, L 300, 307
라보우, 파울 346
라케시스 192-193
라코니아 22
러더퍼드, R. B. 29, 348, 378
로, 페르디낭 16
로가티아누스 17
로고스 83, 85, 108-110, 114-115, 134, 202, 217, 246, 312
로이힐린, 요하네스 41
루크레티우스 74, 79-80, 243
루키아노스 43, 90, 237-239, 372
루키우스 베루스 13-15, 18, 37-38, 335, 340, 372-375, 377, 382, 388, 397, 409
루킬리우스 22, 278
르 사주, 알랭 르네 238
르 샤르트뢰, 기그 47
르낭, E. 5, 47-48, 225, 330-331, 388, 396, 398, 415-416, 418
리브스, 위베르 195
리쿠르고스 22-23

ㅁ

마리우스 막시무스 390
마흐, E 195
메가라학파 108-109
메난드로스 85
메니포스 237-238, 371
메트로도로스 345
모니모스 85-86
모에라이 131, 192-194
무소니우스 루푸스 23, 33-34, 79, 90, 403
미슈, G. 47

ㅂ

바르트, C. 46
바빌론의 디오게네스 260-261, 299
『바티카누스 그라에쿠스 1950』 41, 48-49
반 에펜테르, H. 334, 341
베르그송 188, 222
보들레르 396
보엘케, A.-J. 131
보편 자연 61, 63-65, 67-69, 72, 84, 105, 110, 115-116, 124-125, 130, 133-134, 148, 156, 165, 177, 179-182, 191, 209, 213, 215, 223, 230, 233, 236-237, 245, 249-253, 270, 276, 282, 288, 297, 317-319, 322, 324, 326, 345, 359-360, 365, 409, 419
브라운, 토머스 47
브라이트하우프트 354
브런트, P. A. 47
브레이에, É. 109, 114, 118-119, 177
브루투스 79, 400-403
비용, 프랑수아 74, 371
비트겐슈타인 204

ㅅ

성 히에로니무스 54

세네카 22, 24, 30, 79, 88, 110, 139, 161, 163-164, 202-203, 206, 208-209, 216-217, 230, 236, 259, 262-263, 266, 269, 277-279, 292, 303, 313, 323-324, 342-343, 403, 411, 421

섹스투스 엠피리쿠스 33, 149, 159

소小플리니우스 22, 29-30, 403

소小카토 17, 401-402, 410

소크라테스 23, 30, 35, 74, 86, 92, 101, 108, 111, 171, 174-176, 301

쇼펜하우어 242

『수다Souda』 33, 43, 45

스피노자 272

스키피오 아프리카누스 345, 372

심플리키우스 90

ㅇ

아레타스 40, 43, 49

아르케데모스 119, 261

아르케실라오스 271

아리스토텔레스 108, 109, 115, 171, 189, 208, 231-233, 295, 324,

아리아노스 18, 30, 45, 56, 60, 77, 80, 89, 91-97, 119, 134, 139, 148, 153, 159, 194, 229, 294, 322, 363, 367

아비디우스 카시우스 14, 15, 39, 335, 355, 390, 397

아우구스티누스 54-55, 374, 387

아우피디우스 빅토리누스 27, 29, 36

아울루스 겔리우스 18, 53, 56, 80, 89, 95-96, 144, 161

아이스킬로스 315

아테나고라스 37

아트로포스 192-193

아폴로니오스 24, 32-35, 60, 375, 380, 383

아프리카, T. W. 338, 340-342, 346

안토니누스 피우스 13, 32, 48, 241, 263, 294, 355, 362, 374-375, 381, 386, 389, 406

안티스테네스 23, 363
알렉산드로스 33-35, 73, 206, 241, 346, 371, 375, 380, 409-410, 412-413
알렉상드르, 모니크 348
에우리피데스 196, 363
에피쿠로스 87-88, 238
에피쿠로스주의, 에피쿠로스학파 63, 88, 204-205, 207-208, 210, 324, 345, 416-417
에픽테토스 17-19, 22, 25, 27, 30-31, 33, 35, 45, 50, 56, 58, 60, 76-81, 84-85, 87-108, 118-140, 142, 144, 146-148, 151-155, 159, 161, 165-166, 169, 172, 175-176, 178, 182, 190-191, 194, 198, 200, 206, 218-220, 222, 229, 246, 252-254, 256, 258-259, 261-262, 264, 278, 280-283, 265, 289-290, 292, 294, 301-304, 312, 314, 322, 329, 337, 363, 367, 371, 379-380, 385, 403, 412, 415-416, 421, 423
엘레우시스 비교秘敎 15
엠페도클레스 83, 158, 167
『엥케이리디온』 45, 77, 84, 91, 139, 151, 153, 155, 159, 198
오리게네스 90, 221
오비디우스 343
올리에, F. 22
왕부지 419-420
원자 63, 68, 84, 204-209, 216, 238, 359, 416
윌리엄스, W. 352, 399
유니우스 루스티쿠스 19, 23-27, 31-35, 37, 60, 89, 92, 97, 375-376, 379-380, 383-385
유피테르 213, 217-218, 222-223
율리아누스 16
이미지 phantasia 143, 145
이미지 phantasiai 60

ㅈ

적절한 표상 121-122, 129, 142, 146, 149, 153
정리 theôréma 59
제논 36, 94, 107-108, 110, 113, 118
제르네, J. 419-420
제우스 33, 131, 135, 194, 217-218, 220, 237-238, 319, 360

ㅊ

챔플린, E. 29-30

ㅋ

카론 238-239
카시오스, 디온 16, 24, 38, 40, 295, 332, 334-336, 338, 340, 390, 396, 405, 412
카이로네이아의 섹스투스 32-35, 60
카이로스 198
카조봉, 메릭 43-45
카테콘타 kathēkonta 105, 123, 125, 133, 256-258, 359
카토 92, 372, 400-403
카툴루스 34-35, 37, 375, 381
칸트 246-247, 288, 311, 416-418
칼케돈의 아폴로니오스 24, 32
케팔라이아 61, 63-65, 99
콤모두스 14-15, 37, 40, 335, 340, 396, 398
크리시포스 36, 89, 94, 105, 107, 116-118, 133, 149, 154, 171, 181, 187-189, 193, 195, 203, 212-213, 228, 260-261, 371
크세노폰 92, 94
크실란더 41, 43-44, 46
클라우디우스 막시무스 34-35, 37, 373, 375, 379, 391
클라우디우스 세베루스 34, 37, 375, 380-381, 400-402, 404-405
클레안테스 36, 217
클로토 192-193, 223, 334
키니코스학파 22-23, 74, 85-86, 237-239
키오스의 아리스톤 29-31, 104
키케로 24, 28, 30, 44, 67, 79-80, 139, 213, 222-223, 260, 264, 322, 410

ㅌ

타렌툼의 레오니다스 343
타르수스의 안티파트로스 119, 260-261
타우루스 18

타키투스 401, 404
테미스티우스 24, 40, 43, 92,
테오도시우스 16
테오레마타theōrēmata 117
테오프라스토스 87
토포스 128, 138
톰프슨, 프랜시스 195
투키디데스 242
트라세아 400-403
티레의 막시무스 345

ㅍ
파나이티오스 119, 322
파르카이 192
파보리누스 89-90
파스칼 47, 173, 214, 244, 345
파커슨, 아서 46-47, 97
파피루스, 데르베니 192
판테이아 372-373
팜필리아 53, 56
페르가몬의 에우데모스 37-38
표상 58, 67, 69, 72, 76, 84-85, 103-104, 106, 120-123, 125, 129, 132, 137-139, 142-150, 152-156, 164-165, 174, 178, 180, 182-184, 186, 189, 213, 216, 219-220, 226, 247, 253, 285, 312, 324, 345, 394, 418, 421
표상phantasia 70, 80, 103, 125, 132, 142-143, 145-146, 149, 153, 155
표상phantasiai 77, 121, 143-145, 147, 149, 160
프랑스, 아나톨 185
프렌켈, H. 101-102
프론토 14, 18-21, 23, 26-29, 31, 34, 36, 51, 79, 255, 348, 351, 375-379, 382, 385, 388
플라우투스 28
플라톤 21, 42, 44, 50, 86, 98, 108-109, 111, 113, 115, 126-127, 168, 171, 175, 192, 295, 299, 301-303, 315-316, 326, 343, 345, 363, 392-393, 402-404, 409-410

플로티노스 17, 42, 54, 95, 172, 233, 274, 347
플루타르코스 22, 53-54, 56, 116, 126, 152, 343, 402
피시스physis 115, 181, 250, 325
필로스트라토스 334
필론 105, 277, 345

ㅎ

하드리아누스 13-14, 74, 92, 241, 319, 346, 373, 389, 404, 408
헤라클레이토스 74, 82-83, 108, 224, 343, 362, 371, 412
헤로데스 아티쿠스 79, 89, 96, 376, 382
헤로도토스 242
헤시오도스 367
헬라스 21-22
헬비디우스 프리스쿠스 400-403
호라티우스 167
홀츠만, 빌헬름(=크실란더)
『히스토리아 아우구스타』 21, 24, 32-34, 40, 332-333, 372, 389-390, 397, 405-406, 408

옮긴이 **이세진**

전문 번역가. 서강대학교 철학과를 졸업하고 같은 학교 대학원에서 불문학 석사 학위를 받았다. 옮긴 책으로 『아직 오지 않은 날들을 위하여』 『티에르탕의 베케트』 『음악의 기쁨』 『여섯 개의 도덕 이야기』 『보부아르, 여성의 탄생』 『도덕적 인간은 왜 나쁜 사회를 만드는가』 『에코의 위대한 강연』 『음악의 시학』 『아노말리』 등이 있다.

명상록 수업

1판 1쇄 2023년 11월 1일
1판 2쇄 2023년 12월 4일

지은이 피에르 아도
옮긴이 이세진

펴낸곳 복복서가(주)
출판등록 2019년 11월 12일 제2019-000101호
주소 03720 서울특별시 서대문구 연희로 28길 3
홈페이지 www.bokbokseoga.co.kr
전자우편 edit@bokbokseoga.com
마케팅 문의 031) 955-2689

ISBN 979-11-91114-50-8 03100

이 책의 판권은 지은이와 복복서가에 있습니다.
이 책 내용의 전부 또는 일부를 재사용하려면 반드시 양측의 서면 동의를 받아야 합니다.

잘못된 책은 구입하신 서점에서 교환해드립니다.
기타 교환 문의: 031) 955-2661, 3580